O CAMINHO PARA A LIBERDADE

O CAMINHO PARA A LIBERDADE

Transformar a Economia
e a Sociedade, criando um
futuro livre para todos

JOSEPH E. STIGLITZ

Ganhador do Prêmio Nobel

- O autor e a editora se empenharam para citar adequadamente e dar o devido crédito a todos os detentores de direitos autorais de qualquer material utilizado neste livro, dispondo-se a possíveis acertos posteriores caso, inadvertida e involuntariamente, a identificação de algum deles tenha sido omitida.

- Traduzido de
  THE ROAD TO FREEDOM, First Edition
  Copyright © 2024 by Joseph E. Stiglitz
  All Rights Reserved.
  ISBN: 9780241687888

- Direitos exclusivos para o Brasil para a língua portuguesa
  Copyright da edição brasileira ©2025 by
  Benvirá, um selo da SRV Editora Ltda.
  Uma editora integrante do GEN | Grupo Editorial Nacional
  Travessa do Ouvidor, 11
  Rio de Janeiro – RJ – 20040-040

- **Atendimento ao cliente: (11) 5080-0751 | faleconosco@grupogen.com.br**

- Reservados todos os direitos. É proibida a duplicação ou reprodução deste volume, no todo ou em parte, em quaisquer formas ou por quaisquer meios (eletrônico, mecânico, gravação, fotocópia, distribuição pela Internet ou outros), sem permissão, por escrito, da **SRV Editora Ltda.**

- Capa: Lais Soriano
  Diagramação: Tiago Fabiano Dela Rosa

- **DADOS INTERNACIONAIS DE CATALOGAÇÃO NA PUBLICAÇÃO (CIP)**
  ODILIO HILARIO MOREIRA JUNIOR – CRB-8/9949

S855c   Stiglitz, Joseph E.
O caminho para a liberdade: Transformar a Economia e a Sociedade, criando um futuro livre para todos / Joseph E. Stiglitz ; traduzido por Maria de Lourdes Sette. - 1. ed. - São Paulo: Benvirá, 2025.

372 p.

Tradução de: The road to freedom: economics and the good society
ISBN: 978-65-5810-373-8

1. Política. 2. Economia. 3. Liberdade de expressão. I. Sette, Maria de Lourdes. II. Título.

	CDD 320
2025-831	CDU 32

Índices para catálogo sistemático:
1. Política   320
2. Política   32

Sumário

Prefácio 7

1 | Introdução: a liberdade em risco 21

2 | Como os economistas pensam a liberdade 39

Parte I | Liberdade e autonomia: princípios básicos 59

3 | A liberdade de uma pessoa equivale à falta de liberdade de outra 61

4 | A liberdade através da coerção: os bens públicos e o problema do carona 83

5 | Os contratos, o contrato social e a liberdade 97

6 | Liberdade, uma economia competitiva e justiça social 113

7 | A liberdade para explorar 131

Parte II | Liberdade, crenças, preferências e a criação da boa sociedade 149

8 | Coerção social e coesão social 155

9 | A modelagem coordenada dos indivíduos e de suas crenças 173

10 | Tolerância, solidariedade social e liberdade 197

Parte III | Que tipo de economia promove uma sociedade boa, justa e livre? 209

11 | O capitalismo neoliberal: a razão de seu fracasso 215

12 | Liberdade, soberania e coerção entre Estados.. 235

13 | O capitalismo progressista, a democracia social e uma sociedade aprendiz 259

14 | Democracia, liberdade, justiça social e a boa sociedade.......................... 273

Agradecimentos 289

Notas 293

Prefácio

A liberdade é um valor humano fundamental. No entanto, muitos dos defensores da liberdade raramente perguntam o que essa ideia de fato significa. Liberdade para quem? O que acontece quando a liberdade de uma pessoa tira a liberdade de outra? O filósofo de Oxford Isaiah Berlin[1] expressou bem tudo isso quando disse: "A liberdade dos lobos muitas vezes significou a morte das ovelhas"[2].

Como equilibrar as liberdades política e econômica? Qual o significado do direito ao voto para quem passa fome? E quanto à liberdade para realizar plenamente o próprio potencial, o que talvez seja possível apenas se taxarmos os ricos e os privarmos da liberdade para gastar como quiserem?

A Direita nos Estados Unidos[3] apropriou-se da retórica da liberdade há várias décadas, reivindicando-a como sua, da mesma forma que ela se apropriou do patriotismo e da bandeira estadunidense. A liberdade é um valor importante que devemos e queremos acalentar, mas ela é mais complexa e sutil do que a visão proposta pela Direita. A atual interpretação conservadora do significado de liberdade é superficial, equivocada e ideologicamente motivada. A Direita alega ser a defensora da liberdade, mas demonstrarei que o modo como ela define essa palavra e a persegue levou ao resultado oposto e reduziu muito as liberdades da maioria dos cidadãos.

Um bom ponto de partida inicial e central para identificar essas deficiências é a confusão entre livre mercado e liberdade econômica, e aquela entre liberdade econômica e liberdade política. Algumas citações de líderes republicanos transmitem a ideia do que quero dizer.

Em 2008, quando a economia dos Estados Unidos estava à beira do colapso, após décadas de desregulamentação financeira, e o governo estava prestes a realizar o maior resgate do setor privado na história do planeta, George W. Bush, que ocupou a presidência durante a crise financeira, apresentou a questão da seguinte forma:

> Embora reformas no setor financeiro sejam essenciais, a solução de longo prazo para os problemas de hoje é o crescimento econômico sustentável. E o caminho mais seguro para esse crescimento são o livre mercado e as pessoas livres[4].

Antes de Bush, Ronald Reagan, cuja presidência (1981-1989) foi vista por muitos como uma guinada à Direita e uma adoção fervorosa do livre mercado, havia elaborado uma Declaração de Direitos Econômicos[5]. Ele lamentava que a Constituição não tivesse dado a devida ênfase à garantia desses direitos e tivesse se concentrado, em vez disso, nos direitos políticos. Conforme ele explicou:

> Intrinsecamente ligadas a essas liberdades políticas estão as proteções às liberdades econômicas. [...] Embora a Constituição defina nossas liberdades políticas em mais detalhes, essas liberdades econômicas fazem parte integrante dela. [...] Existem quatro liberdades econômicas essenciais. Elas são o que liga a vida, inseparavelmente, à liberdade, o que permite que um indivíduo controle seu próprio destino, o que torna o autogoverno e a independência pessoal parte da experiência estadunidense[6].

As quatro liberdades são: (1) liberdade para trabalhar; (2) liberdade para usufruir dos frutos do próprio trabalho; (3) liberdade para possuir e controlar a própria propriedade; e (4) *liberdade para participar de um livre mercado – contratar livremente bens e serviços e atingir plenamente seu potencial sem limites impostos pelo governo sobre oportunidades, independência econômica e crescimento*. (grifos nossos)

Embora os colonos que se rebelaram contra os britânicos tivessem adotado o lema "tributação sem representação é tirania", seus descendentes do século XXI parecem ter concluído que a tributação *com* representação também é tirania. Ron Paul, um político republicano texano que ocupou vários cargos importantes ao longo das décadas e concorreu à presidência pelo Partido Libertário em 1988, expressou essa questão de forma despudorada: "Precisamos entender que, quanto mais o governo gasta, mais liberdade se perde"[7].

Rick Santorum, um senador republicano (1995-2007) que concorreu à candidatura presidencial pelo Partido Republicano em 2012 e quase foi escolhido, colocou a questão de uma forma diferente: "Quanto menos dinheiro arrecadamos, mais liberdade temos"[8].

E Ted Cruz, senador conservador do Texas e ex-candidato presidencial em 2016, ficou famoso por nomear as partes do governo que ele acreditava que mais interferiram na liberdade: "Identifiquei as *Cinco Liberdades*. Durante meu primeiro ano como presidente, lutarei para abolir o Internal

Revenue Service*, o Departamento de Educação, o Departamento de Energia, o Departamento de Comércio e o Departamento de Habitação e Desenvolvimento Urbano"[9].

Essas concepções de liberdade contrastam fortemente com os ideais postulados pelo presidente Franklin Delano Roosevelt, o qual, em seu Discurso sobre o Estado da União ao Congresso em 6 de janeiro de 1941, apresentou uma visão de liberdade que ia além das liberdades civis tradicionais, as quais ele restringiu às duas primeiras no discurso de suas "Quatro liberdades":

> A primeira é a liberdade de expressão – em todo o mundo. A segunda é a liberdade de cada pessoa para adorar a Deus à sua maneira – em todo o mundo.

Reconhecendo que elas não eram suficientes, acrescentou mais duas. As pessoas precisavam de:

> [...] liberdade da carestia – a qual, traduzida em termos globais, significa entendimentos econômicos que garantam a cada nação uma vida saudável em tempos de paz para seus habitantes – em qualquer lugar do mundo.

e

> [...] liberdade da sensação de medo – a qual, traduzida em termos globais, significa uma redução mundial dos armamentos a um ponto e de forma tão abrangente que nenhuma nação esteja em posição de cometer um ato de agressão física contra quaisquer de seus vizinhos – em qualquer lugar do mundo.

Uma pessoa que esteja enfrentando extremos de carestia e medo não é livre. Tampouco é livre alguém cuja capacidade de atingir uma vida plena e fazer uso de todas as suas habilidades está limitada por ter nascido na pobreza. Durante minha infância em Gary, Indiana, uma outrora próspera cidade dominada pela indústria siderúrgica, na margem sul do lago Michigan, vi de perto essa falta de liberdade econômica dos afro-estadunidenses que haviam escapado da opressão no sul por meio da Grande Migração** e dos filhos de

---

* Equivalente à Receita Federal, no Brasil. (N.T.)
** Deslocamento de mais de seis milhões de afro-estadunidenses em busca de melhores oportunidades econômicas do Sul rural para o Nordeste, Meio-Oeste e Oeste urbanos entre 1910 e 1970. (N.T.)

tantos imigrantes que vieram da Europa para trabalhar nas usinas siderúrgicas. Vários de meus colegas de turma compartilharam suas experiências de vida comigo durante a comemoração dos 55 anos de nossa formatura, em 2015. Quando se formaram no Ensino Médio, disseram que planejavam conseguir um emprego na usina, como seus pais. No entanto, outra recessão econômica atingiu a região, e eles não tiveram *qualquer escolha* – nenhuma liberdade – a não ser ingressar nas forças armadas. E, quando terminaram de servir na Guerra do Vietnã, novamente tiveram poucas opções, pelo menos assim perceberam a situação. A desindustrialização estava eliminando os empregos industriais, fazendo com que sobrassem, sobretudo, oportunidades que utilizavam seu treinamento militar, como na polícia.

Tanto como formulador de políticas em Washington quanto como consultor e comentarista de eventos econômicos, eu via a liberdade sob uma luz diferente da de Bush, Reagan e de outros seguidores da Direita. De Reagan a Clinton, as administrações presidenciais expandiram a liberdade dos bancos. A desregulamentação e a *liberalização* financeiras significavam dar liberdade aos bancos para fazerem o que quisessem, ou pelo menos permitir que fizessem mais daquilo que desejavam[10]. A própria palavra "liberalização" conota "liberar". Os banqueiros usaram essa nova liberdade para aumentar seus lucros, mas trouxeram riscos enormes para a sociedade. Quando a crise financeira de 2008 foi deflagrada, descobrimos o custo. Muitos estadunidenses perderam a liberdade para viver sem medo e sem carestia, à medida que aumentava a perspectiva muito realista de que milhões de trabalhadores e aposentados perderiam seus empregos e suas casas. Nós, como sociedade, perdemos a liberdade – não tivemos *qualquer escolha* a não ser usar o dinheiro dos contribuintes para resgatar os bancos. Se não o fizéssemos, todo o sistema financeiro – e a economia – teria desmoronado.

Durante os anos em que assessorei o presidente Bill Clinton (nos últimos dois anos no cargo de presidente do Conselho de Assessores Econômicos, de 1995 a 1997), eu me opus fortemente à desregulamentação financeira, em parte porque entendia que "liberar" o setor financeiro tornaria todos nós menos livres no longo prazo. Após minha saída, em 1997, o Congresso aprovou dois projetos de lei: um que desregulamentava os bancos e outro que comprometia o governo a não regular os derivativos financeiros – passos além dos que até mesmo Reagan tinha dado. A desregulamentação/liberalização preparou o terreno para o desastre financeiro de 2008. Reagan e Clinton deram liberdade aos lobos (os banqueiros) à custa das ovelhas (trabalhadores, investidores comuns e proprietários de residências).

A liberdade no contexto histórico dos Estados Unidos

Para os estadunidenses criados com a ideia de que seu país foi fundado de acordo com os princípios da liberdade, o termo é especialmente evocativo. Por isso, é importante refletirmos, com muito cuidado, sobre o que a palavra significava *antigamente* e, dois séculos depois, o que ela significa *hoje*. Havia ambiguidades e inconsistências na época da fundação, e os problemas conceituais subjacentes tornaram-se ainda mais evidentes desde então. *Naquela época*, liberdade não significava liberdade para todos. Não significava liberdade para os escravizados. Não havia garantia de direitos iguais para as mulheres e para as outras pessoas sem propriedade, e elas não os obtiveram. As mulheres enfrentavam tributação sem representação – demoraria 140 anos para o país remediar essa inconsistência. Porto Rico foi conquistado dos espanhóis à força, e seus cidadãos ainda hoje estão sujeitos à tributação sem representação.

Há muito que as conexões entre liberdade econômica e liberdade política são evidentes. O debate sobre qual liberdade deveria ter primazia foi o foco central da Guerra Fria. O Ocidente defendia a ideia de que as liberdades políticas (claramente escassas no mundo comunista) eram mais importantes; os comunistas afirmavam que, na falta de direitos econômicos básicos, os direitos políticos pouco significavam. Mas será que uma nação pode ter um conjunto de direitos sem o outro? Economistas como John Stuart Mill, Milton Friedman e Friedrich Hayek participaram com afinco desse debate[11] e abordaram a questão de qual tipo de sistema econômico e político proporciona melhor essas liberdades gêmeas e aumenta o bem-estar individual e social. Este livro analisa as mesmas questões a partir da perspectiva do século XXI e chega a respostas bastante diferentes das de Friedman e Hayek em meados do século passado.

O conceito de perdas e ganhos (*trade-offs*) está no centro da teoria econômica, e essa ideia oferece mais uma razão pela qual os economistas têm muito a acrescentar às discussões sobre a liberdade. Como ficará claro, acredito que existem poucos, se é que existem, absolutos nesse campo. A teoria econômica fornece ferramentas para pensar sobre a natureza das perdas e dos ganhos; elas devem ser fundamentais nas discussões sobre a liberdade e sobre como esses dilemas devem ser abordados.

Além disso, ao ultrapassarmos o comprometimento superficial da Direita com a liberdade, descobrimos uma série de dilemas, incluindo a percepção fundamental de que uma leve coerção – forçar alguém a fazer algo que, por vontade própria, não faria – pode, em certos casos, aumentar a liberdade de todos, até mesmo a liberdade daqueles que estão sendo coagidos. Como demonstrarei, a teoria econômica fornece uma explicação para muitos casos importantes em que agir coletivamente – fazer juntos o que os indivíduos não conseguiriam fazer sozinhos – é desejável. No entanto, muitas vezes, ela é impossível sem um mínimo de coerção, devido àquilo que denominamos o problema do "carona" (*free-riders*), o qual discutiremos mais adiante.

A liberdade vista da perspectiva do século XXI

Em última análise, mostrarei que os verdadeiros defensores de uma liberdade profunda e significativa estão alinhados com o movimento progressista, tanto nos Estados Unidos quanto no exterior. Eles, e os partidos de centro-esquerda que os representam, precisam resgatar a agenda da liberdade. Para os estadunidenses, em particular, isso implica repensar a história do país e de seus mitos de fundação.

O primeiro objetivo deste livro é oferecer uma explicação coerente e descomplicada da liberdade sob a perspectiva da teoria econômica do século XXI, como John Stuart Mill fez em meados do século XIX em seu clássico *Sobre a liberdade* (1859). Mais de um século e meio depois, o mundo não é mais o mesmo, e também não é mais a mesma a nossa compreensão da economia e da sociedade. O que se debate hoje nos corredores do poder é diferente do que estava na agenda política daquela época. Naquele tempo, as memórias da opressão estatal à religião (em particular pelo governo britânico, tendo parte da migração para os Estados Unidos sido motivada por essa opressão) ainda estavam frescas, e foi esse legado, tanto quanto qualquer outra coisa, que moldou a visão das pessoas. Hoje, enfrentamos desafios como a mudança climática, as armas de fogo, a poluição, o direito ao aborto e a liberdade para expressar a identidade de gênero. De maneira mais ampla, debatemos o papel da coerção social e as reações coercitivas contra ela. Os desafios de nossa época exigem uma reformulação dos conceitos básicos, incluindo o de liberdade. De fato, o próprio Mill afirmou que as liberdades precisam ser repensadas à medida que a economia e a sociedade evoluem.

Embora eu acredite que os economistas têm muito a contribuir para nossa compreensão do significado de liberdade e de sua relação com nosso sistema econômico e social, a lente peculiar e específica pela qual eles normalmente enxergam o mundo também é limitante. O tema é tão abrangente que não é bem captado pelas perspectivas distintas dos economistas, e, em vários momentos do texto, chamo a atenção para essas limitações[12, 13].

Sistemas econômicos e liberdade

Compreender o *significado* de liberdade é um prelúdio para meu objetivo final: descrever um sistema econômico e político que resulte não apenas em eficiência, equidade e sustentabilidade, mas também em valores morais. Nessa discussão, o mais importante desses valores morais é a liberdade, mas uma liberdade concebida para conter *laços intrínsecos* com as noções de equidade, justiça e bem-estar. É essa noção mais ampla de liberdade que tem recebido atenção insuficiente em determinadas escolas do pensamento econômico.

Hayek e Friedman foram os defensores mais notáveis do capitalismo sem amarras em meados do século XX. "Mercados sem amarras" – mercados sem regras e sem regulamentações – é um oximoro, porque sem regras e sem regulamentações impostas pelo governo haveria pouco ou nenhum comércio. A trapaça seria generalizada e a confiança, baixa. Um mundo sem quaisquer restrições seria uma selva em que apenas o poder prevaleceria e determinaria quem receberia o quê e quem faria o quê. Não seria um mercado de forma alguma. Contratos para receber um bem hoje em troca de pagamento futuro não poderiam existir, pois não haveria um mecanismo capaz de vincular esses dois atos. Porém, existe uma grande diferença entre dizer que uma sociedade bem estruturada precisa ter um certo grau de compulsão contratual e afirmar que *qualquer* contrato deve ser obrigatoriamente cumprido.

Hayek e Friedman afirmaram que o capitalismo, como eles o interpretavam, era o melhor sistema em termos de eficiência e que, sem mercados e empresas livres, não poderia haver liberdade individual. Eles acreditavam que os mercados, por si só, encontrariam alguma maneira de permanecerem competitivos. É notável como já haviam esquecido – ou ignorado – as experiências de monopolização e concentração de poder econômico que levaram à criação da legislação antitruste (nos Estados Unidos, a Lei

Antitruste Sherman de 1890 e, 25 anos mais tarde, em 1914, a Lei Antitruste Clayton). À medida que a intervenção governamental crescia em resposta à Grande Depressão – que, em grande parte do mundo, deixou um em cada quatro trabalhadores desempregado e na miséria –, Hayek temia que estivéssemos a caminho da servidão, como escreveu em seu livro de 1944 com esse mesmo título[14]; isto é, no caminho para uma sociedade em que os indivíduos se tornariam subordinados ao Estado.

Chego a uma conclusão radicalmente diferente. Na verdade, demandas democráticas forçaram governos democráticos a agirem coletivamente em resposta à Grande Depressão, como foi o caso dos Estados Unidos. A incapacidade do governo de apresentar uma resposta adequada à disparada do desemprego na Alemanha levou à ascensão de Hitler. Hoje, é o *neoliberalismo* – a crença em mercados desregulamentados e sem amarras[15] – que gera desigualdades imensas e fornece terreno fértil para os populistas. Os crimes do neoliberalismo incluem liberar os mercados financeiros, o que precipitou a maior crise financeira em 25 anos; liberar o comércio, o qual acelerou a desindustrialização; e liberar as empresas, o que levou à exploração de consumidores, trabalhadores e do meio ambiente. Contrariando o que Friedman sugeriu em seu livro *Capitalismo e liberdade*, publicado pela primeira vez em 1962[16], essa forma de capitalismo *não* aumenta a liberdade em nossa sociedade. Em vez disso, ela tem promovido a liberdade de poucos à custa de muitos. Liberdade dos lobos; morte das ovelhas.

O surgimento de questões semelhantes em nível internacional revela relações interessantes e importantes entre a noção de regras e o ideal de liberdade. Isso não significa dizer que a globalização avança sem regras, mas que essas regras concedem liberdades e impõem restrições de maneiras que geram o mesmo destino diferencial para lobos e ovelhas em todos os lugares – significa apenas que os lobos e as ovelhas estão distribuídos por diferentes regiões e nações do mundo. Os assim chamados acordos de livre comércio embutem regras que restringem a liberdade dos países em desenvolvimento e a dos mercados emergentes, bem como a das pessoas que neles vivem, mesmo enquanto expandem a liberdade das multinacionais para explorar.

Toda essa discussão nos leva para além de uma simples investigação sobre o significado de liberdade. Exploramos questões que estão na base de uma economia moderna: a legitimidade moral dos direitos de propriedade e a distribuição da renda e da riqueza geradas pela economia. A Direita fala, com frequência, sobre a "santidade dos contratos", mas defendo que existem muitos contratos imorais, em um sentido profundo, e que eles deveriam ser proibidos, e os tribunais não deveriam obrigar seu cumprimento. Da nossa perspectiva atual, os fundadores da República Americana tinham uma visão equivocada do significado de conceitos fundamentais como propriedade e liberdade. Eles reconheciam os direitos de propriedade dos donos de escravos – de fato, boa parte da "propriedade" do Sul era composta por pessoas escravizadas –, mas não reconheciam os direitos dos escravizados de desfrutar dos frutos de seu trabalho. Mesmo enquanto falavam sobre a liberdade do domínio britânico, os escravistas negavam liberdade a grande parte dos habitantes do Sul. Sem dúvida, os pontos de vista de hoje também serão considerados inadequados daqui a cem anos.

O grande intelectual italiano Antonio Gramsci (1891-1937) estava, quase certamente, correto ao descrever a ideologia de nossa sociedade como fornecedora das bases tanto para o funcionamento da sociedade quanto para a manutenção do poder das elites. A ideologia ajuda a legitimar instituições e regras que concedem mais liberdade a alguns e menos a outros – incluindo a liberdade para fazer as regras. As mudanças nos sistemas de crença dos Estados Unidos desde a promulgação da Constituição deveriam nos tornar profundamente conscientes disso. O que parecia legítimo, quase inquestionável, naquela época, parece horrendo hoje. Assim, torna-se fundamental entender os processos por meio dos quais as ideologias são formadas e transmitidas na sociedade, e aqui também as ideias de Gramsci sobre a hegemonia das elites são relevantes. A maneira como a influência é exercida é, claro, diferente no século XXI do que era em sua época. A Parte II deste livro aborda como são moldadas as crenças comumente aceitas sobre o significado de liberdade.

As palavras importam

A teoria econômica comportamental moderna nos ensina que o "enquadramento" importa, e isso significa que as palavras que usamos são relevantes. Um bônus por fazer a coisa certa é percebido de forma diferente de uma penalidade por fazer a coisa errada, mesmo que, na teoria econômica clássica, os dois possam ser equivalentes e induzir às mesmas ações.

A linguagem da liberdade, conforme usada na atualidade, limita nossa capacidade de raciocinar de forma lúcida sobre o tipo de sistema econômico, político e social que melhor promove o bem-estar social – incluindo qual sistema é mais propenso a proporcionar liberdade e bem-estar *significativos* ao maior número de pessoas. A linguagem da coerção e da liberdade tornou-se uma parte emocional do nosso vocabulário político. Liberdade é bom; coerção é ruim. De fato, há um raciocínio simplista predominante que encara a liberdade e a coerção como meros antônimos. Em um caso, um indivíduo tem liberdade para usar máscara ou não, para tomar uma vacina ou não, para contribuir financeiramente para a defesa do país ou não, para doar dinheiro aos pobres ou não. O estado tem o poder de retirar essas liberdades. Ele pode me compelir ou coagir a usar máscara, tomar uma vacina, pagar impostos para financiar as forças armadas ou ajudar as pessoas com renda mais baixa.

A mesma dicotomia existe no nível do Estado-nação em sua relação com outros Estados-nação. Os Estados podem se sentir forçados a fazer o que não querem, seja pela ameaça de ação militar ou por ameaças de medidas econômicas, as quais impactariam sua economia tão severamente que eles acreditam não ter escolha.

Em muitos contextos, no entanto, a palavra "coerção" não parece útil. Todos os indivíduos (e todos os Estados) enfrentam restrições. Pode-se dizer que sou coagido a viver dentro do meu orçamento, mas também pode-se dizer que não tenho direito a viver além do meu orçamento, ou que nenhuma outra pessoa mais pode ser coagida a me dar recursos além daqueles que meu orçamento me permite desfrutar. Poucos usariam o glossário da coerção para descrever a restrição de viver dentro das próprias possibilidades. Podemos simplesmente pensar em uma restrição orçamentária mais apertada como uma das muitas formas *não coercitivas* de reduzir a liberdade para agir de uma pessoa. Contudo, a restrição orçamentária de um indivíduo é, de certa forma, socialmente determinada. Em uma economia de mercado, ela é o resultado de forças econômicas moldadas por regras socialmente determinadas, como explicarei em mais detalhes adiante.

Assim, o uso simplista da palavra "liberdade" pela Direita prejudica uma liberdade importante da sociedade: a liberdade para escolher um sistema econômico que poderia, de fato, ampliar a liberdade da maioria dos cidadãos. Nesse sentido, espero que a discussão, neste livro, crie espaço para um debate mais amplo – que ela seja *libertadora*.

Minha jornada intelectual

Os leitores dos meus trabalhos anteriores perceberão que este livro se baseia em ideias que há muito tempo me preocupam. Minha carreira acadêmica começou quando mostrei, de forma teórica, que as suposições arraigadas de que os mercados competitivos são eficientes estavam simplesmente erradas, sobretudo quando há informação imperfeita, o que sempre ocorre. No entanto, minhas experiências na administração Clinton e no Banco Mundial me convenceram de que as deficiências em nossa economia (e nas abordagens predominantes da teoria econômica) eram mais profundas. Em meus trabalhos anteriores, descrevi o que a globalização, a financeirização e a monopolização estavam fazendo com nossa economia, e seus papéis no aumento da desigualdade, na desaceleração do crescimento e na redução das oportunidades.

Também me convenci de que os problemas de nossa economia e sociedade não eram inevitáveis; não eram o resultado de nenhuma lei da natureza ou da teoria econômica. Eram, de certa forma, uma questão de escolha, um resultado das regras e dos regulamentos que regeram nossa economia. Eles foram moldados nas últimas décadas pelo neoliberalismo, e era ali que estava a raiz do problema.

Entretanto, há uma segunda vertente do meu trabalho que é relevante para este livro. Ela começou com minha preocupação com os recursos naturais e com o meio ambiente, a qual relatei em artigos escritos há muitos anos. Era óbvio que havia falhas de mercado fundamentais na proteção do meio ambiente e no gerenciamento dos recursos naturais. Busquei entender melhor tanto a natureza dessas falhas quanto o que poderia ser feito a respeito. Fui o principal autor do *Relatório Intergovernamental sobre Mudanças Climáticas* de 1995, o primeiro desse tipo a incorporar análises econômicas[17].

Ao mesmo tempo, no Conselho de Assessores Econômicos, liderei um projeto para revisar nosso sistema de contas nacionais de modo a mostrar o que estava acontecendo com nossos recursos naturais e com o meio ambiente – a construção de um "PIB verde". Recebemos apoio entusiasmado do Departamento de Comércio, responsável pela elaboração desse tipo de conta. Sabíamos que estávamos fazendo algo importante quando vários membros do Congresso ameaçaram cortar nossos orçamentos se prosseguíssemos com esses projetos. Meu trabalho foi temporariamente frustrado, mas, alguns anos mais tarde, o presidente da França, Nicolas Sarkozy, me convidou para presidir uma Comissão para a Mensuração do Desempenho Econômico e do Progresso Social junto do economista vencedor do Prêmio Nobel, Amartya Sen, e o economista Jean-Paul Fitoussi. O relatório resultante, intitulado *Mismeasuring Our Lives: Why GDP Doesn't Add Up**, desempenhou um papel relevante ao incentivar um movimento por vezes conhecido como "Além do PIB" e a criação de um grupo de países chamado Aliança para Economia do Bem-estar, comprometido em colocar o bem-estar, definido de forma ampla, no foco de suas agendas[18]. O princípio central do movimento e da aliança é que o que importa não são apenas os bens e os serviços materiais, medidos pelo PIB, mas também o bem-estar geral individual e social, que inclui muitas coisas que o PIB tradicional deixa de fora, inclusive, talvez, uma avaliação do grau de liberdade.

Este livro segue essa linha. Mais importante do que as ineficiências e as instabilidades geradas pelo neoliberalismo, são as desigualdades corrosivas que ele gera, a forma como produz egoísmo e desonestidade, e o estreitamento da visão e dos valores que inevitavelmente ocorre. Valorizamos a liberdade como indivíduos e como sociedade, e qualquer análise do que constitui uma boa sociedade deve lidar com a questão de como essa sociedade promove a liberdade, incluindo a percepção das pessoas sobre como suas ações podem restringir a liberdade dos outros. Entre as falhas mais importantes do neoliberalismo, explicarei, está o fato de que ele restringe a liberdade de muitos enquanto expande a liberdade de poucos.

Este livro reúne, enriquece e expande meus trabalhos anteriores. Não basta reconhecer as origens e a natureza das falhas do neoliberalismo e entender que precisamos ir além do PIB. Precisamos entender que existem sistemas econômicos alternativos melhores e ver como eles podem se estruturar. Devemos também perguntar o que é uma boa sociedade e descobrir como construí-la. Nas páginas seguintes, mais do que fornecer respostas definitivas, faço perguntas e introduzo um modelo para refletir sobre elas, incluindo como comparar o peso relativo das diferentes liberdades.

Os desafios para a democracia e os ataques a ela e à liberdade nunca foram maiores em toda a minha vida. Espero que este livro contribua para uma compreensão mais profunda do significado de liberdade e fortaleça o debate democrático sobre que tipo de sistema econômico, político e social contribuirá para a liberdade da maioria dos cidadãos. Somos uma nação

---

* Medindo erradamente nossas vidas: a razão de as contas do PIB não fecharem. (N.T.)

nascida da convicção de que as pessoas devem ser livres. Não podemos permitir que um lado se aproprie do conceito em si de liberdade em termos econômicos e políticos e o empregue a seu favor.

A menos que tenhamos uma ideia mais clara do que queremos, não venceremos e não poderemos vencer essa luta existencial pela liberdade e pela democracia. Pelo que estamos lutando? Como a Direita conseguiu desvirtuar as ideias sobre esses conceitos por tanto tempo? A confusão por ela propagada serve bem aos seus propósitos, em uma época em que a Direita se engaja em uma série de batalhas políticas que, caso sejam vitoriosas, levarão à antítese de uma liberdade significativa.

1

Introdução: *a liberdade em risco*

A liberdade corre risco. Segundo muitos relatos, no mundo inteiro o número de pessoas que vive em sociedades livres e democráticas está em queda. A Freedom House, uma organização sem fins lucrativos com sede nos Estados Unidos e que compila uma avaliação anual sobre o estado da liberdade, afirmou em seu relatório de 2022 que as liberdades vêm definhando há 16 anos consecutivos. Hoje, 80% da população mundial vive em países que a Freedom House classifica como autoritários ou apenas parcialmente livres, ou seja, carecem dos elementos mais importantes de uma sociedade livre, como uma imprensa independente. Nem mesmo a União Europeia, comprometida com a democracia e os direitos humanos, foi poupada. A Hungria, desde 29 de maio de 2010, é governada por Viktor Orbán, que se declarou a favor de uma "democracia iliberal" e tomou medidas contundentes contra a liberdade de imprensa e a independência do sistema educacional. Do outro lado do Atlântico, Donald Trump apresenta claras tendências autoritárias, tendo interferido na transferência pacífica de poder após ser derrotado de forma contundente na eleição de 2020. Apesar de múltiplas acusações e processos civis, que vão de fraude a estupro, ele continua sendo um forte candidato à presidência enquanto este livro está sendo escrito e é provável que seja nomeado pelo Partido Republicano[*].

Estamos em uma guerra global, intelectual e política para salvaguardar e preservar a liberdade. As democracias e sociedades livres produzem aquilo que os cidadãos querem e valorizam, e podem fazer isso de forma mais eficaz do que os regimes autoritários? Essa é uma batalha pelos corações e mentes das pessoas em todos os lugares. Acredito firmemente que as democracias

---

[*] No momento da publicação deste livro, Donald Trump é o presidente dos Estados Unidos. (N.E.)

e as sociedades livres podem atender muito melhor às necessidades de seus cidadãos do que os sistemas autoritários. No entanto, em várias áreas importantes, sobretudo na teoria econômica, nossas sociedades livres estão falhando. Mas – e isso é importante – essas falhas não são inevitáveis e, em parte, decorrem da concepção incorreta de liberdade defendida pela Direita, a qual nos levou por um caminho errado. Existem outros caminhos que oferecem mais bens e serviços desejados, com mais segurança, mas que também proporcionam mais liberdade para mais pessoas[1].

Este livro aborda as questões relativas à liberdade sob a perspectiva dos economistas e usa a linguagem deles, concentrando-se, pelo menos de início, no que pode ser denominado liberdade econômica, em contraste com o que, em geral, chamamos de liberdades políticas (embora, como argumentarei mais adiante, essas liberdades sejam realmente inseparáveis).

A liberdade em um mundo de interdependência

Para repensar o significado de liberdade, precisamos começar por reconhecer nossa interdependência. Como o poeta John Donne famosamente escreveu em 1624: "Nenhum homem é uma ilha, isolado em si mesmo". Isso é bastante verdadeiro em nossa sociedade moderna, urbana e interconectada, muito diferente da sociedade agrária da era pré-industrial, na qual muitas pessoas viviam em casas unifamiliares, às vezes a grandes distâncias umas das outras. Em comunidades urbanas densas, o que uma pessoa faz afeta outras, desde buzinar até limpar a calçada após um passeio com um animal de estimação. E, em nosso mundo industrial, com carros, fábricas e agricultura intensiva, a poluição que cada pessoa ou empresa gera contribui, gradualmente, para um excesso de gases de efeito estufa na atmosfera, levando ao aquecimento global que afeta a todos.

Um refrão, ao longo deste livro, é que *a liberdade de uma pessoa equivale, muitas vezes, à falta de liberdade de outra*; ou, dito de outra forma, *a ampliação da liberdade de uma pessoa frequentemente ocorre à custa da liberdade de outra*. Como o estadista e filósofo romano Cícero disse há cerca de dois mil anos: "Somos escravos da lei para que possamos ser livres"[2]. Somente se agirmos coletivamente, através do governo, seremos capazes de alcançar um equilíbrio de liberdades. Ações governamentais bem planejadas, incluindo regulamentações que restrinjam certas formas de comportamento, podem ser, em um sentido fundamental, libertadoras, ou pelo menos assim podem ser para uma grande proporção da população. Em uma sociedade moderna e sã, governos e liberdade não precisam estar em conflito.

É evidente que os limites da liberdade sempre foram questionados e, inevitavelmente, são ambíguos. Não deveria existir *nenhuma* restrição à liberdade de expressão, mesmo para a pornografia infantil? A propriedade privada representa uma restrição – uma pessoa tem o direito de usar e dispor de um ativo, mas outras não. No entanto, os direitos de propriedade precisam ser definidos, sobretudo quando se trata das formas mais recentes de propriedade, como a propriedade intelectual. Mesmo a Constituição dos Estados Unidos reconhece o domínio eminente, ou seja, o direito do governo de tomar posse de propriedades, desde que haja uma compensação justa. E as circunstâncias em que isso pode ser feito estão evoluindo, caso judicial após caso judicial.

Grande parte desse debate diz respeito ao equilíbrio entre a liberdade de coerção do Estado e a liberdade de não ser prejudicado por outros. Entretanto, há um importante sentido positivo de liberdade que já mencionei: a liberdade para realizar o próprio potencial. As pessoas que vivem no limite, de certa forma, não têm liberdade. Elas fazem o que precisam para sobreviver. Contudo, proporcionar a elas os recursos necessários para viver uma vida digna, e ainda mais para realizar seu potencial, requer tributar a comunidade como um todo[3]. Muitos na Direita afirmariam que tal tributação – mesmo com representação – é tirania, pois perderam o direito de gastar esse dinheiro como desejam. Da mesma forma, consideram as leis que exigem que os empregadores paguem salário mínimo – ou um salário digno – uma violação da liberdade dos empregadores de pagar o que bem entendem. Essa liberdade até recebe um nome elegante: liberdade para contratar.

Meu objetivo final neste livro é entender que tipo de sistema econômico, político e social é mais propenso a ampliar as liberdades da maioria dos cidadãos, incluindo definir, adequadamente, os limites da liberdade, elaborar as regras e regulamentações corretas e fazer uma distribuição correta das perdas e dos ganhos. A resposta que apresento contraria mais de um século de escritos conservadores. Não se trata do Estado Mínimo defendido pelos libertários[4], nem mesmo do Estado extremamente restrito imaginado pelo neoliberalismo. Em vez disso, a resposta se alinha com uma democracia social europeia rejuvenescida ou com um novo capitalismo progressista estadunidense, uma versão do século XXI da democracia social ou do estado de bem-estar escandinavo.

É claro que por trás desses diferentes sistemas econômicos – capitalismo neoliberal de um lado e capitalismo progressista do outro – estão teorias diferentes sobre o comportamento individual e o funcionamento das sociedades, além de teóricos que explicam por que seu sistema preferido funciona melhor do que os outros. O próximo capítulo aborda esses teóricos e teorias alternativos.

As complexidades da liberdade ilustradas pelos Estados Unidos

As complexidades da noção de liberdade são bem ilustradas pelas discussões sobre esse tema nos Estados Unidos.

Os estadunidenses crescem impregnados por um elixir de liberdade. A fundação do país foi um ato de liberdade – a retirada do controle político dos senhores britânicos que estavam a milhares de quilômetros de distância. Cada criança na escola aprende o grito do virginiano Patrick Henry: "Dê-me a liberdade ou dê-me a morte!" e, em inúmeras ocasiões públicas, os estadunidenses cantam seu hino nacional com as palavras "a terra dos livres e o lar dos bravos". As dez primeiras emendas à Constituição, a Declaração de Direitos, asseguram que o Estado não violará as liberdades fundamentais dos indivíduos.

Entretanto, os últimos anos não foram benevolentes com essa narrativa da história estadunidense. Houve liberdade para alguns, mas houve o oposto de liberdade para os povos escravizados. Para outros, os povos indígenas do continente, houve um verdadeiro genocídio. Evidentemente, a liberdade que os patriotas do país defendiam não era a liberdade para todos, nem uma sensação generalizada de liberdade, mas sim a liberdade *para si próprios*. Em particular, tratava-se da liberdade política do domínio do rei britânico e dos impostos sobre o chá que ele havia instituído.

É difícil, pelo menos do nosso ponto de vista atual, entender como uma sociedade que parece estar tão profundamente comprometida com a liberdade permitiu que a escravidão perdurasse. Às vezes, os apologistas sugerem que precisamos analisar o mundo pelas lentes dos costumes da época, mas, mesmo então, já existia uma compreensão do ultraje moral da escravidão[5].

Nessa perspectiva, a Revolução Estadunidense teve menos a ver com liberdade do que com quem exerce o poder político; a questão era se haveria um governo autônomo liderado por elites locais ou um governo remoto exercido por um parlamento sediado em Londres, cujos membros, em sua maioria, mostravam um ceticismo cada vez maior com relação à escravidão. A Grã-Bretanha acabou abolindo a escravidão em 1833, três décadas antes dos Estados Unidos. (O papel central da escravidão era ainda mais evidente no Texas, que "se rebelou" contra o México e depois se associou aos Estados Unidos como um estado escravagista no mesmo ano em que o México proibiu a escravidão.)

No entanto, enquanto Ronald Reagan fazia suas declarações sobre a centralidade da liberdade, ele apoiava ações para minar liberdades democráticas alheias. Sua CIA esteve envolvida em golpes militares em uma série de países, incluindo Grécia e Chile – neste último, o resultado foi a perda da liberdade mais fundamental para dezenas de milhares de pessoas: a liberdade para viver.

Mais recentemente, a insurreição de 6 de janeiro de 2021 foi um ataque cujo objetivo foi desestabilizar o aspecto mais importante de uma democracia – a transição pacífica de poder. Quando grande parte do Partido Republicano transformou-se no que parecia ser uma seita, alegando, contra todas as evidências, que a eleição havia sido fraudada, ficou claro que a democracia do país corria risco e, com ela, as liberdades que os estadunidenses há tanto tempo prezam. No entanto, muitos participantes da insurreição afirmaram que estavam *defendendo* a liberdade.

Se existe alguma esperança de que essa nação dividida possa se unir, precisamos compreender melhor esses conceitos.

Temas e questões centrais

Já expliquei que a mensagem central deste livro é que o conceito de "liberdade" é mais complexo do que sugere o uso simplista da palavra pela Direita. Gostaria de fazer uma pausa para explicar meu uso do termo "Direita". Emprego-o para me referir, *grosso modo*, a múltiplos grupos – alguns se autodenominam conservadores; outros, libertários; e outros, ainda, se identificam como "de Direita" no contexto político –, os quais possuem pontos de vista diferentes, mas compartilham a crença de que é preciso limitar o governo e como agimos coletivamente. Ao contrário de alguns anarquistas, esses grupos acreditam no Estado. Acreditam que os direitos de propriedade precisam ser respeitados. A maioria acredita (muitas vezes fervorosamente) no gasto de recursos com as forças armadas. E alguns apoiariam outras ações federais limitadas, como a ajuda pública em caso de crises, como um terremoto ou um furacão devastador. Este livro explica por que é necessário que o Estado tenha um papel mais extenso e examina esse papel ampliado, sobretudo pela lente da liberdade.

Veremos que refletir sobre o significado de liberdade nos faz pensar com mais profundidade sobre muitos aspectos importantes da sociedade, os quais, com frequência, consideramos naturais – por exemplo, os tipos de contratos que devem ser cumpridos obrigatoriamente. Isso nos faz refletir sobre o significado da tolerância e de seus limites. Até que ponto devemos ser tolerantes com aqueles que são intolerantes? Não serei capaz de responder a todas as perguntas difíceis que surgem, mas espero, pelo menos, esclarecer o que está em jogo e ajudar a propor uma maneira de refletir sobre elas.

Uma vez que algumas dessas questões são muito complexas, temo perder de vista a floresta ao focar nas árvores. Portanto, nas próximas páginas, quero traçar um panorama e descrever algumas das ideias e questões centrais que são cruciais para uma compreensão mais profunda de liberdade. Organizo a discussão em torno das três partes nas quais o livro está dividido.

A primeira parte analisa a liberdade e a coerção por meio da lente tradicional de um economista, pela qual as crenças e os desejos dos indivíduos são considerados fixos, inalterados ao longo do tempo e livres da influência de outros. A segunda parte incorpora ideias da teoria econômica comportamental moderna, que reconhece que crenças e comportamentos *podem* ser moldados, um ponto de vista bastante relevante hoje, haja vista o uso da desinformação e da informação incorreta para construir e promover visões muitas vezes desvinculadas dos fatos ou da lógica[6]. Ela também aborda o efeito restritivo da coerção social. A terceira parte usa as ideias desenvolvidas nas partes I e II para nos ajudar a entender o que constitui uma boa sociedade e quais tipos de governo e arquitetura internacional têm mais probabilidade de construí-la.

Princípios fundamentais: perspectivas mais tradicionais

A liberdade significativa: liberdade para agir

A noção de liberdade econômica de um economista começa com uma ideia simples: a liberdade de uma pessoa está relacionada ao que ela pode fazer e escolher. Essa perspectiva pode parecer próxima da de Milton Friedman, refletida no título de seu livro de grande sucesso *Livre para escolher* (publicado em 1980 e escrito juntamente com sua esposa, Rose). Mas Friedman ignorou um fato elementar: alguém com uma renda muito limitada tem pouca liberdade para escolher. O que importa é o *conjunto de oportunidades* de uma pessoa – o conjunto de opções que ela tem à sua disposição[7]. Do ponto de vista de um economista, isso é a única coisa que importa. Seu conjunto de oportunidades determina – na verdade, define – sua *liberdade para agir*[8]. Qualquer redução no escopo de ações que ela pode realizar constitui uma perda de liberdade[9].

A linguagem usada para descrever uma expansão ou uma contração do conjunto de oportunidades não faz diferença[10,11]. Não faz a mínima diferença se alguém é induzido a se comportar de determinada maneira por meio de *incentivos*, como recompensas, ou de *punições*, como multas, embora, em geral, enalteçamos os primeiros por serem "não coercitivos" (ao elogiar sistemas econômicos que projetam mecanismos inteligentes de incentivos para induzir o comportamento desejado) e critiquemos os últimos por serem "coercitivos".

Quando você entende a liberdade econômica como liberdade para agir, isso reformula, de imediato, muitas das questões centrais relacionadas à política econômica e à liberdade. Os libertários e outros conservadores veem a capacidade de gastar livremente a própria renda como uma característica definidora da liberdade econômica[12]. Eles percebem restrições a essa ação como coerção, sendo a tributação a mais coercitiva das restrições. No entanto, essa perspectiva dá primazia aos mercados e aos preços determinados por eles. Ofereço uma crítica a essa posição. Pode haver argumentos econômicos sobre o nível e a estrutura da tributação, mas mostro que pouca ou nenhuma primazia moral deve ser atribuída às rendas de mercado das pessoas – as rendas que elas obtêm em nossa economia de mercado, seja na forma de salários, dividendos, ganhos de capital ou outras fontes – e, portanto, há pouco ou nenhum motivo moral para não tributar essas rendas.

A liberdade da miséria e do medo e a liberdade para realizar o próprio potencial

As pessoas que estão apenas sobrevivendo têm uma liberdade extremamente limitada. Todo o seu tempo e energia são consumidos na tentativa de ganhar dinheiro suficiente para pagar por alimentos, moradia e transporte para o trabalho. Assim como não há legitimidade moral para as rendas das pessoas no topo da escala econômica, também não há para as das pessoas em sua base. Não se trata necessariamente de algo que elas fizeram para merecer a pobreza que enfrentam. Uma boa sociedade faria algo em relação às privações, ou reduções de liberdade, enfrentadas pelas pessoas com baixa renda.

Não admira que aqueles que vivem nos países mais pobres priorizem os direitos econômicos, o direito à assistência médica, moradia, educação e segurança alimentar. Eles se preocupam com a perda de liberdade não apenas por causa de um governo opressor, mas também em razão de sistemas econômicos, sociais e políticos que deixaram grandes parcelas da população na miséria. Pode-se classificar tudo isso como liberdades *negativas*: aquilo que é perdido quando os indivíduos não conseguem realizar seu potencial. Pode-se também enquadrá-las como liberdades *positivas*: o que é ganho por meio de bons sistemas econômicos e sociais, que é a liberdade para realizar seu potencial, uma liberdade associada à oportunidade e ao acesso à educação, saúde e alimentação suficientes.

A Direita afirma que os governos têm restringido a liberdade, desnecessariamente, por meio da tributação, a qual limita os orçamentos dos ricos e, assim (em nossa formulação), reduz a liberdade deles. Mesmo nessa afirmação, eles estão apenas parcialmente corretos, uma vez que os benefícios sociais das despesas financiadas por esses impostos, como os investimentos em infraestrutura e tecnologia, podem expandir seus conjuntos de oportunidades (sua liberdade) de maneiras mais significativas. Entretanto, mesmo que estivessem corretos em sua avaliação do efeito sobre os ricos, eles ignoram o impacto social mais amplo sobre as liberdades. A tributação progressiva, com recursos redistribuídos aos menos favorecidos por meio de programas sociais ou da educação, expande o conjunto de oportunidades dos pobres, sua liberdade, ainda que, ao mesmo tempo, possa restringir o conjunto de oportunidades dos ricos. Da mesma forma que em tudo, existem perdas e ganhos.

A liberdade de uma pessoa equivale à falta de liberdade de outra

Já introduzi esse tema central, e o Capítulo 3 é dedicado a explicar suas múltiplas implicações. Por exemplo, essa proposição inegável remete diretamente ao tema afim da regulamentação. Ela não é o antônimo de liberdade; restrições são necessárias em uma sociedade livre. Mesmo em sociedades mais simples e antigas, havia a necessidade de regulamentações. A maior parte dos Dez Mandamentos pode ser vista como um conjunto mínimo de leis (regulamentações) necessárias para o funcionamento de uma sociedade.

Uma das implicações mais importantes, a qual também já mencionei, é que a discussão sobre liberdade muitas vezes envolve considerar que existem perdas e ganhos. Às vezes, o equilíbrio entre direitos é óbvio. Em todas as sociedades, matar alguém é proibido, exceto em circunstâncias muito bem definidas. O "direito de matar" está subordinado ao "direito de não ser morto". Existem muitas outras situações em que o equilíbrio entre direitos deveria ser óbvio se apenas removêssemos as teias de aranha criadas pela retórica falsa sobre liberdade e coerção. Por exemplo, com a exceção de alguém para quem a vacina apresenta um risco à saúde, o risco de uma pessoa não vacinada espalhar uma doença perigosa e possivelmente letal supera, em grande escala, o "incômodo" ou a "perda de liberdade" de ser obrigado a se vacinar. Deveria também ser óbvio que a magnitude desse desequilíbrio aumenta conforme a contagiosidade e a gravidade da doença se intensificam.

No entanto, existem certas situações em que o equilíbrio entre perdas e ganhos não é tão evidente; capítulos posteriores oferecem um modelo para pensar sobre como podemos abordar essas situações.

Os mercados livres e sem amarras dizem respeito mais ao direito de explorar do que ao direito de escolher

Um exemplo específico de perdas e ganhos, o qual acredito ilustrar bem essa questão, envolve a exploração. Ela pode assumir diversas formas: poder de mercado, como preços abusivos em tempos de guerra ou empresas farmacêuticas que mantêm os preços altos durante uma pandemia; empresas de cigarros, alimentos e medicamentos que tiram proveito do vício; cassinos e sites de jogos de azar *on-line* que exploram vulnerabilidades. Os avanços recentes na economia digital abriram novas oportunidades para a exploração.

Na teoria econômica, as análises competitivas padrão pressupõem que ninguém tem poder, pois todos possuem informações perfeitas e são perfeitamente racionais. Dessa maneira, ignoram o poder de mercado e outras formas de exploração. No entanto, no mundo de hoje, existem indivíduos e corporações com poderes consideráveis[13]. É como se aqueles que defendem que o governo não deve interferir no funcionamento da economia usassem uma varinha de condão para ignorar todo o *rent-seeking* na economia do século XXI. (Uma definição rápida de *rent-seeking*: são os retornos obtidos por um serviço, trabalho, capital ou terra superiores aos que seriam necessários para assegurar seu suprimento. Uma vez que existe uma oferta fixa de terra, qualquer dinheiro ganho com ela é considerado *rent*; da mesma forma, quaisquer retornos adicionais obtidos por meio do poder de mercado contam como *rent*. Quando as empresas buscam aumentar seu poder de mercado ou explorar de outras formas, chamamos isso de *rent-seeking*.)[14]

A exploração enriquece o explorador à custa do explorado. Restrições a essa exploração podem expandir o conjunto de oportunidades (a liberdade) da maioria, enquanto restringem o conjunto de oportunidades da pessoa que realiza a exploração. Há perdas e ganhos, e a sociedade precisa arbitrar entre vencedores e perdedores. Na maioria dos casos, fica claro o que precisa ser feito: o explorador deve ser restringido. Nesse contexto, o foco não está na renda ou na riqueza do explorador em comparação com o explorado, mas sim na maneira como o bem-estar de um é ampliado à custa do bem-estar do outro[15]. Existe um apoio amplo, por exemplo, a regulamentações que exigem certas divulgações – como o teor de açúcar nos cereais, os riscos associados ao tabagismo, a verdadeira taxa de juros de uma hipoteca ou os riscos ocultos em produtos de investimento. Essas divulgações reduzem as assimetrias de informação, diminuem a possibilidade de exploração e ajudam os mercados a funcionar de forma mais eficiente. Em uma ampla variedade de situações, podemos demonstrar que a "coerção" que restringe a exploração aumenta a eficiência econômica, mesmo no sentido restrito do termo usualmente empregado pelos economistas[16], o que amplia a maioria dos conjuntos de oportunidades, se não todos eles.

Isso coloca em destaque outro tema, talvez ainda mais intrigante do que "a liberdade de uma pessoa equivale à falta de liberdade de outra": *a coerção pode aumentar a liberdade de todos*. Os semáforos são uma regulamentação simples e fácil de cumprir; eles permitem que os motoristas se revezem ao atravessar um cruzamento. Na sua ausência, haveria engarrafamentos ou acidentes. Todos estariam em uma situação pior. É evidente que a pequena coerção do semáforo – restringindo o que podemos fazer – pode aumentar o bem-estar e, em certo sentido, a liberdade para agir de todos.

Os direitos de propriedade podem restringir ou libertar

Aceitamos os direitos de propriedade como algo tão natural que, na maior parte do Ocidente, nem sequer os consideramos como "regulamentações" ou "restrições". Apenas aceitamos a legitimidade moral da propriedade e a de um sistema econômico baseado nesses direitos.

O sistema de direitos de propriedade é defendido com base na eficiência econômica. Se não houvesse direitos de propriedade, ninguém teria incentivo para trabalhar ou poupar. O fato de que a preservação de alguma forma de propriedade é fundamental para o funcionamento da sociedade está refletido no oitavo dos Dez Mandamentos: "Não roubarás".

Os direitos de propriedade são uma *restrição* aos outros (por exemplo, a liberdade deles de invadir minha propriedade é limitada), mas é uma restrição que, em termos gerais, é "libertadora", pois amplia o que as pessoas podem fazer e consumir. Existe um consenso geral de que as leis devem garantir a aplicação dos direitos de propriedade. A execução coletiva dos direitos de propriedade significa que não precisamos gastar enormes quantidades de recursos para defender nossa propriedade.

Como escreveu o ecologista Garrett Hardin, famoso por sua discussão sobre como controlar o uso excessivo de terras comuns (discutido mais adiante), "o fato de que, ao fazê-lo, infringimos a liberdade de potenciais ladrões, nem negamos nem lamentamos". E ele continuou: "Quando os homens concordaram mutuamente em aprovar leis contra o roubo, a humanidade tornou-se mais livre, e não menos livre [...] uma vez que percebem a necessidade de coerção mútua, tornam-se livres para buscar outros objetivos"[17].

No entanto, essa visão nos leva apenas até certo ponto. Os direitos de propriedade precisam ser definidos e atribuídos. Os debates acalorados sobre a definição de novas formas de propriedade – como a propriedade intelectual – mostram claramente que ela é uma construção social, com perdas e ganhos em termos de liberdades. A liberdade dos potenciais usuários do conhecimento é restringida, enquanto a liberdade do suposto inventor ou descobridor do conhecimento é ampliada. O Capítulo 6 explora as diversas formas pelas quais os direitos de propriedade podem ser, e em diferentes países são, definidos, e as perdas e os ganhos envolvidos.

Contratos: privados e sociais – restrições voluntariamente estabelecidas

A base da discussão até agora é a ideia simples de que a imposição pública de certas restrições pode expandir os conjuntos de oportunidades de muitas, da maioria ou até de todas as pessoas. Estas, é claro, impõem restrições a si mesmas em suas interações com outros. É isso que os contratos representam. Eu concordo em fazer algo ou não fazer algo (ou seja, restrinjo minhas ações) em troca do seu compromisso de fazer ou não fazer algo. Nos contratos voluntariamente estabelecidos, ambas as partes saem ganhando. Quando assinamos um contrato, acreditamos que restringir nossa liberdade de alguma forma expande nosso conjunto de oportunidades – nossas liberdades – de outras maneiras que consideramos mais importantes do que as perdas impostas pelas restrições. De fato, uma das poucas funções do governo aceitas pela Direita é fazer com que contratos sejam cumpridos. Os contratos são vistos como invioláveis.

Como veremos, essa visão sobre os contratos é simplista. A política pública dita quais contratos devem ser executáveis e cumpridos, quando podem ser descumpridos e quais compensações precisam ser pagas quando isso ocorre. Não é verdade que permitir qualquer contrato voluntariamente firmado entre duas partes livres e conscientes necessariamente aumenta o bem-estar social. Restringir o conjunto de contratos "admissíveis" pode aumentar o bem-estar social – e até mesmo o de *todas* as pessoas na sociedade.

Raciocínios semelhantes podem ser e têm sido aplicados à ideia de um contrato social que define as relações entre os cidadãos e o governo. Ou com o soberano, como consideraram Thomas Hobbes (1588-1679) e John Locke (1632-1704), dois dos primeiros filósofos a escrever sobre contratos sociais. Não se trata de indivíduos realmente assinarem (ou terem algum dia assinado) um contrato que implique um conjunto de obrigações, como pagar impostos em troca de um conjunto de benefícios que talvez incluam a proteção. Ao contrário, a ideia de um contrato social pretende nos ajudar a refletir sobre a legitimidade moral de agir coletivamente e das obrigações e restrições que ela implica, uma troca livre que poderia ser voluntariamente estipulada entre os cidadãos da sociedade.

Princípios fundamentais: perspectivas mais modernas

Mill, Friedman e Hayek escreveram antes do desenvolvimento da economia comportamental moderna, a qual reconhece que os indivíduos diferem, profundamente, da forma como são retratados na teoria econômica tradicional. Eles são menos racionais, mas também menos egoístas.

A teoria econômica tradicional, sobretudo a teoria econômica neoliberal, desprezou o poder de moldar crenças, e até preferências, ao presumir que elas são fixas e definidas; fundamentalmente, do ponto de vista da teoria econômica tradicional, as pessoas nascem com plena consciência do que gostam e do que não gostam e de como trocariam mais de um bem por menos de outro. Na teoria padrão, os indivíduos mudam crenças ou ações (mantendo constantes rendas e preços) apenas devido ao acesso a informações melhores. Contudo, na realidade, preferências e crenças[18] podem ser moldadas, algo que todos os pais, profissionais de marketing ou publicidade e aqueles envolvidos em campanhas a favor ou contra as informações incorretas e a desinformação conhecem muito bem. Moldar crenças e preferências envolve mais do que apenas fornecer mais e melhores informações; implica mudar mentalidades, um assunto estudado tanto por psicólogos quanto por profissionais de marketing, mas que, em geral, está além do alcance de economistas apegados ao modelo de racionalidade plena com preferências estáveis desde o nascimento[19]. O fato de que nosso próprio sistema econômico molda preferências e crenças é bastante preocupante – e essa modelagem é de extrema importância quando avaliamos os méritos de um sistema em comparação com outro.

Quando esse tipo de moldagem de pessoas as torna mais "altruístas", isso pode ser benéfico para a sociedade, pois oferece uma maneira aparentemente não coercitiva de "internalizar" as consequências das ações de uns sobre os outros. As pessoas pensam sobre as consequências de seus atos nos outros. Recentemente, os economistas do desenvolvimento mostraram que mudar crenças pode ser muito mais eficaz (e menos custoso) para induzir comportamentos que promovam o desenvolvimento ou o bem-estar social, como reduzir a fertilidade, a discriminação de gênero ou a violência doméstica, do que abordagens tradicionais baseadas em incentivos ou informações melhores[20].

No entanto, como o exemplo dos militantes antivacina deixa claro, crenças e preferências também podem ser cultivadas de maneiras antissociais e prejudiciais à sociedade. Da mesma forma, a linha entre comportamentos pró-sociais (isto é, comportamentos que consideram como as ações de alguém afetam outros) induzidos pela *coesão social* e aqueles induzidos pela *coerção social* mais questionável é, no mínimo, opaca. Dado que comportamentos e escolhas, inclusive na política, são tão influenciados por crenças, o poder de moldá-las é crucial. E, infelizmente, no século XXI, esse poder está concentrado nas mãos de um número relativamente pequeno de pessoas que controla os meios de comunicação em muitos países.

Quando países de que não gostamos tentam moldar crenças, rotulamos isso pejorativamente como "lavagem cerebral" ou "propaganda". Contudo, não reconhecemos que o mesmo ocorre nas economias de mercado, muitas vezes pela "simples" busca do lucro, mas, às vezes, com a intenção de influenciar a política. Por mais que nos preocupemos com as tentativas de induzir as pessoas a comprar bens e serviços de que não precisam, os efeitos da desinformação na política, por exemplo, são ainda mais inquietantes. Os cidadãos usam seu poder de voto para definir as regras do jogo, o que amplia o escopo para induzir ou coagir outros a se comportarem de determinadas maneiras.

Assim, o poder de mercado nos meios de comunicação importa, e precisamos adotar uma visão sistêmica ao pensar sobre a liberdade e sobre esse poder. Por exemplo, indivíduos podem ser induzidos a acreditar – contrariamente às teorias e às evidências – que os mercados são sempre eficientes e que o governo é sempre corrupto, o que leva a resultados eleitorais que fortalecem o poder e a riqueza das elites. Isso, por sua vez, aumenta a liberdade das elites à custa do restante da sociedade.

A educação pode ser libertadora

Tradicionalmente, os economistas encaram a educação escolar apenas como uma forma de aprimorar habilidades – criadora de capital humano. No entanto, ela faz mais do que isso; ela molda os indivíduos.

A educação é uma espada de dois – ou, talvez, eu devesse dizer de três – gumes. Por um lado, pode ser usada como mecanismo de coerção social, que doutrina os indivíduos para a conformidade social. Por outro lado, pode ensinar os estudantes a serem mais atentos ao bem-estar dos outros e a não impor custos desnecessários à sociedade. Contudo, o que é ainda mais importante, uma educação escolar liberal é libertadora. Ela permite que as pessoas percebam as questões de forma mais ampla, além do ponto de vista que podem ter recebido dos pais ou da comunidade. Ela melhora o livre-arbítrio e a autonomia individual, razão pela qual os inimigos da liberdade e de uma sociedade aberta trabalham tanto para restringir o que é ensinado e são tão céticos em relação às instituições de ensino superior.

A tolerância e os valores do Iluminismo sob ataque: a liberdade para pensar

Essa intolerância em relação aos cidadãos que pensam ou agem de maneira diferente permeia certos movimentos de Direita hoje e é cada vez mais evidente também na Esquerda. No entanto, a tolerância é a noção central do Iluminismo, o movimento intelectual que dominou a Europa nos séculos XVII e XVIII e deu origem à ciência moderna. Esta, por sua vez, elevou muito os padrões de vida durante os dois séculos e meio que se seguiram[21]. Certamente, as ações de uma pessoa podem afetar outras, mas essas consequências não existem quando se trata de pensamentos. Por isso, a liberdade para pensar e agir da maneira que se deseja – desde que as ações não afetem outros – é central no conceito de liberdade. Essas ideias também estão na raiz da tolerância.

Aplicações: a boa sociedade e como criá-la

Na última parte do livro, pergunto que tipo de economia e que tipo de arquitetura global são mais propensos a resultar naquilo que eu – e espero que muitos outros – acredito ser a boa sociedade.

Compreender os fracassos do neoliberalismo, incluindo a razão pela qual ele não funcionou, fornece a base para entender o que precisa ser feito para criar uma economia e uma sociedade mais saudáveis. Algo necessário, por exemplo, é um melhor equilíbrio entre o mercado, o Estado e a sociedade civil, além de uma ecologia de instituições que seja mais rica, incluindo cooperativas e organizações sem fins lucrativos.

Da liberdade individual à soberania estatal

Os fracassos dos sistemas econômicos neoliberais dentro de países foram replicados na ordem internacional. Existe um paralelo entre a soberania dos países e a liberdade dos indivíduos. O sistema neoliberal de regras e instituições internacionais – incluindo acordos comerciais, acordos de investimento, direitos de propriedade intelectual e o sistema financeiro global – ampliou as oportunidades econômicas dos países ricos à custa, sobretudo, dos países pobres.

Existe uma alternativa: o capitalismo progressista ou uma democracia social rejuvenescida

Uma das marcas do neoliberalismo e das políticas neoliberais foi a afirmação de que não existe alternativa. Esse era o lema recitado pelos formuladores de políticas, entre outros, enquanto a Europa, sob a influência de Wolfgang Schäuble, ministro das Finanças da Alemanha durante a crise do euro de 2010, impunha uma austeridade punitiva – cortes robustos nas despesas – à Grécia e aos outros países rotulados de PIGS[22]. Havia alternativas na época para lidar com a crise do euro, e existem alternativas hoje para criar uma economia e uma sociedade melhores. Há outras maneiras de organizar a sociedade e expandir as oportunidades dos indivíduos. Chamo de *capitalismo progressista* o sistema que acredito ser o mais provável de alcançar esse objetivo. (Na Europa, descrevo-o como uma democracia social rejuvenescida.)

Uso o termo "capitalismo" apenas para expressar que grandes partes da economia estarão nas mãos de empresas que focam no lucro; porém, o que chamei de capitalismo progressista envolve não apenas uma série de instituições, mas também um papel importante para a ação coletiva. Ele não se baseia na ideia falsa de que os mercados são a solução e o governo é o problema (como o presidente Reagan afirmou de forma célebre), mas em um melhor equilíbrio entre o mercado e o Estado, um equilíbrio com regulamentações que garantam a concorrência e impeçam a exploração mútua e a do meio ambiente. Um papel central da ação coletiva é expandir as liberdades de todos (por meio de regulamentação bem projetada e de investimentos públicos, financiados por impostos), mas outro componente importante é equilibrar a expansão das liberdades de alguns e a redução da liberdade de outros.

Isso só funciona com um sistema robusto de freios e contrapesos, não apenas dentro do governo, mas de forma mais ampla na sociedade, e esses freios e contrapesos podem funcionar na prática apenas se não houver concentrações de poder. Estas, no entanto, são inevitáveis se houver concentrações de riqueza, e ocorrerão, naturalmente, no capitalismo sem amarras, a menos que o Estado desempenhe um papel ativo na promoção da concorrência, por meio da formulação de "regras justas" para orientar a economia e a redistribuição.

A liberdade política e a liberdade econômica: o capitalismo progressista promove ambas

Finalmente, passamos à relação entre liberdade econômica e liberdade política. Economistas e outros alinhados com a Direita, como Friedman e Hayek, afirmam que os mercados livres e sem amarras são necessários para a liberdade política. Eles asseguram que é essencialmente inevitável que qualquer conjunto de restrições econômicas levará a mais restrições econômicas e que, para sustentá-las, restrições políticas serão implantadas e elas nos colocarão no caminho da servidão. Burocratas e políticos egoístas e autossuficientes garantem que isso acontecerá. Dê-lhes mais poder para impor um conjunto de regulamentações e eles o usarão para expandir ainda mais o seu poder.

Essas previsões estão erradas, em parte porque são baseadas em uma visão incorreta da natureza humana e em parte porque são baseadas em uma visão incorreta dos sistemas políticos democráticos. Governantes fascistas e autoritários surgiram, em grande parte, por causa das falhas de governos em fazer o suficiente, e não porque os governos fizeram demais. Nos últimos anos, vimos o populismo e governos extremistas antidemocráticos surgirem no Brasil, nos Estados Unidos, na Rússia e na Hungria, países que fizeram pouco para mitigar suas desigualdades. Não os vemos, pelo menos na mesma medida, na Suécia, na Noruega ou na Islândia, países com um estado forte que protege os cidadãos[23]. E, novamente, contrariando Hayek e Friedman, as restrições impostas ao último grupo de países levam a padrões de vida *mais elevados* – um aumento nas liberdades significativas para a maioria de seus cidadãos.

Friedman e Hayek, assim como muitos outros conservadores, têm uma visão irreversivelmente sombria da natureza humana. Talvez a adoção de suas ideias extremas sobre o egoísmo individual, que depois generalizaram para todo mundo, tenha sido resultado de uma introspecção profunda. Eles não reconhecem que muitas pessoas entram para o serviço público porque querem fazer o bem, não porque desejam se locupletar. Os servidores públicos poderiam ter ganhado muito mais, em termos financeiros, se tivessem ido para o setor privado, sobretudo na era do neoliberalismo. É verdade que algumas pessoas são extremamente egoístas e ávidas por poder, e qualquer sistema político precisa reconhecer isso. A democracia, com seus sistemas de freios e contrapesos, foi projetada para limitar as consequências.

O neoliberalismo não é autossustentável. Ele se autoanula. Ele deformou nossa sociedade e as pessoas nela. O egoísmo extremo e materialista que essa linha de pensamento cultivou minou a democracia, a coesão social e a confiança, o que resultou até mesmo no enfraquecimento do funcionamento da economia. Nenhuma economia pode funcionar bem sem um determinado grau de confiança; um mundo onde tudo depende de litígios é um mundo disfuncional. Mercados bem funcionais e que servem à sociedade exigem concorrência; contudo, sem leis antitruste, as empresas, por conta própria, subverterão a concorrência de uma forma ou de outra e o poder se concentrará cada vez mais. Sem regulamentações fortes, o neoliberalismo destruirá nosso planeta. A desigualdade econômica extrema por ele criada deu origem a desigualdades políticas, e nossa democracia se afastou da ideia de "uma pessoa, um voto" para a realidade cética que pode ser mais adequadamente descrita como "um dólar, um voto", uma desigualdade política que mina a própria noção de democracia. No contexto internacional, o efeito do neoliberalismo pode ter sido ainda pior, pois impôs políticas a países que restringiram seu espaço democrático e condenaram a maioria dos países pobres – e as pessoas neles – a continuarem pobres.

Esses resultados são exatamente opostos às afirmações de Hayek e Friedman de que o capitalismo sem amarras é *necessário* para preservar a liberdade política. O capitalismo sem amarras – o tipo de capitalismo defendido pela Direita, incluindo seus líderes intelectuais Friedman e Hayek – mina liberdades econômicas e políticas significativas e nos coloca no caminho do fascismo do século XXI. O capitalismo progressista nos coloca no caminho da liberdade.

2

Como os economistas pensam a liberdade

Há muito tempo os economistas discutem a ideia de liberdade e a relação entre ela e o sistema econômico de uma sociedade. Friedrich Hayek e Milton Friedman foram os líderes de um grupo de economistas conservadores que tentaram impedir, por meio do próprio vocabulário que utilizam, que houvesse discussões significativas. Eles falavam de "mercados livres", como se a imposição de regras e regulamentações resultasse em "mercados não livres". Rebatizaram as empresas privadas – companhias de propriedade de pessoas físicas – de "empresas livres", como se essa denominação lhes concedesse reverência e sugerisse que elas não deveriam ser tocadas, e que sua liberdade não deveria ser restringida, mesmo que explorassem as pessoas e o planeta.

Para Hayek e Friedman, o capitalismo sem amarras era desejável não apenas por sua eficiência, mas também porque promovia a liberdade. No entanto, reavaliar se ele acarreta mais ou menos liberdade requer uma reavaliação de como a economia de mercado funciona na vida real.

Uma história resumida do pensamento econômico: de Adam Smith à metade do século XX

Adam Smith, o fundador da teoria econômica moderna, fez uma crítica à abordagem excessivamente estatista (mercantilista) da teoria econômica. Smith acreditava nos mercados. Em seu livro de 1776, *A riqueza das nações*, ele presumiu que uma economia competitiva seria eficiente. Para atender aos próprios interesses, o empreendedor seria levado, *como por uma mão invisível*, a promover o bem-estar social:

Ao direcionar aquela indústria de tal forma que sua produção possa ser de maior valor, ele busca apenas o próprio ganho e, nessa empreitada, como em muitos outros casos, está sendo guiado por uma mão invisível para promover um objetivo que não fazia parte de sua intenção[1].

No entanto, Smith era muito menos otimista com relação aos mercados sem amarras do que seus seguidores posteriores. Tenho certeza de que ele ficaria horrorizado com a extensão com que suas ideias foram usadas fora de contexto, e como algumas de suas sábias observações foram ignoradas porque não eram consistentes com o modelo mental do livre mercado – a maneira como os conservadores entendiam as economias de mercado. Vejamos os seguintes exemplos. No primeiro, Smith enfatiza a tendência dos empreendedores para se envolverem em comportamentos anticompetitivos:

> Pessoas do mesmo ramo raramente se encontram, mesmo que para se divertir e se distrair, sem que a conversa termine em uma conspiração contra o público ou em alguma trama para aumentar os preços[2].

Diante do poder de mercado (colusão), os mercados em geral não são eficientes, mas distorcidos; e, como Smith enfatizou, as empresas podem explorar tanto os consumidores quanto os trabalhadores e, efetivamente, restringir seus conjuntos de escolhas (sua liberdade), enquanto ampliam a liberdade dos proprietários das empresas.

Smith não foi o primeiro a questionar como seria uma economia pouco regulamentada. Mesmo antes do advento da Revolução Industrial, filósofos haviam pensado como seria a sociedade sem um governo adequado. Thomas Hobbes, em *Leviatã* (1651), descreveu a vida em tal mundo como "solitária, pobre, desagradável, brutal e curta"[3].

As visões menos otimistas de Smith sobre o capitalismo pareceram se confirmar durante as primeiras décadas da Revolução Industrial. As leis dos pobres da Inglaterra, de 1834, tornaram os trabalhadores meros insumos para as obras públicas locais e para as fábricas. Houve crescimento econômico, mas ele obviamente não foi compartilhado de forma igualitária. A miséria em que as classes trabalhadoras viviam na Inglaterra foi documentada por Friedrich Engels em seu famoso tratado de 1845, *A situação das classes trabalhadoras na Inglaterra*, e retratada de maneira dramática nos romances da época[4].

Em meio à Revolução Industrial, surgiram duas escolas da teoria econômica. Foi notável que visões tão diferentes sobre o mundo pudessem se desenvolver, pois ambas aparentemente examinavam a mesma realidade. Uma focava no que seus defensores viam como a harmonia do sistema econômico e sua capacidade de produzir bens. Essa escola foi liderada pelos economistas clássicos que tiraram a citação de Adam Smith de contexto e desenvolveram teorias *laissez-faire*, as quais basicamente diziam: deixe o mercado agir livremente para que realize suas maravilhas[5]. Essa teoria era, com frequência, chamada de *liberalismo* e enfatizava os livres mercados, sobretudo a eliminação das barreiras à importação para o Reino Unido de produtos agrícolas baratos, o que permitiria a redução dos salários. A outra escola, mais conhecida por sua associação a Karl Marx, enfatizava o papel da exploração dos trabalhadores e a necessidade de combatê-la.

Nas décadas seguintes, crescimento e exploração ocorreram de ambos os lados do Atlântico. O crescimento foi fomentado não apenas pelo acúmulo de capital e pela inovação, mas também pela exploração de pessoas escravizadas, colônias e trabalhadores em geral. Analisar a importância relativa desses papéis é praticamente impossível. Hoje, no panteão dos grandes doadores que fundaram ou fizeram doações para as principais instituições de ensino dos séculos XVIII e XIX, é difícil encontrar homens que não tenham sido maculados pelo comércio de escravos ou pelo de ópio – ou por ambos.

A Grande Depressão e a economia mista

Nem mesmo os defensores do mercado puderam ignorar a Grande Depressão, quando um em cada quatro trabalhadores nos Estados Unidos se viu desempregado. O colapso financeiro de 1929, no qual milhões perderam suas economias, foi apenas a pior das oscilações financeiras que a economia havia experimentado. Apenas 22 anos antes, houve o pânico de 1907, o qual levou à criação do Federal Reserve; porém, nem mesmo ele conseguiu salvar o sistema bancário e a economia. Foi necessário um auxílio governamental mais amplo, o qual o presidente Franklin Roosevelt forneceu por meio do New Deal[6].

O economista John Maynard Keynes não apenas explicou o que tinha dado errado na Grande Depressão, como também apresentou uma receita para o que deveria ser feito a esse respeito. Sua recomendação incluía um papel grande para o governo – não o papel todo-poderoso defendido pelos socialistas e comunistas, mas um papel mais restrito, limitado à gestão da macroeconomia. No entanto, isso era anátema para os capitalistas.

A economia mista que surgiu nos anos após a Segunda Guerra Mundial era patentemente antissocialista. As empresas privadas predominavam, mas o governo desempenhava um papel vital na garantia da concorrência, na prevenção da exploração e na estabilização da macroeconomia. O socialismo era um regime no qual os meios de produção eram controlados pelo Estado. Em contraste, no sistema que predominou na Europa Ocidental e nos Estados Unidos, os mercados e a produção privada de bens e serviços continuavam no centro, e o governo também contribuía, por meio de educação, pesquisa, infraestrutura, ajuda aos pobres, fornecimento de previdência social e regulamentação de mercados financeiros, entre outros.

Esse modelo econômico foi extremamente bem-sucedido. Nos Estados Unidos, o crescimento nunca foi tão grande[7], e seus frutos nunca foram tão bem distribuídos. Os Estados Unidos e o mundo experimentaram o mais longo período de estabilidade sem uma crise financeira ou uma recessão profunda. O modelo teve apoio bipartidário, as alíquotas de impostos atingiram novos patamares sob a presidência republicana de Dwight Eisenhower, que introduziu, simultaneamente, grandes programas de educação, infraestrutura e pesquisa em nível nacional.

Uma variante desse modelo no Leste Asiático, onde o governo assumiu um papel mais ativo na promoção do desenvolvimento, revelou-se o modelo de desenvolvimento mais bem-sucedido de todos os tempos. O crescimento inédito reduziu a distância entre esses países e os países avançados. Seguindo esse modelo, o Japão se tornou a quarta maior economia do mundo, e a China a segunda, pelas taxas de câmbio oficiais. Porém, quando medido por uma paridade de poder de compra mais apropriada (que ajusta as diferenças no custo de vida entre os diversos países), a China, em 2023, era a *maior* economia, superando os Estados Unidos em quase 25%[8].

Por ironia, a "teoria" sobre a razão pela qual as coisas funcionaram tão bem durante essa era não havia sido desenvolvida. Para os economistas, ela representava o mesmo problema que uma girafa representa para os biólogos. As girafas existem, mesmo que não possamos entender muito bem como uma criatura com um pescoço tão comprido pode sobreviver. Foi somente na segunda metade do século XX que desenvolvemos uma compreensão profunda dos limites dos mercados e de como uma intervenção governamental bem projetada poderia realmente fazer o sistema econômico funcionar melhor.

Uma nova era econômica

Com o choque dos preços de petróleo na década de 1970, os arranjos econômicos do pós-guerra deixaram de funcionar e a inflação disparou – não o tipo de hiperinflação que prevaleceu na Alemanha na década de 1920, mas uma inflação que os Estados Unidos e grande parte do mundo nunca haviam visto antes. Foi perturbador e preocupante.

A Direita, acompanhada por democratas cuja fé no sistema parecia ter sido abalada, aproveitou aquele momento e se posicionou a favor de um novo sistema econômico.

Logo, regulamentações e restrições foram retiradas de forma indiscriminada, naquilo que foi denominado *liberalização*, a libertação da economia. Supunha-se que isso libertasse o espírito da iniciativa humana, aumentasse a inovação e melhorasse o bem-estar de todos. Mesmo que houvesse um aumento (enorme) da desigualdade, achava-se que todos ficariam melhor, pois os ganhos dos mais ricos seriam distribuídos para todos os outros. Ao mesmo tempo, houve uma onda de privatizações, a conversão de empresas estatais em empresas privadas com fins lucrativos. Na Europa, havia muitas dessas empresas, desde aço e carvão até eletricidade e transporte. Nos Estados Unidos, onde a propriedade estatal era mais limitada, a privatização foi também mais limitada, desde a coleta de lixo e as empresas de água em algumas cidades até a empresa que produzia urânio enriquecido, o ingrediente mais importante das bombas atômicas e usinas nucleares[9].

De ambos os lados do Atlântico e de todos os espectros políticos, parecia haver apoio para o mantra da liberalização comercial (eliminação de barreiras comerciais), desregulamentação e privatização[10]. O presidente Bill Clinton tentou dar um rosto mais humano a tudo isso, porém, mesmo assim, reforçou esse mantra – sobretudo por meio da aprovação do Acordo de Livre Comércio da América do Norte (NAFTA, na sigla em inglês) em 1994 e do acordo internacional que levou à criação da Organização Mundial do Comércio (OMC) em 1995. Entre as principais "realizações" de sua administração esteve a desregulamentação do setor financeiro, que levou, uma década mais tarde, à crise financeira global. Essas políticas financeiras e comerciais também levaram a uma aceleração da desindustrialização.

Clinton não estava sozinho na promoção da liberalização. O primeiro-ministro Tony Blair, no Reino Unido, e o chanceler Gerhard Schröder, na Alemanha, adotaram agendas semelhantes.

No mundo em desenvolvimento, essas ideias forneceram a base do que passou a ser denominado de agenda política do Consenso de Washington, um conjunto de regras impostas aos países que procuravam a ajuda do Banco Mundial e do Fundo Monetário Internacional (FMI)[11].

As batalhas intelectuais

Ronald Reagan e Margaret Thatcher estavam na vanguarda da batalha política que reformulou a política econômica e as economias ocidentais durante as três últimas décadas do século XX. Contudo, muito antes da chegada desses líderes políticos, as bases intelectuais haviam sido estabelecidas por Friedman e Hayek. Ambos faziam parte de um círculo de líderes intelectuais e empresariais chamado Sociedade Mont Pèlerin, a qual trabalhava para divulgar e aprimorar os argumentos a favor de um papel muito limitado para o governo e difundi-los politicamente. Por ocasião de sua fundação em 1947, em sua "Declaração de Objetivos", a Sociedade Mont Pèlerin apresentou uma perspectiva sombria dos assuntos globais:

> Em grandes extensões da superfície da Terra, as condições essenciais para a dignidade e a liberdade humanas já desapareceram. Em outras, elas estão sob ameaça constante devido ao desenvolvimento das atuais tendências políticas. A posição dos indivíduos e dos grupos voluntários está sendo progressivamente corroída pela expansão do poder arbitrário[12].

A Sociedade Mont Pèlerin buscava promover uma visão antiestatal, muito mais radical do que aquela defendida pelo Partido Republicano naquela época[13]. Seus membros consideravam os livres mercados e a propriedade privada como intimamente interligados; sem eles, sugeriam, seria "difícil imaginar uma sociedade em que a liberdade possa ser efetivamente preservada", conforme afirmado em sua "Declaração de Objetivos"[14].

É claro que se pode questionar até que ponto os membros da Sociedade Mont Pèlerin estavam realmente comprometidos com uma agenda de liberdade política. Milton Friedman estava mais do que disposto a servir como o conselheiro mais importante do notório ditador militar chileno Augusto Pinochet, e muitos outros conservadores pareciam, com frequência, mais focados na ordem do que na liberdade. Ao prometer restaurar um regime mais antigo, Pinochet, da mesma forma que outros ditadores, acenou com um fim à desordem e à incerteza que os conservadores temiam que surgissem como resultado das mudanças almejadas pelos "esquerdistas" em busca da liberdade. A preferência pela ordem em vez da liberdade se reflete em outro termo frequentemente usado em conexão com os mercados: "a disciplina de mercado". Os mercados "forçam" comportamentos em certas direções. Se os países não seguirem as regras estabelecidas por Wall Street, eles podem ser punidos. Wall Street retirará seu dinheiro e a economia entrará em colapso. Em certo sentido, é retirada a liberdade das pessoas de poder agir de uma maneira diferente daquela ditada pelo mercado. Evidentemente, é uma ilusão achar que a mudança pode ser evitada – que as antigas estruturas de poder podem permanecer inalteradas à medida que o mundo, a estrutura da nossa economia e as nossas ideias mudam.

A *détente* pós-Guerra Fria

Muitas vezes, os debates políticos não incorporam a sofisticação e a complexidade dos debates intelectuais que os precedem e, em parte, os motivam. Com a queda da Cortina de Ferro em 1991 e a declaração da China de que também se tornaria uma economia de mercado, embora "com características próprias" (seja lá o que isso significava), havia um consenso de que os extremos do socialismo/comunismo caracterizado pela propriedade governamental (e, implicitamente, pelo controle) de tudo, por um lado, e um mercado totalmente sem amarras (do tipo que a Sociedade Mont Pèlerin vinha defendendo), por outro, eram coisas do passado. O cientista político e economista Francis Fukuyama[15] chegou até mesmo a celebrar essa situação como "o fim da história", uma vez que nossa compreensão dos sistemas econômico e político havia convergido para a "solução correta" – economias de mercado e democracias liberais. Existia uma busca pela melhor "terceira via" entre a extrema Esquerda e a extrema Direita, uma vez que havia muito espaço entre os extremos da Sociedade Mont Pèlerin e o comunismo. O lugar exato em que alguém se posicionasse entre os dois extremos fazia uma grande diferença. Do ponto de vista político, essa conjuntura se refletia nas batalhas dentro da centro-esquerda e da centro-direita e entre as duas posições. O debate político se tornou mais conspícuo durante a presidência de Bill Clinton – por exemplo, entre aqueles na administração de Clinton que focavam no meio ambiente, na desigualdade e na competitividade da economia, e aqueles que focavam em dívida, taxas de juros, desregulamentação, liberalização e crescimento. Na maioria das vezes, o último grupo saiu vitorioso[16].

O sistema que se desenvolveu, gradualmente, nos últimos 25 anos do século XX, de ambos os lados do Atlântico, passou a ser chamado de *neoliberalismo*[17]. "Liberal" se refere a ser "livre"; nesse contexto, livre da intervenção governamental, incluindo as regulamentações. O "neo" sugere que havia algo de novo no termo; na realidade, ele pouco diferia do liberalismo e das doutrinas *laissez-faire* do século XIX que aconselhavam: "deixe nas mãos do mercado"[18]. Na verdade, essas ideias continuaram a exercer tal influência, inclusive durante todo o século XX, que já décadas antes do surgimento do neoliberalismo os economistas dominantes aconselharam a "não fazer nada" em resposta à Grande Depressão. Eles acreditavam que o mercado se recuperaria relativamente rápido, desde que o governo não interviesse e estragasse tudo.

O que realmente era novo era a artimanha de afirmar que o neoliberalismo acabaria com regras quando, na verdade, muito do que ele estava fazendo era impor regras novas que favoreciam os bancos e os ricos. Por exemplo, a chamada desregulamentação bancária tirou o governo *temporariamente* de cena, permitindo que os banqueiros colhessem recompensas para si mesmos. No entanto, como resultado da crise financeira de 2008, o governo assumiu o controle da situação ao financiar o maior resgate da história, com o dinheiro dos contribuintes. Os banqueiros lucraram à custa do restante da sociedade. Em termos de dólares, o custo para o restante de nós superou os lucros dos bancos. O neoliberalismo *na prática* foi o que pode ser descrito como um simulacro de capitalismo, no qual as perdas são socializadas e os lucros privatizados.

Os economistas neoliberais construíram uma teoria para apoiar suas ideias, não surpreendentemente chamada de teoria econômica neoclássica. O nome evocava a teoria econômica clássica do século XIX, com o "neo" enfatizando que ela havia sido colocada sobre bases mais firmes, o que, na prática, significava expressá-la em rabiscos matemáticos. Alguns economistas neoclássicos eram um pouco esquizofrênicos, reconheciam que os mercados muitas vezes não geram pleno emprego por si mesmos, portanto, as políticas keynesianas são, às vezes, necessárias; mas, uma vez que o pleno emprego seja restaurado na economia, a teoria econômica clássica prevalece. Essa ideia, defendida por meu professor Paul Samuelson, foi denominada síntese neoclássica. Foi uma afirmação extremamente influente e desprovida de base teórica ou empírica[19].

Em meados do século passado, o apelo para um retorno ao liberalismo, rebatizado de neoliberalismo, contrariou tudo que havia ocorrido durante a Grande Depressão. Ele foi semelhante à Grande Mentira de Hitler. À luz da Grande Depressão, o argumento econômico de que os mercados por si mesmos eram eficientes e estáveis parecia absurdo. (Foi uma Grande Mentira em outro sentido: a realidade era que o governo *estava* assumindo um papel maior, não importa qual a medida utilizada – participação no PIB ou criação de vagas de emprego. Com o tempo, os sistemas políticos democráticos identificaram áreas nas quais os mercados não estavam atendendo aos desejos e às necessidades que as sociedades almejavam e precisavam, como benefícios de aposentadoria, e os países haviam descoberto maneiras de fazê-lo publicamente.)

No entanto, a memória é curta e, 25 anos depois desse evento dramático, com a intervenção traumática da Segunda Guerra Mundial e o início da Guerra Fria, a Direita estava pronta para seguir em frente e, mais uma vez, celebrar a suposta eficiência do livre mercado. Quando confrontados com teorias e evidências em contrário, seus defensores fecharam os olhos e reafirmaram sua fé, como eu vi acontecer, pessoalmente, nas minhas diversas interações com Milton Friedman e seus colegas, tanto na Universidade de Chicago quanto em sua fortaleza na Costa Oeste, a Instituição Hoover, no campus da Universidade de Stanford. A crença no mercado (e no materialismo a ele associado – quanto mais PIB, melhor) se tornou, para muitos ao redor do mundo, a religião do final do século XX, algo a ser mantido independentemente da teoria ou das evidências em contrário.

Quando a crise financeira de 2008 irrompeu, parecia impossível que esses conservadores mantivessem sua religião de mercado fundamentalista, de que os mercados por si mesmos eram eficientes e estáveis. Entretanto, a mantiveram, o que confirmou que, em certo sentido, tratava-se de uma seita fundamentalista, cuja verdade é praticamente inabalável pela razão ou, como nesse caso, pelos eventos[20].

E continuaram a acreditar nela mesmo quando os fracassos do neoliberalismo descritos a seguir se tornaram cada vez mais evidentes.

Eles fecharam os olhos não apenas para os grandes fracassos, mas para os menores, os que tornam a vida de tantos tão difícil – companhias aéreas com inúmeros atrasos e malas perdidas, serviços de celular e internet pouco confiáveis e caros, e, nos Estados Unidos, um sistema de saúde que, embora seja o mais caro do mundo, sem comparação, é inacessível e resulta na menor expectativa de vida entre os países avançados. Nessa nova seita religiosa, os mercados são sempre eficientes e o governo sempre ineficiente e opressor. Simplesmente não estávamos apreciando a magnitude dos benefícios da eficiência de ficarmos duas horas ao telefone esperando para ser atendidos pelo provedor de internet ou pela seguradora de saúde.

Havia outra semelhança entre essa "religião econômica" e as religiões mais convencionais: o proselitismo. A fé dos conservadores foi disseminada, com diligência, pelos meios de comunicação e, até certo ponto, pela educação superior, e efetivamente expurgou do espírito público e político qualquer resquício de uma visão alternativa e mais humana da economia, a qual havia surgido pela primeira vez na década de 1930 e florescido, outra vez, no período mais turbulento dos anos 1960 e início dos anos 1970.

Havia uma última semelhança entre o neoliberalismo e uma seita fundamentalista: ele tinha respostas prontas para qualquer coisa que parecesse contrária aos seus princípios. Se os mercados eram instáveis (conforme evidenciado pela crise financeira de 2008), o problema era o governo – os bancos centrais haviam liberado dinheiro demais. Se um país que liberalizou não cresceu tanto quanto a seita dizia que deveria, a resposta era que ele não havia sido suficientemente liberal.

Os fracassos do neoliberalismo

Como vimos, com uma geração pós-Depressão no comando na última parte do século XX, governos ao redor do mundo adotaram uma versão ou outra do neoliberalismo. Isso agradou aos capitalistas, e o argumento simplista de que o livre mercado traria tanto sucesso econômico quanto liberdade seduziu um número grande de pessoas. Já destaquei o papel da Direita na difusão da agenda neoliberal, mas ela foi extremamente bem-sucedida em criar a mentalidade da época. Descrevi a adesão ao neoliberalismo por líderes como Clinton, Schröder e Blair.

Preciso enfatizar que havia grandes diferenças com relação aos detalhes do neoliberalismo entre centro-esquerda e centro-direita, as quais dominaram os debates políticos e econômicos, sobretudo em termos retóricos. A centro-esquerda tentava dar um rosto humano às reformas, pedindo assistência para aqueles que perdiam seus empregos em decorrência da liberalização comercial. A centro-direita focava em incentivos, preocupada com o fato de que qualquer assistência pudesse diminuir o empenho das pessoas para fazerem a sua parte. A Direita falava sobre a teoria econômica do "gotejamento": se fizermos o "bolo" econômico crescer, todos *acabarão* sendo beneficiados. Democratas e sociais-democratas europeus não tinham tanta certeza de que o "gotejamento" funcionaria, ou que funcionaria rápido o suficiente. No entanto, no final das contas, apesar dessas diferenças e de muita retórica, a centro-direita e a centro-esquerda estavam ambas comprometidas com o neoliberalismo.

Já se passaram quarenta anos desse experimento neoliberal, que começou com Reagan e Thatcher[21]. Suas promessas otimistas de crescimento mais rápido e padrões de vida mais elevados, que seriam compartilhados por muitos, não se concretizaram. O crescimento desacelerou, as oportunidades diminuíram e os frutos do crescimento foram esmagadoramente entregues aos que estavam no topo. Os piores resultados talvez tenham ocorrido nos Estados Unidos, com sua maior dependência dos mercados e onde a liberalização financeira foi levada às últimas consequências. O país experimentou a maior recessão econômica em quase um século com o colapso financeiro de 2008, uma crise que foi exportada para o mundo inteiro. Nos primeiros anos deste século, os Estados Unidos tornaram-se o país com o maior nível de desigualdade e alguns dos menores níveis de oportunidade entre os países avançados. Os salários na base, ajustados pela inflação, permaneciam no mesmo nível de mais de meio século atrás. O "Sonho Americano" tornou-se um mito, ficando as perspectivas de vida de um jovem estadunidense mais dependentes da renda e da educação de seus pais do que em outros países avançados. Apenas cerca de metade dos estadunidenses nascidos após 1980 poderia esperar ter rendimentos maiores que os de seus pais (em comparação com 90% da coorte nascida em 1940)[22, 23]. Essa perda de esperança também teve consequências políticas, evidenciadas claramente na eleição de Donald Trump para a presidência[24].

As estatísticas não contam a história toda. Deveria ser óbvio para qualquer um que tenha vivido no final do século XX ou início do século XXI que mercados sem amarras, ou mesmo regulados de forma inadequada, levam a resultados socialmente indesejáveis. Pense na crise dos opioides, criada em grande parte por empresas farmacêuticas e farmácias que exploram pessoas com dor; pense nas empresas de cigarros que produzem produtos letais e viciantes; pense nos inúmeros golpes que visam idosos e outras pessoas; pense nas empresas de alimentos e bebidas que promovem agressivamente seus produtos não saudáveis há tanto tempo que o país enfrenta uma epidemia de diabetes infantil; e pense também nas empresas de petróleo e carvão que ganham bilhões de dólares enquanto colocam o planeta em risco. É difícil pensar em um canto do nosso sistema capitalista onde alguma forma de golpe ou exploração *não* esteja acontecendo.

Não se trata apenas dos custos impostos diretamente àqueles que vivenciam os lados sombrios do capitalismo; todos nós estamos constantemente vigilantes para evitar sermos explorados. Os custos econômicos são grandes; os custos psicológicos, ainda maiores. Eles refletem falhas sistêmicas com graves consequências – por exemplo, as condições de saúde relativamente precárias (comparadas com outros países avançados) mencionadas anteriormente.

As consequências do projeto neoliberal em outras partes do mundo não são melhores. Na África, as políticas do Consenso de Washington levaram a um processo de desindustrialização e a 25 anos de crescimento quase nulo da renda *per capita*[25]. A América Latina experimentou o que é chamado por muitos de Década Perdida nos anos 1980. Em muitos países, a rápida entrada e saída de capitais sob as políticas dos mercados de capital e de liberalização de mercados financeiros provocou crise após crise – mais de cem no mundo inteiro. As desigualdades que marcaram os Estados Unidos foram uma pequena amostra do que ocorreu em outros lugares. Impostas aos países da antiga União Soviética, as políticas do Consenso de Washington levaram à desindustrialização. Uma Rússia outrora poderosa foi reduzida, em grande parte, a uma economia dependente dos recursos naturais, controlada por um pequeno grupo de oligarcas que se ressentiam do modo como o Ocidente havia guiado o caminho do país para longe do comunismo[26]. Esse cenário preparou o terreno para a ascensão de Putin e tudo o que se seguiu.

Teoria e prática econômica

O que dizer da teoria de que os mercados levariam a resultados eficientes? Os economistas conservadores se apropriaram da ideia da "mão invisível" de Adam Smith, mas puseram de lado as qualificações que ele emitiu sobre o conceito. Quando os teóricos econômicos tentaram provar que mercados competitivos eram eficientes, encontraram um beco sem saída. A conclusão *só* era válida em condições extremamente limitadas, tão restritas que eram irrelevantes para qualquer economia real. Na realidade, essas tentativas de provar que o mercado era eficiente serviram para *destacar* suas limitações – aquilo que passou a ser chamado de falhas de mercado. Tais falhas incluem concorrência limitada (em que a maioria das empresas tem algum poder para definir seus preços)[27]; mercados ausentes (não se pode, por exemplo, comprar seguros para a maioria dos principais riscos que enfrentamos); e informação imperfeita (os consumidores não sabem as qualidades e os preços de todos os bens no mercado, as empresas não conhecem as características de todos os seus potenciais empregados, os credores não sabem qual a probabilidade de receber de um potencial devedor e assim por diante). Os economistas conservadores, como Friedman, estavam tão comprometidos com sua ideologia que relutaram em aceitar esses resultados teóricos fundamentais. Lembro-me de uma conversa que tive com Friedman em um seminário que dei no final dos anos 1960 na Universidade de Chicago, o qual mostrava a incapacidade dos mercados de lidar eficientemente com riscos[28] – um resultado que comprovei em uma série de artigos que não foram refutados em meio século desde que foram escritos. Nossa conversa começou com sua afirmação de que eu estava errado e que os mercados eram eficientes. Pedi-lhe que me mostrasse os erros em minhas provas. Ele recorreu à sua crença na eficiência do mercado. Nossa conversa não chegou a lugar algum.

Embora Hayek tenha escrito antes de Friedman, seu raciocínio era, em muitos aspectos, mais sutil. Hayek parece ter sido mais influenciado pelo pensamento evolucionista, o qual postulava que, de alguma forma, na luta pela sobrevivência, as empresas "mais aptas" (aquelas mais eficientes e bem-sucedidas em atender às necessidades dos consumidores) superavam seus concorrentes. Sua análise era ainda menos completa, baseada apenas na *esperança* (ou crença) de que processos evolutivos levariam a resultados desejáveis. O próprio Darwin percebeu que esse poderia não ser o caso, pois os experimentos nas isoladas Ilhas Galápagos levaram a resultados evolutivos bem diferentes e, às vezes, bastante bizarros[29]. Hoje, entendemos que não há teleologia nos processos evolutivos. Em termos econômicos, não há presunção de que eles resultem na eficiência dinâmica de longo prazo da economia[30]. Muito pelo contrário. Existem limitações bem conhecidas, das quais as grandes falhas descritas anteriormente são apenas as mais óbvias. A seleção natural não necessariamente elimina os menos eficientes. As empresas que vão à falência durante uma recessão econômica são, com frequência, tão eficientes quanto aquelas que sobrevivem; elas apenas tinham mais dívidas[31].

Friedman e Hayek eram dotados de uma retórica poderosa e apresentavam argumentos superficialmente persuasivos. O ponto forte da economia matemática moderna é que ela exige maior precisão tanto nas premissas quanto nas análises, o que também é seu ponto fraco, pois essa precisão exige simplificações que podem ignorar complexidades essenciais. Economistas teóricos, que trabalham tanto na tradição do equilíbrio (à qual Friedman pertencia) quanto na evolucionária (à qual Hayek pertencia), mostraram que suas análises eram incompletas e/ou incorretas, como acabei de explicar. A teoria econômica previu que os mercados sem amarras seriam ineficientes, instáveis e exploradores e, sem intervenção governamental adequada, seriam dominados por empresas com poder de mercado que gerariam grandes desigualdades. Elas seriam míopes e não gerenciariam seus riscos adequadamente. Degradariam o meio ambiente. E a maximização do valor para o acionista não levaria, como Friedman afirmava, à maximização do bem-estar social. Essas previsões feitas pelos críticos dos mercados sem amarras foram validadas. Em uma análise retrospectiva das teorias econômicas de Hayek e Friedman e com base em 75 anos de pesquisa, é evidente que eles simplesmente não acertaram e, infelizmente, nem mesmo estabeleceram a agenda de pesquisa correta. Eles eram grandes polemistas cujas ideias tiveram, e continuam a ter, enorme influência.

Como mentes tão brilhantes poderiam estar tão erradas? A resposta é simples. Friedman e Hayek analisaram a economia de uma perspectiva ideológica, sem imparcialidade. Eles tentaram *defender* os mercados sem amarras e as relações de poder existentes, incluindo aquelas refletidas na distribuição de renda e riqueza. Eles não estavam tentando entender como o capitalismo funcionava na realidade. Presumiram que os mercados, em essência, eram sempre bastante competitivos, sem empresas com poder para definir preços, quando era óbvio que mercados importantes não eram competitivos. Presumiram, em grande parte de seu trabalho, que havia informação perfeita, ou pelo menos que os mercados eram eficientes na esfera informacional – transmitiam de forma instantânea e sem custo toda a informação relevante dos informados para os não informados e agregavam todas as informações relevantes para serem refletidas perfeitamente nos preços[32]. Eram suposições convenientes, que ajudaram a obter os resultados desejados relativos à eficiência da economia de mercado. E eram convenientes de outra maneira: os teóricos simplesmente não tinham as ferramentas matemáticas necessárias para analisar os mercados com informações imperfeitas. No entanto, quando apresentados a análises baseadas nessas ferramentas mais avançadas, que mostravam que os mercados não eram e não podiam ser eficientes na esfera informacional, eles e outros em seu campo fingiram não ver. Não queriam engajar-se em análises que pudessem levar a uma conclusão diferente de sua inabalável lealdade ao mercado.

Friedman e Hayek foram facilitadores intelectuais dos capitalistas. Queriam um papel menor para o governo e menos ação coletiva. Culpavam o governo pela Grande Depressão (política monetária mal administrada) e por todas as outras aparentes falhas na economia. Alegavam que a intervenção governamental no livre mercado era, por si só, o caminho para o totalitarismo e ignoravam a realidade histórica das condições econômicas que levaram ao fascismo e ao comunismo. É a falta de governo – o governo não fazer o suficiente para enfrentar os problemas críticos da atualidade – e não o excesso de governo que leva ao populismo e repetidamente coloca a sociedade no caminho do autoritarismo.

Além da eficiência: os argumentos morais para o neoliberalismo

Hayek e Friedman queriam ir além do argumento de eficiência para defender o capitalismo. Eles argumentaram que todos compartilhariam do sucesso do sistema, o misterioso "gotejamento" que o capitalismo supostamente gera. Entretanto, acima de tudo, queriam um argumento moral a favor desse sistema, um argumento que pudesse defender as desigualdades de renda, pequenas pelos padrões de hoje, mas ainda assim grandes o suficiente para que muitas pessoas as considerassem moralmente ultrajantes.

A "legitimidade moral" das desigualdades

De acordo com a teoria econômica neoclássica, os indivíduos seriam recompensados com base em suas contribuições para a sociedade – uma teoria chamada *just deserts* (recompensas justas). Essa "justificativa moral" da renda recebida pelos indivíduos também fornece a base moral para se opor à redistribuição: a pessoa teria ganhado *de forma justa* sua renda[33]. Embora muitos economistas conservadores acreditassem que havia uma justificativa ética fundamental para as graves desigualdades que os mercados sem amarras poderiam gerar, mesmo esses conservadores reconheciam que os níveis de desigualdade produzidos pelo mercado poderiam não ser socialmente aceitáveis. Era inconcebível, por exemplo, simplesmente deixar as pessoas morrerem de fome. As crianças representavam um problema especial, pois suas privações não eram resultado de nada que tivessem feito; elas simplesmente haviam perdido na "loteria da concepção". Elas tinham "escolhido" os pais errados.

Os economistas de Direita também argumentavam que, se fosse desejável mitigar essas desigualdades, isso poderia e deveria ser feito dentro de um contexto de mercado, por meio da imposição de impostos em um montante igual para todos. Esses impostos seriam pagos independentemente do que a pessoa fizesse ou de sua renda, de modo que o comportamento dos indivíduos não seria "distorcido" por tentativas de evitá-los[34]. Essa afirmação tinha em sua raiz um objetivo mais pernicioso: argumentar que se poderia e deveria separar questões de eficiência das de distribuição. Os economistas deveriam focar na eficiência e garantir que o tamanho do "bolo econômico" fosse o maior possível, deixando a questão da distribuição justa para filósofos e políticos. Alguns, como o economista vencedor do Prêmio Nobel Robert Lucas, da Universidade de Chicago, foram ainda mais longe, tendo afirmado, em 2004, enquanto a desigualdade aumentava: "Das tendências prejudiciais à boa teoria econômica, a mais sedutora, e em minha opinião a mais venenosa, é o foco em questões de distribuição"[35].

Tais afirmações estão moralmente equivocadas. Eu quase diria que elas são venenosas. Contudo, pesquisas realizadas ao longo dos últimos cinquenta anos também mostraram que elas estão analiticamente equivocadas. Eficiência e distribuição não podem ser separadas. Mesmo o FMI e a OCDE – instituições que não são inclinadas à esquerda – enfatizaram que as economias com maior igualdade apresentam um melhor desempenho[36].

A liberdade como a virtude mais importante de uma economia de mercado

Tudo o que eu disse até agora contraria as afirmações de Hayek e Friedman (e de conservadores com ideias semelhantes), os quais detêm uma teoria e um método para promover a igualdade em uma ideologia de mercado.

Retornando ao tópico da liberdade, Friedman e Hayek atribuíram enorme importância à relação entre livre mercado e liberdade. Ambos se preocupavam com o fato de que regulamentações e outras intervenções governamentais, independentemente de suas intenções, prejudicariam a liberdade individual:

> Queremos sempre entrar no lado negativo de qualquer intervenção governamental proposta, seus [...] efeitos em termos da ameaça à liberdade, e dar a esses efeitos um peso considerável[37].

Eles argumentaram não apenas que o capitalismo oferecia mais liberdade do que qualquer sistema alternativo, mas que a liberdade só poderia ser sustentada por uma versão mais purificada do capitalismo. Para Friedman, a economia de mercado do século XX tinha ação coletiva e governo demais.

Esses argumentos, focados em direitos morais e em liberdade, provavelmente tiveram tanta ou mais força persuasiva entre os defensores do livre mercado do que os argumentos técnicos sobre a eficiência dos mercados apresentados por economistas.

Como questionar a legitimidade moral dos mercados e das rendas de mercado

A compreensão de Friedman e Hayek sobre a natureza da teoria econômica e sua relação com a sociedade estava profundamente equivocada, assim como a conclusão deles (muitas vezes implícita) a respeito da legitimidade moral das rendas determinadas pelo mercado. Se, por exemplo, a eficiência econômica do mercado era uma base importante de sua legitimidade, o fato de o livre mercado *não* ser eficiente mina a reivindicação de legitimidade.

Mesmo com base nessa abordagem, Friedman e Hayek tiveram de questionar a legitimidade moral das desigualdades resultantes do poder de mercado e de outras formas de exploração. Eles minimizaram a importância de tais desvios do paradigma competitivo porque acreditavam que a economia era *naturalmente* competitiva e que a exploração não poderia existir. Eles defendiam que havia forças poderosas as quais asseguravam que os mercados seriam competitivos e que a exploração não ocorreria. O fato de vermos, todos os dias, o poder de mercado e a exploração deveria servir como refutação dessas teorias. No entanto, trabalhos teóricos realizados ao longo do último meio século mostraram a fragilidade do arcabouço intelectual sobre o qual essas ideias repousavam. Mesmo informações com pequenas imperfeições, baixos custos de busca ou baixos custos irrecuperáveis (custos que não podem ser recuperados caso alguém saia de um negócio) alteram completamente os resultados padrão, abrindo espaço para altos níveis de poder de mercado e exploração.

Portanto, qualquer teoria de liberdade e autonomia, como as de Hayek ou Friedman, que se baseie na alegação de que os mercados, por si só, são eficientes e não exploratórios, repousa sobre uma base frágil. Nos capítulos seguintes, explicarei por que a legitimidade moral dos mercados e a distribuição das rendas e riquezas que eles geram são ainda mais fracas do que esta discussão sugere. E, no capítulo conclusivo, inverterei a ideia de Hayek e Friedman de que a liberdade econômica de alguma forma definida – e caracteristicamente definida de forma associada a um estado minimalista – é necessária para que haja liberdade política. O neoliberalismo é responsável pela onda de autoritarismo que o mundo experimenta hoje.

Além do neoliberalismo

A crise financeira de 2008 talvez tenha marcado o ápice do neoliberalismo. Ela mostrou que a liberalização financeira falhou até mesmo no centro do capitalismo e obrigou o governo a socorrer a economia. Depois veio Trump, e até o Partido Republicano conservador pareceu abandonar a liberalização do comércio. Muitos haviam sido excluídos. As estatísticas continuaram a revelar: expectativa de vida em declínio nos Estados Unidos, desigualdade crescente em grande parte do mundo[38].

O neoliberalismo desprezou as externalidades, mas, com a mudança climática e a pandemia de covid-19, tornou-se óbvio que as externalidades são de importância primordial. O governo é tão necessário para ajudar a sociedade a manter o meio ambiente e a saúde pública quanto para sustentar a estabilidade macroeconômica.

Como enfatizo mais adiante neste livro, quando um sistema entra em colapso e não cumpre suas promessas, haverá mudanças. Essa é a natureza da evolução. No entanto, nada garante qual direção essa mudança tomará. O fim da *détente* do pós-Guerra Fria com relação ao neoliberalismo deu um novo ânimo à extrema Direita. É como se seus defensores estivessem dizendo que o neoliberalismo fez concessões demais e que precisamos do capitalismo sem amarras da Sociedade Mont Pèlerin, de Friedman e Hayek. As crenças daqueles alinhados à Direita, que descrevi como essencialmente "religiosas", têm o poder de capturar a imaginação e o entusiasmo humanos. Seu apelo à individualidade é bastante sedutor. Se todos trabalharem duro, forem criativos e perseguirem seus *próprios* interesses, tudo acabará bem. Entretanto, essa alegação é, lamentavelmente, falsa. Apegar-se a essa crença agora implica ignorar tanto os desenvolvimentos intelectuais quanto as mudanças globais do último meio século. Essas ideias não faziam sentido em meados do século XX, quando foram cristalizadas, e fazem menos ainda nos primeiros 25 anos do século XXI, quando externalidades globais – como a mudança climática e as pandemias – passaram a ocupar o centro das atenções. À medida que figuras autoritárias emergem em um país após o outro, elas proferem suas palavras e ideias como se falar sobre livre mercado aumentasse a liberdade *delas* de tirar a liberdade dos outros.

John Maynard Keynes e Franklin Delano Roosevelt (FDR) enxergaram um caminho alternativo ao da teoria econômica clássica. Atualizada para dar conta das marcantes mudanças na economia e no entendimento que tivemos dos últimos 75 anos, sua visão ainda perdura como uma alternativa às teorias econômicas neoclássica e neoliberal que se seguiram e à nova Direita que está emergindo. A abordagem de Keynes e FDR defendia um capitalismo moderado, em que o governo desempenharia um papel essencial, embora limitado, de modo a assegurar estabilidade, eficiência e equidade – ou, pelo menos, mais do que o capitalismo sem amarras proporciona. Eles lançaram as bases para um capitalismo progressista do século XXI que promove uma liberdade humana significativa.

PARTE I
Liberdade e autonomia: Princípios básicos

3

A liberdade de uma pessoa equivale à falta de liberdade de outra

Todos os dias surgem notícias de mais um massacre nos Estados Unidos – quase dois por dia desde o início de 2020[1]. Esses tiroteios em massa, por mais angustiantes que sejam, representam pouco mais de 1% das mortes por armas de fogo a cada ano[2]. Em algumas partes do país, as crianças precisam passar por detectores de metal para entrar na escola, e o treinamento sobre como agir em caso de um ataque armado em uma escola começa já no jardim de infância. Até mesmo os frequentadores de igrejas e sinagogas precisam se preocupar com a possibilidade de serem atacados. Os Estados Unidos não estão em guerra com um inimigo estrangeiro; a batalha acontece dentro da própria nação.

Existe uma razão pela qual os Estados Unidos superam outros países avançados em mortes por armas de fogo: há mais armas. *Per capita*, há cerca de trinta vezes mais armas nos Estados Unidos do que no Reino Unido e cerca de cinquenta vezes mais mortes por armas de fogo[3]. Nos Estados Unidos, é muito mais fácil comprar AR-15s e outras armas automáticas do que em outros lugares. A razão para isso é uma interpretação equivocada da Suprema Corte a respeito da Segunda Emenda, a qual transformou a posse de quase todas as armas de fogo em um direito constitucionalmente protegido[4]. Alguns estados, como o Texas, foram ainda mais longe ao permitir os fuzis de assalto. Na interpretação da Corte, e ainda mais no Texas, o direito de portar uma arma supera o direito à vida das milhares de pessoas que podem ser mortas como resultado. Os direitos de um grupo – os proprietários de armas – são colocados acima do que a maioria consideraria um direito mais fundamental: o direito à vida. Parafraseando a citação de Isaiah Berlin mencionada no Prefácio, "A liberdade dos proprietários de armas significou, muitas vezes, a morte de crianças em idade escolar e de adultos em tiroteios em massa".

Esse é um exemplo de uma externalidade, uma ação realizada por algumas pessoas que afeta outras negativamente. Quando há essas externalidades adversas, ampliar a capacidade de realizar essas ações – chegando ao ponto de consagrá-las como um direito – necessariamente retira a liberdade de outras pessoas. As externalidades estão presentes em toda nossa economia e sociedade. Hoje, elas são muito mais importantes do que eram quando John Stuart Mill escreveu *Sobre a liberdade* e do que Friedman e Hayek sugeriram. Como vimos, os mercados, por si sós, não "resolverão" de maneira adequada as distorções econômicas causadas pelas externalidades. Diante da inevitabilidade de perdas e ganhos entre liberdades, as sociedades precisam desenvolver princípios e práticas que reflitam quais liberdades são mais importantes.

A ubiquidade das externalidades

As externalidades estão por toda parte. Embora sempre tenham existido e sido importantes, mudanças contínuas na estrutura de nossa economia e na do mundo colocaram as externalidades em destaque. Questões centrais de política econômica envolvem o gerenciamento de externalidades: desencorajar atividades com externalidades negativas e danosas, e incentivar atividades com externalidades positivas.

Vivemos em um planeta mais povoado, cuja população triplicou entre 1950 e 2020. Nesse curto período da história humana, o PIB global aumentou cerca de 15 vezes, levando a humanidade até aos limites da capacidade do planeta. A manifestação mais importante é a mudança climática, uma ameaça existencial. No entanto, essa não é a única externalidade ambiental. Todos somos afetados pela poluição do ar e da água, e pelos depósitos de resíduos tóxicos.

É curioso que ainda haja debates sobre a ocorrência da mudança climática ou sobre se os gases de efeito estufa na atmosfera contribuem de maneira significativa para ela. Em 1896, o cientista sueco Svante Arrhenius previu que aumentos nos gases de efeito estufa na atmosfera levariam ao aquecimento do planeta. Foi uma das grandes descobertas científicas, embora só tenha sido confirmada várias décadas mais tarde. Agora vemos os efeitos da mudança climática ao nosso redor, e o mundo quase certamente sentirá sua força, ainda mais, nos próximos anos. A mudança climática não se resume ao aquecimento do planeta em alguns graus; trata-se do aumento de eventos climáticos extremos. Mais secas, mais enchentes, mais furacões, mais calor extremo e mais ondas de frio extremo, o aumento do nível do mar e maior acidez dos oceanos, e todas as consequências terríveis que esses eventos trarão, desde mares moribundos até incêndios florestais e perdas de vidas e propriedades.

É impressionante que, tendo em vista os custos e riscos evidentes associados à mudança climática, alguns economistas argumentam que não deveríamos fazer nada ou deveríamos fazer pouco a respeito[5]. Em última análise, a questão envolve perdas e ganhos de liberdades (conjuntos de oportunidades) entre gerações e nelas também. Limitamos a capacidade da geração atual de poluir (reduzindo, assim, os lucros das empresas de carvão – a liberdade delas); porém, em troca, expandimos a liberdade das pessoas em gerações futuras para viverem em um planeta habitável sem precisar gastar enormes montantes de dinheiro para se adaptar a mudanças enormes no clima e nos níveis do mar.

Uma reflexão breve mostra as profundas inconsistências de nossa avaliação dos riscos e da vida em diferentes contextos. Os Estados Unidos foram à guerra em resposta aos ataques ao World Trade Center e ao Pentágono em 11 de setembro de 2001. Pouco menos de três mil pessoas morreram naquele ataque. Na guerra subsequente, cerca de sete mil estadunidenses perderam a vida, além de mais de cem mil combatentes aliados[6] e milhões de afegãos e iraquianos[7], a um custo de trilhões de dólares[8].

Por outro lado, durante as duas primeiras décadas deste século, estima-se que a mudança climática e a poluição do ar causaram cinco milhões de mortes adicionais por ano, com riscos de mortalidade ainda maior e enormes perdas materiais nas décadas seguintes[9]. Ainda assim, não conseguimos chegar a um acordo para fazer investimentos relativamente pequenos, mas necessários, e moderar essas enormes perdas humanas e materiais, bem como as perdas implícitas das liberdades de uma multidão de pessoas afetadas.

De forma semelhante, recuamos horrorizados com a queda de um avião, recusando-nos a voar em um Boeing 737 MAX por causa de seu histórico de falta de segurança. No entanto, os riscos de problemas com essa aeronave são mínimos se comparados aos riscos climáticos.

A pandemia de covid-19 nos fez perceber as enormes externalidades na saúde pública – e os debates sobre o uso de máscaras, distanciamento social, testes e vacinação demonstraram uma ampla falta de compreensão dessas externalidades. A decisão de algumas pessoas de não usar máscaras ou de não se vacinar aumentou a probabilidade de outros contraírem a doença, serem hospitalizados e até morrerem[10]. E, como os cientistas continuam a informar, a covid-19 não será a última epidemia que enfrentaremos.

Tornamo-nos um mundo mais urbanizado. Há 150 anos, nos Estados Unidos, quase três quartos da população viviam em áreas rurais[11]. Até 2050, estima-se que 89% viverão em cidades[12]. As externalidades estão no cerne das cidades e assumem diversas formas, incluindo congestionamento, ruído e poluição ambiental. É por isso que quase todas as cidades dependem de algum tipo de zoneamento, planejamento urbano e regulamentações sanitárias. As poucas que não o fazem são um caos. Houston é um exemplo. Conforme descrito por um jornal local:

> [Há] casas de um andar ao lado de arranha-céus. Estacionamentos ao lado de *playgrounds*. Ou, até mesmo, escolas primárias ao lado de lojas de produtos eróticos. [...] Eis um dos famosos pesadelos causados pela falta de zoneamento de Houston. A Zone d'Erotica, uma loja de produtos "adultos" para fanáticos por fetiches, fica no estacionamento do shopping Galleria, que abriga uma escola particular, além de muitos outros estabelecimentos um pouco mais salutares. E não apenas isso: muitos moradores de Houston reclamaram que a loja está bem localizada em frente a uma área residencial densamente povoada, que é lotada de crianças[13].

As externalidades podem ser tanto positivas quanto negativas, e uma sociedade bem estruturada precisa incentivar as atividades com externalidades positivas e, ao mesmo tempo, desestimular as atividades com externalidades negativas. À medida que avançamos para uma economia do conhecimento, as externalidades relacionadas à informação e ao conhecimento também ganharam importância fundamental. Os avanços no conhecimento por parte de uma empresa beneficiam aquela empresa, mas poderiam também beneficiar muitas outras. Os consumidores poderiam se beneficiar de preços mais baixos, e uma inovação poderia inspirar outra.

Em qualquer nível que se observe a economia, as externalidades estão por todo lado e têm consequências significativas. No passado, ao viajar de avião ou comer em um restaurante, havia o risco de alguém próximo estar fumando. Para um não fumante, isso poderia ser irritante. Seus olhos poderiam começar a lacrimejar; ele poderia tossir; a refeição ficaria menos prazerosa. Agora sabemos que o fumante passivo pode ter sérios problemas de saúde.

Seu humor pode melhorar ao olhar pela janela e ver flores, ou você pode ficar deprimido ao observar um mar de lixo. Você pode não conseguir dormir à noite por causa de vizinhos barulhentos ou ser acordado cedo de manhã por lixeiros barulhentos.

As externalidades podem estar presentes, mesmo que você não esteja ciente delas. Já sabemos de efeitos adversos bem documentados em mulheres grávidas que moram perto de pedágios, devido à poluição emitida por carros e caminhões. Essa poluição adicional causa danos, quer você compreenda a ciência ambiental ou não[14].

Nossa economia tornou-se mais financeirizada, e isso aumentou a probabilidade de ocorrerem externalidades negativas imensas. A crise econômica de 2008 ilustra o papel central das externalidades macroeconômicas e como a financeirização exacerbou, por sua vez, a magnitude dessas externalidades. O colapso do sistema bancário estadunidense foi resultado do excesso de risco, da gestão de riscos incompetente e da regulamentação insuficiente. O impacto foi tão grande que o governo dos Estados Unidos socorreu o sistema bancário com cerca de 700 bilhões de dólares (com subsídios adicionais sendo fornecidos pelo Federal Reserve). Os derivativos e uma série de instrumentos financeiros complexos aumentaram o risco sistêmico – a probabilidade de que problemas em uma parte do sistema financeiro se difundissem e causassem falhas em todo ou em grande parte dele. O colapso do Lehman Brothers teve efeitos catastróficos[15]. Ninguém que estivesse comprando ou vendendo esses instrumentos financeiros tinha a mínima ideia de suas consequências sistêmicas – ou seja, como eles afetavam aqueles que não estavam diretamente envolvidos na transação. Pensavam apenas nos ganhos econômicos que auferiam. Não compreendiam que, ao adquirirem esses instrumentos, o sistema financeiro se tornava tão frágil que todos os integrantes da sociedade corriam riscos, ou ao menos teriam corrido risco se o governo não tivesse intervindo.

Houve ainda outra externalidade. As ações do sistema bancário não apenas afetaram a economia estadunidense, mas a do mundo inteiro. Há muitos outros exemplos de externalidades transnacionais, as quais foram muito intensificadas com o progresso da globalização, o que tornou todos, em todos os lugares, ainda mais interdependentes.

Falamos de "contágio", a propagação de uma doença de uma pessoa para outra, o que é uma externalidade clara. Os economistas falam de forma semelhante sobre contágio econômico, quando uma recessão em um país afeta outros e justifica intervenções globais de grande porte.

Nós também nos preocupamos com o contágio dos conflitos regionais. Não apenas os conflitos podem se espalhar, mas também causar impactos enormes bem além das fronteiras onde ocorrem, como nos lembrou a invasão da Ucrânia pela Rússia. Os preços dos alimentos e da energia subiram enormemente em todo o mundo, gerando um efeito dominó como inflação e instabilidade econômica. O conflito também gerou insegurança em vastas regiões da Europa e da Ásia. A migração induzida por conflitos teve efeitos enormes, sobretudo na Europa.

Embora essas externalidades sejam óbvias e tenham consequências espetaculares, também existem externalidades mais crônicas, mais generalizadas, porém um pouco menos evidentes. Meu colega da Universidade de Columbia, Bruce Greenwald, e eu demonstramos que, sempre que há informações incompletas e assimétricas (situações em que alguns sabem coisas que outros não sabem) e mercados de risco imperfeitos (situações em que não se pode comprar seguros contra determinados riscos), surgem externalidades[16] que afetam a eficiência dos mercados. Os mercados quase nunca são eficientes. Como eu digo muitas vezes, a razão pela qual a mão invisível de Adam Smith é invisível (a ideia de que a busca pelo interesse próprio leva, *como se por uma mão invisível*, ao bem-estar social) é porque ela simplesmente não existe. Considere apenas um exemplo: se as pessoas fumam mais, o risco de hospitalização e morte aumenta, e isso significa que os valores cobrados pelos planos de saúde e de vida também aumentam[17]. As seguradoras não conseguem identificar quem fuma e quanto fuma, de modo que até mesmo os não fumantes ficam prejudicados por valores de seguro mais altos. Os fumantes impõem uma externalidade aos não fumantes, e os fumantes inveterados impõem uma externalidade aos fumantes mais moderados.

As múltiplas dimensões das externalidades

Existe uma lista padrão de externalidades, positivas mas sobretudo negativas, à qual me refiro repetidamente. No entanto, em vários pontos deste livro, discutiremos outras. Por exemplo, a informação incorreta e a desinformação podem ser vistas como poluidoras de nosso ecossistema informacional, pois tornam mais difícil separar as informações úteis das falsas. Isso impõe custos significativos àqueles que buscam a verdade e pode gerar externalidades adicionais quando indivíduos tomam decisões baseadas em informações incorretas ou na desinformação.

Considere também as múltiplas dimensões de nossa sociedade, nas quais a confiança desempenha um papel. A economia funcionaria muito melhor se todos pudessem confiar uns nos outros. Não precisaríamos de advogados caros para redigir contratos que tentam prever todas as contingências e formas de má conduta. No entanto, pessoas desonestas poluem a sociedade, obrigando-nos a avaliar a confiabilidade de todos com quem interagimos. Empresas desonestas e nas quais não se pode confiar forçam os clientes a gastar mais tempo e energia na avaliação dos produtos que compram e os investidores a gastar mais recursos na avaliação dos produtos financeiros que adquirem.

A gestão de externalidades está na base da civilização

Quando as ações de uma pessoa afetam outras, precisamos encontrar maneiras de moldar essas interações. Tentamos ensinar nossos filhos a serem ponderados. Dizemos a eles: "Faça aos outros o que gostaria que fizessem a você" e "Não faça aos outros o que não gostaria que fizessem a você". Religiões e filosofias foram além desses preceitos vagos e emitiram injunções mais específicas contra matar, roubar e assim por diante. Uma demonstração da importância desse assunto é a postulação, por parte da teoria econômica moderna, de que as pessoas são profundamente egoístas e buscam *apenas* seus próprios interesses específicos. Sem tais regras, um mundo povoado por tais pessoas egoístas seria uma verdadeira distopia.

Uma breve digressão sobre o desenvolvimento da teoria econômica: egoísmo e natureza humana

Embora avanços recentes no campo da teoria econômica e trabalhos de longa data em outras ciências sociais tenham rejeitado a hipótese do egoísmo extremo, ela permanece forte na profissão econômica. A teoria econômica aspirou por muito tempo a ser uma ciência, como a física, sem juízos normativos sobre o que é bom ou ruim, certo ou errado. Os economistas foram inspirados pela mão invisível de Adam Smith. Contudo, o próprio Smith foi explícito (sobretudo em seu livro de 1759, *Teoria dos sentimentos morais*, publicado 27 anos antes de seu trabalho mais conhecido, *A riqueza das nações*) ao afirmar que os indivíduos não são *perfeitamente* egoístas. Ele inicia aquele livro da seguinte forma:

> Por mais egoísta que se suponha que o homem seja, há evidentemente alguns princípios em sua natureza que o tornam interessado no destino dos outros e tornam a felicidade deles necessária para ele, embora ele não ganhe nada com isso além do prazer de vê-la[18].

De fato, os historiadores do pensamento econômico, quando analisam a totalidade da obra de Adam Smith, incluindo sua *Teoria dos sentimentos morais*, sugerem que, quando ele se referiu à busca individual pelo interesse próprio que leva ao bem-estar social, não falava sobre uma busca totalmente egoísta, como acreditam os economistas modernos. Em vez disso, estava focado no bem-estar das pessoas, *entendido de maneira ampla*, incluindo seus instintos em relação ao bem-estar dos outros.

Em determinados casos, o comportamento "altruísta" pode realmente ser um reflexo do interesse próprio de curto prazo. Uma pessoa talvez perceba que pode ficar em uma situação pior *no que diz respeito ao seu interesse próprio, definido de forma estreita*, se ela (e outros) não agir de forma aparentemente altruísta. A disseminação da covid-19 pode, por fim, aumentar a probabilidade da sua própria morte, de modo que é de seu interesse específico prestar atenção às consequências sociais de suas ações. Pode ser também que sua sensação de segurança seja maior se ninguém portar armas, o que supera amplamente qualquer prazer que uma pessoa poderia obter ao carregar uma arma consigo aonde quer que fosse. Você pode perceber que a mudança climática terá um efeito devastador em sua vida e, portanto, adotar, voluntariamente, comportamentos que diminuam esse fenômeno.

Por outro lado, o comportamento altruísta pode surgir de uma empatia genuína pelo outro, incluindo as gerações futuras[19]. Pode-se argumentar que, em uma boa sociedade, os indivíduos sentem esse tipo de empatia, pelo menos em alguma medida. A teoria econômica tem restringido nossa visão sobre que tipo de economia e sociedade é desejável ao negar a relevância da empatia e ao deixar de reconhecer que sua extensão pode ser afetada pelo sistema econômico.

Esses dois pontos de vista – buscar justiça social porque é de seu interesse próprio, definido de forma estreita, e, de maneira mais ampla, porque está profundamente enraizado em nossa identidade – estão, em geral, interligados e não podem ser separados com facilidade.

No entanto, no que a teoria econômica está certa é que os indivíduos às vezes – no caso de algumas pessoas, com frequência – não se preocupam o suficiente com os outros, mesmo após terem a melhor educação, o treinamento religioso ou filosófico mais profundo e ouvirem os melhores sermões. Por essa razão, as sociedades têm leis, regras e regulamentações que reduzem a magnitude dessas externalidades e suas consequências adversas, na forma de punições para aqueles que não as obedecem. Isso é coerção. Reduzimos a liberdade de alguns porque é necessário, se quisermos que uma sociedade civilizada funcione bem, para que outros tenham algumas das liberdades que desejam e para que qualquer sociedade que se considere livre possa funcionar.

Como avaliar perdas e ganhos e o absurdo da posição absolutista

Uma vez que se reconhece a interdependência das liberdades, é preciso começar a avaliar as perdas e os ganhos. Uma posição absolutista que diz "qualquer violação da minha liberdade é inaceitável" levaria ao caos. Todos aceitamos *algumas* restrições, como as proibições contra roubar e matar.

A posição absolutista é absurda e indefensável – é até incoerente. Em nossa sociedade complexa e interdependente, em que a liberdade de uma pessoa muitas vezes entra em conflito com a de outra, nem todas as liberdades podem ser "absolutas". Alguém precisará ter sua liberdade cerceada. Se for assim, precisamos decidir: a liberdade de quem será cerceada para que a liberdade de outra pessoa seja ampliada? Existem modelos filosóficos que podem nos orientar, como indivíduos e como sociedade, para respondermos a essa pergunta. Discutirei um deles com mais profundidade em seguida.

Casos simples e difíceis

Às vezes, é fácil chegar a um julgamento razoável sobre o equilíbrio dos custos para as várias partes. Pedir-me para fazer um teste para um vírus mortal ou usar uma máscara é um inconveniente (uma perda de liberdade). Essa perda é mais ou menos importante do que o risco de você perder sua vida ou o inconveniente de ficar em casa para evitar o risco de contrair a doença? Todas – ou pelo menos quase todas – as pessoas sensatas concordarão que usar uma máscara é algo pequeno em comparação com pedir a elas que fiquem em casa ou que arrisquem suas vidas.

Muitas das questões politicamente mais contenciosas surgem, no entanto, quando grupos na sociedade diferem em seus julgamentos sobre como equilibrar as perdas e os ganhos. Sob a superfície, os desacordos se baseiam, muitas vezes, em julgamentos *empíricos* sobre a natureza do mundo que, com a ciência do século XXI, deveriam poder ser resolvidos.

Considere o caso anteriormente mencionado sobre a perda de liberdade por ter de usar máscaras *versus* a perda de liberdade por morrer de uma doença virulenta. As avaliações de perdas e ganhos são obviamente afetadas por crenças – nesse caso, crenças sobre a eficácia das máscaras. Se alguém acredita erroneamente que as máscaras não fazem diferença, então não usar máscara não prejudicaria ninguém. Assim, estão envolvidos tanto valores quanto elementos cognitivos. Estes últimos deveriam ser passíveis de resolução, mas, a essa altura, muitos opositores ao uso de máscaras abandonam a ciência. Eles recorrem a histórias sobre lugares que se saíram bem sem o uso de máscaras. Evidentemente, a disseminação de uma doença é um processo complicado, afetado por uma série de variáveis, e o método científico busca manter constantes todas elas. É assim que se tenta avaliar se o uso de máscaras funciona ou não. E os cientistas descobriram que, se mantivermos tudo o mais constante, o uso de máscaras e o distanciamento social fazem diferença[20]. Portanto, a origem da controvérsia sobre o uso de máscaras no fundo gira em torno de valores. Existem pessoas responsáveis que realmente acreditam que o direito de não ser incomodado por usar uma máscara é mais importante do que o direito de viver?

Eu iria mais longe. Mesmo na ausência de resultados científicos claros, fortes e inequívocos em apoio à eficácia do uso de máscaras, enquanto houver qualquer *probabilidade* significativa de que o uso de máscaras importa, usar uma cobertura facial porque pode proteger os outros é quase absolutamente preferível, dados os custos baixos de usar uma máscara e os custos potencialmente enormes da doença.

Os princípios simples podem ser menos simples do que parecem

Mesmo no caso aparentemente mais simples das externalidades e do assassinato, a sociedade evoluiu para uma abordagem mais sutil. Qualificamos a proibição. Aceitamos a autodefesa. Mas, então, debatemos se, em uma situação específica, a alegação de autodefesa é legítima[21].

Em resposta a muitas externalidades, adotamos o princípio de que a pessoa que causa danos a outras deve pagar por tais danos. No caso dos danos ambientais, referimo-nos ao princípio do "poluidor-pagador". Isso faz sentido porque incentiva um poluidor em potencial a não poluir.

Entretanto, a externalidade não acontece no vácuo. As ações de uma pessoa não prejudicariam outra se essa outra pessoa não estivesse lá. Uma empresa química que polui um lago não prejudicaria ninguém se ninguém nadasse nele ou bebesse sua água – embora ainda prejudicasse o meio ambiente e *impedisse* as pessoas de nadar ou de beber a água. Até mesmo um motorista imprudente poderia dizer que, se o outro veículo não estivesse lá, não teria colidido com ele.

Na maioria desses casos, existe uma resposta automática (e, considero eu, correta). É óbvio que eu deveria ter o direito de nadar em um lago público e dirigir com segurança na estrada. Isso ocorre porque, em sua maior parte, nossa sociedade definiu quais dessas liberdades são mais importantes, mas, por vezes, chegar a esse consenso fundamentado não foi fácil. Na Alemanha, os motoristas ainda têm o direito de dirigir em velocidade ilimitada em determinados trechos das *autobahns*, muito embora essas velocidades extremas aumentem a probabilidade de alguém ser morto e sejam prejudiciais ao meio ambiente.

Meu objetivo aqui não é responder ao tema complexo de como cada questão que envolva perdas e ganhos de liberdades deve ser resolvida. Há complexidades e sutilezas em cada área. As percepções da sociedade sobre essas questões podem e têm mudado, às vezes rapidamente, e diferem de país para país. Em vez disso, meu *primeiro* objetivo é analisar a liberdade com relação às perdas e aos ganhos através do prisma do economista, o que exige um debate público bem fundamentado sobre como as liberdades devem ser equilibradas.

Há dois objetivos adicionais neste livro, aos quais voltarei após apresentar fundamentos melhores para entender as perdas e os ganhos de liberdade: um é fornecer um *modelo* para ajudar a abordar essas questões mais difíceis e talvez não seja muito óbvio determinar qual, em meio a um conjunto de liberdades conflitantes, deve ter mais peso (veja o Capítulo 5). E o outro é perguntar que tipo de sistema econômico/político/social tem mais chances de gerar resultados justos e bem-estar social e individual (abordado na Parte III).

As externalidades e a perspectiva conservadora

No Capítulo 2, dediquei bastante tempo à discussão das perspectivas econômicas de livre mercado. Considero uma falha da Direita não perceber que a liberdade de uma pessoa equivale à falta de liberdade de outra como o defeito filosófico mais fundamental das posições conservadora e libertária. A liberdade raramente existe de forma isolada. Em uma sociedade integrada, não podemos olhar apenas para a liberdade de um indivíduo sem considerar as consequências dessa liberdade para os outros.

Hayek e Friedman, é claro, estavam cientes das externalidades, tanto negativas quanto positivas. Eles até escreveram sobre a necessidade de intervenção governamental em casos de externalidades. Por exemplo, Hayek, em *O caminho da servidão* (1944), escreveu:

> Certos efeitos prejudiciais do desmatamento, ou de alguns métodos de agricultura, ou da fumaça e do ruído das fábricas não podem ser imputados ao dono da propriedade em questão ou àqueles que estão dispostos a aceitar o dano por uma compensação estipulada. Em tais casos, precisamos encontrar algum substituto para a regulamentação por meio do mecanismo de preços.

Embora cientes da *possibilidade* de externalidades, os seguidores da Direita cometem quatro erros: (a) alegam que as externalidades são exceções; (b) não reconhecem as externalidades que são, de fato, mais importantes; (c) acreditam que, na maioria dos raros casos em que externalidades ocorrem, ações voluntárias seriam suficientes e, assim, dispensariam a necessidade de intervenção governamental; e (d) acreditam que, se o governo tiver de agir, deve fazê-lo usando apenas um instrumento – a imposição de um imposto sobre a atividade geradora de externalidades.

Nas seções a seguir, abordo cada um desses erros fundamentais.

As externalidades são a regra, não a exceção

Já expliquei como, no mundo do século XXI, as externalidades estão por todo lado e presentes em todos os lugares. No entanto, no mundo de Hayek, Friedman e outros que se alinham com a Direita, as externalidades são tratadas como exceções, algo a ser discutido em um curso de teoria econômica no final do semestre, caso sobre tempo. A formação deles em economia os impedia de ignorar as externalidades *por completo*, mas certamente não as colocaram no centro de suas atenções.

Se as externalidades fossem, de fato, tão insignificantes quanto Friedman e a Direita hoje afirmam, talvez pudéssemos confiar apenas, na maioria dos casos, no livre mercado. Contudo, como expliquei, as externalidades estão por todo lado, são abrangentes e têm importância. Nesse sentido, Friedman representou um grande retrocesso em nossa compreensão da economia, quando comparada com a análise mais matizada feita por Adam Smith, mais de 175 anos antes. Ironia do destino, o neoliberalismo aumentou as externalidades entre empresas, sobretudo aquelas associadas ao setor financeiro. Os excessos da desregulamentação levaram ao surgimento de instituições financeiras extremamente interconectadas, em que a falência de uma ou de poucas poderia derrubar o setor financeiro e a economia como um todo.

O foco nas externalidades erradas: ônus para nossos filhos

Na política moderna, a Direita (sobretudo o Freedom Caucus*) afirma ser quem se preocupa com a externalidade *mais importante* dos gastos excessivos e com os encargos que ela impõe às gerações futuras. (Evidentemente, esse raciocínio é suspenso quando se trata de dívidas decorrentes de cortes de

---

* Bancada da Liberdade, a qual reúne membros mais conservadores do Partido Republicano. (N.T.)

impostos para os ricos e para as grandes empresas. Essas dívidas, de alguma forma, são diferentes.)

Da perspectiva da teoria econômica, existem falhas fundamentais nesse raciocínio. Em primeiro lugar, não podemos olhar para a dívida isoladamente; precisamos considerar o que foi obtido com ela. Se gastamos o dinheiro com infraestrutura, educação ou tecnologia, temos uma economia mais produtiva; existem ativos que compensam os passivos da dívida. A maioria das empresas cresce por meio da contração de dívidas. Ninguém no setor privado consideraria apenas o lado passivo do balanço. Quando uma empresa investe bem, o valor de seus ativos aumenta mais que o valor do passivo, e o patrimônio líquido da empresa cresce. Isso também vale para os países.

Em outras palavras, *não* fazer investimentos públicos essenciais leva ao empobrecimento de um país. Existe um consenso de que isso é o que tem acontecido nos Estados Unidos e em alguns outros países avançados. Há taxas de retorno muito altas em cada uma das categorias de investimento público, muito superiores ao custo de financiamento, mas o medo da Direita em relação aos déficits e às dívidas tem impedido que a sociedade faça esses gastos essenciais. A simples existência de dívida não significa automaticamente que houve escolhas injustas e que a geração atual está se beneficiando à custa das gerações futuras. Endividar-se para realizar investimentos públicos de alto retorno é do melhor interesse dos países, e tanto a geração atual quanto as futuras ficarão em uma situação melhor.

Em segundo lugar, a dívida é um passivo financeiro, não um passivo real. Em contraste, a degradação ambiental é um passivo real para as gerações futuras; ela impõe um ônus concreto, com consequências *reais*, como a mudança climática, que prejudicarão a saúde, a vida e a nossa infraestrutura física. As consequências só podem ser limitadas se *obrigarmos* as gerações futuras a gastar dinheiro para reverter a degradação. Ao permitir a degradação ambiental, damos mais liberdade aos poluidores de hoje e menos liberdade às gerações futuras. Esse é o verdadeiro dilema intergeracional[22].

Para entender a diferença entre esse verdadeiro dilema e o ônus financeiro da dívida, o principal foco da Direita, considere o caso de um país que financia sua dívida ao tomar emprestado de seus próprios cidadãos, como é, em larga medida, o caso do Japão, por exemplo. O país como um todo deve dinheiro a cidadãos específicos dentro de suas fronteiras. Se o país aprovasse uma lei de reestruturação da dívida, por meio da troca, por exemplo, de um título com valor de 100 dólares por um novo título com valor de apenas 50 dólares, os detentores desses títulos obviamente seriam prejudicados; por outro lado, os contribuintes do país que, de outra forma, teriam de arcar com o serviço de uma dívida maior estariam em melhor situação. Enquanto isso, a dívida teria sido reduzida pela metade, e as variáveis *reais* relevantes (como o estoque de capital) permaneceriam inalteradas. Embora a dívida financeira de um país possa ser reduzida com uma canetada, sua dívida ambiental não pode.

A situação é um pouco diferente no caso de uma pequena economia aberta que toma empréstimos do exterior. Nesse caso, o aumento da dívida implica que mais do que é produzido no país precisará ser enviado para fora para saldar a dívida. Os passivos reduzem o que as gerações futuras podem consumir; no entanto, repito, se o endividamento tiver sido usado para fazer investimentos produtivos, as gerações futuras estarão em melhor situação do que estariam caso a dívida não tivesse sido contraída. Além disso, observe que a dívida privada reduz ou aumenta as oportunidades de consumo das gerações futuras, da mesma forma que a dívida pública (dependendo de como o dinheiro relacionado à dívida é gasto). De fato, mercados sem amarras podem, sistematicamente, levar a empréstimos privados excessivos, já que os tomadores individuais não consideram os efeitos de seu endividamento sobre a taxa de câmbio e, por meio dela, sobre o restante da economia[23].

Existem várias outras situações em que surgem externalidades intergeracionais importantes – em que a ampliação da liberdade da geração atual ocorre, pelo menos em parte, à custa da liberdade das gerações futuras. Porém, essas situações são muito diferentes do que a Direita imagina. A liberalização financeira, por exemplo, exacerbou o problema do endividamento do setor privado mencionado no parágrafo anterior. O aumento da liberdade dos banqueiros atuais se deu à custa do aumento da frequência de crises financeiras, as quais impuseram custos enormes a dezenas de países que foram afetados e reduziram, assim, a liberdade dos cidadãos futuros. Essa situação também está associada aos *booms* imobiliários, que tornam mais difícil para as gerações mais jovens alugar ou comprar imóveis e desviam poupanças escassas de áreas como a indústria, onde seriam socialmente mais produtivas.

Deixar nas mãos do mercado

Até mesmo Friedman e Hayek acreditavam que não podíamos simplesmente deixar a gestão das externalidades, quando existissem, nas mãos do mercado. No entanto, alguns dos colegas de Friedman, na Escola de Chicago (nome frequentemente dado à escola de pensamento conservadora da qual Friedman era emblemático)[24], mais especificamente o ganhador do Prêmio Nobel Ronald Coase[25], acreditavam que os mercados, por si só, seriam capazes de "resolver" o problema das externalidades com, no máximo, uma ação governamental limitada. Eles estavam obviamente enganados, pelo menos em alguns casos de grande importância.

A intuição por trás desse raciocínio pode ser vista em um exemplo simples, o qual é tradicionalmente usado para ilustrar as externalidades. Os apicultores se beneficiam de mais pomares de maçã, mas os pomares de maçã também se beneficiam de mais abelhas. As abelhas são essenciais para a polinização, a qual aumenta a colheita de maçãs. Contudo, pelo menos nos casos em que existe um pomar isolado, o problema pode ser de fácil resolução se o pomar cria, ao mesmo tempo, abelhas. Nesse caso, dizemos que a externalidade foi internalizada. Se uma comunidade tem um número relativamente pequeno de pomares e apicultores, eles poderiam formar uma associação e encontrar uma solução eficiente[26].

Em muitos casos, Coase afirmou que o problema das externalidades poderia ser "resolvido" se o governo apenas atribuísse e fizesse valer os direitos de propriedade. Diferentes atribuições poderiam resultar na expansão da liberdade para um grupo à custa de outro.

Considere o problema do pastoreio ou da pesca em excesso, quando os cidadãos de uma comunidade compartilham um pasto (como acontece em partes da Escócia e da Inglaterra), um lago ou outro recurso. O problema é que cada cidadão não leva em consideração as externalidades – ou, pelo menos, alguns cidadãos não as levam em consideração[27]. Se uma pessoa pesca mais no lago, talvez sobrem menos peixes para outros, e esses outros terão de se esforçar mais para pegar a mesma quantidade de peixes que antes. Pior ainda, cada um pode pescar tantos peixes que a população total de peixes diminui. Todos ficam, então, em uma situação pior. Isso é conhecido como a *tragédia dos bens comuns*[28].

Coase defendia que um bem comum privatizado, cuja propriedade do recurso compartilhado fosse entregue a uma única pessoa, seria gerido de forma eficiente. Como proprietário, essa pessoa calcularia o número ideal de ovelhas a pastar ou peixes a pescar para maximizar os lucros obtidos com a terra ou o lago. Os ganhos seriam tão grandes que os proprietários que assumissem, por exemplo, a terra comum (em geral, o grande proprietário de terras local) poderiam pagar aos aldeões uma renda igual à que eles ganhavam antes, quando seus animais pastavam na terra, e o grande proprietário poderia apropriar-se do excedente para si. Na verdade, se ele compartilhasse até mesmo uma pequena parte do excedente com outros, todos poderiam acabar em melhor situação.

Na prática, em muitos lugares na Grã-Bretanha, as terras comuns foram privatizadas pelos grandes proprietários de terras em um processo que foi chamado de cercamento, que começou no século XV, na Inglaterra[29], e logo depois na Escócia[30]. Uma vez que os proprietários de terras não compartilharam os ganhos com aqueles que anteriormente tinham acesso às áreas comuns, muitos ficaram inequivocamente em pior situação[31].

Além disso, a "solução" de privatização de Coase não funciona em muitos dos casos mais relevantes. É fantasioso, para dizer o mínimo, acreditar que poderíamos "privatizar" a atmosfera para evitar a mudança climática, isto é, dar a qualquer pessoa ou a uma corporação o direito exclusivo de lançar poluição na atmosfera, e essa parte então venderia esse direito para outros e cobraria taxas pela poluição[32]. Há uma ampla variedade de externalidades importantes que só podem ser tratadas por meio de intervenção governamental.

Entretanto, a solução de Coase não funciona nem mesmo em situações muito mais simples. Pense na externalidade que surge em uma sala com fumantes e não fumantes. Coase resolveria o problema atribuindo os direitos de propriedade a um ou a outro – digamos, os fumantes. Assim, os não fumantes pagariam aos fumantes para não fumar. Se o valor do ar limpo para os não fumantes fosse maior que o valor de fumar para os fumantes, os não fumantes subornariam os fumantes para que não fumassem, e a sala ficaria livre de fumaça; caso contrário, estaria cheia de fumaça. No entanto, em ambos os casos, a solução seria eficiente, mesmo que os não fumantes a considerassem injusta, já que teriam de pagar para os fumantes não fumarem ou sofrer com a fumaça. Porém, existe um problema adicional. Cada não fumante poderia pensar: se muitos outros não fumantes se posicionassem e oferecessem dinheiro para os fumantes, o tabagismo acabaria e eu não precisaria pagar. Alguns não fumantes aproveitam-se das contribuições dos outros para acabar com o tabagismo. Contudo, é claro, se todos fizerem isso, os não fumantes não arrecadarão dinheiro suficiente para subornar os fumantes a não fumar, e o equilíbrio "ruim" com o cigarro persistirá[33]. Isso é chamado de *problema do carona*, e é endêmico em todas as situações em que externalidades positivas ou negativas existem e afetam um grande número de pessoas[34].

Por essas e múltiplas outras razões[35], a solução de privatização/Coase não costuma resolver a tragédia dos bens comuns ou os problemas mais amplos de externalidades. Em geral, não existe uma solução voluntária.

Confiar em impostos ambientais não é, normalmente, a resposta ideal para as externalidades ambientais

Uma vez que Friedman e Hayek buscavam minimizar o papel do Estado e a importância das externalidades, eles não dedicaram muita energia à reflexão sobre como gerenciar melhor as externalidades, quando existentes. Friedman era partidário da dependência instintiva dos economistas dos preços. Ele acreditava que os preços eram essenciais para orientar as empresas e os consumidores em suas decisões de produção e consumo, respectivamente. Mas ele foi além. Afirmou que *apenas* os preços deveriam ser usados, de modo que, se a sociedade achasse que deveria haver menos poluição do que o livre mercado gerava, o governo deveria taxar a poluição, aumentando o "preço" dela até o nível em que ele gerasse a quantidade ideal de poluição[36]. Isso equilibraria o custo (marginal) da poluição com o custo (marginal) de redução da poluição. A "solução" para os carros que poluem, disse Friedman, é "impor um imposto sobre a quantidade de poluentes por eles emitidos". Isso faria com que "fosse do próprio interesse dos fabricantes de carros e dos consumidores reduzir a poluição"[37].

Embora Friedman estivesse certo ao afirmar que os preços fornecem incentivos, sua alegação de que é melhor depender apenas das intervenções nos preços está equivocada do ponto de vista da teoria econômica. Quando existem *múltiplas falhas de mercado* – imperfeições na concorrência, junto a imperfeições na informação, mercados de capital que funcionam de forma inadequada e desigualdades que um imposto sobre poluentes pode exacerbar[38] –, é necessário combinar um imposto sobre a quantidade de poluentes com outras ações governamentais, como regulamentações que limitem a quantidade de poluição e investimentos públicos em transporte público, por exemplo[39].

A mudança climática oferece um exemplo revelador. Os efeitos das regulamentações podem ser mais certeiros que as intervenções baseadas em preços. Podemos não saber com precisão como empresas e famílias responderão ao preço do carbono (uma tarifa cobrada sobre emissões de carbono)[40]. Não podemos ter certeza se um determinado preço do carbono induzirá uma empresa de energia a migrar para fontes renováveis ou uma família a optar por comprar um carro elétrico, de modo que regulamentações podem ser preferíveis. Isso é bastante verdadeiro em situações como a mudança climática, quando realmente nos importamos com o nível de concentração atmosférica dos gases de efeito estufa, o qual está diretamente relacionado ao nível de emissões, e quando sabemos que existe um perigo real de ultrapassar certos níveis críticos estabelecidos pela ciência. Mais adiante neste capítulo, expandirei os motivos pelos quais as "intervenções ideais", em resposta a uma externalidade como a mudança climática, exigem um pacote de políticas que inclua impostos sobre o carbono, regulamentações e investimentos públicos.

A solução regulatória

Elinor Ostrom, cientista política e economista ganhadora do Prêmio Nobel, afirmou que há outra maneira de lidar com os bens comuns, que é mais justa e potencialmente tão eficiente quanto a solução de privatização de Coase: a regulamentação. Restringir o número de vacas, ovelhas ou cabras que cada pessoa pode criar (ou limitar o número de peixes que uma pessoa pode pescar) resolve o problema[41]. No Reino Unido, pesquisas históricas mostram que, na verdade, muitas terras comuns eram bem-regulamentadas, pois as próprias comunidades adotavam restrições para impedir o pastoreio em excesso. Não havia um argumento a favor da eficiência dos cercamentos de terras e a privatização não era necessária, assim como Ostrom demonstrou ser o caso em muitos países em desenvolvimento na atualidade[42].

Tanto a privatização quanto a regulamentação são coercitivas. A privatização restringiu, por completo, as pessoas comuns escocesas ou inglesas, cujos animais costumavam pastar nas terras comunais, de fazerem aquilo que, antes, podiam fazer livremente. Em um sentido fundamental, a privatização das terras comunais implicou a retirada dos direitos de propriedade daqueles que costumavam ter o direito de usar o pasto. Na ausência de compensação, os camponeses que possuíam esses direitos sem dúvida ficaram em uma situação pior do que antes dos cercamentos.

O neoliberalismo nos ensinou a ver a questão pelos olhos dos proprietários de terras, que obviamente ficaram menos restringidos. No entanto, se a virmos pelos olhos das pessoas comuns, a regulamentação teria sido muito menos coercitiva. Restringir o número de ovelhas que um fazendeiro poderia colocar para pastar teria sido muito melhor que negar, por completo, o direito de pastagem ao fazendeiro. Cada cidadão comum teria mais liberdade, teria um conjunto maior de oportunidades.

Como regulamentar melhor

Vimos que é intelectualmente indefensável alegar que não deveria haver intervenção pública quando existem externalidades importantes. As regulamentações podem ser mais eficientes e justas que outras formas de intervenção, e algumas regulamentações são mais eficientes e justas que outras. Privatizar os terrenos de pastagem comunais foi muito mais desigual e menos eficiente do que instituir regulamentações bem-elaboradas.

As externalidades ambientais são outro exemplo importante. Há, entre os seguidores da Direita, uma crítica generalizada ao uso de regulamentações para controlar externalidades como a poluição. Preferem (caso a poluição deva ser de fato desencorajada) que os produtores recebam subsídios para induzi-los a não poluir, em vez de serem tributados como punição por poluírem ou operarem sob regulamentações que os impeçam de poluir, com multas elevadas caso desobedeçam. Esses subsídios (estimados, enquanto este livro é escrito, em mais de um trilhão de dólares) estão no centro da Lei da Redução da Inflação (IRA, na sigla em inglês) de 2022[43].

Subsídios, impostos e regulamentações podem fazer com que usinas elétricas poluam menos ao deixarem de usar carvão. Em todos os casos, os lucros podem ser maiores após a transição, mesmo levando em conta os custos relacionados. As usinas elétricas preferem subsídios a regulamentações ou impostos. A razão é óbvia. Elas preferem receber dinheiro do governo a ter de arcar com os custos sozinhas. Entretanto, a "expansão" do conjunto de oportunidades delas por meio de subsídios precisa ser equilibrada pela contração do conjunto de oportunidades de outros. A "liberdade" das empresas de eletricidade (e de seus proprietários) aumenta à custa do cidadão comum, que precisa arcar com o aumento dos impostos para pagar o subsídio. Além disso, do ponto de vista da pura eficiência, o subsídio distorce a economia porque a empresa de eletricidade não enfrenta os custos totais do que faz, mesmo que tenha sucesso em reduzir as emissões. De fato, os preços da eletricidade podem acabar sendo mais baixos do que deveriam ser, e o consumo de eletricidade pode ser maior, o que agravará o aquecimento global, mesmo que as emissões por unidade de eletricidade tenham sido reduzidas.

Os economistas convencionais têm uma tendência a usar os preços porque eles transmitem sinais para todos os membros da sociedade, podendo, cada um deles, encontrar formas criativas de reduzir suas emissões de carbono. Os preços são, então, um instrumento importante em uma economia descentralizada. No entanto, vimos que alguns economistas, como Friedman, sugerem que devemos nos basear *apenas* nos sinais de preços, como aqueles que um imposto sobre o carbono transmitiria. Um imposto sobre o carbono, alguns diriam, é mais simples de elaborar e fazer cumprir do que regulamentações. Eles também diriam que as regulamentações são necessariamente complexas e caras de administrar. No entanto, na prática, muitas vezes não é assim. É muito mais fácil verificar se uma usina elétrica está usando carvão do que medir suas emissões de carbono, ou se um carro tem um motor de combustão interna do que medir seus poluentes[44]. No campo vital da mudança climática, verifica-se que um número relativamente pequeno de regulamentações pode dar conta de grande parte do que precisa ser feito.

As regulamentações têm ainda outra vantagem já mencionada anteriormente: os efeitos podem ser mais certeiros. E há ainda outra vantagem. Às vezes, as regulamentações podem ser projetadas de maneira mais específica de forma a limitar as consequências distributivas adversas. Lembra-se de como a solução neoliberal para o pastoreio em excesso – a privatização – foi pouco equitativa? Do mesmo modo, confiar apenas no sistema de preços pode ser injusto para determinados grupos, de formas que são difíceis de compensar por meio do sistema político.

É por isso que, muitas vezes, é melhor usar um pacote de políticas, incluindo regulamentações, preços e investimentos públicos, para lidar com as externalidades, sobretudo em casos da escala e complexidade da mudança climática. Esses pacotes podem ser projetados para serem mais eficientes e justos do que depender apenas dos preços ou das regulamentações[45].

O que aconteceu na França em novembro de 2018 ilustra essa ideia. O bem-intencionado presidente francês, Emmanuel Macron, anunciou um imposto sobre a gasolina e o diesel projetado para desencorajar as emissões de carbono. Houve uma revolta, liderada pelas classes trabalhadoras em algumas das regiões mais pobres do país – protestos que ficaram conhecidos como o movimento dos coletes amarelos (assim chamado em razão dos coletes de segurança usados por muitos dos manifestantes). Anos antes, em atos de frugalidade governamental, os serviços de transporte público tinham sido cortados, o que havia forçado as pessoas a dependerem de seus carros para irem ao trabalho, à igreja e à mercearia. Em resumo, para viverem. A prosperidade refletida nas estatísticas do PIB francês não havia chegado a esses trabalhadores. Junto do corte de alguns impostos sobre os ricos, o imposto sobre combustíveis pareceu ser a gota d'água. Uma petição contra o imposto obteve um milhão de assinaturas. Protestos massivos eclodiram em todo o país, alguns dos quais se tornaram violentos. No total, cerca de três milhões de pessoas participaram dos protestos dos coletes amarelos. Dois meses depois, o governo cancelou o imposto, e a França continuou a contribuir para o aquecimento global da mesma forma que antes. Por outro lado, um pacote bem-projetado que incluísse transporte público e, talvez, a subsídios para os grupos mais afetados, sobretudo aqueles menos capazes de suportar o ônus do imposto, como os aposentados, poderia ter conquistado apoio suficiente para evitar esse tipo de reação[46].

Um pacote abrangente que inclua regulamentações, preços e investimentos públicos ampliará o conjunto de oportunidades para a maioria das pessoas de algumas formas (agora, elas podem desfrutar de uma vida com menor risco de mudança climática) e o reduzirá para outras (elas podem precisar pagar preços mais altos por determinados bens). Na prática, mesmo que a maioria fique em melhor situação, alguns ficarão em pior situação. Há perdas e ganhos. No entanto, é errado dizer que o sistema regulatório é mais coercitivo que o sistema de preços ou de subsídios. Devemos avaliar a totalidade das consequências, tanto para vencedores quanto para perdedores. Acredito que uma sociedade que age dessa forma provavelmente não dependerá apenas de preços ou apenas de regulamentações. Uma combinação dos dois é quase certamente a melhor abordagem.

A mensagem central de que algum grau de aparente coerção, nesse caso por meio do sistema regulatório, pode ser libertador e expandir o conjunto de oportunidades da maioria dos indivíduos é ainda mais relevante para muitas áreas do investimento público, as quais talvez exijam aumentos de tributação, como veremos no próximo capítulo.

4

A liberdade através da coerção: os bens públicos e o problema do carona

Pense no que aconteceria se não houvesse regras que determinassem em que lado da estrada dirigir. Alguns dirigiriam pela esquerda, outros pela direita. Haveria caos e congestionamentos, o que pode ocorrer em um país em desenvolvimento onde o crescimento econômico supera o desenvolvimento das estruturas regulatórias necessárias. Esse caos pode ser resolvido por meio de uma única intervenção: uma lei que exija que todos dirijam do lado direito da via. Essa lei resolve, de uma vez, o problema da coordenação e, após sua imposição inicial, deixa de ser coercitiva. Se todos dirigem do lado direito da via, eu também quero dirigir desse lado.

Em áreas congestionadas, a ausência de semáforos também pode levar ao caos e ao congestionamento. O uso de semáforos é uma regulamentação simples que especifica quando os carros podem atravessar um cruzamento. Essa lei envolve uma coerção mínima e custos relativamente baixos, tanto para o governo quanto para os motoristas, mas tem o enorme benefício de evitar, ou pelo menos reduzir, congestionamentos e acidentes. Para ser claro, os semáforos são coercitivos. E, no entanto, todos se beneficiam.

Esses exemplos contrastam com as situações discutidas no capítulo anterior, casos em que ações governamentais aparentemente coercitivas focam na limitação dos danos que uma pessoa pode infligir à outra. Nesses casos, o grupo age coletivamente para criar um conjunto de regras que aumenta o bem-estar social *como um todo*, mesmo que indivíduos ou grupos específicos sejam prejudicados. Neste capítulo, considero outro caso importante em que a coerção é desejável, quando há benefícios provenientes de *agir coletivamente*, seja por meio do fornecimento de um bem público ou da facilitação de coordenação (como os semáforos). A coerção, em muitos casos, assume a forma de impostos para viabilizar o fornecimento do bem público. A Direita parece se opor, com frequência e mais veementemente, a esses impostos, exceto quando o dinheiro é usado para a defesa nacional. No entanto, nesses casos, até ela reconhece que o benefício do bem público proporcionado pelas receitas fiscais vale a pena. Todos, incluindo aqueles que pagam os impostos mais altos, podem ficar em melhor situação como resultado dessa forma leve de coerção. Bill Gates e Jeff Bezos talvez não pudessem desfrutar de suas fortunas sob um regime liderado por Vladimir Putin ou em um mundo dominado pela China. É claro que pode haver divergências sobre quais bens públicos exatamente justificam a coerção dos impostos. Em geral, a Esquerda pode estar menos convencida do valor dos gastos militares, e a Direita, dos benefícios dos gastos públicos com saúde. Em 2023, ambos os partidos se uniram para reconhecer os benefícios do investimento em infraestrutura e tecnologia, sobretudo em microchips avançados.

Todos deveriam concordar com esse princípio. Existem certos tipos de gastos governamentais em que uma coerção leve gera uma melhoria do bem-estar social e aumenta nossa liberdade no sentido ampliado e positivo que defendo. A coerção é necessária, mas seu resultado é "afrouxar" a restrição orçamentária dos cidadãos, incluindo aqueles que precisam ser coagidos a pagar impostos. Nesse sentido, a liberdade econômica das pessoas (o conjunto de coisas que elas podem fazer) é enriquecida de forma incontestável.

Vemos os frutos desses investimentos em todas as esferas de nossas vidas, e eles enriquecem todos os aspectos de nosso bem-estar.

Os investimentos públicos que enriquecem nossas vidas

Na economia do século XXI, todos nos beneficiamos de investimentos públicos em pesquisa básica que resultam em avanços da ciência e da tecnologia.

Constantemente, confiro fatos e estatísticas na internet e mantenho contato com amigos e familiares por e-mail. Mas a internet não surgiu do nada. Ela foi o resultado de um programa deliberado de pesquisa capitaneado pelo governo dos Estados Unidos e executado pelo Departamento de Defesa (mais especificamente, a Agência de Projetos de Pesquisa Avançada de

Defesa – DARPA, na sigla em inglês). Até o navegador foi uma invenção financiada por recursos públicos. Embora tenha sido desenvolvido como resultado de gastos públicos, foi, na prática, entregue ao setor privado, que desfrutou de lucros enormes com ele[1].

Saúde

Um indicador importante para medir os avanços nos padrões de vida é o aumento da longevidade. Em 2021, a expectativa de vida ao nascer era de 76,4 anos nos Estados Unidos, 80,3 anos em média nos países da OCDE, e chegava a 84,5 anos no Japão[2]. Grande parte desse incremento na longevidade é consequência de avanços na ciência médica, os quais se respaldam em pesquisas básicas financiadas com recursos públicos.

A resposta à covid-19 também ilustra o valor da ação pública. Em tempo recorde, o mundo identificou o patógeno responsável pela terrível doença; em tempo recorde, uma vacina foi desenvolvida, testada e produzida. Nada disso teria ocorrido sem uma longa história de pesquisas com financiamento público. Por fim, o setor privado se envolveu, mas somente nos estágios finais e, mesmo assim, com apoio robusto do governo. Décadas de pesquisa sobre DNA foram seguidas por pesquisas sobre RNA mensageiro; isso tudo culminou no desenvolvimento da plataforma de vacinas de mRNA, a qual se mostrou extremamente eficaz na produção das vacinas de mRNA contra a covid-19.

Apesar da percepção equivocada de que a vacina de mRNA foi resultado exclusivo das habilidades e dos esforços de empresas privadas, o sucesso se deveu a uma parceria que deu certo. A vacina da Pfizer foi, na verdade, desenvolvida em conjunto com a BioNTech SE, uma empresa de biotecnologia alemã que havia recebido subsídios governamentais. Além disso, o sucesso oportuno dessas empresas só foi possível graças a pesquisas anteriores financiadas por governos e universidades que usavam as plataformas de mRNA[3].

No início, não estava claro como o vírus se propagava, mas, repito, pesquisas em grande parte financiadas pelos cofres públicos foram de grande ajuda. Compreender como o vírus era transmitido permitiu o desenvolvimento de protocolos sociais que reduziram sua disseminação. Campanhas públicas que divulgaram essas práticas e incentivaram a vacinação desempenharam um papel significativo no controle da doença.

Os bens públicos e o problema do carona

Mencionei apenas alguns dos muitos bens e serviços que são fornecidos pelo governo; há muitos outros – policiamento, educação, infraestrutura, proteção contra incêndios, parques nacionais – e a lista não tem fim. Certamente, há algumas controvérsias sobre detalhes, como se o fornecimento de um ou outro serviço pelo setor privado seria melhor que o público[4]. Entretanto, em grande medida, a controvérsia gira em torno de *como* os bens públicos devem ser produzidos. Isso difere do tema em questão: a necessidade de usar coerção – contribuições obrigatórias por meio da tributação – para financiar esses bens públicos.

Contudo, apesar dos enormes benefícios gerados pelos gastos com bens públicos, existe o problema do carona. Os bens públicos beneficiam a todos[5], independentemente de qualquer pessoa contribuir individualmente ou não para seu fornecimento. Em uma economia grande, cada um pode achar que sua contribuição não fará diferença no fornecimento do bem público.

Podemos pensar na contribuição voluntária para um bem público como a criação de uma externalidade *positiva*. A pessoa que faz a contribuição se beneficia, assim como todas as outras. Ressaltei no capítulo anterior que, assim como as economias de mercado produzem um volume excessivo de bens com externalidades negativas (como o excesso de aço, cuja produção causa poluição), elas não produzem bens com externalidades positivas suficientes. E isso é bastante verdadeiro no caso dos bens públicos. Cada pessoa tem um forte incentivo para pegar uma "carona" nas contribuições dos outros. No entanto, obviamente, se todos tentarem ser caronas, não haverá bens públicos. Mesmo que apenas uns poucos sejam caronas, haverá um fornecimento insuficiente em detrimento de todos.

Nessa arena crucial dos bens públicos, tão essenciais para nosso bem-estar, chegamos ao resultado aparentemente contraditório de que obrigar os cidadãos a pagar impostos para fornecer bens públicos pode ampliar as opções e a liberdade individual de todos, mesmo que isso pareça restringir as opções.

No capítulo anterior, afirmei que não reconhecer que a liberdade de uma pessoa pode implicar na falta de liberdade de outra foi um erro intelectual grave da Direita. Outro erro é não reconhecer o enorme valor dos gastos públicos, que só podem ser financiados por meio de impostos. E não reconhecer o valor da coordenação coercitiva é um terceiro erro. Juntos, esses fracassos ajudam a explicar por que o discurso da Direita sobre liberdade é tão equivocado e tem uma visão tão limitada.

Os benefícios da coerção na coordenação

Existem muitas outras áreas, além do fornecimento de bens públicos, em que ações governamentais que parecem coercitivas na verdade aumentam o conjunto de opções para todas as pessoas ou para a maioria delas. Isso é característico, por exemplo, de uma ampla gama de situações que os economistas identificaram como "problemas de coordenação", em que, de uma forma ou de outra, indivíduos interagem, e os resultados são melhores se conseguirem, de alguma forma, se coordenar. Iniciei o capítulo com um exemplo óbvio: precisamos coordenar em qual lado da estrada dirigir. Não importa se é do lado esquerdo ou do direito; o necessário é que seja apenas um ou outro.

Grande parte do que fazemos com outras pessoas envolve coordenação, e a falta de uma boa coordenação tem custos elevados. Perdemos o encontro com um amigo porque falhamos em coordenar nossas viagens. Se os fabricantes de fórmulas para bebês não produzem o suficiente, os custos podem ser enormes, como ocorreu após a pandemia de covid-19. Esses tipos de escassez eram algo constante na União Soviética e marcaram um fracasso de coordenação do planejamento central.

O tema desta seção é que uma boa coordenação pode trazer benefícios enormes. Indivíduos e mercados, por si sós, podem realizar um trabalho de coordenação imperfeito, mas o governo pode melhorar a situação. Essa melhora pode, em parte, envolver um elemento de coerção – e, de fato, um pouco de coerção pode ser essencial –, mas sua imposição é "libertadora", pois a liberdade para agir, a saber, o conjunto de opções disponíveis aos indivíduos, é ampliada.

Coordenação de férias

Considere o problema simples das férias em família. Quando ambos os pais trabalham, é necessário coordenar o período de férias com os dois empregadores, além do calendário escolar dos filhos. Dado que meu cônjuge tem férias em determinado período, meus filhos e eu queremos tirar férias na mesma época. A França resolve esse problema de coordenação de forma simples: todos tiram férias em agosto. Esse equilíbrio coordenado funciona melhor que o equilíbrio descoordenado nos Estados Unidos, onde o valor dos dias de férias é diminuído porque é mais difícil para ambos os cônjuges tirarem férias ao mesmo tempo. Como resultado, ambos tiram menos dias de férias. Não apenas os dois indivíduos ficam em uma situação pior, mas a produtividade e, consequentemente, os lucros podem ser mais baixos[6].

O dilema do prisioneiro

Talvez o problema de coordenação mais famoso seja o que conhecemos como o dilema do prisioneiro, em que as pessoas estariam em melhor situação se pudessem cooperar, mas cada uma tem um incentivo para descumprir o acordo cooperativo que maximiza o bem-estar[7].

Todos querem tirar o domingo de folga e desfrutar de um dia de descanso, como manda a Bíblia. No entanto, se todas as outras lojas estão fechadas, vale a pena abrir a minha loja, pois terei todos os clientes que desejarem comprar no domingo, alguns dos quais podem continuar a comprar no meu estabelecimento nos outros dias da semana. Porém, se eu abrir minha loja no domingo, meus concorrentes sentirão que precisam fazer o mesmo; se não o fizerem, temem perder vendas e lucro. O equilíbrio que surge é aquele em que todas as lojas abrem aos domingos, e todos os proprietários de lojas ficam infelizes. No cômputo geral, eles podem não vender mais do que se todas as lojas estivessem fechadas no domingo. Intervenções governamentais que forçam todas elas a fechar no domingo melhoram a situação dos proprietários de lojas. É claro que os clientes que realmente queiram fazer compras aos domingos ficam em uma situação pior[8].

A regulamentação resolve o dilema do prisioneiro ao melhorar a situação de todos os participantes. Cada um se sente coagido e gostaria de descumpri-la. Entretanto, a coerção amplia o conjunto de oportunidades de todos – é "libertadora".

A especulação que reduz o bem-estar

Há muitos outros casos em que a cooperação, embora acabe tendo um resultado melhor, não pode ser sustentada porque cada pessoa tem um incentivo particular para se desviar do comportamento cooperativo. Vejamos o caso dos relatórios meteorológicos. Todos nós nos beneficiamos de saber a previsão do tempo para o dia seguinte. Se mais de uma pessoa souber, esse fato não diminui meu conhecimento (diferentemente de um bem físico comum, do qual você e eu, em geral, não podemos desfrutar ao mesmo tempo). Esses relatórios são um bem público por excelência, e se os benefícios de saber qual será o clima com antecedência superarem os custos, essa informação deveria ser fornecida a todos.

Agora considere o caso em que os benefícios não justificam os custos. Os especuladores podem ter um interesse especial em saber o clima do dia seguinte um pouco antes de todos. Isso pode permitir que eles comprem guarda-chuvas e os vendam a preços altos no dia seguinte. O especulador pode obter um lucro grande. Mas, então, a maioria das pessoas será induzida a gastar dinheiro para descobrir se vai chover apenas para não ser explorada pelo especulador. Uma cascata de gastos desnecessários em informação acontece, impelida pelo especulador que tenta se aproveitar do público e pelos gastos do restante da sociedade que resiste a essa tentativa.

Uma regra coercitiva simples – a proibição de preços abusivos quando chover – resolve o problema. O especulador deixa de ter incentivo para obter a informação. E isso permite que todos os outros evitem gastos para neutralizar os especuladores. Todos, com exceção do especulador, ficam em melhor situação[9].

Uma outra alternativa seria: se as informações sobre o clima tiverem, *coletivamente*, valor suficiente que permita que as pessoas planejem melhor a vida delas, o fornecimento governamental dessas informações seria benéfico para o bem-estar de todos, mesmo que isso exigisse um imposto coercitivo para financiar a divulgação do bem público. O fornecimento pelo governo de informações alija, de antemão, o especulador[10,11]. Isso elimina a capacidade de impor preços abusivos.

Coordenação sistêmica

O foco principal aqui, no entanto, é no papel da intervenção governamental e da coerção na coordenação de todo o sistema econômico. Algumas empresas fabricam carros, outras produzem aço. Algumas delas (chamadas de concessionárias de automóveis) possuem um estoque de carros para vender, e algumas famílias estão pensando em comprar um carro. Como tudo isso se alinha? Como é que, em geral, a quantidade de aço produzida é quase exatamente a necessária a cada ano? E como o número de carros produzidos é quase exatamente o mesmo de que os compradores precisam?

No século XIX, vários economistas, sendo Léon Walras (1834-1910) o mais famoso, desenvolveram uma versão matemática do que acreditavam representar a ideia que tinha Adam Smith quando ele falou sobre a mão invisível – o interesse próprio que resulta, em uma economia competitiva, no bem-estar de todos ao produzir, de alguma forma, aquilo que os indivíduos desejam nas quantidades que desejam. Em meados do século XX, esse modelo foi analisado com mais profundidade. Esse exame demonstrou que, se houver informação perfeita sobre as características de todos os bens em todos os momentos e datas; competição perfeita nos mercados para todos os bens e serviços em todas as datas e contingências (ou seja, se houver, efetivamente, mercados de risco perfeitos); *e* não houver mudanças tecnológicas, então existe toda a coordenação necessária no contexto das interações econômicas que ocorrem nos mercados e que são guiadas pelos preços. E o equilíbrio, em que cada pessoa maximiza seu bem-estar levando em conta os preços (que refletem as ações de todas as outras pessoas), é um resultado eficiente. Os preços atuam como o mecanismo de coordenação, ajustam-se para cima ou para baixo, dependendo de haver ou não excesso de demanda ou oferta. Deixando de lado a irrealidade das premissas, a beleza da prova do resultado e de suas implicações de longo alcance é impressionante. As duas pessoas que conseguiram fornecer essas provas, Kenneth Arrow e Gérard Debreu, merecidamente receberam o Prêmio Nobel Memorial de Ciências Econômicas por seu trabalho[12].

O resultado foi interpretado de três maneiras distintas por diferentes grupos de economistas. Um grupo pequeno, liderado por Debreu, considerou o resultado pelo que ele era: um teorema matemático a ser analisado e generalizado, mas nada mais do que isso. Cabia a outros decidir sobre a relevância do teorema para o mundo real.

Os conservadores, por outro lado, interpretaram o resultado como uma confirmação daquilo em que há muito acreditavam. Reforçaram sua convicção no "fundamentalismo do mercado"[13]. Eles ignoraram as limitações das premissas, assim como ignoraram os muitos alertas de Smith sobre as limitações dos mercados sem amarras. Mantiveram essa visão mesmo quando, nas décadas seguintes ao trabalho de Arrow e Debreu, tornou-se cada vez mais evidente que as premissas para provar a eficiência do mercado não podiam ser enfraquecidas; Arrow e Debreu haviam encontrado o único conjunto de premissas em que os resultados eram válidos[14].

O terceiro grupo – ao qual Arrow pertencia em grande medida – sustentava que o que havia sido provado era a ineficiência do mercado. O fato de as premissas por trás da eficiência da economia estarem tão distantes do mundo real significava que Arrow e Debreu (junto dos economistas posteriores que investigaram cada uma das premissas em mais detalhes) haviam provado que os mercados, na verdade, não eram eficientes; ou seja, quando essas condições irreais não são satisfeitas, em geral a economia é *ineficiente*. De fato, determinadas questões que Debreu havia ignorado por completo em sua análise mostraram-se cruciais. Os resultados com relação à eficiência da economia desapareciam quando havia apenas uma pequena imperfeição da informação ou um pequeno custo de busca. Em resumo, os preços coordenam os mercados competitivos (digamos, entre produtores e consumidores, de modo que se produz exatamente o que se consome), mas de maneiras que, em geral, não são eficientes.

Um corolário dessa análise é que existem intervenções no mercado – às vezes coercitivas – que podem melhorar a situação de todos.

Falhas macroeconômicas

Na prática, as coisas são melhores e piores do que acreditavam os fundamentalistas de mercado da Direita[15]. Existem outros mecanismos de coordenação; as empresas não dependem apenas dos preços. Elas analisam seus estoques e os das outras empresas. Se eles estão se acumulando, sabem que é hora de reduzir a produção. Elas também consultam outras partes – inclusive os economistas – para entender qual caminho a economia e seu setor estão tomando. Ao contrário da teoria econômica de mercado padrão, que afirma que os preços transmitem todas as informações relevantes, as empresas utilizam uma gama bastante variada de fontes de informação.

Todavia, a dinâmica desse sistema mais complexo não é, em geral, nem eficiente nem estável. As oscilações macroeconômicas que marcaram o capitalismo ao longo dos últimos dois séculos e meio – inclusive a Grande Depressão e a Grande Recessão – são as manifestações mais claras dessas enormes falhas de coordenação, as quais impuseram custos imensos à sociedade. Anos mais tarde, o crescimento é menor; a economia pode nunca recuperar o nível em que estaria caso essas crises não tivessem ocorrido. Entretanto, os custos para as pessoas são ainda maiores – vidas e fortunas arruinadas, estudos interrompidos, medo e insegurança generalizados.

Nos últimos oitenta anos, as intervenções governamentais desempenharam um papel relevante na redução tanto da magnitude quanto da frequência dessas oscilações e suas consequências. Essas melhorias no desempenho macroeconômico contribuíram muito para o bem-estar social e individual. Com a melhora da estabilidade e da eficiência da economia, a liberdade é expandida não apenas em termos dos conjuntos de oportunidades discutidos anteriormente, mas em termos mais amplos de bem-estar, incluindo, de forma importante, a liberdade da fome e do medo.

Contudo, a maioria dessas intervenções envolve algum grau de coerção: contribuições obrigatórias para fundos de seguro-desemprego, para que, quando os trabalhadores enfrentarem o desemprego, suas consequências sejam mitigadas; impostos para assegurar a existência de redes de segurança alimentar e de saúde, por mais frágeis que sejam; restrições aos bancos para assegurar que não concedam empréstimos excessivamente arriscados, os quais mergulhariam a economia em recessões ou depressões.

O sucesso dessas intervenções na macroeconomia fornece uma resposta a outra objeção da Direita à intervenção governamental. Às vezes, seus representantes admitem, com relutância, que os mercados não são eficientes e que, *em princípio*, há intervenções governamentais que poderiam melhorar as coisas. No entanto, eles argumentam que as intervenções governamentais dependem de processos políticos e que estes, *sempre*, comprometem tudo. Segundo eles dizem, mesmo na hipótese de que intervenções governamentais que melhoram o bem-estar existam, elas tendem a fazer exatamente o contrário.

Isso simplesmente não é verdade. Embora os governos, como todas as outras instituições humanas, sejam falíveis, eles podem ser e têm sido bem-sucedidos em melhorar os resultados econômicos nessa e em várias outras áreas.

Perseguir o interesse próprio, entendido de forma ampla

Os economistas, com sua inclinação *contra* as ações governamentais, naturalmente se perguntam se existe uma maneira de as pessoas resolverem sozinhas os problemas dos bens públicos e da coordenação.

Existe uma infinidade de associações voluntárias, organizações não governamentais (ONGs) e outras entidades que abordam, em parte, problemas específicos de coordenação e bens públicos. Em determinadas áreas, as coisas não são tão ruins quanto os economistas – que consideram que as pessoas são *absolutamente* egoístas – poderiam imaginar. Os humanos não são *tão* egoístas assim[16]. Eles doam bilhões para caridade. Eles se preocupam com os outros[17]. Em todo o mundo, associações voluntárias e ONGs que promovem algum objetivo público – melhores direitos humanos, melhor tratamento do meio ambiente, melhores cuidados de saúde – prosperaram com a doação de dinheiro e tempo feita por colaboradores e voluntários, e por funcionários que aceitaram salários bastante inferiores aos que poderiam obter em outros cargos.

Em uma ampla gama de domínios e situações, muitas, talvez a maioria, das pessoas parecem agir como se estivessem maximizando seu bem-estar em um sentido mais amplo do que seu interesse próprio *restrito*. Elas exibem um senso maior de *interesse próprio esclarecido*, o qual leva em consideração o tipo de sociedade que surgiria se todos agissem de maneira semelhante. Elas evitam, de forma deliberada, agir como caronas *o tempo inteiro*. Isso é verdade sobretudo na política, quando, na cabine de votação, muitos cidadãos se perguntam: "Que tipo de sociedade eu quero?". Muitos ricos votam a favor de impostos altos sobre os ricos na crença de que, se todos contribuírem (todos forem coagidos), o investimento público reduzirá certas desigualdades e aumentará a produtividade e o bem-estar social. Tal coerção cria uma sociedade melhor. Dado o sistema tributário, eles tentam minimizar seus impostos de acordo com seu interesse próprio restrito, mas, quando votam nas regras do jogo, assumem uma posição mais esclarecida.

A maioria das pessoas sente que servir em um júri faz parte de seu dever cívico; elas o fazem voluntariamente, sabendo muito bem que poderiam apresentar alguma desculpa válida para não fazê-lo. Pais trabalham duro para melhorar a qualidade das escolas locais. Isso é benéfico para os seus filhos, assim como para outros.

Em resumo, a perspectiva da Direita – e a perspectiva da teoria econômica padrão – sobre a natureza humana está simplesmente errada. Porém, lamentavelmente, algumas pessoas são menos inclinadas ao altruísmo. Elas se comportam exatamente como os economistas teorizam, e nossa sociedade precisa ser estruturada para levar esse aspecto em consideração. É por isso que não podemos confiar apenas em ações voluntárias para resolver os problemas dos bens públicos e da coordenação. É preciso haver coerção para resolver os problemas de grande porte que requerem intervenção pública (governamental).

No entanto, a Direita criou uma armadilha. Seus seguidores exaltam o egoísmo quase como uma virtude e afirmam, de maneira enganosa, que o egoísmo implacavelmente perseguido promove o bem-estar social. Isso significa, como disseram, que não se pode confiar na intervenção governamental, porque o egoísmo que eles exaltam também se aplica aos funcionários do setor público, que promoveriam seus próprios interesses à custa do restante da sociedade. Entretanto, eles estão errados em todos os aspectos. Como mencionei, as pessoas não são tão egoístas quanto a Direita afirma; muitas ingressam no serviço público para promover os interesses públicos. Em primeiro lugar, para meus propósitos aqui, podemos criar instituições públicas com controles e contrapesos que previnam os abusos que a Direita tanto teme. Alguns países têm realizado um trabalho muito bom nesse aspecto. E criou-se um círculo virtuoso. Os países que fizeram um trabalho melhor em criar governos confiáveis têm mais confiança no governo e atraem pessoas melhores para o serviço público. De fato, alguns países foram tão bem-sucedidos que os indivíduos pagam impostos *de livre e espontânea vontade*, sabendo que "os impostos são o preço que pagamos por uma sociedade civilizada", conforme declarou o famoso juiz da Suprema Corte Oliver Wendell Holmes. Na Finlândia, por exemplo, uma pesquisa encomendada pela administração tributária relatou que "95% dos finlandeses consideram que pagar impostos é um dever cívico importante... Além disso, 79% dos entrevistados estavam felizes em pagar impostos e sentiam que obtinham um bom retorno pelos impostos que pagam".[18]

Na Parte II, discutirei como a sociedade pode criar mais confiança, mais confiança no governo e mais indivíduos confiáveis, e destacarei o oposto – que, nas sociedades sem confiança, nem mesmo o setor privado consegue funcionar bem. O capitalismo neoliberal criou pessoas não confiáveis e (compreensivelmente) corroeu não apenas a confiança no governo, mas também a confiança nas instituições privadas e uns nos outros. Criou um sistema que se autodevora. Nada disso, no entanto, é inevitável.

Os bens públicos globais e a coordenação global

Como vimos, existe um paralelo entre o que ocorre *dentro* das nações e o que ocorre *entre* as nações. O que uma pessoa faz pode afetar outras pessoas; o que um país faz pode afetar outros países. Precisamos de regras e regulamentos para evitar a imposição de externalidades negativas por uma pessoa a outra e a imposição de externalidades por um país a outro. O problema, que discuto com mais detalhes no Capítulo 12, é que a unidade política básica no mundo de hoje é o Estado-nação, capaz de regular apenas o que ocorre no interior de suas fronteiras. Não existe um organismo *global* eficaz para regular aquilo que ocorre além das fronteiras. O mesmo vale para a coordenação internacional e o fornecimento de bens públicos globais[19]. Um pouco de coerção poderia provocar um aumento no bem-estar social global. As dificuldades em realizar ações cooperativas transnacionais que aumentem o bem-estar significam que há menos coordenação, mais externalidades negativas e menos bens públicos globais do que haveria de outra forma.

O exemplo mais importante de um bem público global é a proteção do mundo contra as mudanças climáticas. Os países vêm realizando algumas ações voluntariamente, mas muito menos que o necessário para evitar os perigos extremos do aumento de temperaturas acima de 1,5 a 2 graus Celsius[20].

Tenho enfatizado que é preciso haver regras e regulamentos – coerção – para evitar as externalidades e gerar coordenação e cooperação, mas também devo enfatizar que fazer cumprir regras e regulamentos é igualmente importante. Aqui, o sistema global falha mesmo. Não há governo global para impor até mesmo acordos fracos. Em alguns âmbitos, a comunidade internacional teve sucesso, e a coerção (e a ameaça de coerção, incluindo sanções comerciais contra países que violam o acordo) foi eficaz. Por exemplo, antes do tratado internacional de 1987 conhecido como Protocolo de Montreal sobre Substâncias que Destroem a Camada de Ozônio, o uso de produtos químicos, como clorofluorocarbonetos (CFCs) e hidrocarbonetos halogenados, vinha criando grandes buracos na camada de ozônio estratosférica, a qual ajuda a nos proteger contra o câncer de pele. As forças restauradoras da Terra são imensas e, após a eliminação quase total dessas substâncias, espera-se que a camada de ozônio seja restaurada até meados deste século, o que trará benefícios enormes. Aqueles nascidos entre 1980 e 2100 provavelmente evitarão a ocorrência de cerca de 443 milhões de casos de câncer de pele, cerca de 2,3 milhões de mortes por esse motivo e mais de 63 milhões de casos de catarata, e a Terra terá evitado um aumento de temperatura de 2,5 graus Celsius proveniente apenas dessa fonte[21].

O protocolo pode ser visto como um contrato entre países, no qual cada um abriu mão de parte de sua "liberdade" (de usar CFCs) em troca de outros fazerem o mesmo, com dividendos óbvios. No entanto, o Protocolo de

Montreal incluía um elemento de coerção. Os países que não o cumprissem enfrentariam penalidades substanciais. A coerção expandiu a liberdade – a liberdade, por exemplo, de não ter câncer de pele.

De forma semelhante, no setor privado, existem contratos voluntários que envolvem restrições mutuamente pactuadas, incluindo a renúncia a liberdades em alguma dimensão em troca de uma expansão mais valiosa de liberdades em outra, com benefícios que superam os custos. O próximo capítulo aborda essas situações em maior detalhe.

5

Os contratos, o contrato social e a liberdade

Quando indivíduos assinam um contrato, eles concordam em fazer algo; esse contrato restringe sua liberdade para agir, no futuro, em troca de algo oferecido pela outra parte. Os indivíduos aceitam tais restrições voluntariamente porque a troca como um todo os favorece, assim como ocorre na "coerção", em que o Estado pode impor a regulamentação de determinadas ações ou pode forçar as pessoas a pagar impostos para financiar investimentos públicos que beneficiam a todos.

Em um sentido fundamental, todos os contratos são restrições que expandem as oportunidades das partes que celebram o contrato de maneiras relevantes. Sem contratos de crédito, por exemplo, as pessoas não poderiam obter o dinheiro necessário para realizar investimentos de alto retorno. Em troca, elas aceitam restrições, incluindo as que limitam o uso que podem fazer desse dinheiro e, possivelmente, até mesmo restrições sobre outros aspectos do que podem fazer, como não contrair empréstimos de outro credor.

O fato de um contrato ser firmado voluntariamente não significa que ele não seja explorador – um tema ao qual retornarei mais adiante. Alguém pode celebrar um contrato de trabalho explorador se essa for a única forma de sobreviver. Nessa situação, pode-se dizer que a pessoa foi coagida – ainda mais se ela tiver sido privada de alternativas, como no caso da África do Sul, onde os negros africanos foram privados do direito de cultivar a terra. Nesse sentido, há uma grande diferença entre os contratos firmados por partes com poderes quase iguais e contratos entre partes com poderes desiguais.

O conceito de contrato social

Há muito, os filósofos veem a relação entre indivíduos e sociedade[1] como regida por um *contrato social* semelhante, o qual restringe os cidadãos de maneiras que aumentam sua liberdade e bem-estar gerais. É importante notar que o contrato social é uma metáfora; não existe um contrato formal ou por escrito.

Um contrato social define a relação entre indivíduos e sociedades, da mesma forma que um contrato real faria ao delinear as obrigações das partes envolvidas e entre si.

Há uma diferença importante entre o contrato social e os contratos formais. Quando um contrato formal é violado, há consequências tanto para a relação quanto, sobretudo, para a parte que o descumpriu. A parte lesada pode tentar impor uma penalidade ao infrator. Quando uma pessoa descumpre um contrato, há regras claras sobre os processos para julgar se e em que medida os termos do contrato (regras e regulamentos) foram violados e quais punições devem ser aplicadas. Contudo, quando o Estado não faz o que deveria fazer, não existe um mecanismo correspondente para fazer cumprir o contrato social. Essa é a diferença fundamental entre um contrato real e um contrato social. Por trás de qualquer contrato formal, há um governo para fazer com que ele seja cumprido. Os contratos sociais se baseiam na confiança. Em um contrato social, existe o risco de que, se os cidadãos acreditarem que o governo o violou, a lei e a ordem podem entrar em colapso.

A escrita do contrato social

A noção de contrato social nos convida a perguntar que tipos de regras e princípios que formam a base desse contrato podem contribuir para o bem-estar social. Os Capítulos 3 e 4 deixaram claro que existem importantes perdas e ganhos sociais na formulação das regras da economia e da sociedade. Devemos nos concentrar no bem-estar dos lobos ou das ovelhas? Nos proprietários de armas ou nas vítimas da violência armada? Nos ricos, cuja liberdade é reduzida pela tributação progressiva, ou nos pobres, cuja liberdade para viver é extremamente aumentada quando o governo ajuda a financiar melhoras na educação, saúde e nutrição?

Uma vez que entendemos que as liberdades envolvem perdas e ganhos, precisamos descobrir um sistema que equilibre a expansão das liberdades de algumas pessoas e a limitação das liberdades de outras além da lei da selva, em que os mais fortes ampliam sua liberdade à custa de todos os outros. O livro *Uma teoria da justiça*, de John Rawls (1971), fornece esse tipo de modelo.

Podemos pensar em como os indivíduos gostariam de determinar essas perdas e esses ganhos se os imaginarmos por trás do que Rawls chama de "véu da ignorância", a situação em que eles não sabem onde, na sociedade, estarão quando o véu for levantado. Serão ricos ou pobres? Por trás do véu, eles não sabem. De maneira pragmática, o modelo de Rawls é semelhante ao "espectador imparcial" de Smith:

> As normas morais, portanto, expressam os sentimentos de um espectador imparcial. Um sentimento, seja da parte de uma pessoa motivada a agir ou da parte de uma pessoa que foi impactada pelas ações de outras, é digno de aprovação moral se, e somente se, um espectador imparcial concordar com esse sentimento[2].

Tanto Rawls quanto Smith sugerem que uma pessoa deve se distanciar dos próprios interesses ao avaliar o que torna uma sociedade boa ou justa. De fato, Rawls fornece um método que *impede* que escolhamos princípios tendenciosos a nosso favor durante a seleção dos princípios e das políticas com base nos quais viver. Ele chama a isso de *justiça como equidade*. O espectador imparcial de Smith é, de certo modo, uma personificação desse método.

Rawls usa esse modelo para apresentar um argumento convincente em favor da redistribuição progressiva como parte desejável do contrato social[3]. Aqui, eu o usarei para refletir sobre a ampla gama de arranjos institucionais que regem a sociedade.

Podemos pensar nos vários dispositivos do contrato social como especificadores das regras e dos regulamentos da sociedade. Os mercados não existem no vácuo. Não existe algo como um livre mercado no abstrato. Os mercados são estruturados por regras e regulamentos. Por trás do véu da ignorância, acredito que deveria haver um amplo consenso sobre as perdas e os ganhos envolvidos na elaboração do contrato social. Como encontramos um equilíbrio entre a liberdade dos lobos e a liberdade das ovelhas? A liberdade do explorador e a do explorado? Podemos perguntar: por trás do véu da ignorância, em que não sabemos onde nos encaixaremos na sociedade – a pequena probabilidade de ser um monopolista dominante ou a grande probabilidade de ser um trabalhador ou um consumidor potencialmente explorado –, quais conjuntos de regras e regulamentos desejaríamos? É provável que haja muito menos discordância a respeito dessas disposições, as quais podemos considerar como provocadoras de resultados socialmente equitativos. *Grosso modo*, escolheríamos disposições que promovem o máximo de igualdade possível, consonante com o desempenho econômico geral[4, 5].

Esse modelo pode ser usado para orientar os inúmeros regulamentos, regras e leis necessários para o funcionamento de uma economia do século XXI, incluindo aqueles de proteção a trabalhadores, consumidores, à concorrência e ao meio ambiente. Curiosamente, Adam Smith, cujo nome é frequentemente invocado para defender a teoria econômica *laissez-faire* sem qualquer intervenção governamental, reconheceu que a maneira como as regulamentações são projetadas faz diferença:

> Quando a regulamentação, portanto, favorece o empregado, ela é sempre justa e equitativa; mas às vezes não é assim quando ela favorece os patrões[6].

Smith entendia que as leis sobre as associações de empregados afetam o poder de barganha, e também reconhecia as assimetrias em termos de poder de mercado:

> Em todo lugar, o valor dos salários do trabalho prevalecentes depende do contrato que costuma ser feito entre essas duas partes, cujos interesses de modo algum são iguais. Não é, contudo, difícil prever qual das duas partes deve, em todas as ocasiões normais, ter vantagem na disputa e forçar a outra parte a aceitar seus termos. Os patrões, por serem menos numerosos, podem se unir muito mais facilmente. [...] Em todas essas disputas, eles podem resistir por muito mais tempo[7].

Ele observou ainda que:

> Os patrões estão sempre e em toda parte em uma espécie de combinação tácita, porém constante e uniforme, para não aumentar os salários do empregado acima de seu valor atual. Às vezes, os patrões entram em conluios específicos para reduzir os salários do empregado até mesmo abaixo desse valor. Essas ações são sempre conduzidas com o máximo de silêncio e sigilo.

Smith reconheceu que o que vemos difere bastante do que poderíamos esperar em um contrato social escrito por trás do véu da ignorância. As regras e os regulamentos reais refletem o poder – sobretudo o poder político, porque são definidos por meio de processos políticos. Muitas vezes, as assimetrias de poder naturais que surgem por meio de um vínculo empregatício são exacerbadas pelo arcabouço regulatório, o qual, de uma forma ou de outra, restringe a sindicalização (a "união" dos trabalhadores), mas, às vezes, ignora quando as empresas se unem para diminuir salários. O curioso sobre esses trechos, escritos muito antes do surgimento da economia industrial, e ainda muito antes da economia baseada no conhecimento, é que eles ainda soam verdadeiros. Gigantes tecnológicos, como Apple e Google, entre outros, conspiraram, *em segredo*, para não contratar funcionários uns dos outros; o nível mais baixo de concorrência resultante reduziu os salários de seus engenheiros de cujas habilidades intelectuais o sucesso dessas empresas dependia[8].

A perspectiva da Direita

Tenho defendido que as pessoas aceitariam regulamentações ou impostos que restringissem sua liberdade porque essas restrições expandiriam, em última análise, seus conjuntos de oportunidades. Muitas vezes, a Direita tem uma visão peculiar e muito limitada da natureza desse contrato social. Para seus seguidores, há um número limitado de restrições a ações que poderiam ser aceitas como parte do contrato social (matar, roubar). Os direitos de propriedade são cruciais, independentemente de como a propriedade foi adquirida. O papel do governo é fazer cumprir os direitos de propriedade e os contratos privados. Isso parece tão óbvio para eles que quase não há necessidade de justificativa.

Evidentemente, sem a obrigatoriedade de cumprimento, os contratos e a propriedade pouco significam. Sem essa obrigatoriedade, muitas trocas benéficas talvez simplesmente não ocorreriam, sobretudo quando envolvem uma parte fazer algo hoje (como um pagamento) e a outra parte fazer algo mais tarde (como a entrega de um bem prometido). Da mesma forma, sem direitos de propriedade, qualquer investimento seria desencorajado. Alguém poderia simplesmente tomar a propriedade de outra pessoa. No entanto, como discutirei no próximo capítulo, os direitos de propriedade precisam ser definidos. Estes e as regras que regem os contratos são construções sociais, algo que projetamos e especificamos para promover os interesses da sociedade. Eles não foram entregues no Monte Sinai, nem se originam de alguma misteriosa lei natural. A sociedade também precisa decidir quais contratos devem ser aceitáveis e ter seu cumprimento exigido pelo governo.

Muitos na Direita parecem não entender isso ou, mais precisamente, querem regras que desequilibrem ainda mais a balança do poder em favor dos poderosos. Com base no princípio da *liberdade para contratar*, afirmam que o governo deve fazer cumprir contratos privados, não importa o quanto o acordo seja explorador, desde que os contratos tenham sido firmados voluntariamente. A Direita insiste na obrigatoriedade do cumprimento, mesmo que haja grandes assimetrias de informação e mesmo que uma parte tenha enganado a outra. Ela permite e até facilita ações cooperativas realizadas de determinadas formas por meio de entidades jurídicas – empresas[9] –, embora proíba, por serem colusivas, outras ações cooperativas, como a sindicalização de empregados para promover seus interesses. E tornam mais difíceis ações cooperativas para ressarcir os empregados ou consumidores pelos prejuízos causados por essas empresas[10].

Esses regulamentos e regras defendidos pela Direita (disposições que ela, implicitamente[11], afirma que deveriam fazer parte do contrato social) têm consequências claras para o bem-estar social e para a distribuição do poder e da riqueza. As pessoas de baixa renda, e até mesmo aquelas de renda média, só podem se opor aos interesses dos ricos se trabalharem juntas. Quando a Direita impede esse caminho, encoraja de fato a exploração por parte das empresas, aumenta a desigualdade e reduz o bem-estar social.

Duvido que o contrato social desejado pela Direita, focado apenas em proteger os direitos de propriedade e obrigar o cumprimento de todos os contratos, emergiria de qualquer discussão razoável sobre como ele seria justo ou mesmo como promoveria a eficiência econômica. A natureza mutável da sociedade e da economia exige mais intervenção e investimento governamentais hoje do que no passado, e, consequentemente, impostos mais altos e mais regulamentação. Podemos debater a melhor maneira de realizar tais investimentos[12], mas nenhuma pessoa sensata pode negar a necessidade deles, bem como a necessidade de que, pelo menos, grande parte dos custos seja arcada pelo erário.

Quais contratos privados devem ter seu cumprimento exigido por lei?

Claro que os contratos, por si mesmos, são eticamente neutros; podem facilitar transações que sejam tanto desejáveis quanto indesejáveis em relação à sociedade. Um contrato social bom não incentivaria comportamentos socialmente indesejáveis e, portanto, os governos não devem fazer cumprir contratos privados que os incentivem. Isso é tão óbvio que chega a ser banal – tão inegável quanto a necessidade de regulamentações contra roubo e assassinato. Um contrato que obriga alguém a fazer algo ilegal deve ele próprio ser ilegal e, lógico, seu cumprimento não deve ser exigido por lei. No entanto, a Direita, ao enfatizar a "santidade dos contratos", não reconhece a distinção entre os que são bons e os que são ruins para a sociedade. É claro que, inevitavelmente, haverá discordâncias e debates sobre quais são bons ou ruins para a sociedade. No entanto, quando reconhecemos que eles são construções sociais, reconhecemos que podem ser bons ou ruins, e de fato alguns contratos, longe de serem uma santidade, são na verdade abominações.

Admitir que pode haver discordância sobre o que constitui um bom ou um mau contrato levanta questões interessantes. Por exemplo, a questão do que deve ser permitido vender é contenciosa. Mesmo que houvesse concordância universal de que as pessoas não deveriam ser autorizadas a vender seus rins, elas deveriam ser autorizadas a vender seu sangue? Há algumas evidências de que os resultados são melhores, tanto em termos de quantidade quanto de qualidade (ou seja, ausência de doenças que uma transfusão de sangue poderia transmitir), quando o sangue é obtido apenas por meio de doações voluntárias, e fazê-lo se torna uma norma social[13]. Da mesma forma, independentemente do que as pessoas pensam sobre a prostituição, há uma questão legítima sobre se o cumprimento de um contrato para fornecer esses serviços deve ser exigido por lei.

Entretanto, embora nas margens haja controvérsia sobre quais contratos devem ser aceitáveis e ter seu cumprimento exigido por lei, hoje existe um amplo consenso de que o contrato social não deve permitir, muito menos exigir, contratos e disposições contratuais que aceitem trabalho infantil, tráfico de seres humanos, fraude e exploração, escravidão, servidão por contrato, ou a venda de órgãos e outras partes vitais do corpo.

Outro exemplo de uma disposição contratual questionável: os acordos de não divulgação (NDAs, na sigla em inglês) que as empresas têm inserido cada vez mais nos contratos. Pode haver algumas circunstâncias em que o sigilo (falta de transparência) seja desejável, mas, com frequência, o sigilo é usado para esconder coisas ruins. Essas disposições são, muitas vezes, incluídas em acordos quando homens poderosos assediam mulheres sexualmente, e mostraram-se um obstáculo importante para responsabilizar esses homens. O papel dos NDAs foi destacado no infame caso de Harvey Weinstein, o magnata do cinema e predador sexual[14]. Os NDAs também dificultam, e até podem impossibilitar, a identificação e correção de outros problemas sistêmicos, como a discriminação racial[15] nos bancos, onde ocorreram processos e acordos. Há, eu espero e acredito, uma crescente percepção de que tais disposições contratuais não devem ser honradas.

O Capítulo 7 discutirá outras disposições contratuais destinadas a aumentar o poder de mercado e a capacidade de explorar daqueles com poder de mercado. Ao pesar os ganhos e as perdas de liberdade, a resposta deve ser clara: um contrato social justo não permitiria a elaboração de contratos que envolvam exploração, muito menos convocaria ou exigiria que os governos forçassem seu cumprimento.

Outras disposições do contrato social: proteção social e ajuda com a gestão de tempo de vida

Há vários outros aspectos do contrato social que são importantes e que, por trás do véu da ignorância, seriam, em geral, aceitos. Muitos deles estão relacionados a situações em que os mercados deixam de funcionar como deveriam no mundo idealizado e fictício da Direita. E muitas dessas falhas de funcionamento são inerentes a essas situações. Os mercados simplesmente não funcionam da maneira como a Direita imagina, porque a informação é, em si mesma, imperfeita e assimétrica, e superar essas imperfeições da informação custa caro. Também custa caro operar mercados.

Quando falamos de "mercados perfeitos" – nos quais são gerados resultados eficientes –, eles *precisam* envolver mercados de seguros perfeitos, nos quais todo risco relevante pode ser objeto de um seguro[16]. (Esta não é uma exigência inequívoca, e estabelecer que os mercados de seguros devem ser incluídos foi uma das grandes conquistas da teoria econômica das últimas décadas do século XXI.) Entretanto, alguns dos riscos mais importantes que enfrentamos têm, por sua própria natureza, dimensões e magnitudes desconhecidas. A pandemia de covid-19 e a guerra na Ucrânia ilustram grandes riscos que a economia enfrentou – com consequências enormes para empresas e famílias em todo o mundo –, mas o mercado não fornecia qualquer seguro contra eles, e é inconcebível que o faça contra riscos semelhantes no futuro[17].

A proteção social no contrato social

Um aspecto de um bom contrato social incorporado em praticamente todas as sociedades modernas e que representa uma das maiores inovações sociais dos últimos 150 anos é a proteção social. Ela salvaguarda das vicissitudes e incertezas da vida de uma pessoa, em especial as de grande porte, como perder um emprego ou padecer de uma doença grave. A proteção social auxilia no que me referirei como gestão de tempo de vida, o fato de que os indivíduos muitas vezes não têm dinheiro nem recursos quando mais precisam deles. Alguns desses grandes riscos da vida estão ligados aos tipos de eventos descritos no parágrafo anterior, contra os quais os mercados privados não fornecem seguro, e não podem fornecê-lo.

Além disso, os jovens não têm os recursos para investir em sua própria educação formal e em saúde. Pais jovens em dificuldades não têm dinheiro para pagar por bons cuidados infantis, e aposentados podem descobrir que não têm recursos suficientes para viver uma vida digna. Nos Estados Unidos, os pais, muitas vezes, não têm dinheiro para enviar os filhos à universidade, mas sabem que, sem um diploma universitário, as oportunidades ao longo da vida dos filhos são limitadas.

Dadas essas notórias limitações de mercado, parece igualmente óbvio que as pessoas, *por trás do véu da ignorância*, seriam a favor de haver um contrato social que fornecesse, pelo menos, alguma seguridade social, e fariam investimentos nos jovens para permitir que eles realizassem seu potencial (em vez de apenas depender dos recursos dos pais). Quase todas as sociedades modernas fazem isso.

As falhas de mercado e a perspectiva conservadora

A perspectiva padrão dos economistas – e a perspectiva de muitos libertários e de seguidores da Direita – *presume* a existência de mercados de capital perfeitos e se expressa mais ou menos da seguinte maneira: os jovens podem pedir empréstimos usando como garantia seus rendimentos futuros. Eles (ou seus pais, agindo em seu nome) fazem investimentos em saúde e educação racionalmente e equilibram, assim, as taxas de retorno e o custo dos recursos, os quais, em um mercado perfeito, seriam baixos. Pais jovens poderiam redistribuir sua renda ao longo da vida; assim, se quisessem contratar cuidados infantis, o fariam por conta própria e, se não, um dos pais ficaria em casa. Do ponto de vista do economista padrão, essa é a solução eficiente e desejável. Segundo ele, o governo estraga as coisas quando fornece ou subsidia esses cuidados porque muitas mulheres acabam indo para o mercado de trabalho. Seria melhor se uma parcela delas ficasse em casa para cuidar dos filhos. A renda que ganham não justifica os custos com esses serviços fornecidos pelo mercado. (O economista, com seu lápis afiado, ao pesar os custos e benefícios, não leva em conta preocupações sociais mais amplas com relação à realização do potencial feminino ou às relações de poder entre os gêneros. De fato, o modelo padrão começa por ignorar a existência de quaisquer relações de poder e por pressupor mercados perfeitos.)

Ilustro essa visão absurda sobre mercados perfeitos para meus alunos de teoria econômica, os quais, quase todos, têm rendimentos baixos no presente e terão rendimentos muito mais elevados no futuro. É óbvio que muitos deles gostariam de morar em apartamentos melhores e desfrutar de mais viagens de férias agora, enquanto são jovens. Como aprenderam na maioria das outras aulas de teoria econômica, o modelo padrão diz que eles devem redistribuir seu consumo ao longo do tempo e pedir empréstimos no presente para serem amortizados com a renda futura. Sugiro que eles procurem o banco da esquina e peçam um empréstimo para tornar tudo isso possível. Sei o que aconteceria se o fizessem: rejeições retumbantes. Eles poderiam até conseguir pegar um *montante pequeno* emprestado, mas ainda assim, em geral, a taxas de juros altas. No mundo real, o crédito é racionado[18].

Passemos então aos mercados de risco. A Direita, novamente seguindo o modelo econômico padrão, pressupõe a existência de mercados de risco perfeitos. Todos os "investimentos" descritos nos dois parágrafos anteriores são arriscados. As pessoas não sabem quais são os retornos dos investimentos em saúde e educação, ou em cuidados infantis. Elas também não sabem quanto tempo vão viver. E, em alguns desses casos, nem mesmo os especialistas concordam sobre as magnitudes dos retornos econômicos. Sabemos que, sem educação formal e cuidados de saúde adequados, ninguém consegue realizar seu pleno potencial. No entanto, em nenhum desses casos os indivíduos podem comprar um seguro privado contra os riscos futuros relevantes que afetam os retornos de investimentos em saúde e cuidados infantis. Em geral, o risco desestimula tais investimentos[19] e, na ausência de bons mercados de risco, haverá níveis de investimento mais baixos do que seriam socialmente produtivos.

Existem muitos outros riscos que afetam o bem-estar de uma pessoa. A insegurança pode ter um efeito devastador sobre ela – e é por isso que o apelo do presidente Franklin D. Roosevelt em favor da "liberdade do medo" foi tão importante[20].

Cuidados de saúde, desemprego e aposentadorias

No último século, os governos passaram a reconhecer, cada vez mais, que existem riscos importantes que os cidadãos enfrentam e que não estão sendo adequadamente abordados pelos mercados de seguro privados. Esse reconhecimento deu impulso à seguridade social.

Antes que o presidente Lyndon B. Johnson aprovasse o Medicare em 1965, o qual assegurava que o governo forneceria cuidados de saúde aos estadunidenses idosos, muitos não conseguiam arcar com os custos de um plano de saúde, e muitos daqueles que conseguiam eram forçados a pagar preços extremamente elevados. Antes que várias leis e regulamentações fossem aprovadas, sobretudo a Lei de Cuidados Acessíveis em 2010, muitas pessoas com idade inferior a 65 anos também não conseguiam pagar um plano de saúde, sobretudo se tivessem doenças preexistentes, como problemas cardíacos ou artrite, condições de saúde que tornavam a obtenção de um plano de saúde ainda mais importante. Ademais, para muitos que tinham como pagá-lo, o custo representava uma parcela grande de sua renda.

O mercado privado nunca forneceu seguro-desemprego, embora um dos mais significativos riscos e fontes de insegurança enfrentados pelas famílias trabalhadoras seja a perda do emprego da principal fonte de renda e a dificuldade em encontrar outro rapidamente[21].

Outro exemplo de proteção social organizada pelo governo são os programas públicos de aposentadoria, como o Seguridade Social nos Estados Unidos. O chanceler da Alemanha, Otto von Bismarck, foi o primeiro a introduzir um programa de seguridade social para idosos em 1889. Naquela época, relativamente poucas pessoas viviam além da idade normal de aposentadoria de 65 anos. Hoje, a expectativa de vida em alguns países é igual ou superior a 80 anos. No Japão, é de 82 anos para os homens e de 88 anos para as mulheres, 15 anos ou mais além da aposentadoria. Ainda há uma enorme incerteza sobre quanto tempo qualquer pessoa viverá, embora tenhamos estatísticas confiáveis sobre as expectativas de vida para vários grupos da população. As anuidades – apólices de seguro que pagam um valor fixo, não importa quanto tempo a pessoa segurada viva – mitigam esse risco, mas a um preço muito elevado, bem acima do nível que pode ser justificado pelos dados sobre a expectativa de vida. Isso não surpreende. Alguém precisa pagar pelos enormes lucros e custos de publicidade das seguradoras, e essa pessoa é o cliente.

O sistema de previdência social nos Estados Unidos pode ser visto, em grande parte, como uma anuidade organizada pelo governo, sendo os custos de transação uma fração daqueles do setor privado[22]. E existem dispositivos na previdência social que são fundamentais para garantir a sensação de segurança de um indivíduo e que não estão presentes nas anuidades privadas, acima de tudo os ajustes para compensar a inflação. Ela pode ter sido contida por décadas após ter disparado na década de 1970, mas a inflação pós-pandemia lembrou a todos que ela pode voltar a subir novamente. Precisamos de um seguro contra esse tipo de evento, mesmo que ele ocorra muito raramente. O mercado falha nesse aspecto, mas os governos podem fornecê-lo, e assim têm feito.

Há outra disposição importante no esquema de previdência pública dos Estados Unidos: os pagamentos aumentam com o incremento geral dos salários. Sem esse componente, quando os salários aumentam rapidamente – como ocorreu nas décadas seguintes à Segunda Guerra Mundial –, o padrão de vida das pessoas mais velhas que dependem apenas de suas poupanças torna-se muito inferior ao dos mais jovens. Haveria um nível inaceitável de disparidade de renda intergeracional. Os programas de aposentadoria pública oferecem um mínimo de compartilhamento de risco intergeracional e de distribuição de renda ao longo da vida, porque um dos determinantes dos benefícios de um aposentado é o nível atual dos salários, embora o determinante mais crítico seja sua própria contribuição.

É surpreendente que alguns integrantes da Direita ainda desejem privatizar várias formas de previdência social, quando a razão para cada uma ter sido introduzida foi a existência de riscos que o mercado não abordava adequadamente; em muitos casos, ele não tinha como fazê-lo.

Grande parte da oposição ao fornecimento de proteção social pelo governo é motivada por uma ideologia simples que afirma que agir coletivamente interfere na nossa liberdade individual e que o governo é sempre ineficiente[23]. (Grande parte disso também é motivada por interesses próprios. Alguns do setor financeiro sabem que poderiam ganhar rios de dinheiro se, por exemplo, o sistema de Seguridade Social fosse privatizado, sem se importarem com os custos para os aposentados.)

Eu já abordei essa ideia sobre agir coletivamente. A seguridade social expandiu enormemente a liberdade, ou o conjunto de oportunidades, da maioria dos cidadãos[24]. Para muitos, ela até conseguiu fazer o que o presidente Roosevelt mais queria: libertou-as do medo, ou ao menos diminuiu a insegurança de maneira significativa.

A afirmação de que o governo é necessariamente ineficiente é refutada pelas evidências. Como mencionei, os custos de transação das anuidades privadas são muito mais altos que os da Seguridade Social. Repetidas vezes, em reuniões comunitárias e em outros lugares, os cidadãos exigiram que o governo não se intrometesse no Medicare e na Seguridade Social[25]. Os dois programas funcionam tão bem que, para qualquer um que esteja preso à ideologia da Direita, eles *precisam* ser administrados pelo setor privado.

Podemos fazer mais ainda: incrementar as oportunidades de educação formal

A Austrália possui um programa de empréstimos para estudantes universitários, no qual o valor que eles devolvem depende da renda ganha pelo recém-formado. O governo (a sociedade) assume parte do risco associado aos investimentos em educação. Ele oferece uma divisão de risco que o setor privado não oferece. E, ao que parece, esse programa público é *muito* mais eficiente que o programa de empréstimos do setor privado – mesmo que o programa do setor privado possa parecer mais simples. Bruce Chapman, professor emérito de teoria econômica na Universidade Nacional da Austrália e idealizador do programa de empréstimos com base na renda da Austrália, graceja ao contar uma conversa que teve com alguém de outro país que perguntou quantas pessoas o governo emprega para gerenciar o programa de empréstimos, o qual atende quase toda a população universitária. Quando Chapman respondeu "dezessete", a pessoa replicou, impressionada:

– Dezessete mil é bastante eficiente.

– Não – respondeu Chapman –, apenas dezessete. Ponto final.

O ponto importante era que o programa de empréstimos se apoia no sistema do imposto de renda; os mutuários que devem dinheiro por causa de seus empréstimos estudantis recebem automaticamente a "fatura" do valor adicional devido, a qual é acrescida a seus pagamentos de impostos. Para administrar todo o sistema, dado o avanço da tecnologia, são necessários apenas dezessete funcionários adicionais.

Outros elementos no projeto do contrato social

Muitas discussões sobre justiça social e o projeto do contrato social se concentraram na distribuição, e colocam a pergunta de forma implícita: por trás do véu da ignorância, qual tipo de programa de impostos seria socialmente justo? John Rawls apresentou um caso convincente a favor da conveniência da tributação progressiva.

Argumentei aqui que podemos e devemos analisar *todos* os aspectos do contrato social e da organização social sob uma lente semelhante, por trás do véu da ignorância. No Capítulo 3, analisei as regras e os regulamentos que ajudam uma sociedade interconectada a lidar com as externalidades. No Capítulo 4, abordei como uma sociedade justa, por trás do véu da ignorância, abordaria os gastos públicos e resolveria os problemas de coordenação. Neste capítulo, discuti como devemos pensar sobre quais tipos de contratos privados *não* devem ser obrigatoriamente cumpridos e, de forma mais ampla, sobre o que mais deve ser incluído no contrato social. Enfatizei a necessidade da proteção social e dos investimentos na gestão de tempo de vida – na educação formal e no fornecimento público de cuidados infantis e de aposentadorias. Os capítulos posteriores discutirão outros aspectos de nosso regime econômico, político e social[26].

Considerações finais: a busca por orientação no projeto do contrato social

Já é óbvio que um contrato social socialmente justo é complexo. Ele engloba regulamentações e outras disposições que restringem liberdades definidas de forma estreita, mas, ao fazê-lo, ampliam as liberdades de modo mais geral. Ele é diferente do contrato social da Direita, que se limita ao cumprimento obrigatório dos contratos privados e dos direitos de propriedade, por mais ampla que seja a definição que lhe dão. De fato, argumentei que alguns contratos não devem ser obrigatoriamente cumpridos – alguns são, na verdade, abomináveis – e mais adiante explicarei como os direitos de propriedade são, e precisam ser, restritos. Por trás do véu da ignorância, nunca haveria um contrato social que fizesse com que todos os contratos fossem cumpridos, nem um no qual existissem direitos de propriedade ilimitados.

Nos Estados Unidos e em outros países, os governos costumam recorrer às lideranças dos setores financeiros e empresariais para obter conselhos sobre leis e regulamentações que regem o comércio. Isso é ainda mais verdadeiro em áreas complexas, como regulamentação financeira ou comércio internacional. Entretanto, Adam Smith advertiu sobre os pedidos de conselhos a esses líderes:

> O interesse dos [empresários] é sempre, em certos aspectos, diferente e até mesmo se opõe ao interesse do público. [...] A proposta de qualquer nova lei ou regulamentação do comércio que venha dessa classe [...] jamais deve ser adotada antes de ser longa e cuidadosamente examinada [...] com a atenção mais suspeitosa. Ela vem de uma classe *de homens [...] que, em geral, tem interesse em enganar e até oprimir o público*[27].

Nessa citação, Smith expressa uma profunda desconfiança nos conselhos dos empresários sobre políticas públicas, reconhecendo que seus interesses não coincidem com os da sociedade em geral. (Eu só gostaria que o governo dos Estados Unidos tivesse prestado mais atenção às sábias palavras de Smith do que às recomendações dos financistas de Wall Street nos anos que antecederam a crise financeira de 2008.)

Nossa discussão sobre Rawls ajuda a explicar melhor por que Smith estava certo: a sociedade deve desconfiar dos conselhos de empresários e financistas cujas vozes costumam se sobressair, sobretudo, nos debates sobre questões econômicas. A maioria dos empresários não pensa no que é bom para a sociedade por trás do véu da ignorância. Eles estão acostumados a apenas perguntar: "O que devo fazer para aumentar meus lucros e os lucros da minha empresa?". Uma resposta é convencer o governo a fazer regras e regulamentações e a gastar dinheiro de maneiras que enriqueçam sua empresa.

Além disso, mesmo que tenham conhecimentos privilegiados sobre a negociação, ou sobre seu próprio setor, poucos são especialistas em entender como o sistema econômico, político e social funciona como um todo. Acadêmicos que passam uma vida inteira debruçados sobre o assunto se mostram humildes quando reconhecem a magnitude dessa tarefa, mas, pelo menos, fazem as perguntas certas. Eles sabem que até contratos voluntários podem não ser desejáveis. Somente após entender como o sistema funciona é que se pode avaliar essa ou aquela intervenção e fazer julgamentos sobre qual tipo de contrato social expande a liberdade, definida de forma significativa, para a maioria das pessoas. Só então se pode decidir que tipo de contrato social seria adotado por trás do véu da ignorância.

Essas considerações nos ajudam a pensar sobre aspectos relevantes da economia, incluindo os direitos de propriedade, a tributação distributiva e as regulamentações sobre a concorrência e a exploração, questões que abordarei nos dois próximos capítulos.

6

Liberdade, uma economia competitiva e justiça social

O fato de os recursos serem limitados – o que os economistas chamam de escassez – restringe o que podemos fazer como indivíduos e como sociedade. Não é natural chamarmos a essas restrições de perda de liberdade. No entanto, quando o governo intervém e impõe impostos, tirando parte de nosso dinheiro suado, muitas vezes sentimos que há uma perda de liberdade. Podemos entender como essas intervenções públicas podem *parecer* coercitivas, pois restringem nossas escolhas ao reduzir nossa renda.

Os libertários, sobretudo, fazem um grande alarde quando são forçados a pagar impostos. Para eles, isso os priva de sua liberdade. Eles acreditam que têm o direito fundamental de gastar seu dinheiro como quiserem, pois afirmam que suas rendas altas são o resultado de trabalho honesto, esforço árduo, energia criativa e habilidades de investimento (e pode-se acrescentar, em muitos casos, suas habilidades para escolher os pais certos).

Um dos principais objetivos deste capítulo e do próximo é refutar essas alegações, argumentando que, na maioria das vezes, não há legitimidade moral nas rendas do mercado. Essa afirmação parece óbvia quando as rendas são derivadas da exploração – seja da escravidão dos séculos XVII e XVIII, do colonialismo e comércio de ópio do século XIX ou do poder de mercado e da publicidade sedutora e enganosa do século XX. No próximo capítulo, discutirei como grande parte da riqueza daqueles que estão no topo da pirâmide social deriva, pelo menos em parte, da exploração das pessoas que estão na base.

Este capítulo, no entanto, aceita, sem um questionamento mais profundo, a hipótese de que os mercados atuais são, em grande parte, competitivos, mas defende que, mesmo assim, a legitimidade moral das rendas derivadas de mercados competitivos que parecem funcionar bem é questionável. Há várias razões para isso. Trata-se, em parte, do fato de que a riqueza que as pessoas herdam é, em certa medida, ou em muitos casos, em última análise, derivada da exploração, e em parte porque não há legitimidade moral nos salários e preços, mesmo em um mercado competitivo. Isso ocorre porque esses salários e preços seriam diferentes se houvesse uma distribuição de riqueza diferente. A riqueza moralmente ilegítima dá origem a salários e preços que, por si mesmos, carecem de legitimidade moral. Esses salários e preços também seriam diferentes se houvesse regras e regulamentações diferentes na economia. Contudo, quando elas são escritas pelos ricos e poderosos, os salários e preços resultantes carecem de legitimidade moral.

Isso é importante. O libertário afirma que sua renda pertence a ele; que ele tem, de algum modo, um direito moral sobre ela. Ele afirma ainda que, como resultado, não deveria haver tributação redistributiva, mesmo diante de grandes desigualdades sociais e necessidades públicas flagrantes. Entretanto, tais alegações repousam na premissa de que existe alguma legitimidade moral nas rendas geradas pelos mercados.

Recompensas justas: a justificativa moral da renda e da riqueza em uma economia competitiva

Historicamente, os economistas que atacam a redistribuição direta – tributar os ricos para fornecer serviços públicos e ajudar os menos afortunados – afirmaram que as rendas são as "recompensas justas" pelos esforços das pessoas. Nassau William Senior, um dos grandes economistas do início do século XIX, afirmou que a riqueza dos capitalistas era a justa recompensa por estarem se "abstendo" de gastar e, em vez disso, poupando, o que gerava o acúmulo de capital que estava no cerne de um sistema capitalista[1]. A teoria econômica neoclássica forneceu uma justificativa mais geral. Cada pessoa era recompensada pelo mercado de acordo com sua *contribuição marginal*, pelo que ela acrescentava ao "bolo econômico". No entanto, esse argumento ignorava a presença de externalidades e de outras falhas de mercado que predominavam na época, e continuam a predominar hoje, o que permitiu que a teoria econômica neoclássica criasse um universo mítico no qual a contribuição marginal *privada* – aquilo que o indivíduo acrescentava à lucratividade da empresa – era igual à contribuição marginal social – aquilo que o indivíduo acrescentava à sociedade.

A teoria econômica clássica (e sua descendente dos séculos XX e XXI, a teoria neoclássica) ignorou o motivo de diferentes indivíduos possuírem diferentes ativos; por que alguns tinham mais educação formal, outros menos; alguns mais capital, e outros menos. Senior disse que essa diferença era simplesmente o resultado de uma maior frugalidade. Esse era um fator, mas havia outros. Durante o período de sua escravização, os afro-estadunidenses do Sul foram privados dos frutos de seu trabalho. Eles foram apropriados pelos escravizadores, que repassaram parte da riqueza adquirida de forma ilegítima (poder-se-ia dizer "roubada") para seus descendentes. Esse é um exemplo óbvio de como a riqueza pode carecer de legitimidade moral. Quando a riqueza adquirida de maneira ilegítima é transmitida de geração em geração, ela permanece moralmente ilegítima, mesmo centenas de anos depois (embora as sociedades possam se esforçar para encurtar nossa memória). Mesmo quando esse tipo de riqueza é transferido várias vezes, a desigualdade de riqueza que acaba surgindo continua a carecer de qualquer legitimidade moral.

O contraponto à alegação de que a grande riqueza possui alguma legitimidade moral é que podemos tirar uma conclusão semelhante sobre as pessoas que vivem na pobreza. Elas "merecem" sua desgraça porque não souberam poupar ou por algum outro motivo. Porém, essa afirmação é tão falaciosa quanto a outra. Existem muitas razões para a pobreza de tantos descendentes dos escravizados, incluindo os frutos do trabalho escravo terem sido roubados; a privação de uma educação formal adequada após a abolição da escravatura; a promessa de "quarenta acres e uma mula" que nunca se materializou; e a presença generalizada de uma discriminação desenfreada[2].

Escolas ruins, saúde precária, desertos alimentares, barreiras de acesso ao mercado financeiro, a incapacidade de se sindicalizar ou obter hipotecas são apenas alguns dos desafios desiguais e injustos enfrentados por muitas pessoas que vivem na pobreza. Não é porque elas não trabalham duro ou não podem economizar; é que nem sequer conseguem dar conta do básico para sobreviver.

Direitos de propriedade e liberdade

Qualquer discussão sobre a legitimidade moral da riqueza deve começar com uma análise dos direitos de propriedade. Imagine uma sociedade sem quaisquer amarras ou limitações, onde os fortes podem roubar dos fracos

– e roubam. Os fortes têm liberdade e fazem o que querem. Entretanto, os fracos não têm liberdade; vivem oprimidos pelos fortes. Ninguém chamaria a isso de sociedade livre, pois os fracos não podem usufruir dos frutos do seu trabalho. Também não seria uma sociedade produtiva, pois poucos investiriam ou mesmo trabalhariam sabendo que suas poupanças ou rendas poderiam ser, e provavelmente seriam, tomadas deles. Quando falamos sobre livre mercado, queremos dizer um em que tal roubo é proibido e essa proibição tem força de lei. E quando falamos sobre a "legitimidade moral" da riqueza de uma pessoa, presumimos que sua riqueza não foi roubada de outros.

No entanto, definir roubo exige definir propriedade. O que pertence a quem? E o que alguém pode fazer com a propriedade que "possui"? Consideramos nosso sistema de direitos de propriedade como natural, mas diferentes países têm conceitos de propriedade bastante diversos. Como enfatizei, os direitos de propriedade são algo que nós, como sociedade, elaboramos. Historicamente, os direitos de propriedade foram definidos pelos poderosos para preservar o próprio poder. Se eles são definidos e atribuídos (ou reatribuídos) sem que possuam legitimidade moral, então as rendas derivadas da posse de propriedade também não a possuem. Não há razão para *não* retirar de seu proprietário a renda derivada dessa fonte. É totalmente apropriado recuperar a riqueza roubada por um ladrão. E não há justificativa moral para permitir que os ricos mantenham a posse de rendas que são provenientes de ganhos ilegítimos, em vez de cedê-las a pessoas com rendas baixas, sobretudo se essas rendas poderiam ter sido mais altas se os direitos de propriedade tivessem sido definidos e atribuídos de forma diferente e, talvez, mais apropriada.

Os direitos de propriedade como construções sociais: diversas definições

Os direitos de propriedade são construções sociais – ou seja, são o que são porque nós, como sociedade, os definimos de alguma forma. Assim, naturalmente, nossas noções sobre quais e que tipos de direitos de propriedade possuem legitimidade moral são socialmente construídas. E sempre que há desacordos significativos sobre fronteiras, regras e direitos, pode-se esperar que haja interesses poderosos por trás deles, os quais buscam garantir mais para si mesmos. O fato de que eles possam dar um verniz jurídico à sua riqueza faz pouco para consolidar sua legitimidade moral.

Desenvolvemos um modelo para pensar sobre como definir os direitos de propriedade sob o véu da ignorância. Apenas um conjunto de regulamentos que dizem o que o "proprietário" tem o direito de fazer e o que não tem o direito de fazer, e como (ou se) alguém pode se tornar proprietário de um determinado ativo. Pode haver, evidentemente, uma disparidade entre como os direitos de propriedade são definidos na prática e como poderiam ser definidos em um contrato social bem-elaborado, escrito sob o véu da ignorância. E sempre que essa disparidade é grande, podemos levantar dúvidas sobre a legitimidade moral da riqueza e da propriedade.

Escrevi sobre a mudança nos direitos de propriedade nos séculos XVII e XVIII, quando a terra que havia sido possuída por todos – os bens comuns – foi privatizada, o que enriqueceu os proprietários de terras, mas empobreceu a grande maioria dos cidadãos. Essa foi uma simples apropriação de propriedade, posteriormente defendida por alguns economistas como uma solução eficiente para o problema da tragédia dos comuns. Entretanto, vimos que essa abordagem avaliava a questão pelos olhos dos proprietários de terras, e que regulamentações teriam sido uma forma mais justa, mais equitativa e igualmente eficiente de lidar com aquela situação. A riqueza adicional que os proprietários de terras amealharam carece de legitimidade moral, assim como as heranças de seus descendentes. E isso é verdade mesmo que a apropriação de terra tenha recebido o apoio do sistema político e jurídico – era um sistema no qual aqueles camponeses não tinham voz.

As ideias discordantes sobre propriedade estão na raiz de muitos desacordos entre as populações indígenas e os colonizadores ao redor do mundo. Em muitos casos, os europeus acreditavam que haviam "comprado" a terra que ocuparam e exploraram. Entretanto, pelo menos de acordo com muitos relatos, os vendedores não entendiam bem a natureza da transação porque não consideravam a terra como algo que poderia ser comprado ou vendido. Seria como se uma pessoa chegasse para mim e perguntasse se poderia comprar a Ponte do Brooklyn. Em geral, as pessoas não compram ou vendem pontes; então, se essa fosse a pergunta que "ouvi", eu provavelmente teria entendido errado, ou a pessoa teria tentado dizer outra coisa com a pergunta. O que ela provavelmente quis dizer é: poderia ela ter o direito de *usar* aquela ponte, sujeita a certas regulamentações e normas, talvez por um período determinado?

Para muitos povos indígenas no Canadá, Austrália, Estados Unidos e outros lugares, havia terra suficiente para ser compartilhada, desde que seu trato fosse adequado (de maneiras que os colonizadores muitas vezes não faziam)[3]. A ideia de que a terra poderia ser "vendida" não fazia parte da mentalidade dos povos indígenas. Qualquer interpretação moderna dos tratados e acordos feitos, no século XIX e antes dessa época, precisa levar em conta essa perspectiva.

De maneira semelhante, a ideia de pessoas como propriedade é estranha para a maioria dos ocidentais do século XXI. A ideia de que pessoas poderiam ser compradas e vendidas ou alugadas como uma propriedade qualquer é intolerável. No entanto, quando chegou o momento de abolir a escravidão na maioria dos países, os escravizadores é que foram compensados pela perda de seus direitos de propriedade, não os ex-escravizados. O fato de que alguém compensaria outra pessoa que roubou os frutos do trabalho de outros, sem falar na liberdade deles, reforça a conclusão de que a propriedade é uma construção social.

Outro exemplo: os Estados Unidos são um dos poucos países em que os recursos que estão abaixo da superfície da terra pertencem ao proprietário dela, e não ao Estado. Essa disposição contribui para a desigualdade aleatória sem fazer muito para aumentar a eficiência econômica e, em muitos casos, gera complexidades desnecessárias. Se petróleo for descoberto embaixo da minha terra, eu me tornarei bilionário da noite para o dia – não por meus próprios esforços, mas por pura sorte. Contudo, o petróleo que extraio pode fazer parte de um reservatório que se estende por baixo de terras fora da minha propriedade, o que resultaria em um excesso de perfurações, pois cada proprietário de terra tenta extrair o máximo possível de petróleo antes que alguém mais o faça. Essa concorrência exige uma série de regulamentações que não seriam necessárias se o reservatório de petróleo fosse declarado (como ocorre na maioria dos países) um ativo de propriedade coletiva de todos os cidadãos, a ser gerido pelo Estado. Esse exemplo contraria a alegação de que os sistemas de direitos de propriedade são "naturalmente" definidos para gerar "eficiência econômica", sendo a eficiência na produção de bens e serviços o objetivo presumido de um bom sistema de organização social.

Os economistas também estudam uma gama de direitos de propriedade implícitos que permeiam o sistema econômico. Para os professores de ensino superior, fazer parte do quadro permanente é, em última análise, um direito de propriedade, embora os não economistas, em geral, não o encarem dessa forma. Eu tenho o direito de receber uma renda por ensinar uma determinada matéria na universidade, desde que eu não descumpra certas regulamentações e, claro, desde que a matéria continue a ser ensinada na universidade. É um direito de propriedade restrito. Eu não posso vender o cargo para outra pessoa e preciso cumprir os termos do contrato de professor do quadro permanente.

Da mesma forma, alguém que mora em um apartamento cujo aluguel está sujeito a controles regulatórios tem, na prática, um direito de propriedade – o direito de permanecer lá pagando um aluguel que pode ser substancialmente inferior ao praticado pelo mercado. Mas esse direito é restrito. Eu não posso vendê-lo para outra pessoa e, sobretudo, não posso sequer passá-lo adiante para meus filhos[4].

Os direitos de propriedade e a liberdade: privilégios e restrições

A discussão sobre os direitos de propriedade deixa clara a complexidade desse conceito[5]. Não se trata apenas de eu possuir algo e, portanto, ter o direito de fazer qualquer coisa que eu queira com aquilo, incluindo transferi-lo para outra pessoa pelo preço que eu decidir. Os direitos de propriedade são sempre restritos. Já mencionei o direito do governo de confiscar terras por meio de domínio eminente, com compensação adequada, quando necessário, para fins públicos. Diz-se, com frequência, que uma característica importante de possuir algo é o direito de vender ou ceder esse direito de propriedade para terceiros. Em alguns países, o governo concede aos indivíduos o direito de usar uma área específica de terra (chamado de direito de uso), mas restringe seu direito de vendê-lo. E, se não for utilizado, podem perdê-lo. Isso também é verdade para muitas licenças de recursos naturais emitidas pelos governos.

Às vezes, existem boas razões para tais limitações. Por trás do véu da ignorância, um bom contrato social, embora possa prever *alguns* direitos de propriedade, os restringiria. A questão é: como?

Possuir uma patente de um medicamento essencial me confere o direito de cobrar quanto eu quiser? Os Estados Unidos e a Europa têm respostas diferentes para essa questão. Nos Estados Unidos, se meu poder de monopólio é legitimamente adquirido, posso cobrar qualquer preço que desejar. Na Europa, os abusos do poder de monopólio não são permitidos. Essa é outra ilustração de que os mercados são definidos pelas regulamentações impostas. Nesse caso, acho que fica claro qual dos sistemas é melhor, mas também é evidente por que os Estados Unidos o adotaram. Não é porque o país gera melhores resultados. É porque os poderosos, sobretudo as grandes indústrias farmacêuticas, têm uma influência maior na definição das regras. Do ponto de vista de alguém acostumado às normas europeias, os enormes lucros extraordinários das indústrias farmacêuticas estadunidenses, obtidos por meio de seu poder de monopólio, carecem de legitimidade moral. A sociedade tem todo o direito de recuperar esses lucros extraordinários. Isso não é hipotético. As indústrias farmacêuticas estadunidenses cobram cerca de dez vezes mais pela insulina do que as europeias devido ao exercício desse poder de monopólio, que faz parte do sistema de direitos de propriedade dos Estados Unidos[6].

Particularmente para o nosso tema, os direitos de propriedade implicam restrições à liberdade de alguns e expansão da liberdade de outros de maneiras que muitas vezes consideramos naturais e inevitáveis, mas que estão longe de ser uma coisa ou outra. Se eu possuo um terreno, posso impedir que ele seja invadido. No entanto, isso significa que o direito de propriedade restringe a liberdade de uma pessoa enquanto expande a de outra (o direito do proprietário de excluir terceiros). Os mercados "livres" com direitos de propriedade bem definidos não maximizam a liberdade, como alguns afirmam; eles simplesmente concedem liberdades a uns e as retiram de outros. Às vezes, há argumentos de eficiência favoráveis a determinadas atribuições de direitos de propriedade, mas, conforme expliquei, certas formas de atribuir direitos de propriedade podem minar a eficiência. Existem alternativas melhores, incluindo a propriedade coletiva (como no caso dos aquíferos). E, quaisquer que sejam as defesas de eficiência, há consequências distributivas. Observe que, no exemplo que apresentei no parágrafo anterior – o direito das indústrias farmacêuticas estadunidenses de cobrar qualquer preço que desejem –, há um enorme custo social. Combinado com o fornecimento público inadequado de medicamentos, é quase certo que pessoas estejam morrendo desnecessariamente como resultado.

A preocupação com essas consequências distributivas motiva algumas das definições importantes dos direitos de propriedade. Por exemplo, no interior da Inglaterra, os caminhantes têm direito de passagem definido sobre as terras. Da mesma forma, em muitos países e estados (incluindo a Califórnia), os cidadãos têm o direito de frequentar e acessar todas as praias. Colorado, Montana, Wyoming e Novo México reconheceram o "direito de boiar" em riachos, mesmo que eles atravessem uma propriedade privada.

Essa discussão destacou a natureza, por vezes arbitrária, dos direitos de propriedade, com certas definições e atribuições que levaram a resultados injustos – como o preço abusivo da insulina – e a resultados ineficientes, os quais quase certamente nunca surgiriam sob o véu da ignorância. Entretanto, se os direitos de propriedade são definidos de maneira injusta e desigual, é provável que as disparidades de riqueza resultantes dessas atribuições e definições de direitos de propriedade também sejam injustas e desiguais.

A transmissão intergeracional da ilegitimidade e da vantagem

Se existe um grau de ilegitimidade moral associado aos rendimentos e às riquezas em um dado momento, e ocorre alguma transmissão intergeracional de riqueza (por meio de heranças financeiras ou simplesmente acesso a uma melhor educação formal), então os rendimentos e as riquezas em gerações subsequentes carecerão de legitimidade. Considere o caso não irrealista em que alguns indivíduos herdam dos pais uma grande parcela da riqueza nacional adquirida por meio de roubo de terras. A reivindicação moral à riqueza nesse contexto é obviamente débil.

Poucos diriam que uma política de redistribuição dessa riqueza mal-adquirida em favor dos cidadãos com rendas mais baixas – sobretudo se a terra foi roubada deles ou de seus antepassados – é uma violação fundamental da liberdade, assim como a restituição de propriedade roubada não é, em geral, vista como uma violação dos direitos do ladrão[7]. Muitos poderiam dizer, de fato, que uma política de restituição de terras roubadas seria moralmente justificada. No entanto, isso levantaria questões sobre as reivindicações morais à terra daqueles de quem ela foi tomada. Talvez eles também tenham tomado a terra de outros.

Outras questões profundas, que não abordamos aqui, são as reivindicações morais de restituição – feitas pelos descendentes daqueles de quem a terra foi roubada – e quem deveria arcar com os custos dela, quando, no caso de algumas pessoas específicas, não existe um vínculo claro entre a riqueza de hoje e as transgressões do passado. O proprietário de terras que acreditava ter comprado legitimamente a terra e possui um título incontestável (e talvez tenha sido informado pelo governo na época de que o título era legítimo) deveria ser responsabilizado? Os custos econômicos e sociais de tal política seriam, é óbvio, enormes.

Não se trata apenas de sutilezas teóricas. Após a queda do Muro de Berlim e da Cortina de Ferro, muitos países do Leste Europeu, onde a propriedade havia sido nacionalizada, adotaram políticas de restituição. Em alguns países, determinados grupos passaram a ver a redistribuição de propriedades, a qual ocorreu sob diferentes governos, como injusta. Os direitos de propriedade antes das nacionalizações comunistas haviam sido, em muitos casos, afetados por governos de Direita, e muitas vezes implicavam a redistribuição dos bens de judeus e de outras minorias. A restituição de hoje deveria reverter aos direitos de propriedade detidos antes da nacionalização pelos comunistas ou deveria retroceder no tempo ainda mais?

A transferência de riqueza financeira entre gerações é apenas uma das formas pelas quais a vantagem é transmitida. Mesmo nas sociedades mais progressistas, existe alto nível de transmissão intergeracional de vantagens e desvantagens[8]. Há muitos mecanismos pelos quais isso ocorre, incluindo a educação formal (capital humano) e os contatos sociais. A riqueza roubada ou ilegítima pode conferir aos descendentes de uma família uma vantagem, mesmo sem heranças financeiras; assim, desfazer o efeito dela envolve mais do que apenas restituição. Embora os Estados Unidos se orgulhem de ser a terra das oportunidades, as perspectivas de vida de um jovem estadunidense dependem fortemente da renda e da educação formal de seus pais, mais do que em quase qualquer outro país avançado[9]. Ironia do destino, a aparente mudança para um sistema mais justo com base na meritocracia – no qual *status* não se "herda", mas é conquistado pelo desempenho – reforça as desigualdades, já que os estudantes que conseguem se destacar na escola têm pais cultos e que possuem os recursos financeiros e o conhecimento de como o sistema funciona para lhes oferecer as melhores oportunidades em educação formal[10].

Mercados, desigualdade e as regras do jogo

Esta discussão sobre os direitos de propriedade e como eles são definidos destaca como as regras determinam tanto o funcionamento da economia quanto a distribuição de renda associada. Como já mencionei repetidas vezes, existem muitos conjuntos possíveis de regras, então existem muitas distribuições possíveis de renda em mercados competitivos. Nenhuma delas é uma questão de lei natural ou mesmo das leis naturais da economia, mas sim de leis criadas dentro do nosso sistema político por meio de um processo político moldado por pessoas com poder político. E esse é o ponto. Não podemos dissociar as distribuições atuais de renda e riqueza da distribuição atual e histórica de poder. Aqueles que estão no poder costumam, embora nem sempre, tentar perpetuar-se no poder. Embora possam apelar para noções de justiça e equidade ao moldar as regras econômicas e políticas, podem, natural, inadvertida ou ativamente, manipular essas regras para servir aos próprios interesses. Portanto, não há legitimidade moral na renda gerada mesmo em um mercado competitivo.

Um processo evolutivo está em jogo. A mudança é constante, mas as condições iniciais são importantes. Pode-se tentar desembaraçar a longa teia da história, mas fazê-lo completamente é quase impossível. Ainda assim, na maioria das sociedades, há grandes rupturas, pontos bem definidos onde a história dá uma grande guinada e, por uma questão prática, pode-se começar a partir desse ponto. Nos Estados Unidos, esse ponto foi a Revolução e a Constituição. No entanto, como é amplamente reconhecido hoje em dia, a Constituição não foi entregue por Deus. Pelo contrário, foi um produto de sua época (o Iluminismo) e das pessoas que a escreveram (em sua esmagadora maioria, homens brancos ricos, muitos deles proprietários de escravos), com seus próprios interesses e perspectivas. Ela dificilmente refletia os interesses e as perspectivas do estadunidense típico da época, sobretudo daqueles que haviam sido privados de direitos.

O restante, como dizem, é história. O sistema eleitoral consagrado na Constituição – combinado com as regras dela, as quais tornam qualquer mudança muito difícil – contribuiu para as desigualdades políticas extremas do país, as quais, por sua vez, contribuíram para as desigualdades nos rendimentos de mercado. É um círculo vicioso[11].

Como vimos, mesmo em casos em que a política complexa dos Estados Unidos está ausente, o neoliberalismo teve enorme influência ao redor do mundo, levando a economias de mercado marcadas por profundas desigualdades, mesmo que não aos extremos encontrados nos Estados Unidos. Um importante esforço político dos governos progressistas hoje em dia foca na mudança dessas regras para gerar uma distribuição mais equitativa da renda de mercado, em vez da redistribuição dos rendimentos de mercado derivados das regras atuais[12].

Como questionar a primazia dos preços competitivos na ausência de falhas de mercado

Mesmo se presumirmos a existência de mercados, leis e regulamentos eficientes que reflitam considerações morais e econômicas, e mesmo se presumirmos que o mercado é perfeitamente competitivo, a legitimidade moral dos rendimentos obtidos pode ser questionada em dois aspectos. O primeiro já discutimos: os rendimentos dependem de ativos – quanto patrimônio tenho, incluindo aquele que herdei, e quanto capital humano possuo, o qual, em geral, depende de como o Estado aloca os recursos educacionais. E levantamos questões sobre a legitimidade moral da distribuição desses ativos.

O segundo é que, em um mercado competitivo, os salários e os preços relativos refletem as preferências das pessoas com renda e riqueza. Nos mercados competitivos, preços e salários são determinados pela lei da oferta e da procura. Entretanto, essa declaração abstrata omite uma observação crucial: aquilo que é demandado em uma economia de mercado depende de quem possui renda e riqueza. Em um mundo sem desigualdade, talvez houvesse pouca demanda por bolsas Gucci ou perfumes caros. O dinheiro seria gasto em coisas mais importantes. Contudo, esse não é o mundo em que vivemos. Nosso mundo é marcado por grande desigualdade, com uma proporção muito grande da renda e riqueza totais indo para o 1% mais rico. Seus desejos influenciam a demanda. E, consequentemente, o que eles querem determina os preços e aquilo que é ou não escasso.

Um simples experimento mental pode ser útil. Suponha que, esta noite, redistribuímos a renda e a riqueza do país de modo que todos tenham montantes iguais. Isso teria consequências enormes, inclusive sobre salários e preços. Os salários dos motoristas particulares cairiam; os salários dos cuidadores infantis talvez aumentassem. Os preços das propriedades à beira-mar nos Hamptons e na Riviera cairiam; os preços dos terrenos em outros lugares talvez subissem.

Bernard Arnault e sua família, proprietários do conglomerado de bens de luxo LVMH (que possui marcas como Christian Dior e Moët Hennessy) e uma das famílias mais ricas do mundo, talvez não fossem tão ricos se não houvesse tanta desigualdade. Eles prosperaram com ela. Entretanto, se a distribuição de dólares é o resultado de exploração hoje ou no passado – como é o caso –, então os preços e salários que emergem mesmo em um mercado competitivo carecem de legitimidade moral, mesmo que as regras de hoje tenham sido definidas de maneira moralmente legítima.

Isso deve deixar claro que, mesmo em mercados perfeitamente competitivos, a magnitude das recompensas pode não ter uma justificativa moral fundamental, mesmo que haja um forte argumento moral ou econômico favorável a que as pessoas que trabalham ou poupam mais deveriam ser recompensadas por seu esforço e disposição para poupar.

O argumento é ainda mais forte quando entendemos as múltiplas distorções presentes na economia. Nenhuma economia de mercado sequer se aproxima do ideal competitivo de concorrência perfeita, informação perfeita e mercados de risco e capital perfeitos. Cada "falha" pode ter efeitos significativos sobre os preços e, portanto, sobre os conjuntos de oportunidades de diferentes pessoas. E mesmo pequenos desvios das perfeições exigidas pelo ideal competitivo têm consequências enormes. Essa é uma das importantes implicações da revolução da informação na teoria econômica nos últimos quarenta anos.

Liberdade, reivindicações morais e redistribuição

Tudo isso nos traz de volta à questão central deste capítulo. Considere uma economia com grandes disparidades de renda e riqueza. O governo deveria impor impostos progressivos para financiar os bens públicos, como investimentos em pesquisa básica e infraestrutura? Afirmei que, por trás do véu da ignorância, provavelmente haveria um consenso de que o governo deveria fazê-lo. Entretanto, os libertários retrucam que todos têm uma certa legitimidade moral sobre a própria renda, merecida por causa do trabalho duro, da inteligência e da frugalidade envolvidos. Este capítulo joga um balde de água fria nesse argumento.

As alegações dos libertários são ainda mais fracas quando pensamos sobre quais seriam suas rendas se tivessem nascido em um país pobre, sem o estado de direito ou as instituições, a infraestrutura e o capital humano que fazem as economias dos países avançados funcionarem tão bem. Não basta ter ativos como um talento empreendedor. Se você nasce no ambiente errado, esses ativos não significam nada. Essas pessoas geram os retornos que geram apenas em razão do ambiente socioeconômico em que vivemos[13]. E, se esse for o caso, devemos nossa renda e a riqueza que dela deriva tanto a esse ambiente quanto aos nossos próprios esforços e habilidades. Há, portanto, total justificativa para impor impostos altos sobre rendas elevadas mesmo em uma economia perfeitamente competitiva em que a riqueza seja adquirida de maneiras que tenham plena legitimidade moral.

Da mesma forma, a reivindicação moral da posição contrária aos impostos progressivos é frágil se as rendas altas surgem da sorte ou da herança – e ainda mais se são dependentes da exploração ou se as regras que geram ou permitem tais rendas foram moldadas pelo acesso ao poder político[14]. Não existe qualquer presunção de que as leis e os regulamentos são definidos de maneira justa, mesmo em uma economia competitiva. Pelo contrário, pois o poder político está vinculado ao poder econômico, e este às regras econômicas definidas em nossos processos políticos.

Perdas e ganhos entre liberdades

Em uma sociedade com quantidade fixa de recursos, expandir a restrição orçamentária de uma pessoa – por meio do aumento de sua liberdade para gastar – necessariamente restringe a de outras. A tributação redistributiva, é claro, faz isso. Os libertários focam nas restrições que a tributação impõe aos ricos, em vez de focar no alívio das restrições sobre as pessoas que vivem na pobreza, que terão mais para gastar em virtude das transferências de renda ou que poderão realizar mais plenamente seu potencial graças aos benefícios de educação formal ou saúde que recebam.

O mundo, irrefutavelmente, é mais complexo; não é "soma zero". Os impostos, da forma como são aplicados na prática, podem reduzir o trabalho ou a poupança e, portanto, a produção nacional, porque reduzem os ganhos do trabalho ou da poupança[15]. Uma oferta maior de educação formal e saúde pode expandir enormemente a produção. O tamanho dos efeitos em cada caso é tema de debate; sua magnitude claramente influencia as avaliações das perdas e dos ganhos[16].

Como avaliar as perdas e os ganhos econômicos

A avaliação da magnitude e da natureza das perdas e dos ganhos é uma tarefa complexa, tema de pesquisas de muitos economistas. Entendo que os conservadores normalmente exageram as consequências adversas da tributação progressiva.

Parte da riqueza dos muito ricos resulta da sorte. Por ser uma questão de sorte, a redistribuição da renda e o financiamento de uma melhor proteção social podem aumentar a produção econômica. A aleatoriedade dos resultados desestimula o trabalho e o investimento. Um bom sistema de proteção social pode incentivar as pessoas a empreenderem atividades de alto risco e alto retorno. A tributação dos lucros das empresas com compensação de prejuízos[17] há muito é vista como forma de compartilhamento de riscos, em que o governo funciona como um sócio oculto, e há muito tempo foi demonstrado que isso aumenta a quantidade de riscos que assumimos[18].

Parte dos lucros elevados resulta da habilidade, mas muitas vezes da habilidade em explorar terceiros e criar poder de mercado. Na medida em que o esforço é direcionado ao *rent-seeking*, queremos desencorajá-lo porque isso diminui o PIB e aumenta a desigualdade. Os impostos sobre lucros monopolistas reduzem os incentivos para a criação de poder de mercado e, junto de regras que coíbam a exploração, redirecionam o esforço para atividades mais construtivas.

Entretanto, mesmo quando os esforços daqueles que estão no topo são focados no empreendedorismo socialmente desejável, é difícil acreditar que impostos mais altos, sobretudo aqueles que incidem sobre os lucros exorbitantes de pessoa jurídica, terão impacto significativo. Devemos acreditar que Jeff Bezos, Bill Gates e Elon Musk não teriam conquistado o que conquistaram se pudessem levar para casa apenas 30 bilhões de dólares em vez das quantias gigantescas que recebem? Esses empreendedores talvez tenham sido motivados pelo dinheiro, mas também por muito mais do que isso[19].

Além da soma zero

Não vivemos em um mundo de soma zero. As regras do jogo afetam o tamanho do "bolo" de várias maneiras. Hoje, há um amplo consenso sobre a desejabilidade de, pelo menos, alguma redistribuição quando a própria desigualdade gera uma externalidade que afeta negativamente o desempenho econômico ou tem consequências sociais e políticas. Escolhi o título do meu livro de 2012, *O preço da desigualdade*, para enfatizar que pagamos um preço alto pela desigualdade, mesmo em termos do PIB, uma medida limitada do crescimento econômico. Os países com mais desigualdade têm desempenhos piores. Desde então, houve uma abundância de estudos que corroboram essa ideia[20].

Há várias maneiras pelas quais a desigualdade gera consequências econômicas, sociais e políticas adversas. Por exemplo, aqueles que não descendem de famílias ricas podem não realizar seu potencial em decorrência da impossibilidade de obter uma boa educação formal ou assistência médica satisfatória. Além disso, algumas, talvez muitas, das desigualdades atuais são resultado de exploração contemporânea ou passada, o que prejudica o desempenho econômico porque exacerba as desigualdades sociais.

Para piorar a situação, os filhos dos ricos podem crescer com um sentimento de que são privilegiados, achando que o mundo lhes deve algo e que têm o direito de quebrar quaisquer regras criadas pela sociedade[21]. Um exemplo importante é Donald Trump. Ele se orgulhava de não pagar impostos. A literatura recente em teoria econômica comportamental confirma o que muitos, há muito, suspeitavam[22]: que, embora Trump possa ser pior que a maioria ao gabar-se por quebrar regras, ele reflete um fenômeno social mais amplo. No outro extremo econômico, as pessoas com baixa ou nenhuma renda entram em desespero por terem a convicção de que o sistema é manipulado. Isso prejudica seus esforços e aspirações. Tanto o sentimento de privilégio quanto o desespero prejudicam o desempenho econômico como um todo.

Reivindicações morais e redistribuição

No final, no entanto, ao avaliar as perdas e os ganhos, inevitavelmente enfrentamos a questão dos valores sociais – se, por exemplo, a ampliação da capacidade de uma pessoa mais pobre realizar seu potencial e expandir sua liberdade para agir é mais ou menos valiosa que a restrição associada à liberdade de uma pessoa rica para comprar mais um relógio Rolex, um iate maior ou uma mansão maior. Sei como eu e, acredito, a maioria das pessoas avaliaríamos tais perdas e ganhos se essa avaliação fosse feita por trás do véu da ignorância. Redistribuição, financiamento de investimentos públicos de alto retorno por meio de tributação progressiva[23] e manipulação das regras do jogo econômico em favor dos trabalhadores comuns por meio da pré-distribuição – isto é, a mudança da distribuição de renda do mercado para torná-la mais equitativa – são todas políticas desejáveis. Elas surgiriam naturalmente como parte de um contrato social escrito por trás do véu da ignorância.

Observações finais

Os pais fundadores dos Estados Unidos não adotaram a posição extrema dos libertários de hoje de que toda tributação constitui uma violação da liberdade. Seu grito de guerra era: "tributação sem representação é tirania". Assim sendo, nossa liberdade é violada se não tivermos voz no processo político de decisão sobre a tributação. Ironicamente, eles não consideravam, e seus seguidores hoje não consideram, a imposição de impostos sobre muitos estadunidenses sem direitos como um exemplo de tirania[24].

Uma vez que reconhecemos que inexiste qualquer razão *inerente* para *não* impor impostos aos ricos e, assim, beneficiar a sociedade de maneira mais ampla ou ajudar os menos favorecidos, estamos de volta ao mundo de perdas e ganhos. Este capítulo e os anteriores mostraram que, mesmo em economias perfeitamente competitivas e sem externalidades, precisamos olhar para as liberdades e para os direitos sob a perspectiva das perdas e dos ganhos. A diminuição da liberdade de uma pessoa (pela tributação) é compensada pela expansão da liberdade de outra (pelo incremento de benefícios governamentais decorrente dessa tributação). Embora eu tenha expressado ceticismo sobre qualquer reivindicação moral à renda que uma pessoa recebe nesse tipo de economia, os argumentos a favor da tributação redistributiva são ainda mais fortes quando partes substanciais da renda e da riqueza dos cidadãos mais ricos derivam da exploração. Abordarei essa questão no próximo capítulo.

7

A liberdade para explorar

Rose e Milton Friedman deram o título *Livre para escolher* à sua ode ao livre mercado. Eles celebraram o fato de uma pessoa rica poder escolher o que deseja consumir e defenderam reformas políticas, como vales educacionais*, que ampliariam a liberdade de escolha na educação formal. Eles afirmaram que essa liberdade de escolha era um fator fundamental para a eficiência da economia de mercado e uma condição necessária para a existência de uma sociedade livre.

O capitalismo do século XXI está muito distante do tipo de economia que os Friedman glorificaram. Ele é caracterizado por altos níveis de poder de mercado e por empresas que se aproveitam da falta de informação e de outras vulnerabilidades de seus concorrentes. Nenhuma economia moderna real sequer se aproxima da economia de mercado competitiva idealizada e pura. Pesquisas recentes mostraram uma extraordinária concentração de poder de mercado nos Estados Unidos em uma ampla gama de setores industriais[1]. E essa concentração continua a aumentar, como se pode constatar na crescente parcela da renda destinada aos lucros, enquanto os salários reais (após ajuste para inflação) e os rendimentos da população estadunidense em geral estão estagnados, além do aumento das margens (a diferença entre os preços de custo e de venda). A situação já era ruim antes da pandemia de covid-19, mas durante e após esse evento ela piorou muito, tendo os setores e as empresas que possuem maior poder de mercado registrado maiores aumentos em suas margens de lucro[2]. Isso significou que os lucros das empresas aumentaram significativamente à medida que elas exploravam os aumentos de poder de mercado resultantes das interrupções na cadeia de suprimentos causadas pela

---

* Certificados de financiamento público para educação que podem ser utilizados em qualquer escola escolhida pelo estudante ou por seus responsáveis. (N.T.)

pandemia. Esse tipo de exploração corrói a eficiência econômica e a saúde da economia. Os lucros das empresas foram muito além do patamar necessário para um retorno normal (ajustado pelo risco) sobre o capital. Quando uma parte explora outra, sua renda pode crescer e sua liberdade expandir, mas a outra parte sai perdendo e sua liberdade de escolha é reduzida.

Instintivamente, rejeitamos a exploração, e a maioria das democracias adota políticas para limitar a liberdade para explorar. Elas tornam esse comportamento ilegal, passível de multas e/ou prisão. Definir precisamente o que é exploração pode não ser fácil. Pode até não ser um caso de "você reconhece quando vê". Este capítulo não se preocupa com os ajustes políticos finos para limitar a exploração, mas sim em continuar nossa discussão sobre liberdade, para entender por que é correto e apropriado que o governo limite tais atividades e redistribua a renda dos exploradores para o restante da sociedade.

Para muitos que ocupam o topo da escada econômica, parte ou grande parte de sua renda deriva de uma forma ou de outra de exploração. Um exemplo são as universidades com fins lucrativos. Donald Trump, por meio da Universidade Trump, aproveitou-se das aspirações de progresso das pessoas. Embora essa operação tenha sido mais descarada que a maioria, ela se encaixa em um quadro mais amplo[3]. Grande parcela das universidades com fins lucrativos aproveita-se dos menos informados, sabendo que eles podem não ser capazes de discernir o que constitui uma boa educação formal. Pior ainda, essas universidades resistem aos esforços do governo para divulgar seu desempenho fraco em termos das taxas de conclusão de cursos e da inserção dos formandos no mercado de trabalho.

A crise financeira de 2008 expôs como muitos banqueiros enriqueceram não apenas porque correram riscos excessivos – deixando para o governo resgatá-los –, mas também com base em trapaças, fraudes[4] e práticas de empréstimo abusivas. Até mesmo muitos líderes empresariais obtiveram grande parte de sua riqueza por meio da exploração do poder de mercado. A Microsoft de Bill Gates foi considerada culpada de práticas anticompetitivas em três continentes. Acusações de comportamento anticompetitivo foram dirigidas (com razão, na minha opinião) contra Google, Facebook (Meta) e Amazon. As práticas exploratórias da Walmart no mercado de trabalho estão bem documentadas[5]. Por trás dessas fachadas corporativas estão algumas das maiores fortunas do mundo.

Embora conheçamos as histórias de hoje, a origem de muitas fortunas mais antigas parece ainda mais deplorável. Em muitos casos, a riqueza foi gerada pelo tráfico de escravos e pelos produtos que os escravizados produziam, como algodão e açúcar. Os irmãos Lehman estão nessa lista longa. As empresas de John D. Rockefeller, a pessoa mais rica de sua geração, e James Buchanan Duke, outro plutocrata do início do século XX, foram condenadas por comportamento anticompetitivo. Nos séculos XIX e XX, muitos homens que fizeram fortunas com o comércio de ópio com a China – uma mácula na história do Ocidente, quando as potências europeias, com apoio estadunidense, foram à guerra para garantir que a China permanecesse aberta ao ópio. O direito ao livre comércio – mesmo para um narcótico perigoso como o ópio – era considerado mais importante que o direito de proteger uma população contra o vício[6]. A linguagem da guerra pode ter girado em torno de "direitos" abstratamente definidos; a realidade foi muito menos nobre. Ela girava em torno da capacidade dos ocidentais de lucrar à custa dos chineses[7]. Dinheiro e poder, simples assim.

O fato de que os rendimentos de tantas pessoas ricas resultam, pelo menos em parte, da exploração reforça a conclusão anterior de que não devemos conceder primazia à distribuição de renda gerada pela economia de mercado. *Não* é uma questão de "recompensas justas". Não há justificativa moral para tais rendimentos, mas há um argumento moral em *favor* da redistribuição para extrair rendimentos derivados da exploração. Podemos até invocar a preocupação central dos economistas com a eficiência e os incentivos: a tributação redistributiva, sobretudo de maneiras que abordem diretamente a exploração e seus ganhos ilícitos, reduz os incentivos para explorar.

A exploração pode assumir diversas formas. Neste capítulo, consideraremos duas: a exploração por meio do poder de mercado e pelo aproveitamento das vulnerabilidades e da falta de conhecimento das pessoas. Em capítulo posterior, consideraremos os abusos da governança corporativa.

Poder de mercado

As economias do século XXI são dominadas por grandes empresas que desfrutam de um poder de mercado significativo – entre outros, o poder de aumentar os preços, maltratar os clientes e exigir que qualquer litígio seja resolvido por meio de arbitragem, a qual é controlada pela própria empresa, e não por um tribunal público. As empresas também têm enorme poder sobre os empregados (o chamado *poder de monopsônio*), o que lhes permite reduzir salários. Os sindicatos enfraqueceram e as leis trabalhistas restringiram ainda mais a capacidade de barganha dos trabalhadores. A globalização permitiu que as empresas ameaçassem transferir suas fábricas para o exterior, a menos que os trabalhadores aceitassem salários baixos e condições de trabalho precárias. Os resultados são evidentes: os ganhos horários dos trabalhadores da indústria automobilística recuaram 17,1% entre janeiro de 1990 e dezembro de 2018, um período em que os preços dobraram, o que significa que, em termos reais, os salários caíram em dois terços[8]. Empregos bem-remunerados foram transformados em empregos mal-pagos.

Na medida em que os salários estão abaixo do que seriam em um mundo competitivo ou os preços dos alimentos mais altos do que seriam (como resultado do exercício do poder de mercado), pode-se dizer que os empregados são forçados a trabalhar mais. Existe tanta diferença assim entre a situação atual e aquela que aconteceu na África do Sul, onde as pessoas foram compelidas a trabalhar nas minas porque eram proibidas de trabalhar na terra?[9]

Em muitos casos, uma forma de exploração se sobrepõe à outra. Na África do Sul, os salários dos mineiros podem ter sido ainda mais reduzidos – a coerção ainda maior – como resultado do poder de monopsônio das minas; ou pior, as mineradoras podem ter agido em conluio. E o sistema jurídico tornou as coisas ainda piores. Até 1982, os mineiros negros sul-africanos eram proibidos de se sindicalizar, o que enfraqueceu seu poder de barganha.[10]

Muitos libertários podem concordar com intervenções governamentais projetadas para limitar desvios do equilíbrio competitivo. Por exemplo, o "direito" de um monopolista de exercer seu poder e aumentar o preço para o nível que deseja obviamente afeta minhas restrições orçamentárias; reduz minha liberdade para gastar. Se quero comprar determinada quantidade de um bem, sou forçado a consumir menos de outros bens. Talvez mais relevante seja o fato de que, se o monopolista tem total controle sobre um medicamento do qual dependo para viver, ele possui poder coercitivo real. Ele poderia me forçar a abrir mão de tudo para sobreviver. Até que ponto isso difere de ser assaltado sob a mira de uma arma?

Aumentos abusivos de preços – abusos extremos do poder de mercado

Existe um consenso geral, embora alguns economistas discordem, de que os aumentos abusivos de preços devem ser desencorajados ou simplesmente proibidos, sobretudo quando se trata de bens essenciais, como medicamentos que salvam vidas, aquecimento doméstico ou combustíveis. Uma forma de desestimular esse comportamento é obrigar os exploradores a renunciar a seus lucros, e assim compartilhá-los efetivamente com o restante da sociedade.

Em diferentes momentos e contextos, as sociedades mantiveram uma multiplicidade de posições sobre a cobrança de preços muito superiores aos custos.

Já mencionei anteriormente uma diferença muito importante entre os Estados Unidos e a Europa nesse aspecto. Nos Estados Unidos, se uma empresa adquire legitimamente seu poder de monopólio, ela pode fazer o que quiser com ele – extorquir o máximo que puder do paciente com câncer que precisa do medicamento ou do plano de saúde desse paciente. Na Europa, isso não é permitido. Por que diferentes países têm sistemas jurídicos distintos para regular os preços máximos que uma empresa pode cobrar? Não existe uma resposta eficiente? A teoria econômica oferece uma. Os monopólios distorcem, seja o poder de monopólio adquirido legitimamente ou não. A empresa cobra um preço superior aos seus custos marginais (os custos para produzir uma unidade adicional), o que resulta em produção e consumo abaixo do nível da eficiência. (No nível da eficiência, o preço, que reflete o valor do bem de consumo, se equipara ao custo marginal; esse também é o nível que seria atingido em um equilíbrio competitivo.) A posição dos Estados Unidos de que não deve haver restrição ao exercício de poder de monopólio legitimamente adquirido implica que, nessas situações, os preços serão altos demais e as quantidades consumidas baixas demais. O preço elevado leva a uma transferência de renda das pessoas comuns para o monopolista, o que gera mais desigualdade.

A resposta para a pergunta de por que os Estados Unidos e a Europa têm sistemas jurídicos diferentes *não* é porque as leis econômicas funcionam de maneira diferente nos dois lados do oceano, nem que haja circunstâncias distintas que tornem as perdas e os ganhos diferentes ou causem avaliações divergentes. Tanto na Europa quanto nos Estados Unidos, o exercício irrestrito do poder de monopólio é prejudicial em todas as teorias econômicas razoáveis[11]. Uma diferença política explica as diferenças nas regras. O poder das indústrias farmacêuticas é bastante relevante aqui, e é evidentemente muito mais forte nos Estados Unidos do que na Europa.

Um contexto em que aumentos abusivos de preços são especialmente repreensíveis é durante tempos de guerra. A sensibilidade generalizada com relação a esses assuntos está refletida em legislações de tempo de guerra que tornam tais práticas ilegais e, quando essas práticas são descobertas, as legislações permitem que os valores dos contratos sejam revisados para baixo. Por boas razões: essa atitude mina o tipo de solidariedade nacional necessária para o sucesso em tempos de guerra. Enquanto os jovens estão, pelo menos temporariamente, renunciando a suas carreiras e até mesmo a suas vidas, outros estão lucrando.

Nos primeiros dias da guerra Rússia-Ucrânia, enquanto ucranianos sacrificavam suas vidas para resistir à agressão russa, empresas multinacionais de petróleo e gás e muitos negociantes de energia lucraram como nunca, auferindo dezenas de bilhões de dólares em lucros adicionais por cuja obtenção nada fizeram. Na verdade, cabe ressaltar, em vez de pegar esse dinheiro e investi-lo para expandir rapidamente a produção e aliviar o sofrimento de muitos, eles distribuíram os lucros a seus acionistas ricos, seja em forma de dividendos ou de recompra de ações. Embora não haja evidências de conluio explícito, parece ter havido conluio tácito. As empresas parecem ter percebido que os preços cairiam se elas expandissem rapidamente a produção, então o sinal dos preços (nas economias de mercado, preços mais altos deveriam ser um sinal para as empresas produzirem mais), que gritava pela expansão da produção, foi ignorado; até mesmo a produção de gás por fraturamento hidráulico (*fracking*), que poderia ter sido colocada no mercado com muita rapidez, não se expandiu como seria esperado[12].

Muitos economistas são contrários a tentativas de contornar o sistema de preços. Preços altos garantem que o petróleo chegue aos compradores que mais o valorizam (ou, mais precisamente, que têm mais dinheiro para pagar) e provocam respostas desejáveis de demanda e oferta. Entretanto, o que aconteceu na guerra da Ucrânia contradiz amplamente essa teoria. Houve algumas respostas de oferta e procura, mas foram limitadas. Por exemplo, pessoas que não podiam pagar contas de calefação altas foram forçadas a abaixar os termostatos. Por que as respostas foram limitadas? Esperava-se que a guerra fosse curta e, portanto, não havia sentido em fazer os investimentos necessários. Do lado da demanda, se faz sentido ou não para uma família refazer o isolamento térmico de sua casa ou comprar um aquecedor mais eficiente, essa decisão não será muito influenciada por um aumento temporário no preço da energia. Do lado da oferta, também não havia muito incentivo para agir se o aumento de preços fosse considerado temporário; além disso, as empresas de petróleo e gás estavam desfrutando de seus lucros[13].

Deveriam ter sido tomadas ações governamentais mais enérgicas para aumentar a produção de energia e compartilhar mais equitativamente o ônus da guerra e dos ajustes pós-pandemia[14]. Um imposto sobre lucros extraordinários – um tributo sobre os lucros excedentes gerados pelo aumento de preços decorrente da guerra – teria sido uma redistribuição por parte das empresas que se beneficiaram da guerra para aqueles que estavam se sacrificando por ela. Isso é válido mesmo que as empresas não estivessem envolvidas em aumentos abusivos de preços, mas apenas respondendo a forças competitivas do mercado. Já que os custos de emprego e de capital são dedutíveis no cálculo dos lucros tributáveis, um imposto sobre lucros extraordinários bem-elaborado não geraria distorções. Ele nem encoraja nem desencoraja investimentos ou a geração de empregos; simplesmente redistribui dinheiro daqueles que lucram com a guerra para todos os outros[15]. É curioso que a Direita tenha se oposto a um imposto sobre lucros extraordinários. Seus seguidores apoiaram os preços altos cobrados pelas empresas de petróleo e gás, que simplesmente queriam lucrar com a perfídia de Putin. Nos Estados Unidos, eles prevaleceram, embora esse não tenha sido o caso em muitos países europeus.

Como explicar a existência e a persistência do poder de mercado

Existem várias razões para a persistência e até mesmo o aumento do poder de mercado. Primeiro, entramos em uma economia de "o vencedor leva tudo", em que o mercado tende a gravitar em direção a uma ou duas empresas dominantes – o Google domina os mecanismos de busca, o Facebook e o TikTok dominam as redes sociais, e a Microsoft domina os sistemas operacionais dos computadores pessoais[16]. Com o aumento da economia digital, em que o custo marginal de produção (o custo adicional para produzir uma unidade extra) é baixo, os custos fixos (*overhead*) assumiram um papel cada vez mais relevante. Os custos fixos incluem coisas como despesas de P&D para projetar o produto, construir a fábrica ou escrever o código de computador para uma plataforma. Quando os custos fixos dominam os custos de uma empresa, os mercados são, em geral, caracterizados por um número limitado de empresas[17]. Além disso, à medida que passamos a ser cada vez mais uma economia de serviços, os mercados locais, dominados por uma ou por poucas empresas, tornaram-se mais importantes.

Há outras razões para o aumento do poder de mercado. As plataformas digitais coletam e processam informações que lhes conferem vantagem competitiva sobre outras empresas, e as plataformas maiores podem ser capazes de coletar mais informações que as menores. Os lucros podem ser gerados não por meio de maior produtividade ou pela venda de produtos mais relevantes, mas pela capacidade de explorar melhor os consumidores usando meios sofisticados de discriminação de preços. Por exemplo, as plataformas descobrem quais consumidores estão dispostos a pagar mais e cobram um preço mais alto para o mesmo produto. Essa estratégia enfraquece os princípios subjacentes à eficiência da economia de mercado, em que todos os indivíduos e empresas enfrentam os mesmos preços.

Além disso, as empresas desenvolveram maneiras inteligentes de exercer o poder de mercado, por exemplo, por meio de contratos cuidadosamente redigidos para excluir concorrentes ou, pelo menos, dificultar sua entrada em um determinado mercado. Foi assim, em parte, que a Microsoft se tornou dominante. E isso ocorre em outros setores da economia também, embora, em geral, não percebamos. Uma das razões para as altas tarifas das companhias aéreas é o exercício do poder de mercado por um punhado de empresas de reservas de passagens aéreas, que se fortalecem por meio de contratos e de intimidação, desencorajando novos candidatos a esse setor e até mesmo companhias aéreas que poderiam tentar oferecer seus serviços[18].

No passado, os economistas conservadores e de livre mercado esperavam que, mesmo em casos de custos fixos altos e mercados dominados por uma ou poucas empresas, a concorrência *potencial* – a ameaça de entrada de outras empresas – disciplinaria o mercado e reduziria os preços, de modo que os lucros seriam zerados. Mesmo que houvesse um monopólio natural, com uma única empresa atendendo de forma mais eficiente a todos, os defensores dos mercados sem amarras afirmavam que a competição *pelo* mercado, a competição para ser essa única empresa, substituiria a competição *no* mercado, e o equilíbrio resultante seria eficiente. Dessa perspectiva, qualquer monopólio que cobrasse preços excessivos seria temporário; essa situação simplesmente não poderia persistir[19]. A teoria econômica simplista dizia que lucros tão altos atrairiam novos concorrentes, o que, por sua vez, reduziria os preços e os lucros.

A teoria econômica moderna mostrou que essas crenças estão incorretas. Em especial, quando há custos irrecuperáveis (despesas com marketing e pesquisa, por exemplo, que não podem ser recuperadas caso uma empresa entre e depois saia do mercado), níveis de lucros elevados podem ser e, com frequência, são persistentes.

A razão pela qual a concorrência potencial não pode substituir a concorrência real é simples. Os potenciais candidatos sabem que sua lucratividade dependerá não do preço *atual*, mas do preço *após* a sua entrada, porque sua própria presença no mercado fará com que os preços caiam. Eles sabem que os preços podem cair tanto que incorrerão em prejuízos. Assim, os potenciais candidatos simplesmente não entram. Além disso, as empresas estabelecidas aprenderam a *dissuadir* a entrada deles ao convencê-los de que, caso o façam, os preços cairão ainda mais. Por exemplo, convencendo-os de que, se entrarem, haverá uma guerra de preços[20]. E mesmo se fosse verdade que, *no final*, haveria concorrência, os danos aos consumidores, em termos de preços altos e, pelo menos, em alguns casos, outras formas de exploração, podem ser enormes.

Acima de tudo, talvez o governo não esteja tão empenhado em assegurar um mercado competitivo quanto o setor privado está em criar e manter poder de mercado. E isso não é nem acidental nem surpreendente. Falamos sobre como os mercados não existem no vácuo, que eles precisam ser regidos por regras e regulamentações. Uma área importante dessas regulamentações diz respeito à concorrência. No entanto, muitas pessoas e empresas com poder – incluindo poder de mercado – não veem com bons olhos a regulamentação da concorrência; elas se esforçam ao máximo para limitar a adoção e a aplicação dos tipos de leis antitruste eficazes de que a sociedade precisa em uma economia do século XXI. Google, Facebook (Meta) e Amazon fazem *lobby* contra leis que aumentariam a concorrência no mercado digital. Como acontece com frequência, a Europa avançou mais que os Estados Unidos para garantir a concorrência nessa área, após a aprovação da Lei dos Mercados Digitais, que entrou em vigor em 2022. Nos Estados Unidos, uma Suprema Corte conservadora e pró-negócios interpretou as leis existentes de maneira a dificultar a manutenção de uma economia competitiva. De forma mais ampla, os tribunais têm feito o possível para expandir a liberdade das grandes empresas de explorar os consumidores comuns, restringindo, assim, a liberdade efetiva (como eu a defini) do restante da sociedade; e, até agora, o Congresso não conseguiu conter esse poder de mercado.

Há ainda mais uma razão para a existência do poder empresarial desproporcional de hoje: o enfraquecimento dos poderes compensatórios, sobretudo o dos trabalhadores. Em seu livro de 1952, *Capitalismo americano*[21], John Kenneth Galbraith descreveu um sistema de *poderes compensatórios*, o que poderia ser pensado como um sistema de freios e contrapesos dentro de nosso sistema econômico. Ele enxergou, corretamente, que não se podia caracterizar a economia estadunidense como uma concorrência perfeita, ao contrário do que acreditavam Friedman e outros economistas clássicos e neoclássicos. O que mantinha um semblante de equilíbrio na economia, escreveu Galbraith, eram os poderes compensatórios. Talvez a força mais importante que funciona como contrapeso às empresas sejam os sindicatos, os quais representam os trabalhadores não apenas na mesa de negociação, mas também no processo político, e apoiam candidatos e legislações que se opõem aos interesses empresariais. No entanto, repito, mudanças legislativas, decisões judiciais e mudanças na estrutura da economia levaram à desintegração dos sindicatos, o que enfraqueceu sua capacidade de servir como poder compensatório. Menos de 6% dos trabalhadores do setor privado eram sindicalizados em 2022, em contraste com quase 25% em 1973 e um pico superior a 35% na década de 1950, quando Galbraith escreveu *Capitalismo americano*.

Esse é outro exemplo de poder que gera mais poder – mais próximo da lei da selva do que da relação harmoniosa imaginada pela teoria econômica clássica. O poder das empresas vem crescendo à medida que o poder dos trabalhadores diminui.

As múltiplas formas de explorar o poder

Talvez em nenhum outro lugar esse ponto esteja mais claro do que no processo de resolução de litígios entre empresas e pessoas, sejam consumidores ou funcionários. Um sistema justo, que seria adotado por trás do véu da ignorância, envolveria juízes imparciais e neutros, os quais adjudicariam processos de forma isenta, aberta e transparente. No entanto, cada vez mais, as empresas insistem que seus funcionários e clientes assinem cláusulas de arbitragem, que convenientemente transferem a adjudicação de litígios dos tribunais públicos para as mãos de árbitros privados, que são advogados bem-pagos e subordinados às empresas que os contratam. Nenhum assunto preocupa mais os indivíduos comuns que a justiça, e recorremos ao governo para nos ajudar a obtê-la. No entanto, as empresas privadas usaram seu poder para excluir o governo, deixando qualquer reclamante à mercê de um sistema injusto.

As empresas defendem a arbitragem como um exercício de liberdade – ela faz parte da liberdade para contratar. Elas atacam qualquer tentativa de restringir a arbitragem obrigatória como violação de sua liberdade. No entanto, sabem muito bem que forçar as pessoas a assinarem esses contratos é um exercício de poder e faz parte do poder e da liberdade das empresas para explorar. Um trabalhador em processo de contratação por uma empresa não levará um advogado para negociar os termos de seu contrato – na verdade, ele sabe que, se o fizer, a empresa sentirá que poderá haver problemas e não lhe dará o emprego. Em muitas comunidades, há apenas uma companhia telefônica, no máximo duas, e ambas insistem em cláusulas de arbitragem. Se você quiser serviço telefônico, não terá escolha a não ser aceitá-las.

A Suprema Corte dos Estados Unidos piorou a situação. Quando um empregador explora um empregado, mesmo de forma tão ultrajante quanto o roubo de salários (não pagar os salários devidos), o empregado fica em desvantagem porque os custos de recorrer ao tribunal ou mesmo à arbitragem são altos. Travar uma batalha contra um gigante empresarial com grande equipe jurídica é um embate de Davi contra Golias, mas no qual Golias quase sempre vence. Se, no entanto, todos os que foram enganados e explorados pudessem se unir, seria uma batalha mais equilibrada e, em muitas áreas, nosso sistema jurídico permite tal coisa (sob condições bastante restritivas), por meio de ações de classe*. No entanto, a Suprema Corte tornou isso difícil, senão impossível, no contexto da arbitragem[22]. A Suprema Corte pendeu a favor de Golias[23].

Como explorar as vulnerabilidades e as limitações das informações

Existem várias outras áreas em que as empresas podem explorar – e, de fato, exploram – seus empregados ou clientes. As informações imperfeitas e a concorrência permitem que elas se aproveitem de seus clientes ao explorar vulnerabilidades e assimetrias de informação (em que a empresa sabe algo que o trabalhador não sabe e tem ciência disso). Dar às empresas essa liberdade para explorar gera rendas para o explorador à custa do explorado. Os argumentos a favor da coerção, na forma de regulamentações que restringem a capacidade de explorar dessas maneiras, são ainda mais convincentes.

Os economistas conservadores nos instam a não nos preocuparmos com o poder de mercado porque os mercados se autocorrigem. Eles defendem

---

* Processo judicial movido por um grupo. (N.T.)

uma posição semelhante aqui. As empresas que exploram seus empregados ou consumidores perderão clientes ou serão forçadas a pagar salários mais altos, de acordo com seus argumentos. Os economistas que dizem que não devemos nos preocupar com essa exploração vão além, proclamando solenemente que um sistema econômico com base no *caveat emptor* – "tome cuidado, comprador" – é mais eficiente. Esse é apenas mais um exemplo do sofisma que permeia essas perspectivas. (Fato muito conhecido, Lloyd Blankfein, ex--CEO do Goldman Sachs, ao ser questionado sobre a comercialização por sua empresa de valores mobiliários projetados para fracassar – e nos quais a própria empresa apostou que fracassariam sem divulgar essa informação aos investidores –, achou que não havia nada de errado com o que a empresa havia feito: os compradores desses valores mobiliários eram todos adultos, defendeu ele, e deveriam estar cientes dos riscos.)[24]

Expliquei anteriormente por que era desejável restringir a capacidade de poluir dos poluidores. Entretanto, empresas que vendem produtos ruins estão, na verdade, poluindo o mercado. Se as empresas respaldarem seus produtos, um ônus de busca de informação menor será colocado sobre os ombros dos consumidores, e os mercados funcionarão melhor. Faz sentido colocar o ônus sobre o vendedor para garantir que o produto seja o que parece ser e tão bom quanto o vendedor afirma ser[25]. É por isso que a maioria dos países tem leis de "veracidade na publicidade e propaganda".

Como reduzir o poder de monopólio enquanto recompensamos a inovação

Uma fonte importante de poder monopolista são as patentes, que conferem a um indivíduo ou a uma empresa direitos exclusivos de uso de uma descoberta por prazo determinado (no mundo todo, vinte anos). A Constituição dos Estados Unidos concedeu ao governo o poder de emitir patentes, e o motivo, evidente até mesmo nos primórdios da ciência, estava claro: promover a inovação, que tem sido a maior fonte de avanços em nosso padrão de vida nos últimos 250 anos.

As fronteiras do conhecimento são mais ambíguas que as de uma propriedade física, e a amplitude das patentes é um assunto de debate intenso. Uma patente automobilística deve ser capaz de cobrir todos os veículos com quatro rodas e propulsão (como foi o caso da patente original dos automóveis) ou apenas um projeto específico, digamos, que envolva um motor de combustão interna? Outro debate gira em torno do que pode ser patenteado. Os teoremas matemáticos que deram origem aos computadores, os quais estão no centro da economia atual, não puderam ser patenteados, mesmo sendo ideias de enorme valor.

Tanto os Estados Unidos quanto a Europa limitam o poder monopolista derivado da propriedade intelectual. Considere, por exemplo, uma patente de um medicamento que salva vidas. Suponha que a empresa não consiga produzi-lo em quantidade suficiente. Nesse caso, o governo pode emitir uma licença compulsória, que confere a terceiros o direito de produzir o bem (e a empresa que utiliza a propriedade intelectual paga ao proprietário da patente um *royalty* "justo", embora significativamente inferior aos lucros monopolistas que a empresa teria obtido de outra forma). É claro que o aumento da produção reduzirá o preço e, portanto, os lucros do proprietário da patente.

Esse exemplo ilustra outro tema das discussões anteriores: que a propriedade é uma construção social, projetada, espera-se, para promover o bem-estar social. Não é uma questão de natureza ou lei natural, mas de leis que *nós* criamos. Isso fica bastante evidente no caso da propriedade intelectual, em que vemos as fronteiras (do que está ou não incluído em uma patente) sendo constantemente contestadas, e por bons motivos. Em uma economia do século XXI, a forma como a propriedade intelectual é definida tem grande impacto na distribuição de renda e riqueza, no bem-estar dos cidadãos e no ritmo e padrão da inovação. Mudanças na tecnologia e na economia tornam necessária a redefinição das regras que regem a propriedade intelectual de tempos em tempos – e isso tem ocorrido com frequência nas últimas décadas.

No Capítulo 3, discuti o cercamento das terras comuns, supostamente feito com o intuito de aumentar a eficiência econômica e evitar seu uso desmedido. No entanto, uma quantidade significativa de propriedade intelectual representa o cercamento de bens comuns intelectuais, como apontou o estudioso de propriedade intelectual James Boyle, da Universidade Duke. Parte desse conhecimento pode até ter sido mantida anteriormente em domínio público[26]. Esse movimento moderno de cercamento é pior que o mais antigo porque diminui a eficiência econômica ao impedir a transmissão, o uso e até mesmo a produção de conhecimento. A contribuição mais importante para a produção de conhecimento é o próprio conhecimento. Cercá-lo por uma patente prejudica a liberdade de outros de usá-lo.

Há um crescente corpo de evidências que mostra que o sistema de propriedade intelectual, conforme atualmente constituído, induz um ritmo mais lento de inovação e preços mais altos. Um experimento natural foi conduzido quando, em 2013, a Suprema Corte dos Estados Unidos decidiu por unanimidade que os genes que são produtos da natureza não poderiam ser patenteados. A Myriad Genetics, uma empresa de Salt Lake City, detinha a patente de dois genes importantes relacionados ao câncer de mama e usou seu poder de mercado para limitar as análises que poderiam ser feitas por outros. As análises da Myriad não eram tão eficazes quanto aquelas desenvolvidas em outros lugares, e os preços delas eram exorbitantemente altos. O resultado natural: mulheres morriam sem necessidade. Repito, o ganho de liberdade da Myriad para excluir – negar o direito de outras empresas de fornecer suas próprias análises para os genes a preços acessíveis – equivale à perda do direito dessas mulheres de viver. Após a remoção da patente, o mercado produziu testes melhores a preços mais baixos, e a inovação avançou rapidamente[27].

Durante a epidemia de aids, os efeitos restritivos da propriedade intelectual mostraram sua importância. As indústrias farmacêuticas cobravam preços várias vezes superiores aos custos de terapias que salvam vidas. Os preços eram tão altos que muitos pacientes não tinham como pagar. Havia empresas e países capazes e dispostos a produzir e vender terapias medicamentosas a preços acessíveis, mas os detentores de patentes disseram que, em outras palavras, os lucros deles são mais importantes que as nossas vidas. O resultado inevitável foi que milhares morreram sem necessidade.

Nessa arena, como em outros aspectos dos direitos de propriedade, não existe lei natural. Os indivíduos não têm direitos intrínsecos à renda gerada por uma patente específica. Obviamente, suas rendas teriam sido diferentes sob sistemas de patentes diferentes. (Um sistema de patentes é definido pela extensão e abrangência da patente, pelo rigor das condições para a emissão de licenças compulsórias, pelas restrições à cobrança de preços abusivos, pela rigidez dos requisitos de divulgação e assim por diante.) Da mesma forma que no caso de outras leis e regulamentos, podemos avaliar as consequências de sistemas alternativos por trás do véu da ignorância – cada um dos quais restringe as liberdades de alguns (inovadores) enquanto expandem as liberdades de outros (aqueles que podem fazer uso da propriedade intelectual e se beneficiar da maior disseminação do conhecimento). A vida útil mais longa de uma patente para um medicamento, por exemplo, geraria mais lucros para a indústria farmacêutica, mas ao custo de forçar aqueles que precisam do medicamento a pagar o preço monopolista mais alto durante mais tempo – com a possibilidade de pacientes que não pudessem pagar pelo medicamento morrerem. Ao olharmos para os sistemas de propriedade intelectual atuais nos Estados Unidos e no mundo, podemos perguntar: até que ponto eles se conformam com o que poderia emergir por trás do véu da ignorância? E até que ponto eles são simplesmente o resultado da política de poder?

No cômputo geral, está claro que a política de poder domina. Isso ficou mais evidente do que nunca durante a pandemia de covid-19. No início, a Índia e a África do Sul pediram uma isenção de propriedade intelectual, o que permitiria que terceiros usassem propriedade intelectual relevante para a covid-19. Porém, a Organização Mundial do Comércio (que supervisiona as regras de propriedade intelectual) se recusou a concedê-la, mesmo enquanto a covid devastava o mundo. O resultado foi um apartheid da vacina, no qual os países ricos tiveram acesso a ela, mas os países pobres foram excluídos. Milhares de pessoas nesses países contraíram a doença, foram hospitalizadas e morreram sem necessidade. Quase certamente, a covid-19 perdurou por mais tempo e sofreu mais mutações devido à recusa da OMC em conceder a isenção, com danos potenciais até mesmo para os países avançados. A OMC tomou uma decisão sobre as perdas e os ganhos em jogo. Os lucros das indústrias farmacêuticas superaram o bem-estar de bilhões de pessoas. A liberdade para explorar sobrepujou a liberdade para viver.

Os interesses empresariais afetaram, com sucesso, a linguagem que usamos. Nós nos referimos a essas reivindicações de propriedade de patentes e direitos autorais como *direitos* de propriedade intelectual, elevando, assim, essa forma de propriedade a um direito. É como se essas empresas estivessem sugerindo que controlar a propriedade intelectual é uma privação de liberdade semelhante à redução de outros direitos que prezamos. Entretanto, as fronteiras da propriedade intelectual sempre foram limitadas e ambíguas, e cabe à sociedade raciocinar e delinear quais devem ser esses limites. Eu fazia parte do Conselho de Assessores Econômicos quando as disposições de propriedade intelectual daquilo que viria a se tornar a OMC estavam sendo discutidas (um acordo chamado Aspectos Relacionados ao Comércio dos Direitos de Propriedade Intelectual – TRIPS, na sigla em inglês). Estava claro para mim que as disposições não tinham sido escolhidas para maximizar o bem-estar social por trás de um véu da ignorância, nem mesmo para maximizar o ritmo da inovação nos Estados Unidos ou no mundo, mas simplesmente maximizar os lucros de determinadas empresas, sobretudo os das indústrias farmacêutica e do entretenimento (com talvez algumas restrições para não parecer indecoroso demais). A lei de direitos autorais incluía um dispositivo chamado ironicamente de Mickey Mouse Protection Act[*], aparentemente incluído para ajudar a Disney a prorrogar a proteção da marca do camundongo Mickey por anos após a morte de seu criador, a um grande custo para os acadêmicos que queriam ter acesso aos documentos de figuras literárias notáveis. A Disney aproveitou os benefícios extras à custa do restante da sociedade. As primeiras versões do camundongo Mickey finalmente entraram em domínio público em 1º de janeiro de 2024[28].

A maioria dos economistas defenderia que estender a vida de uma patente ou do direito autoral além de um determinado ponto gera pouco benefício em termos dos incentivos induzidos, mas pode acarretar grandes custos sociais no futuro, por causa do poder de monopólio prolongado. A maioria concordaria que, com o dispositivo do camundongo Mickey, os direitos autorais foram muito além do ponto em que os custos monopolistas adicionais poderiam ser justificados[29].

Observações finais

Um tema central deste livro é que, em nossa sociedade interligada, a liberdade de qualquer pessoa não pode ser considerada isoladamente. Expandir a liberdade de uma pessoa contrai a liberdade de outras. Em geral, precisamos avaliar quais liberdades são mais importantes. Às vezes, esses julgamentos são fáceis; outras vezes, difíceis. Este capítulo se concentrou no que costuma ser um caso fácil: a exploração. A única área que requer alguma sutileza tem a ver com a propriedade intelectual, em que pode haver benefícios sociais da inovação induzida pelos lucros do monopólio. Então, precisamos fazer duas perguntas. A primeira diz respeito ao equilíbrio das liberdades, com mais direitos de monopólio (mais direitos de exploração) sendo compensados pelos benefícios sociais da inovação. Aqui, afirmei que, ao comparar os arranjos atuais com o que podemos ver por trás do véu da ignorância, fica claro que eles são simplesmente o resultado do uso desenfreado de poder político. A segunda vai além ao perguntar se existem maneiras melhores de organizar

---

[*] Lei de Proteção ao Camundongo Mickey. (N.T.)

nosso sistema de inovação – para produzir mais conhecimento e facilitar o acesso aos frutos gerados por ele. Dito de outra forma, existem outros arranjos econômicos nos quais não teríamos que confrontar o equilíbrio de liberdades tão intensamente? Existem, sobretudo em algumas áreas da saúde (mas não universalmente). O governo pode financiar os pesquisadores e/ou fornecer um prêmio ao inovador. É lógico que o "direito para explorar" – o direito de monopólio concedido ao inovador – pode ser interpretado como um prêmio, mas este distorce muito e é ineficiente. Um prêmio em dinheiro seria mais eficiente e (por dólar gasto) mais eficaz[30]. A ironia é que, nos arranjos atuais, conseguimos obter o pior de todos os mundos. O governo financia grande parte da pesquisa – a plataforma de mRNA, na qual as vacinas da covid-19 Pfizer e Moderna se basearam, recebeu amplo financiamento público, da mesma forma que muitas das despesas mais imediatas para o desenvolvimento da vacina. Entretanto, as indústrias farmacêuticas têm licença total para explorar. O público arcou com a maioria das despesas e dos riscos, e as indústrias farmacêuticas colheram os lucros, com grande parte dos custos de seus altos preços saindo do erário público. O governo pagou altos preços à Pfizer e à Moderna pelas vacinas, embora já tivesse pagado a maior parte dos custos de pesquisa e desenvolvimento delas.

De modo mais geral, os benefícios sociais de restringir a liberdade para explorar das empresas são óbvios. Muitos na Direita vivem em um mundo de fantasia em que ninguém tem poder político ou de mercado, e todos possuem informações perfeitas. Ninguém consegue tirar vantagem de ninguém. Claro, quando empresas envolvidas com exploração anticompetitiva são acusadas de fazê-lo de acordo com a legislação antitruste, economistas bem-pagos saem em defesa delas. Eles olham para o comportamento que parece explorador à primeira vista, o qual faz pouco mais, por exemplo, do que estender e fortalecer o poder de mercado, e alegam que ele não é assim. Eles afirmam que, por alguma razão arcana, uma ação obviamente anticompetitiva, na verdade, aumenta a eficiência econômica. Equipes de advogados e economistas recebem centenas de milhões de dólares todo ano para convencer tribunais de que aquilo que claramente constitui a exploração do poder de mercado nada mais é do que uma manifestação das maravilhas da economia de mercado. Eles trabalham duro para explicar os lucros imensos e persistentes das empresas com um poder de mercado tão óbvio.

Mais de cem anos atrás, os Estados Unidos aprovaram leis destinadas a restringir a capacidade dos colossos empresariais para explorar os estadunidenses comuns. Entretanto, nesse ínterim, tribunais favoráveis aos negócios reinterpretaram as leis e expandiram o direito para explorar e para tornar cada vez mais difícil provar que qualquer ação específica é exploradora.

Deve estar claro agora que os arranjos atuais não têm o equilíbrio correto entre liberdades. Essa situação implica um desafio: existem alternativas que funcionariam melhor? A resposta, apresentada na Parte III, é um sim inequívoco. Entretanto, precisamos, primeiro, abordar questões que os economistas, em grande medida, deixaram de lado no último século. Como nosso sistema econômico molda as pessoas? Como ele afeta a abrangência das regulamentações necessárias, ou a sensação de coerção que sentimos quando os governos impõem as regulamentações necessárias para que uma sociedade funcione bem?

PARTE II
Liberdade, crenças, preferências e a criação da boa sociedade

A Parte I deste livro analisou a liberdade usando o conjunto de ferramentas padrão dos economistas – perdas e ganhos, externalidades, bens públicos e problemas de coordenação. Foi explicado que toda a sociedade precisa impor restrições e que, em certos casos, uma coerção limitada pode beneficiar a todos, enquanto, em outros casos, pode haver perdas e ganhos – uma pessoa ganha, outra perde; a liberdade de uma pessoa equivale à falta de liberdade de outra.

Criar regulamentações, impostos e despesas que ampliem a liberdade como um todo, mesmo que isso implique restringi-la em uma dimensão ou em outra, exige análise e raciocínio. Requer a combinação de teorias e evidências, não a dependência de um comprometimento ideológico preguiçoso com alguma noção vaga e imprecisa de liberdade. Estamos preocupados tanto com as liberdades negativas – liberdade da carestia e liberdade do medo – quanto com as liberdades positivas – liberdade para realizar o próprio potencial e para prosperar. Preocupamo-nos com liberdades econômicas e políticas. A liberdade é um elemento importante quando buscamos criar uma boa sociedade.

Mas isso não é tudo. Grande parte de nosso esforço como pais envolve criar nossos filhos para serem pessoas boas: honestas, trabalhadoras, empáticas e assim por diante. Na infância, é difícil não termos percebido esses esforços por parte de nossos pais. Mesmo quando esses esforços não são plenamente bem-sucedidos, eles têm efeitos significativos. Portanto, o modelo econômico padrão que pressupõe que chegamos a este mundo com preferências e crenças completamente definidas está errado, o que, por sua vez, tem implicações importantes para a sociedade e para a maneira como pensamos sobre ela, incluindo a questão em pauta: como pensamos a liberdade? Diferentes atribuições de liberdade para uns e restrições para outros, por exemplo, levam à formação de diferentes tipos de indivíduos e, com o passar do tempo, a uma sociedade diferente. Ao refletirmos sobre esses regimes diferentes, devemos considerar as consequências sociais de longo prazo.

O reconhecimento de que os indivíduos são moldáveis e têm aquilo a que os economistas se referem como *preferências e crenças endógenas*[1] é um dos avanços importantes da economia do século XXI[2]. A maneira como as pessoas percebem o mundo – aquilo que pode ser chamado de lente cognitiva – é moldada por suas experiências, seus pares, pais, líderes e uma série de outras pessoas, incluindo professores e a mídia. Usando o jargão dos economistas citado anteriormente, existem *externalidades sociais*.

Durante duzentos anos, a teoria econômica convencional procedeu como se os indivíduos não apenas fossem "pré-formados", mas também infinitamente racionais e bem-informados (até mesmo cientes sobre o quão informados deveriam estar). O modelo padrão retratava os humanos como frios e calculistas, pesando os custos e os benefícios (na maioria das vezes em termos materiais) de cada ato. Os economistas pareciam ser uma espécie peculiar, um tanto esquizofrênica, sabendo, como sabiam, que aqueles com quem interagiam e os sujeitos que deveriam estar estudando eram muito diferentes dos humanos retratados em seus modelos. Os humanos que *presumiram* em seus modelos eram demonstravelmente mais egoístas que a *maioria* das pessoas. Contudo, não deixa de ser curioso, algumas pesquisas sugeriram que, em grande parte, embora nem mesmo os economistas fossem perfeitamente egoístas (como seus modelos presumiam), eles eram, de fato, mais parecidos com os indivíduos que presumiram em suas teorias; em particular, eram mais egoístas que os outros. Além disso, quanto mais teoria econômica os estudantes aprendiam, mais eles se tornavam semelhantes a essa pessoa idealizada. Eles assumiram mais e mais a identidade do indivíduo perfeitamente egoísta que constitui o alicerce da teoria econômica moderna[3].

Os economistas também presumiram que todos os indivíduos são perfeitamente racionais e consistentes nas escolhas que fazem. Na segunda metade do século XX, com base nos trabalhos do psicólogo cognitivo e matemático Amos Tversky e do psicólogo e economista comportamental Daniel Kahneman, os economistas começaram a explorar padrões sistemáticos de irracionalidade[4]. No entanto, nessa literatura, a atenção estava centrada nas limitações cognitivas. Como Kahneman explicou em seu best-seller *Rápido e devagar: duas formas de pensar*[5], muitas vezes precisamos pensar rapidamente e não temos tempo para raciocinar como deveríamos. Usamos regras simples (chamadas heurísticas), que podem levar a "vieses" consistentes e mensuráveis em nossas decisões e julgamentos. A pesquisa sobre as diferenças com relação aos indivíduos infinitamente racionais foi denominada *economia comportamental*. Entretanto, é claro, toda a teoria econômica deveria tratar do comportamento; deveria descrever como as pessoas realmente se comportam. Acabou-se descobrindo que o modelo padrão dos economistas, com indivíduos infinitamente racionais e absolutamente egoístas, muitas vezes não descrevia bem a maneira como as pessoas agiam[6].

A economia comportamental do século XXI[7] afirmou que as diferenças importantes com relação às hipóteses padrão dos economistas não eram *apenas* as limitações cognitivas dos indivíduos – os quais, às vezes, precisavam tomar decisões com muita rapidez –, mas também o fato de que estes sabiam, de forma imperfeita, o que queriam, e o que queriam era mutável. A falácia da suposição da teoria econômica padrão de que aquilo que os indivíduos desejam é imutável, como já expliquei, é quase tão óbvia quanto o fato de que as pessoas não são infinitamente racionais.

Nesta parte do livro, exploro os pressupostos da economia comportamental moderna e sua aplicação à nossa compreensão da liberdade e de como esta pode ser promovida de maneira significativa.

8

Coerção social e coesão social

Somos todos animais sociais, sensíveis ao que os outros pensam de nós. O que consideramos "aceitável" é moldado por nossa sociedade. Em certas sociedades, é considerado aceitável jogar lixo no chão, andar sem máscara durante uma pandemia, cuspir na rua ou usar calças se você for mulher; em outras sociedades, esses comportamentos são inaceitáveis. Deve-se acrescentar que, em cada caso, as normas que limitam o que uma pessoa pode fazer são tão restritivas quanto uma multa do governo e, em alguns casos, muito mais ainda. Nesse sentido, as normas podem ser consideradas coercitivas.

Este capítulo examina, em mais detalhes, a formação de crenças e os dilemas – e riscos – associados à coerção social. Embora eu levante algumas questões de difícil resolução, o que emerge com mais clareza é que a forma contemporânea do capitalismo – o capitalismo neoliberal, sem amarras – molda as pessoas de maneira que não apenas representam o oposto de uma boa sociedade, mas também minam o próprio capitalismo.

A formação social de crenças e preferências

A economia comportamental do século XXI enfatiza que as preferências são endógenas – elas podem mudar como resultado de nossas experiências – e, em grande medida, determinadas pela *sociedade*. Somos quem somos por causa das pessoas que nos cercam, e somos influenciados muitas vezes (mas não apenas) por pais e professores.

Os pais e professores não apenas transmitem valores de geração em geração, mas socializam os jovens, tornando-os mais conscientes de como suas ações afetam os outros. As crianças aprendem preceitos como "Faça aos outros o que gostaria que fizessem a você", "Vale a pena ser honesto" e "Não fazer o mal é bom; não pensar em fazer o mal é melhor ainda". Elas aprendem que uma pessoa boa age de acordo com esses preceitos. Quando pais e professores são bem-sucedidos, tal comportamento altruísta se torna parte essencial da identidade do indivíduo. Evidentemente, há limites para o quão bem-sucedida essa socialização consegue ser.

O amplo apoio à educação formal pública no século XIX teve, em grande parte, como objetivo a criação de uma força de trabalho adequada para a economia industrial emergente, que exigia que as pessoas fossem suficientemente socializadas para se comportarem de maneira apropriada (e eficiente) no local de trabalho[1]. Esses comportamentos incluíam desde atitudes cotidianas, como comparecer ao trabalho com regularidade e sem atrasos, até atitudes mais significativas, como aceitar, e até mesmo acolher, orientações de outras pessoas e aceitar organizações hierárquicas e seu próprio lugar nelas. Às vezes, referimo-nos a esse processo como a "socialização" dos indivíduos.

Assim, as escolas fazem mais do que apenas ensinar habilidades e criar capital humano[2]. Elas tentam incutir normas, incluindo aquelas necessárias para o funcionamento da economia, e valores, incluindo identidades nacionais e, em alguns casos, religiosas. A história é ensinada de uma maneira que glorifica o passado e ignora as atrocidades que o país pode ter cometido. Tudo isso é uma tentativa de moldar indivíduos, de afetar seu comportamento futuro, sobretudo em situações e momentos específicos – por exemplo, quando o país se vê ameaçado por um inimigo externo. Nós, economistas, moldamos nossos alunos para serem como presumimos que eles são em nossos modelos – não como a *maioria* das pessoas é na vida real. No entanto, se os economistas fossem bem-sucedidos, digamos, em persuadir todas as escolas a oferecerem um curso obrigatório anual de teoria econômica com base na premissa de que os indivíduos são completamente egoístas, quase certamente acabaríamos com uma sociedade mais egoísta[3].

A educação formal desempenha outro papel. Ela cria "bens comuns sociais", ou maneiras comuns de ver o mundo, incluindo uma linguagem comum para discuti-lo[4]. Somos seres sociais e queremos e precisamos nos comunicar uns com os outros. Muito embora todos os sistemas educacionais ajudem a criar esses entendimentos comuns, os bons sistemas educacionais proporcionam entendimentos comuns mais amplos, com maior nuance, os quais permitem significados diferenciados. Não se trata apenas de entendimentos comuns do que é dito; trata-se, como já mencionei, da criação de normas, incluindo normas sobre o que não é dito.

A pressão dos pares e as normas sociais desempenham um papel importante na modelagem do comportamento. Se os indivíduos agirem de maneira diferente daquela ditada pelas normas, podem ser rejeitados e excluídos dos grupos a que pertencem, o que é doloroso. O papel da pressão dos pares talvez seja mais evidente naqueles adolescentes que enfrentam dificuldades para construir sua identidade; de forma mais sutil, isso faz parte de toda a nossa vida. A pressão dos pares pode ter uma força enorme, e até mesmo resultar no ostracismo de espectadores se eles não participarem da exclusão de uma pessoa quando o grupo a segrega.

Como internalizar externalidades e induzir a coesão social

Em certos casos, a sociedade percebe benefícios claros e significativos na formação social de crenças e preferências por meio dos mecanismos que descrevi. Às vezes, as normas podem ajudar a lidar com uma externalidade. Os comportamentos altruístas, sejam eles resultado de nossa própria identidade, das normas sociais ou da pressão de colegas, podem levar à produção de menos lixo, ao menor consumo de álcool e a comportamentos mais seguros ao volante. As normas também podem ser importantes para criar e manter outros elementos de uma boa sociedade, como desencorajar a violência contra as mulheres ou incentivar a tolerância. Hoje, normas emergentes contra a emissão desnecessária de gases de efeito estufa – não comer carne, voar menos, baixar o termostato – desempenham um papel importante na salvação do planeta.

Na medida em que essas normas conseguem *internalizar* uma externalidade, fazendo-nos refletir sobre como nossas ações afetam os outros, não há necessidade de intervenções públicas que possam ser consideradas coercitivas para lidar com a externalidade.

Considerar como as ações de uma pessoa afetam os outros – seja por pressão dos pares para se comportar bem ou por empatia – pode ser visto como parte da coesão social ou da solidariedade social. Esses comportamentos pró-sociais nos definem. Pensamos em nós mesmos como bons cidadãos, como membros de uma comunidade que fazem a sua parte. Não se trata de sermos coagidos a nos comportarmos bem; é que parte de nosso ser exige que mostremos respeito pelos outros ao ajudar nossos vizinhos quando ocorre um desastre natural, por exemplo, ou ao doar sangue.

Na medida em que existe coesão social, a obrigação de agir em benefício da sociedade não é coercitiva – uma regulamentação que exija que ofereçamos o assento a um idoso ou a uma pessoa com deficiência em um transporte público não é coercitiva. Também não é coercitivo ser obrigado a contribuir para o apoio a pessoas em situação menos favorecida – em outras palavras, pagar impostos para ajudar a redistribuição. Podemos fazer isso por conta própria, mas a sociedade como um todo fica melhor quando agimos coletivamente, para que ninguém possa ser um "carona" na criação do tipo de prosperidade compartilhada que é fundamental para uma boa sociedade.

De fato, se os indivíduos adotarem *plenamente* as normas como seus próprios valores, não haverá imposição por parte de uma regulamentação que exija esses comportamentos. Eles não desejariam violar a norma ao jogar lixo no chão ou ao se recusarem a ceder o assento no transporte público para uma pessoa idosa; e uma restrição que não é obrigatória não é, de fato, uma restrição. Nas sociedades que funcionam bem, grande parte dos esforços de socialização (uma parte fundamental da formação social das preferências) envolve induzir os indivíduos a internalizar externalidades.

No entanto, a transmissão de normas entre indivíduos é imperfeita. Algumas pessoas não adotarão a norma por inteiro e, assim, a restrição imposta pela pressão dos colegas e pela coerção social parece ser uma limitação à liberdade para agir da pessoa. Por ironia do destino, se olharmos dessa perspectiva, a perda de liberdade causada por uma regulamentação contra jogar lixo no chão está associada apenas à transmissão imperfeita de preferências sociais. Apenas as pessoas que não adotaram a norma de não jogar lixo no chão sentem que perderam a liberdade com uma regulamentação contra esse tipo de comportamento.

Donald Trump ilustra o que acontece quando pais e professores falham e um indivíduo não é socializado. Quando as normas, a pressão de pares e as tradições funcionavam normalmente, não precisávamos de leis rigorosas para definir o que um presidente poderia fazer do ponto de vista ético. Quase todos os presidentes agiam de acordo com essas restrições. No entanto, Trump, com sua insolência, pode nos forçar a definir os limites presidenciais com mais precisão, transformando-os em leis e regulamentações.

A coesão social além da internalização de externalidades

A coesão social melhora o funcionamento da sociedade de maneiras que vão além da internalização de externalidades. No Capítulo 4, falei sobre os benefícios dos bens públicos e da cooperação social; a coesão social fortalece o apoio aos bens públicos e facilita a cooperação. Ela permite até que os ricos aceitem um certo nível de redistribuição em prol do bem público e pode incentivar a filantropia. A coesão social e os níveis mais baixos de desigualdade que ela pode gerar, por sua vez, facilitam as inevitáveis negociações políticas que são marcas registradas de uma sociedade que funciona bem.

A outra mão invisível

Ao internalizar externalidades e desenvolver um sentimento de coesão social, as normas ajudam as sociedades a funcionar. O fenômeno de massas de indivíduos que trabalham juntos para fabricar os produtos complexos que sustentam e melhoram nossos padrões de vida é um tema que há muito desperta interesse, sobretudo entre os economistas. Como vimos, Adam Smith forneceu uma resposta à pergunta de como esse sistema complexo funciona para produzir os bens e serviços que precisamos e desejamos. De alguma forma, segundo ele, a busca pelo interesse próprio induz o bem-estar social[5]. Os economistas modernos forneceram os detalhes. É por meio do funcionamento do sistema de preços que as informações são transmitidas, de modo que a busca pelo interesse próprio do indivíduo seja congruente com os interesses da sociedade.

As normas e a lente compartilhada através da qual as pessoas veem o mundo fornecem outra mão invisível, que é destacada em um livro que será publicado em breve e que foi escrito por mim, Allison Demeritt e Karla Hoff[6]. Como observei, se todos compartilhamos a norma de não jogar lixo no chão, não precisamos de regulamentações ou até mesmo de incentivos de preços para nos induzir a não jogar lixo no chão. Agimos de maneiras que mantêm nossas cidades limpas. Essas normas e lentes compartilhadas são invisíveis em dois sentidos: são criadas de forma invisível e tornam-se parte de quem somos sem que percebamos; e funcionam de maneira invisível, tão integradas a quem somos que, em geral, as obedecemos sem nem pararmos para pensar.

Liberdade e responsabilidade

No Capítulo 1, a discussão fez lembrar a premissa de longa data de que a liberdade vem acompanhada de responsabilidade. Os pais dizem a seus filhos: "Vamos dar a você mais liberdade *se você agir com responsabilidade*". O que isso significa é que as crianças não têm liberdade irrestrita. Existe um conjunto de regras e regulamentações tacitamente estabelecidas entre pais e filhos. O mesmo, de certa forma, é verdadeiro em nossa família mais ampla, nossa comunidade. Assim como os pais tentam moldar os filhos para agirem de acordo com as regras da família, a sociedade – muitas vezes por intermédio dos pais – trabalha para moldar todos os cidadãos de forma a agirem de maneira responsável e levar em consideração, por exemplo, as externalidades que impõem aos outros.

Há uma ampla discussão nas disciplinas de direito e economia sobre as vantagens relativas das leis e regulamentações em comparação com as normas e com outras formas de indução de comportamentos sociais (altruístas). É claro que é impossível definir o que é apropriado em todas as contingências. As normas podem apresentar maior ambiguidade que as leis e regulamentações, e a ambiguidade, em si mesma, pode, *em condições normais,* ser útil para restringir comportamentos. Se houver uma linha clara, definida por uma lei ou regulamentação, haverá a tendência de contestá-la.

Milton Friedman mostra o que acontece quando essa perspectiva é levada às últimas consequências. Ele acreditava que, enquanto o governo não regulasse o tratamento dos trabalhadores ou a poluição ambiental, uma empresa deveria exercer, em sua plenitude, qualquer liberdade concedida pelo Estado para maximizar seus lucros. Ele argumentava que a empresa não tinha obrigação moral de tratar os trabalhadores de forma decente ou de se preocupar com o meio ambiente. Friedman inverteu o conceito de moralidade ao sugerir que era errado para um gestor de empresa agir de forma diferente. Em suas palavras: "Existe uma e apenas uma responsabilidade social das empresas – usar seus recursos e se engajar em atividades projetadas para aumentar seus lucros"[7].

Em alguns contextos, pode ser mais fácil induzir cooperação por meio de uma norma social do que por meio de regulamentações ou incentivos de mercado. Um experimento famoso em uma creche israelense, discutido pelos economistas Uri Gneezy e Aldo Rustichini[8], ilustra esse ponto. Como os funcionários, obviamente, precisavam permanecer na creche até que todas as crianças fossem entregues a seus responsáveis, era importante que estes chegassem pontualmente no fim do dia. Para induzir os pais a chegarem no horário de saída com mais regularidade, a creche instituiu uma multa por atrasos, mas a resposta foi aparentemente perversa, pois os atrasos aumentaram. A explicação era simples: antes havia uma norma. Agora, uma obrigação social havia sido convertida em um relacionamento econômico; os pais avaliavam se a multa adicional imposta pelo atraso era maior ou menor que os benefícios por eles recebidos, e em muitos casos decidiam que eram menores.

Uma preocupação semelhante é que regras e regulamentações *eliminem* a moralidade e outras formas de comportamento pró-social. Podemos nos sentir satisfeitos conosco se não jogarmos lixo no chão porque nos importamos com os outros, não por estarmos sujeitos a uma multa.

Crenças, preferências e externalidades sociais

O fato de nossas crenças e preferências serem moldadas em relação aos outros dá origem a uma externalidade social fundamental: se somos desonestos, existe não apenas a consequência direta desse comportamento (que é, em si mesma, uma externalidade), mas também um efeito indireto. A confiança na sociedade é reduzida, e outras pessoas ficam mais propensas a se comportar de maneira desonesta, o que prejudica o funcionamento da sociedade como um todo. Comportamentos positivos também tendem a ter um efeito dominó, conforme demonstrado por numerosos experimentos[9]. Um ato de bondade espontâneo tende a levar outros a realizarem outro ato semelhante. Honestidade gera honestidade e fomenta a confiança na sociedade.

Assim como em outras externalidades, há um argumento convincente a favor de que os governos incentivem as externalidades sociais positivas e desencorajem as negativas. Elas fazem isso por meio de mecanismos de mercado e de fora do mercado. Os governos punem comportamentos flagrantemente inaceitáveis (a desonestidade em circunstâncias específicas, como fraudes e propaganda enganosa) e subsidiam os atos de caridade por meio do sistema tributário. E líderes políticos usam sua posição privilegiada para estimular o que consideram comportamentos pró-sociais.

Na Parte III, discutirei como o projeto do sistema econômico e social afeta a extensão dessas externalidades e sugerirei que o capitalismo neoliberal tem incentivado externalidades negativas e levado à criação de uma sociedade mais egoísta e menos honesta.

Controle social, crédito social, publicidade e liberdade individual

Podemos aplaudir a socialização dos indivíduos quando isso os torna cidadãos melhores ou mais adaptados ao local de trabalho, mas a socialização também pode incluir elementos problemáticos.

Em primeiro lugar, a pressão dos pares muitas vezes não é direcionada para conter atividades que geram externalidades ou para encorajar ações pró-sociais. Algumas delas podem até gerar danos sociais – por exemplo, quando reforçam comportamentos excludentes. Elas também podem incentivar outros comportamentos preocupantes, como distúrbios alimentares e *bullying* entre jovens. Nos Estados Unidos, a pressão dos pares indubitavelmente contribuiu para o regime racista e excludente de Jim Crow*.

Os economistas neoliberais afirmaram que esse tipo de discriminação não conseguiria persistir. Em seu infame livro *A economia da discriminação*[10], o economista ganhador do Prêmio Nobel Gary Becker sugeriu que era difícil, se não impossível, que a discriminação surgisse em uma economia competitiva. Segundo ele, aqueles que sofressem discriminação teriam salários mais baixos, de modo que os bens que produzissem também seriam mais baratos. Enquanto houvesse um número suficiente de pessoas que não fossem preconceituosas, elas mudariam sua demanda e adquiririam os bens produzidos por esses trabalhadores. E – surpresa! – a discriminação seria eliminada. Lecionando na Universidade de Chicago, um enclave de maioria branca cercado por um bairro de baixa renda com população predominantemente afro-estadunidense, pode ter sido difícil reconciliar esse raciocínio com a discriminação massiva que ocorria bem diante de seus olhos. No entanto, Becker tinha uma resposta: se *parece* existir discriminação porque os trabalhadores afro-estadunidenses recebem salários mais baixos, talvez seja porque eles não estão fornecendo serviços de qualidade adequada.

Coloque de lado, por um momento, o fato de que havia discriminação quanto ao oferecimento de educação formal. Becker vivia no mundo mítico da concorrência *perfeita* e da mobilidade social. No entanto, na mesma época em que ele escrevia, os economistas estudavam como pequenos desvios desse mundo tinham grandes consequências e como punições econômicas eram

---

* Nome dado a leis estaduais e locais que impunham a segregação racial no sul dos Estados Unidos, as quais vigoraram entre 1877 e 1964. (N.T.)

capazes de reforçar arranjos discriminatórios. Eles chegaram a conclusões opostas às de Becker e mais alinhadas com as evidências. Os indivíduos que rejeitavam o regime de Jim Crow e se recusavam a discriminar podiam ser punidos, possivelmente tornando-se alvo de discriminação. E qualquer um que, por sua vez, deixasse de punir os que não discriminassem também seria punido. Dessa forma, um equilíbrio discriminatório pode ser mantido, mesmo quando muitas pessoas não eram, em si mesmas, preconceituosas; elas apenas tinham medo de ser punidas por violarem normas sociais discriminatórias. As sanções sociais, refletidas na pressão dos pares, podem ser tão eficazes quanto as punições econômicas, ou até mais, sobretudo quando as punições econômicas são limitadas a boicotes (em vez de espancamentos, linchamentos ou incêndios). O regime de Jim Crow, apenas levemente enfraquecido, persistiu mesmo após a abolição das leis sulistas que o apoiavam.

O argumento aqui é igual àquele sobre o capital social, muitas vezes considerado uma característica essencial de uma sociedade bem-sucedida. O capital social inclui a confiança que as pessoas têm umas nas outras; também pode incluir normas sociais e bens sociais comuns que permitem que elas funcionem bem juntas. Algumas normas podem ser positivas, mas outras podem ser excludentes; grupos coesos excluem (discriminam) aqueles que não fazem parte do grupo[11].

Assim, as normas podem ajudar a criar uma sociedade que funcione melhor, na qual mais pessoas se sintam mais livres, mas isso nem sempre acontece. As normas e a pressão dos pares que elas geram podem ser sufocantes e restritivas[12] e, em certos casos, podem levar ao oposto de uma boa sociedade[13].

Orwell está por perto?

Há temores fundamentados com relação a tentativas orwellianas de moldar os indivíduos para a conformidade social e criar, assim, uma distopia. Há muito teme-se que empresas possam usar ideias da economia comportamental moderna e da psicologia social para fazer com que as pessoas ajam de formas que atendam aos interesses das empresas, indo muito além da socialização discutida anteriormente – por exemplo, fazer com que os empregados cheguem no trabalho pontualmente[14].

Hoje, essa ameaça não é uma questão de especulação; é uma realidade. Não se trata exatamente de controle perfeito, mas de encaminhar ao menos partes da sociedade em determinadas direções. A China possui um sistema de crédito social no qual os cidadãos possuem uma conta "social". Eles recebem créditos quando se comportam de acordo com os desejos do Estado e são debitados quando não o fazem. Esse sistema, apoiado pela vigilância em massa, pretende incentivar as pessoas a agirem da maneira que as lideranças chinesas desejam. Entretanto, a verdadeira intenção é criar normas sociais internalizadas. A China está tentando desenvolver um sistema para motivar seus cidadãos a alcançar metas estabelecidas pelo Estado o qual seja melhor que o da Rússia soviética ou da Alemanha nazista, com menos dependência da coerção explícita e maior sucesso em "cooperação" voluntária, o que resulta em menos dissidentes e resistentes.

Os ocidentais ficam revoltados com essa versão do século XXI do livro *1984* de Orwell, mas permitem que empresas privadas logrem resultados semelhantes, apenas com mais sutileza. As empresas criam propagandas destinadas a induzir os consumidores a agirem de formas que, em seus momentos mais racionais, não agiriam, tudo em prol do aumento dos lucros. O apostador compulsivo que é seduzido a apostar toda a sua riqueza perdeu, em certo sentido, a liberdade para agir como resultado desse método aparentemente não coercitivo? Em um sentido, ele estava "livre" para ignorar o apelo. Porém, em outro sentido, os responsáveis pela tentação sabiam que era improvável que ele resistisse.

Enormes danos sociais surgem desse tipo de indução. Pense nas empresas de alimentos que atraem crianças e adultos para o consumo de produtos processados, o que contribuiu para a epidemia de diabetes infantil e adulta; ou nas empresas da família Sackler, que contribuíram para a crise dos opioides; ou nas empresas de tabaco que tornaram seus produtos mais viciantes sem que os consumidores sequer soubessem. Cada um desses exemplos pode ser interpretado como uma ameaça não coercitiva à liberdade individual.

O Instagram promove a visão atraente de uma vida adolescente feliz e bem-sucedida. Os jovens, é claro, querem fazer parte disso, então postam fotos de si mesmos parecendo felizes e bem-sucedidos. Quando alguns fazem isso, cria-se uma norma. Mesmo que todos saibam que a maioria das fotos é manipulada, os jovens ficam ansiosos porque sabem que eles mesmos não estão vivendo essa vida. Hoje, a influência das redes sociais em provocar ansiedade e depressão entre adolescentes está bem documentada. O projeto das plataformas de mídia social, onde os usuários compartilham curtidas de fotos entre si, reforça esses impactos.

Acredito que intervenções públicas no livre mercado são necessárias para limitar as atividades antissociais e, embora restrinjam a liberdade das, digamos, empresas Sackler, elas expandem a liberdade de outras pessoas de formas que aumentam o bem-estar social. Às vezes, escolher entre liberdades é fácil. Poucos defenderiam a liberdade dos Sackler para criar um vício em massa. Em outras, é mais difícil. Por exemplo, no caso das redes sociais e da publicidade, precisamos considerar as implicações para a liberdade de expressão. Mais adiante neste livro, discutirei como o quadro rawlsiano de pensar sobre essas questões por trás do véu da ignorância, ou a abordagem de Adam Smith do espectador imparcial, pode nos ajudar a fazer julgamentos práticos nesses casos de difícil avaliação.

A autonomia individual e a pressão dos pares: um debate filosófico

Existe um debate sobre como devem ser entendidas a pressão dos pares e as normas sociais conformistas. Elas representam uma perda de liberdade da mesma forma que a perda de liberdade imposta por uma regulamentação governamental? São uma forma de coerção, talvez até pior que as regulamentações, porque são mais difíceis de mudar e, com frequência, operam de maneira invisível?

Há filósofos que afirmam que *não* devemos encarar as normas sociais conformistas da mesma forma que encaramos as regulamentações. Somos seres humanos conscientes, capazes, pelo menos até certo ponto, de fazer julgamentos sobre se e em que medida seremos influenciados pelos outros[15]. Sempre houve indivíduos que resistiram ao rebanho, que usaram a "razão" para avaliar suas próprias preferências ou comportamentos e as preferências dos outros para determinar se um conjunto específico de preferências e de crenças é, de alguma forma, indesejável. A capacidade de raciocinar é uma parte fundamental da autonomia de uma pessoa[16]. Temos a capacidade de julgar se *devemos* seguir o rebanho – seja pelo nosso próprio interesse de longo prazo (muito importante no caso da pressão dos pares sobre os adolescentes) ou pelo bem-estar social (o que implica raciocínio moral). Conforme afirmou o filósofo da Universidade de Columbia, Akeel Bilgrami: "A aceitação das normas sociais predominantes é algo que, após raciocinarmos, permitimos que nos treinem ou nos aculturem. É por isso que não existe uma ligação intrínseca ou essencial entre a autonomia individual e o egocentrismo que é tão central na visão padrão da teoria econômica"[17].

No entanto, Bilgrami pode estar levando esse argumento longe demais: não escolhemos livremente a lente pela qual vemos o mundo. Ela é bastante, embora não inteiramente, determinada pelo nosso ambiente e, sobretudo em nossos anos mais formativos, esse ambiente é bastante determinado por nossos pais ou por quem quer que nos crie. Muito do que molda nossas perspectivas e crenças ocorre de forma subconsciente[18]. Mesmo que alguém tenha conscientemente "permitido" ser treinado ou aculturado de acordo com as normas sociais predominantes, diferentes pessoas podem sentir-se afetadas, de maneiras distintas, em relação aos custos potenciais de rejeitar normas. O contexto de cada um – sua origem, posição social e poder – determina profundamente o "orçamento" que essa pessoa tem para desviar-se das normas, em especial quando os riscos são substanciais. Ainda que tenhamos a mesma capacidade para questionar as normas predominantes, a distribuição de nossa liberdade para agir nesse sentido com relação a elas é muito desigual.

Além disso, quando nossa perspectiva é moldada por forças invisíveis, os indivíduos realmente têm a *capacidade* de escolher uma lente diferente? O fato de *algumas* pessoas, possivelmente em razão de uma educação formal liberal, terem sido capazes de reconhecer a lente especial através da qual percebem o mundo e até mesmo entender como passaram a percebê-lo dessa forma não significa que todos têm essa mesma capacidade, principalmente quando não lhes foi ensinado sobre a "formação de lentes"[19]. Ademais, mesmo que as pessoas venham a entender tudo isso, muitas podem não se sentir em posição de se opor ao rebanho[20]. Para elas, a coerção social equivale a uma perda de liberdade.

A moldagem de crenças e a viabilidade do capitalismo neoliberal

Até agora, forneci muitos exemplos de como a sociedade molda os indivíduos. Entretanto, há muitas outras formas que são mais sutis, porém igualmente disseminadas. Em um regime capitalista, tendemos a admirar pessoas que ganharam muito dinheiro sem prestar muita atenção no modo como o ganharam. Aprofundando um pouco mais essa discussão, vemos que muitas das famílias mais ricas dos Estados Unidos amealharam suas fortunas com mais do que uma leve dose de exploração e má conduta – abuso de poder de mercado (Rockefellers), venda de opioides (Sacklers) ou por meio do comércio de ópio ou de escravizados. Obviamente, há limites. A família Sackler vive agora em desonra, com seu nome removido das galerias de arte que receberam sua fortuna ilícita. O mesmo ocorreu com algumas pessoas cujas fortunas foram auferidas com a escravidão. Contudo, os nomes de muitos outros que enriqueceram com o comércio de escravizados e de ópio continuam a adornar prédios importantes em nossas principais universidades, à medida que a origem dessas riquezas desaparece na névoa da história.

Os mercados nos moldam

A economia comportamental moderna detalhou como nosso ambiente econômico nos molda. Insira indivíduos em um ambiente definido pela competição implacável e eles se tornam mais competitivos; insira-os em um ambiente em que a cooperação e a colaboração sejam necessárias e recompensadas e eles se tornam mais cooperativos e colaborativos. O comportamento recompensado em um contexto importante torna-se, pelo menos em parte, internalizado, transbordando para outros. Isso se reflete no projeto e no comportamento organizacional e institucional e tem consequências mais amplas.

Muitos dos bancos menores nos Estados Unidos são cooperativas, oficialmente pertencentes a clientes que depositam dinheiro lá ou tomam empréstimos deles. Chamados de cooperativas de crédito, pegam o dinheiro depositado e o emprestam a seus membros. A crise financeira de 2008 forneceu um contexto para vermos como as cooperativas poderiam se comportar de maneira diferente dos bancos padrão voltados para o lucro. Como um todo, elas não se envolveram nas práticas abusivas, fraudes ou discriminação que caracterizaram muitos dos bancos privados com fins lucrativos, mesmo aqueles com reputações aparentemente boas, como o Wells Fargo e o Goldman Sachs[21]. Como consequência, as cooperativas de crédito se saíram muito melhor na crise financeira e trataram seus clientes muito melhor após a crise. Elas continuaram a conceder empréstimos, por exemplo, a empresas pequenas, mesmo quando os bancos grandes reduziram os seus drasticamente[22].

"Ser econômico com a verdade" ou mentir descaradamente para ganhar mais dinheiro por vezes caracteriza o setor financeiro, e esse comportamento tornou-se endêmico em nossa sociedade. Está no centro das campanhas de informações incorretas e de desinformação que desempenharam um papel tão central em nossa economia, as quais abordo no próximo capítulo. Essa transição da desonestidade de uma arena para outra se tornou normal.

Os economistas comportamentais também documentaram como a monetização afeta o comportamento. Pense na creche israelense que cobrou uma multa pelo atraso nos horários de saída das crianças, sem sucesso. Entretanto, instância após instância desse tipo de monetização começa a moldar como uma pessoa vive e tem moldado como percebemos os problemas sociais como sociedade.

Segue-se, então, que, quando alunos têm um desempenho ruim na escola, um economista neoliberal bem treinado tem uma solução fácil: incentivar os professores a trabalharem mais e recompensá-los com uma remuneração maior quando seus alunos tiverem um desempenho melhor. No entanto, isso não funciona, o que não surpreende[23]. O pagamento adicional pode simplesmente ter lembrado os professores de seus salários já baixos. Muitos escolheram o ensino porque estavam socialmente motivados e dedicados a trabalhar com crianças em comunidades carentes. O incentivo financeiro mesquinho converte essa relação social em uma relação monetária, possivelmente até desencorajando o trabalho. Intervenções mais eficazes poderiam incluir tratar os professores com respeito, reconhecendo-os como profissionais que merecem dignidade, e ampliar seus direitos de agir coletivamente por meio de sindicatos. Como profissionais, eles têm usado esses direitos para exigir melhores condições de ensino e melhores instalações de trabalho. Não surpreende que alguns dos estados estadunidenses com maior sindicalização de professores também sediem alguns dos sistemas educacionais de melhor desempenho[24].

A importância da confiança e da honestidade para o bom funcionamento do mercado

Uma economia de mercado depende fortemente da confiança – de que o produto é como o vendedor descreve, de que o trabalhador cumprirá o que promete, de que as condições de trabalho na empresa são como anunciadas, de que o tomador do empréstimo pagará a dívida, de que os gestores da empresa não desviarão seus recursos[25].

Existem infinitas maneiras de alguém se beneficiar à custa dos outros. Temos leis e regulamentações para evitar os abusos de confiança, mas a realidade é que, se tivéssemos de recorrer à justiça para fazer valer nossos direitos em cada caso, a sociedade ficaria paralisada. Felizmente, a maioria das pessoas é educada para se comportar bem e ser basicamente honesta, confiável e trabalhadora[26].

O capitalismo vai se devorar?

A questão – e preocupação – é se o capitalismo sem amarras molda os indivíduos de maneiras que, no fundo, minam o próprio funcionamento do sistema. O capitalismo, como o conhecemos, é viável no longo prazo? Por mais que pais e escolas trabalhem arduamente para formar cidadãos honestos, solidários e intelectualmente curiosos, existem forças contrárias dentro do sistema capitalista que minam esses esforços e moldam os indivíduos de formas que emperram o funcionamento do próprio sistema capitalista?

O capitalismo incentiva o egoísmo e o materialismo; o egoísmo implacável muitas vezes leva à desonestidade; a desonestidade mina a confiança; e a falta de confiança prejudica o funcionamento do sistema econômico. Vimos como isso se desenrolou na crise financeira de 2008. O setor implodiu e teria arrastado toda a economia junto se o governo não tivesse intervindo maciçamente e usado métodos opostos ao capitalismo sem amarras.

Não se trata apenas de o sistema econômico não ser eficiente da maneira que seus defensores afirmam; ele também não é sustentável nem estável. Repito, o sistema financeiro ilustra que, na ausência de regulamentação governamental forte (provavelmente mais forte do que a que temos no momento), os bancos privados lucrativos levam a um sistema financeiro instável porque suas práticas de empréstimo tendem a ser excessivamente arriscadas e, às vezes, até fraudulentas[27].

O materialismo global sem restrições resulta em uma economia mundial que não vive dentro dos limites dos recursos do planeta, e ainda assim não conseguimos alcançar a coesão social e política necessária para conter o materialismo de maneiras a nos recolocarmos de novo dentro desses limites.

A situação só piora. O atual sistema capitalista neoliberal instável leva naturalmente a excessos de desigualdade e à exploração generalizada. Esta última mina a legitimidade moral do nosso sistema, enquanto a desigualdade leva a divisões e instabilidades políticas, as quais, por sua vez, prejudicam o desempenho econômico do sistema.

Existe ainda outro aspecto do capitalismo intimamente relacionado ao tema deste livro: pode-se argumentar que o capitalismo e a maneira como ele molda as pessoas as priva de grande parte de sua liberdade para agir. O que acontece com o regime capitalista é semelhante ao que acontece em algumas sociedades tradicionais, nas quais todos sabem qual papel devem e precisam desempenhar. Se alguém se desvia desse papel, as sanções sociais são enormes, tão grandes que os desvios quase nunca ocorrem. É lógico que, dentro de seu papel definido, há alguma liberdade. Uma mulher pode escolher o cardápio do jantar, mas não tem a opção de prepará-lo ou não.

De maneira semelhante, no capitalismo, até mesmo o capitalista rico pode ter menos liberdade do que, às vezes, se imagina. Se ele escolhesse não agir como um capitalista, perderia sua identidade e a percepção de quem é. Para sobreviver em nosso sistema de capitalismo darwinista, ele precisa ser implacável e sentir que não tem escolha senão pagar aos seus empregados o mínimo possível. Uma magnanimidade maior o privaria dos lucros dos quais necessita para sobreviver e se expandir. Ele pode se consolar dizendo a si mesmo que, sem ele, seus empregados estariam em uma situação ainda pior porque não teriam empregos, e que eles não teriam aceitado o trabalho se tivessem recebido uma oferta melhor. Nem é preciso dizer que há consequências sistêmicas quando todos os capitalistas agem dessa maneira. Os salários são baixos em toda parte e, nesse sentido, esses capitalistas estão de certo modo corretos ao afirmar que não têm escolha senão pagar salários abaixo de um nível que seja digno.

É evidente que, na realidade, nosso capitalista rico tem liberdade – muito mais liberdade para agir do que seus empregados pobres. Ele poderia levar menos dinheiro para casa e dar mais aos seus empregados, deixando a mesma quantia disponível para aplicar na expansão dos negócios. No entanto, viver em uma casa menor em um bairro menos rico minaria sua identidade de capitalista bem-sucedido e poderia até mesmo prejudicar sua credibilidade entre outros capitalistas e, assim, seu sucesso nos negócios. Ele percebe, nesse sentido, que tem escolhas limitadas e, de certa forma, está correto[28].

Observações finais

Este capítulo centrou-se na modelagem *implícita* dos indivíduos, a qual constitui uma parte inevitável de ser membro de uma sociedade, onde nossas visões são moldadas por nossa história e nosso entorno. O próximo capítulo considera tentativas mais explícitas de moldar os indivíduos, sobretudo através da mídia. Destacarei também que inovações tecnológicas – o desenvolvimento da inteligência artificial e das próprias plataformas de redes sociais – estão minando a própria base da eficiência da economia de mercado, um sistema que transmite informações sobre escassez por meio de preços e no qual todos os indivíduos se defrontam com preços iguais.

Se essa análise contém alguma verdade, ela sugere ainda mais fortemente que o capitalismo, pelo menos a variedade neoliberal dominante durante os últimos cinquenta anos, não é uma instituição econômica e política sustentável. Haverá mudanças. Contudo, uma questão que permanece sem resposta é se o processo evolutivo natural será melhor ou pior.

Uma lição importante deste capítulo é que, ao pensarmos nos projetos econômicos e em outros arranjos institucionais, devemos considerar, com cuidado, como eles nos afetam como indivíduos e como agimos uns com os outros. Nós, humanos, somos moldáveis. O capitalismo neoliberal nos moldou de maneiras que, em nossos melhores momentos, talvez não as consideremos boas. Entretanto, também podemos ser moldados para nos tornarmos indivíduos "melhores". Isso exigirá um tipo diferente de sistema econômico.

9

A modelagem coordenada dos indivíduos e de suas crenças

O capítulo anterior explicou como somos moldados por nossa sociedade, muitas vezes de forma inconsciente e outras vezes sem estarmos ativamente cientes do que está acontecendo. Somos também moldados de maneiras mais explícitas pelo setor privado, como parte de suas tentativas de lucrar à nossa custa. Neste capítulo, exploro como esses esforços para nos moldar podem reduzir nossa liberdade de maneira significativa e, de forma mais ampla, com muita frequência, se mostram antagônicos à criação de uma boa sociedade.

A discussão aqui aborda tanto as liberdades econômicas quanto as políticas. Quem tem o direito, por exemplo, de controlar os modos dominantes de distribuição de informações (usando o termo em seu sentido mais amplo, o qual inclui tanto a desinformação quanto as informações incorretas)?

As empresas de Big Tech e as plataformas de redes sociais apresentaram às democracias ao redor do mundo um desafio que ainda não foi completamente resolvido. Na atual conjuntura, essas plataformas possuem um poder enorme para definir a metanarrativa, nossa compreensão geral de como a sociedade e a economia funcionam. Na narrativa promovida pela Fox News e por outras plataformas e veículos da Direita, regulamentações, restrições ou mecanismos de responsabilização não deveriam existir ou, no máximo, ser muito limitados[1]. Na ausência desses freios, o poder de mercado e de estabelecer a metanarrativa dessas empresas só cresce. Seu modelo de negócios e a falta de responsabilização levam a uma série de danos sociais e minam a eficiência geral da economia de mercado. Uma nova liberdade para explorar foi aceita, e isso reduziu as liberdades do restante da sociedade.

A devoção dos Estados Unidos ao princípio da liberdade de expressão está incorporada na Primeira Emenda da Constituição, uma das liberdades fundamentais do país. No entanto, todo governo – incluindo o dos Estados Unidos, que normalmente adotam a posição mais extrema nessas questões – cerceia a liberdade de expressão. Você não pode gritar "Fogo!" em um teatro lotado. Você não pode disseminar pornografia infantil. De forma mais específica, temos leis que coíbem a propaganda enganosa. A liberdade de expressão, assim como as outras liberdades discutidas neste livro, não é absoluta. É uma construção social com limites especificados para melhorar o bem-estar social, e alguns dos problemas mais espinhosos estão associados ao traçado desses limites. No entanto, não se trata apenas do que se pode dizer e quando. O advento das redes sociais criou uma nova questão não contemplada pelos Pais Fundadores – a questão da "viralização". Os governos podem e têm imposto condições que afetam a velocidade com que as informações (ou desinformações) se espalham. E não existe garantia constitucional em nenhum país, até onde eu sei, sobre restrições à viralização.

À medida que o mundo evolui, pode ser necessário e desejável mudar as regras sobre o que constitui um discurso aceitável ou protegido e sua viralização. É nesse ponto, eu sugeriria, que nos encontramos hoje. As tecnologias atuais, combinadas com uma nova compreensão de como os indivíduos e as sociedades são moldados, deram origem a um predomínio perigoso da desinformação e das informações incorretas. As regras antigas estão desatualizadas. O equilíbrio entre benefícios sociais e danos sociais, conforme as regras anteriores, tem um viés agora, muitas vezes, a favor dos danos.

Este capítulo começa por explicar o que está errado com a ideia, popular na Direita, de que um livre mercado de ideias é tudo o que é necessário para garantir uma democracia saudável. Em seguida, examino o poder de mercado da mídia, sobretudo das redes sociais, e explico por que os danos sociais associados a esse poder de mercado são muito maiores que aqueles relacionados aos bens e serviços convencionais. Uma das razões é que a democracia está sendo minada. Ao longo do capítulo, analisaremos como as grandes plataformas de redes sociais podem ser regulamentadas, tanto para limitar seu poder de mercado quanto para reduzir o alcance de seus danos sociais.

O livre mercado de ideias

Existe uma ideia popular de que, em um livre mercado de ideias, apenas as melhores prevalecem. Dessa forma, algumas pessoas dizem que, assim como nos mercados competitivos em que os produtores melhores e mais eficientes sobrevivem, no mercado de ideias, apenas as melhores ideias sobrevivem. Basta liberá-las no mundo, dizem eles, e as melhores, as mais alinhadas com as evidências e as mais teoricamente coerentes, dominarão. Deixe cem flores brotarem, e a flor mais bonita será escolhida[2].

Essa afirmação é baseada em metáforas equivocadas e em análises mal compreendidas. A metáfora é que o mercado de ideias (crenças, visões de mundo) é análogo ao mercado de aço, cadeiras, alimentos e assim por diante. Os adeptos dessa visão também acreditam que o mercado de cadeiras e de outros bens é eficiente – uma visão que eu já desmenti. É, para dizer o mínimo, peculiar apelar para a eficiência dos mercados para defender a eficiência do mercado de ideias quando a economia já nos ensinou que o mercado de bens privado é *sempre* ineficiente.

Essa crença na eficiência do mercado de ideias – o qual garante que as melhores ideias predominem – pressupõe que indivíduos totalmente racionais e bem-informados consigam distinguir entre as ideias boas (sensatas) e as enganosas, da mesma forma que entre produtos bons e ruins no mercado de bens. *Caveat emptor* coloca o ônus no consumidor, e isso abre um grande espaço para a exploração por meio da desinformação e das informações incorretas, aproveitando-se das vulnerabilidades dos indivíduos. No caso dos bens, os consumidores querem produtos que cumpram o que prometem. Por outro lado, no caso das crenças, os indivíduos podem querer acreditar em algo falso porque isso reforça sua autoestima ou identidade, pelo menos durante um tempo. Ou eles podem simplesmente ser enganados.

Mesmo se fosse verdade que o mercado de bens é eficiente, há diferenças fundamentais entre bens, informações e conhecimento; diferenças que formaram a base para o desenvolvimento da economia da informação ao longo do último século[3]. Uma das ideias centrais desse campo de estudo é que, na presença de informações imperfeitas, a tendência dos mercados de não serem eficientes *aumenta* – mesmo uma imperfeição de informação pequena faz uma grande diferença. E, por sua própria natureza, no mercado de ideias, *a priori*, não pode haver informação perfeita. Se todos soubessem tudo, não haveria nada a ser oferecido no mercado de ideias. Além disso, conforme mencionei anteriormente, as empresas que triunfam podem não ser as mais eficientes ou as mais populares, mas sim as que melhor exploraram sua vantagem informacional. A oportunidade para explorar parece especialmente grande no mercado de ideias.

A analogia com o mercado *competitivo* de bens é falha de várias outras maneiras.

As leis de transparência e divulgação: como a liberdade para enganar priva outros de suas liberdades

O primeiro princípio de um mercado livre e competitivo é a transparência[4]. Por exemplo, as empresas que emitem títulos públicos são obrigadas a assegurar acesso igualitário à informação por meio da exigência de divulgação justa da Comissão de Valores Imobiliários dos Estados Unidos (SEC, na sigla em inglês), entre outras[5]. Em geral, as regulamentações dos Estados Unidos exigem que as empresas divulguem de forma fidedigna todas as informações materialmente relevantes sobre os instrumentos que estão emitindo. Isso vai além de exigir "a verdade, nada mais que a verdade, mas não necessariamente *toda* a verdade". Implicitamente, os reguladores adotam o ponto de vista de que saber que existe um sério risco de desvalorização de um investimento e não divulgá-lo é, de fato, uma mentira. Sua perspectiva rejeita a noção do *caveat emptor*, o qual, em sua essência, coloca todo o ônus da informação no comprador. Se o vendedor tiver conhecimento de algo que ele razoavelmente deveria saber que seria relevante para o comprador, ele precisa divulgá-lo.

Os bancos, por exemplo, às vezes divulgam informações, mas de forma enganosa ou pouco útil, que não são totalmente compreendidas por muitos tomadores de empréstimo. Os credores têm uma longa tradição na apresentação de taxas de juros de maneiras que obscureçam o que de fato está sendo cobrado com o intuito de explorar pessoas vulneráveis. As leis de hoje exigem que os credores divulguem sua verdadeira taxa de juros efetiva[6].

Há várias justificativas para as exigências de divulgação e razões pelas quais elas foram reforçadas diversas vezes. A teoria econômica explicou por que informações boas (transparência) são necessárias para que os mercados funcionem bem – para chegar aos resultados socialmente eficientes que seus defensores alegam existir. E também explicou por que as empresas podem não divulgar informações essenciais voluntariamente. Os exemplos já apresentados mostram que as empresas tentam, com frequência, obscurecer a verdade, sobretudo quando há disparidade entre o que ela afirma sobre seu produto e a realidade.

A montadora alemã Volkswagen, obviamente, não queria divulgar o que havia feito para obter uma classificação de eficiência de combustível melhor do que a que merecia, o que resultou, no final das contas, no famigerado escândalo Dieselgate[7]. As empresas aprendem, cada vez mais, a explorar as irracionalidades e vulnerabilidades dos indivíduos. Fica ainda mais fácil se elas tiverem liberdade para mentir. Elas aprenderam a enganar melhor os consumidores, induzindo-os a comprar seus bens e serviços, muitas vezes a preços inflacionados, quando os compradores não o fariam se tivessem acesso a todas as informações. Empresas inteligentes e inescrupulosas usaram conceitos da psicologia moderna e da economia comportamental que expõem irracionalidades sistemáticas, o que leva ao que pode ser descrito como escolhas "subótimas" em relação à saúde, tomada de empréstimos, poupança e investimentos[8]. Fornecer declarações de divulgação padronizadas permite avaliações melhores e menos custosas dos méritos relativos de produtos ou oportunidades de investimento diferentes.

Além disso, fornecer apenas informações parciais impõe custos a outros participantes do mercado. Em um sentido real, essas empresas são poluidoras, neste caso, do ecossistema informacional. A poluição de nosso meio ambiente informacional, assim como outras formas de poluição, impõe custos à sociedade que o poluidor não leva em consideração. Gastamos tempo, esforço e, às vezes, dinheiro para desfazer os efeitos, para separar a verdade da desinformação e das informações incorretas; além disso, aqueles que fornecem informações verdadeiras têm mais dificuldade para transmiti-las[9]. O fato de que filtrar informações falsas é custoso implica que os filtros são usados de forma limitada; o mercado, por si só, não resolverá o problema. Esse fracasso é óbvio. Basta olhar o quanto somos inundados por informações imprecisas ou falsas. Isso é, portanto, um "mal" público porque todos são prejudicados por ele. No entanto, detectar e desacreditar informações incorretas é um "bem" público. Cessar a produção e a disseminação das mentiras e inverdades ou trabalhar para miná-las pode não ser compensador para um único indivíduo. Sem ação pública, haverá uma oferta insuficiente de esforços para combater informações incorretas e falsas[10].

Existe um forte argumento a favor de leis que regulem a desinformação e as informações incorretas porque elas geram uma perda de liberdade tão real quanto os danos associados às outras externalidades já mencionadas. Isso incluiria regulamentações que exigem que as empresas divulguem informações relevantes, mesmo que tais leis possam ser vistas como uma violação da liberdade de expressão interpretada de maneira absolutista.

A liberdade para contratar, a liberdade para explorar e a centralidade das instituições de "verdade"

Havendo leis e regulamentações contra as informações incorretas e a desinformação, é preciso que haja maneiras de determinar o que é verdadeiro, pelo menos, com alto grau de confiabilidade. Não há como contornar isso. Uma sociedade funcional *necessita* ter formas socialmente estabelecidas de avaliação da verdade. As pessoas não podem ter visões diferentes sobre a verdade em certas áreas importantes como contratos, propriedade, comportamento criminoso e saúde pública[11].

Discuti no Capítulo 5 a importância dos contratos e da obrigatoriedade de seu cumprimento para o bom funcionamento de uma economia de mercado – de fato, a obrigatoriedade de cumprimento de contratos é uma das poucas coisas que a Direita acredita que o governo deve garantir. Entretanto, os contratos seriam inúteis se uma das partes pudesse simplesmente afirmar que havia cumprido os termos do acordo ou que a outra parte não os cumpriu. As disputas contratuais surgem com frequência, mesmo entre partes razoavelmente honestas. É necessário haver uma maneira de determinar a verdade, de saber qual das partes está fazendo alegações corretas, e é isso que nosso sistema jurídico procura fazer[12].

Nos séculos desde o Iluminismo, desenvolvemos instituições que fazem um trabalho razoável de avaliação da verdade – tribunais independentes, instituições educacionais e de pesquisa, associações profissionais. Havia um consenso generalizado em torno dessas instituições até surgirem os céticos do Partido Republicano moderno e seus equivalentes ao redor do mundo[13]. A menos que restauremos a confiança em nossas instituições de verificação da verdade, será difícil ter uma sociedade que funcione bem ou uma economia produtiva.

Dependemos de tribunais públicos e independentes para estabelecer a verdade em caso de disputas judiciais há mais de duzentos anos. É evidente que ninguém quer que uma disputa seja resolvida por alguém que tenha um conflito de interesse, cujo próprio bem-estar influencie sua decisão. É por isso que falamos de um judiciário público e independente. A administração da justiça é uma função pública essencial. Entretanto, alguns membros do setor empresarial querem contornar os tribunais e usar a arbitragem *privada* para resolver litígios.

Empresas poderosas, por exemplo, insistem que, quando os consumidores compram seus produtos e surge uma controvérsia, eles devem recorrer à arbitragem em vez de a um tribunal de justiça público. Por quê? Porque esse é o cenário em que as empresas exercem uma influência desproporcional, o que aumenta de modo conveniente o poder delas para explorar os consumidores. As garantias são uma forma importante de as empresas assegurarem qualidade. Se o produto não tiver a qualidade anunciada, os consumidores podem receber seu dinheiro de volta. No entanto, em geral, os compradores não têm um advogado ao seu lado para ler as letras miúdas das informações do produto e procurar por uma cláusula de arbitragem oculta. À medida que mais empresas inserem essas cláusulas, o valor da garantia de qualquer empresa é reduzido; os consumidores não conseguem avaliar, com facilidade, se a garantia é real. Assim, ela se torna uma maneira ineficaz de assegurar a qualidade. As letras miúdas que forçam a arbitragem representam uma espécie de poluição do meio ambiente econômico[14].

As empresas alegam que tudo isso faz parte de uma liberdade básica, a liberdade para contratar. Dizem que têm o direito de inserir o que quiserem no contrato e que a outra parte tem o direito de assinar ou não. Eu coloco a questão de forma diferente: tudo isso faz parte da liberdade delas para explorar. Uma sociedade justa e boa proíbe esse tipo de liberdade, e isso significa que ela deve circunscrever a liberdade para contratar quando as empresas abusam dessa "liberdade" e exploram seus clientes, reduzindo, assim, a liberdade deles. Isso é apenas mais um exemplo de um ponto central do Capítulo 5, o de que, em todas as sociedades, a liberdade para contratar é restrita. Uma boa sociedade mantém um equilíbrio de liberdades, com uma preocupação específica sobre como os abusos da liberdade para contratar podem ampliar a liberdade para explorar. No entanto, nesse caso, a cláusula contratual mina a credibilidade da "verificação da verdade" da sociedade, porque transferir a função para a arbitragem corporativa acaba por gerar resultados tendenciosos que favorecem as empresas.

Esse não é o único abuso da "liberdade para contratar" praticado pelos gigantes digitais. A menos que sejam proibidos pelo governo, os termos de serviço podem lhes conceder direitos ilimitados de usar e vender as informações que coletam de nosso uso de suas plataformas. Pensamos que eles estão fornecendo seus serviços de graça, mas eles sabem que são os ganhadores porque coletam *nossas* informações sem custo algum. E, é claro, se houver uma disputa sobre a violação dos termos de serviço, será resolvida por um árbitro corporativo, não por um tribunal público.

Força e intimidação

Há, pelo menos, mais um ingrediente necessário para que os mercados funcionem bem: a ausência do uso de força e intimidação. É lamentável que a intimidação e o uso da força – por exemplo, a "trollagem" não regulamentada nas redes sociais – tenham se tornado uma realidade.

Em "Facebook Does Not Understand the Marketplace of Ideas"*, que Anya Schiffrin e eu escrevemos para o *Financial Times* em 2020, concluímos nossa discussão sobre o conceito de um livre mercado de ideias com o seguinte trecho:

> Em resumo, sem total transparência, sem um mecanismo para responsabilizar os participantes, sem a mesma capacidade de transmitir e receber informações e com intimidação implacável, não existe um livre mercado de ideias. Um dos principais achados da economia moderna é que, com frequência, os incentivos privados e sociais não estão bem alinhados. Se aqueles que desejam espalhar desinformação estiverem dispostos a pagar mais do que aqueles que desejam combatê-la, e se a falta de transparência for mais lucrativa que a transparência em si, então [se simplesmente dissermos] "assim seja", não teremos um mercado de ideias que funcione bem[15].

O poder de mercado das redes sociais

Os lucros enormes amealhados pelas empresas de redes sociais são um forte sinal da falta de concorrência. Em geral, lucros tão elevados atrairiam novos participantes, o que levaria à dissipação dos lucros. Isso não aconteceu.

De forma semelhante, após Elon Musk comprar o Twitter e ameaçar abandonar a moderação de conteúdo, os anunciantes fugiram em razão do risco de seus anúncios aparecerem ao lado de tuítes ofensivos ou desalinhados com suas marcas. Os usuários reclamaram vigorosamente e discutiram a possibilidade de migrarem para outra plataforma. No entanto, enquanto este livro está indo para o prelo, o Twitter (sob seu novo nome X), com todos os seus defeitos e falhas, continua sendo um meio dominante pelo qual autoridades governamentais e empresariais, e aqueles na esfera pública, se

---

* "O Facebook não entende o mercado de ideias." (N.T.)

comunicam. Mesmo a tentativa bem financiada da Meta de substituir o Twitter por seu aplicativo Threads teve sucesso limitado, apesar do enorme descontentamento do público com o Twitter.

Uma razão fundamental é simples: as externalidades de redes de contatos e uma estrutura de "o vencedor leva tudo". O valor de estar presente em uma plataforma como o Facebook depende de outros estarem na mesma plataforma. De início, todos talvez gravitem para a melhor plataforma, de forma que apenas ela sobreviva. Mesmo que, ao longo do tempo, ela se torne relativamente ineficiente (em comparação com um inovador que traga tecnologias originais, por exemplo) e não sirva aos interesses dos usuários, muito menos aos da sociedade, tão bem quanto uma alternativa poderia, ela ainda pode continuar a dominar.

Entretanto, há outro elemento no crescimento do poder de mercado e dos lucros estratosféricos das empresas de redes sociais. Seu modelo de negócios baseia-se na coleta, uso e retenção das informações obtidas nas interações em suas plataformas. Essas plataformas monetizaram o valor dos dados dos usuários. O uso eficiente da vasta quantidade de informações que possuem permitiu-lhes direcionar mensagens (sobretudo anúncios) de maneira a gerar mais engajamento, o que, por sua vez, gera ainda mais informações. Uma vez que a atenção e o tempo são bens escassos, um "melhor" direcionamento dessas mensagens poderia significar que os usuários recebam as mais relevantes, o que leva, portanto, a compras que resultam em um nível de bem-estar mais elevado. Infelizmente, esse não é o objetivo de um direcionamento melhor. O objetivo é obter lucros mais altos, que são derivados de receitas publicitárias, as quais, por sua vez, são provenientes da indução de compras mais lucrativas para os anunciantes. Os lucros derivados do aumento de vendas podem resultar de uma discriminação de preços mais eficaz – preços direcionados, ou seja, a cobrança de preços diferentes de consumidores diferentes. Isso permite apoderar-se de uma parcela maior do excedente do consumidor individual, ou seja, o que eles estariam dispostos a pagar pelo produto além do que realmente precisam pagar. Os lucros também podem surgir do aumento de vendas, incluindo vendas para pessoas cujas vulnerabilidades as plataformas exploram, como os viciados em jogos de azar. Os lucros mais altos dos anunciantes se refletem em maiores receitas publicitárias para os gigantes digitais, tornando-os ainda mais lucrativos.

As plataformas aumentam seus lucros e sua vantagem competitiva sobre os rivais ainda mais ao reterem informações, o que lhes permite focar melhor nos consumidores do que em seus concorrentes. Gigantes digitais como Google e Amazon possuem mais informações do que outras empresas e podem usar essa vantagem informacional para obter uma vantagem competitiva, tanto em vendas diretas quanto em publicidade. Reter informações, embora seja lucrativo no plano privado, é duplamente ineficiente. Na medida em que a informação tem valor social, a retenção impede seu uso pleno por qualquer um que não seja a plataforma que a coleta. No entanto, ela também confere à plataforma poder de mercado. Uma vez que os dados são um recurso importante e pouco precificado, o que é de extrema importância para a inteligência artificial, cria-se um círculo vicioso. As plataformas maiores captam mais dados, o que lhes confere uma vantagem competitiva sobre seus rivais, mas não reflete necessariamente a capacidade ou disposição de melhor servir aos outros[16]. Esse poder de mercado é então ampliado, como acabei de descrever.

Os danos especiais da competição imperfeita nas plataformas: o enfraquecimento da concorrência em toda a economia

Há tensões, é claro, entre o uso eficiente da informação, a retenção anticompetitiva dela e as preocupações com a privacidade. Uma das razões pelas quais as pessoas estão preocupadas com a privacidade é que a divulgação de informações pode facilitar a exploração, como mencionei. Em um mercado competitivo padrão, as informações sobre as preferências de consumo de uma pessoa específica não têm valor[17]. Contudo, no mundo real, com poder de mercado, isso pode ser extremamente valioso para uma empresa e aumentar bastante seus lucros.

Conquanto seja difícil determinar quanta melhoria, se houver, pode ser feita na alocação de recursos resultante da exploração das informações que as plataformas coletam dos usuários, um resultado analítico é claro: o uso dessas informações para praticar a discriminação de preços – a cobrança de preços diferentes de clientes diferentes – mina o argumento padrão em favor da eficiência dos mercados competitivos, que se baseia na premissa de que cada domicílio e empresa paga preços iguais[18]. Tal discriminação de preços é pouco mais que uma transferência de recursos dos consumidores comuns para as empresas ricas, o que, ao mesmo tempo, diminui a eficiência e incrementa a desigualdade.

Embora as plataformas tenham fornecido serviços valiosos na forma de ferramentas de busca e e-mails, seu modelo de negócios baseia-se na exploração e na publicidade, não no aumento da eficiência do fornecimento ou produção de bens e serviços, nem na produção de bens e serviços que atendam melhor às necessidades dos usuários. As plataformas estão até dispostas a sacrificar a qualidade da função de busca se isso significar um aumento de seus lucros – exemplificado pelo Google, que coloca anúncios pagos no topo das páginas de resultados de busca.

Há algo fundamentalmente estranho em uma economia em que o modelo de negócios das supostas ferramentas de inovação baseia-se na publicidade e não na produção de bens e serviços. E esse é um beco sem saída, porque há um limite para a quantidade de "extração de renda" – abiscoitar uma parcela maior dos gastos do consumidor – que pode ser realizada através de um sistema de publicidade melhor e mais explorador. É claro que, quanto maior a parcela dos gastos do consumidor que extraem, menor a parcela que sobra para o custo real de produção dos bens e serviços que os indivíduos precisam e desejam.

Esse modelo de negócios é menos direcionado a melhorar o bem-estar do que a aumentar a exploração empresarial. Ele não pode ser a base de uma boa economia ou de uma boa sociedade[19].

Por que razão o poder de mercado da mídia importa: uma série de danos sociais

O poder de mercado descrito anteriormente tem os efeitos usuais do poder de mercado – preços mais altos e lucros maiores – que distorcem a economia e transferem recursos das pessoas comuns para os proprietários das empresas, o que contribui para o aumento da desigualdade. Entretanto, o poder de mercado nesses setores tem outros efeitos importantes e adversos relacionados ao fato de que os retornos privados podem ser acentuadamente diferentes dos retornos sociais.

Nesse contexto, o poder de mercado significa a falta de acesso igual e justo aos canais pelos quais a informação é transmitida à nossa sociedade. Os interesses políticos com dinheiro abundante podem inundar as redes sociais, usando robôs ou outros meios. Isso não é um mercado livre e é muito diferente de como as redes sociais foram inicialmente defendidas como democratizadoras do espaço da informação. As empresas usam seu dinheiro para moldar o que os cidadãos veem e ouvem – e o que eles veem e ouvem molda a sociedade.

O poder de mercado também significa que as plataformas controlam os algoritmos, as regras que determinam o que é amplificado e o que é direcionado a quem. Mark Zuckerberg e Elon Musk não esconderam o fato de que são eles quem fazem as regras; eles decidem se e quando declarações flagrantemente falsas são amplamente disseminadas. No meio da pandemia de covid-19, as plataformas de redes sociais foram pressionadas a não transmitir informações falsas sobre vacinas, mesmo que pudessem lucrar com isso. Elas demonstraram que têm o poder de não transmitir informações falsas. No entanto, em outras áreas, não mostraram tal comedimento. Zuckerberg e Musk decidiram, por exemplo, disseminar declarações falsas feitas por políticos.

Em nosso mundo de redes sociais, com seus múltiplos danos sociais e múltiplos aspectos daquilo que muitos poderiam chamar de reduções não coercitivas de liberdade (como o assédio virtual), enfrentamos novamente o dilema de que a liberdade de uma pessoa equivale à falta de liberdade de outra.

As plataformas de redes sociais foram capazes de aproveitar tanto os avanços em inteligência artificial, que permitem melhor direcionamento de diferentes informações para diferentes usuários, quanto uma nova compreensão sobre o comportamento humano e o processamento de informações. Elas desenvolveram a capacidade de criar comunidades *on-line* independentes que reforçam crenças díspares e fragmentam a estrutura da informação, muito além de qualquer coisa que tinha sido possível antes, e de maneiras que promoveram a polarização.

As plataformas *on-line* não apenas exacerbaram a fragmentação social; elas também aumentaram o problema da propagação rápida e viral de informações incorretas e da desinformação. A viralização significa que a informação pode se espalhar com rapidez, mais rápido que os "antídotos" para a informação incorreta podem ser produzidos. A falta de transparência sobre quem recebe quais mensagens significou que os antídotos não podem ser efetivamente desenvolvidos e ativados no prazo relevante, se é que podem ser ativados.

As empresas de redes sociais têm fomentado o incitamento à violência e a disseminação do discurso de ódio, além de induzirem a comportamentos antissociais. Sua alegação de neutralidade é flagrantemente falsa. Seus algoritmos tomam decisões sobre quais mensagens promover para quem e, como observei, fazem isso de maneiras que aumentam os lucros e intensificam a polarização[20]. Pode haver algoritmos alternativos que levem a menos polarização ou a uma maior harmonia social, mas o que é lucrativo no âmbito privado não coincide com o que é desejável do ponto de vista social.

Como explicar o sucesso das informações incorretas e da desinformação

O sucesso das informações incorretas e da desinformação, bem como a persistência de visões extremamente divergentes em muitas áreas importantes parecem difíceis de conciliar com qualquer modelo de racionalidade individual. No modelo padrão dos economistas, as informações não científicas (como as antivacina) simplesmente não teriam impacto. O fato é que, no mundo real, elas têm.

A magnitude das divergências de crenças, mesmo em questões científicas, é parcialmente explicada pela economia comportamental, que enfatiza a racionalidade limitada dos indivíduos[21]. Ela tem, por exemplo, destacado a importância do viés de confirmação – a predileção para procurar e dar mais peso às informações coerentes com nossas crenças existentes e desprezar informações incompatíveis com elas. A consequência é que, se começamos polarizados, terminamos ainda mais polarizados.

A economia comportamental do século XXI também tem enfatizado a formação de crenças, conforme discutido no capítulo anterior. Os profissionais de marketing há muito tempo procuram entender como influenciar as crenças dos indivíduos. A maior parte da publicidade não envolve fornecer informações, mas explorar as aspirações e vulnerabilidades das pessoas. O Marlboro Man é emblemático. Essa campanha publicitária bastante bem-sucedida, que durou décadas a partir dos anos 1950, não dizia explicitamente que fumar Marlboros faria de você um caubói bonitão, uma informação que, em qualquer caso, seria irrelevante para a maioria dos fumantes, os quais viviam em áreas urbanas. Em vez disso, o gigante do tabaco Philip Morris optou por criar uma imagem: os homens que fumam cigarros Marlboro são homens *de verdade*. E optou por omitir, é claro, a informação de que fumar pode matá-lo[22]. Alguns atribuem o sucesso do cigarro a essa imagem do caubói. O trabalho de um publicitário é induzir as pessoas a comprarem um produto, e os publicitários são muito bons no que fazem. Tão bons, evidentemente, que as empresas acham justificável gastar centenas de bilhões de dólares todos os anos em publicidade.

A razão pela qual a polarização é lucrativa

As plataformas desenvolveram uma estratégia vencedora – vencedora para elas, mas desastrosa para o restante da sociedade – baseada na polarização ou no "engajamento por meio da indignação". Grupos ficam indignados por coisas diferentes; então, o modelo de negócios das plataformas é fornecer a cada usuário qualquer informação que alimente sua raiva. No entanto, a fragmentação do ecossistema informacional naturalmente leva à polarização da sociedade. Os grupos recebem informações que reforçam suas crenças ou seu senso de injustiça. Seus *feeds* não incluem artigos ou informações que possam contrariá-los.

Esses efeitos são amplificados porque as crenças são interdependentes. Nossas crenças são afetadas pelas crenças daqueles com quem interagimos. Isso é mais verdadeiro ainda se os fornecedores de informações conseguem apresentá-las de maneira a inseri-las em um contexto cultural[23]. Se republicanos falam muito mais com outros republicanos do que com outras pessoas, suas visões de mundo específicas são reforçadas. As evidências que enxergam e a interpretação delas reforçam suas crenças existentes. O mesmo acontece com os democratas. E isso intensifica ainda mais a polarização[24]. É por isso que um determinante mais importante para verificar se uma pessoa acredita na realidade da mudança climática não é seu nível educacional (como seria de se esperar), mas sua filiação partidária[25].

Essa interdependência de crenças gera externalidades sociais óbvias que as empresas de redes sociais, em sua busca por lucros maiores, não consideram – ou, mais precisamente, consideram apenas com o intuito de explorá-las em benefício próprio. (Mesmo quando essas empresas reconhecem os efeitos adversos do que está sendo transmitido e de como os algoritmos exacerbam a polarização, elas não têm demonstrado disposição para fazer grande coisa a respeito, se é que estão dispostas a fazer alguma coisa.)

As mudanças na tecnologia e na política afetam o grau de fragmentação social. Na era pós-Segunda Guerra Mundial, quando a televisão era o principal meio de disseminação de informações novas, havia apenas três grandes redes nacionais de TV nos Estados Unidos, e todas buscavam fornecer informações gerais e imparciais. Os programas de notícias eram tratados como um serviço público pelas redes (uma prática que mudou, em parte, com o programa *60 Minutes* da CBS, que demonstrou que os programas de notícias também podiam gerar receita). Doutrinas de imparcialidade asseguravam que as grandes diferenças de opinião fossem transmitidas ao público[26]. Os espectadores de todo o espectro político eram, ao menos, expostos a informações semelhantes. Embora as interpretações dos fatos e suas implicações para a política pudessem diferir, todos ouviam os mesmos fatos, o que fornecia pontos de comunalidade suficientes para chegarem a um consenso.

A eliminação das obrigações de imparcialidade em 1987 pela Comissão Federal de Comunicações dos Estados Unidos, combinada com o advento da TV a cabo e, depois, da internet, significou que pessoas com crenças diferentes passaram a consumir notícias já alinhadas às suas visões de mundo[27].

O poder de mercado, a desigualdade e a criação das metanarrativas da sociedade

O maior perigo que as plataformas representam é o poder de criar as metanarrativas da sociedade, as histórias e os entendimentos que moldam como grandes partes da população interpretam o mundo.

Como observei diversas vezes, respondemos às informações que recebemos, e uma grande fonte de informações no mundo moderno é a mídia, incluindo as redes sociais. Se assistirmos, com constância, a vídeos de ondas de refugiados tentando cruzar a fronteira – mesmo que isso seja relativamente raro –, indivíduos racionais podem concluir que a imigração é uma questão da mais alta importância. Isso é exacerbado em um mundo onde as preferências e as crenças muitas vezes são moldadas de maneiras que não são totalmente racionais. Os espectadores racionais, por exemplo, podem desconsiderar as declarações que ouvem na Fox News, sabendo que essa organização tem uma agenda própria e, no mínimo, distorce as notícias. Entretanto, a Fox foi pega propagando mentiras descaradas que reforçam os preconceitos de alguns espectadores. Já discuti a disparidade acentuada entre o que é bom para os lucros e o que é bom para a sociedade, mesmo quando os indivíduos são razoavelmente racionais. No entanto, quando eles estão longe de ser racionais e a mídia pode moldar crenças, a disparidade é ainda maior. As evidências mostram que o que as pessoas veem na mídia importa. Os espectadores que assistem à Fox News têm uma visão distorcida do mundo[28].

A forma como os indivíduos interpretam o mundo é fundamental para todas as questões – incluindo a liberdade. Como observamos no Capítulo 8, se eles acham que jogar lixo no chão é errado, então não o fazem, e nenhuma coerção é necessária para impedir que o façam. Por outro lado, se começarem a achar que têm o direito de jogar lixo no chão – que esse é um direito humano básico –, talvez precisemos aprovar leis, que alguns considerarão coercitivas, para proteger nosso meio ambiente.

A mídia tem um poder enorme de criar as lentes através das quais a população interpreta o mundo. Ela molda crenças a respeito de o governo ser a solução ou o problema, se os incentivos materiais importam e se aumentar os impostos das empresas destruirá investimentos e levará ao desemprego em massa[29].

A Fox promoveu ativamente as alegações falsas de Donald Trump de que a eleição de 2020 foi fraudada, alcançando notável sucesso em convencer uma parcela significativa da população, apesar da enorme quantidade de evidências em contrário. (Nesse caso específico, a Fox foi parcialmente responsabilizada e pagou 787 milhões de dólares como resultado de um acordo extrajudicial feito pela rede com a Dominion Voting Systems.) Ao nos tornarmos, inadvertidamente, presas da mídia tradicional e das redes sociais que estão nos moldando, perdemos elementos importantes de nossa liberdade[30].

As crenças sobre a ação coletiva

Se estivessem em jogo apenas as crenças particulares dos indivíduos, sem relevância para qualquer ação, isso talvez não importasse muito. Se as pessoas divergirem apenas em seus julgamentos sobre se a alface roxa ou a verde é mais saudável, isso não seria significativo. Os amantes da alface roxa poderiam comer mais alface dessa cor. No entanto, há uma série de decisões importantes que tomamos coletivamente – o que fazemos como sociedade, sobretudo através do governo. Uma metanarrativa, uma lente, que vê os governos sempre como ineficientes, o setor privado sempre como eficiente, os impostos sempre como prejudiciais e os gastos públicos sempre como desperdício, levará a um governo pequeno e ao subinvestimento em bens públicos. Isso resultará em uma economia pouco regulamentada e com desempenho baixo e quase certamente em uma sociedade mais dividida. Entretanto, essa é, efetivamente, a lente que nos foi dada por algumas partes da mídia.

As diferentes visões de mundo também estão associadas a grandes diferenças sobre quais decisões tomar coletivamente. A polarização extrema de opiniões sobre o que o governo deve fazer, sobre o que deve ser limitado ou permitido, contribuiu para a disfunção política.

A lente através da qual enxergamos o mundo define a "legitimidade moral" de tudo o que fazemos, incluindo o que o governo faz em relação à desigualdade[31]. No Capítulo 6, expliquei que, de fato, há pouca legitimidade moral nos rendimentos de uma grande parcela dos cidadãos mais ricos. Eles, é claro, sempre desejaram que todos aceitassem a legitimidade moral de sua riqueza, porque isso enfraqueceria o direito do Estado de tomá-la, seja para redistribuí-la aos pobres ou para prover bens públicos. Os detentores dessa riqueza querem que acreditemos na inevitabilidade e, talvez, até na necessidade de sua própria riqueza em contraste com a pobreza e a privação de outras pessoas. Antes da Reforma e do Iluminismo, essa era uma questão da "vontade de Deus", interpretada, obviamente, através dos olhos daqueles que Deus parecia favorecer. Na era do capitalismo, ela representava a "recompensa justa" pelos esforços e frugalidade dos ricos – com o neoliberalismo introduzindo a ideia da teoria econômica do gotejamento, de modo que todos se beneficiariam da generosidade desfrutada por aqueles que estão no topo[32].

Isso, porém, levanta a questão: como os ricos conseguiram que o restante da sociedade aceitasse essas ideias? Uma resposta completa nos levaria além do escopo deste livro, mas parte dela hoje reside na premissa central desta seção: que ao menos alguns membros das elites exercem uma influência desproporcional na formação da metanarrativa social por meio de seu controle da mídia. Eles criaram uma lente através da qual enxergar a sociedade e pela qual nossa profusa e caótica realidade é retratada apenas como eles a veem. Eles decidem quais histórias são contadas e quais falsidades são transmitidas de usuário para usuário ou para milhões de usuários em um instante[33].

Essa tem sido uma reclamação de longa data. No entanto, as mudanças na tecnologia e a compreensão aprimorada do comportamento humano, combinadas com a aplicação frouxa das leis antitruste existentes e com a lentidão em adaptá-las à rapidez das mudanças tecnológicas, deram a alguns poucos um poder inédito de moldar a metanarrativa. O fato de os meios de comunicação serem tão concentrados e as redes sociais serem tão eficazes em direcionar mensagens que moldam o pensamento individual exacerbou o problema bem conhecido do poder dos ricos na mídia[34].

Considere o calote dado pela Argentina, quando deixou de pagar sua dívida em 2000. O *Financial Times* e grande parte da elite financeira ofereceram uma narrativa simples: a Argentina era uma caloteira contumaz; de alguma forma, dar calote estava nos "genes" daquele país. Isso levantou a seguinte questão: se essa situação era tão óbvia para todos na comunidade financeira, por que emprestaram tanto dinheiro para a Argentina?

Havia outra narrativa, a qual acredito ser mais próxima da realidade. O setor financeiro é míope e ganancioso. Quando o presidente direitista Maurício Macri assumiu o cargo e prometeu reformas pró-mercado, a ideologia da elite financeira afirmou que essas reformas transformariam o país. Quando Macri foi mais longe e ofereceu-lhes títulos que pagavam juros elevados – muito além do que o país poderia razoavelmente pagar –, eles os compraram sem se perguntar se aquela era uma decisão financeira sensata. Macri os ludibriou, e eles não quiseram admitir isso, então preferiram culpar a Argentina. É claro que, no final das contas, foram os argentinos que pagaram o preço mais alto por tudo que aconteceu[35].

Entretanto, sabemos qual narrativa prevaleceu. A primeira, de que a Argentina era uma caloteira contumaz, porque as elites financeiras vinculadas aos credores, em grande parte, controlavam a imprensa especializada naquele tema. Isso resultou em captura cognitiva, a captura de grande parcela da cidadania nos países avançados e, sobretudo, das elites relevantes.

Essa situação, em uma escala muito maior, é a que estamos enfrentando. Em muitos países, o controle da mídia tradicional e das redes sociais está bastante concentrado e encontra-se desproporcionalmente nas mãos dos muito ricos[36]. Como resultado, muitos em toda a sociedade passam a acreditar em uma narrativa que, convenientemente, sustenta uma economia que beneficia os ultrarricos.

Quando não há diversidade suficiente na mídia, a capacidade de contrapor as narrativas predominantes é limitada. Porém, mesmo que haja alguma diversidade, os efeitos da polarização descritos anteriormente significam que, ainda que alguns veículos forneçam contranarrativas e fatos "verdadeiros", o impacto deles pode ser insuficiente.

Os magnatas da mídia têm tentado moldar nossas metanarrativas sobre como deveríamos enxergar a liberdade, incluindo a liberdade para regulamentar e tributar. Eles têm sido tão bem-sucedidos que sua abordagem a essa questão foi amplamente aceita, sobretudo na era em que o neoliberalismo triunfou.

Um consenso crescente sobre a necessidade de regulamentação

Existe hoje um consenso crescente de que precisamos regulamentar as redes sociais – talvez isso surpreenda, dado o seu impacto (e uma indicação das consequências negativas de tudo que se passou); isto é, precisamos reduzir a liberdade das empresas de redes sociais de forma que, de fato, aumente o bem-estar social e a liberdade de outros. As disparidades entre os custos e benefícios privados e sociais são tão grandes nesse setor que fazem as diferenças em outros setores parecerem insignificantes – por exemplo, aquelas que surgem do poder de mercado das montadoras de automóveis.

Curiosamente, o etos de busca de lucro de uma empresa como a Meta é tão forte que, mesmo onde existem regulamentações sobre privacidade, por exemplo, as quais proíbem determinados comportamentos, e mesmo quando a empresa concorda em mudar suas práticas, ela continua a agir como se estivesse acima da lei. Isso resultou no pagamento de bilhões de dólares em multas por parte da Meta – então imagine o que ela faria na ausência de regulamentações ou se o mercado fosse regulamentado pelas próprias empresas[37].

As perdas de liberdade impostas pelas empresas de redes sociais são ainda mais graves porque, muitas vezes, são invisíveis. Às vezes, as pessoas são exploradas, sem que percebam, por empresas que sabem como induzi-las a agir ou a acreditar de uma maneira que, de outra forma, não fariam. Essas pessoas perderam parte de sua liberdade sem nem notarem. É um tipo diferente de perda em comparação com aquela que acontece quando nossas escolhas são explicitamente limitadas. E também é um tanto diferente da coerção social e da pressão dos pares. No entanto, é uma perda, mesmo que não a vejamos quando ela está acontecendo.

Embora esses argumentos sugiram que as redes sociais e as plataformas digitais deveriam ser mais regulamentadas que a mídia tradicional, na verdade elas são menos regulamentadas. Nos Estados Unidos, as plataformas são quase *incentivadas* a agirem mal. A Seção 230 do Communications Decency Act* (1996) as isenta de responsabilidade pelo que transmitem em suas plataformas, de uma forma que a mídia tradicional não é. Os meios de comunicação convencionais, por exemplo, podem ser processados por difamação e fraude. As redes sociais, não. Um dispositivo jurídico originalmente projetado para incentivar uma indústria nascente acabou levando à disseminação viral da desinformação e das informações incorretas sem qualquer responsabilização. E, mesmo à medida que isso foi se tornando cada vez mais evidente, tem sido impossível interromper essa tendência nessa direção[38]. Repito, isso não deveria surpreender, considerando o poder político dos gigantes da tecnologia e o papel do dinheiro na política estadunidense.

Criar regras e regulamentações que sirvam melhor à sociedade não é fácil, mas é possível. Mesmo que nem todos os danos sociais possam ser evitados, mais pode ser feito para mitigá-los. A União Europeia, por exemplo, adotou a Lei dos Mercados Digitais (DMA, na sigla em inglês) na tentativa de regulamentar os danos sociais das redes sociais. Uma questão central no projeto dessas regulamentações é como impedir danos dentro de estruturas democráticas que enfatizam a liberdade de expressão. As sociedades, incluindo os Estados Unidos, não têm adotado posições absolutistas a respeito da liberdade de expressão. Conforme mencionei, existem proibições nos Estados Unidos contra fraudes ("mentiras" em contextos comerciais nos quais a mentira causa danos), propaganda enganosa, pornografia infantil e gritar "Fogo!" em um teatro lotado. Alguns países proíbem o discurso de ódio. Em cada uma dessas situações, há um reconhecimento de que a liberdade de uma pessoa pode significar a falta de liberdade de outra e de que há um alto custo social na falta de uma restrição. Claramente, a grande magnitude dos danos resultantes da desinformação e das informações incorretas nas redes sociais altera o equilíbrio necessário no projeto de todas as regulamentações em prol de uma maior intervenção.

Falar e disseminar um pensamento é diferente de apenas pensar algo, porque afeta o comportamento de outras pessoas – na verdade, muitas vezes, essa é a intenção. É natural que a preservação do *direito* de influenciar os outros seja uma parte central da democracia. Os governos precisam ser cuidadosos com as restrições porque, no centro da repressão política, reside

---

* Lei de Decência nas Telecomunicações. (N.T.)

a privação da liberdade de expressão e da imprensa. Os absolutistas, efetivamente, impõem uma ordem lexicográfica de direitos, na qual o direito à liberdade de expressão, independentemente de suas consequências sociais, domina todos os outros. Nenhuma sociedade adotou uma posição tão extrema porque o contexto importa. É compreensível haver proibições ao discurso de ódio associado à raça e à etnia em países como a Alemanha, por causa do Holocausto, ou nos Estados Unidos, com sua história de escravidão, linchamentos e discriminação generalizada. Interpretar a disseminação de desinformação sobre vacinas como "discurso político" é um exagero. Se quase todos ignorassem as declarações desonestas, elas poderiam ser toleradas como tendo, no máximo, danos sociais limitados. Entretanto, em um mundo onde um grande número de pessoas acredita em tais disparates, a disseminação dessas informações pode provocar enormes danos sociais. O contexto determina o que deve ser restringido.

Existe, em particular, um forte argumento em favor de restringir a velocidade com que as informações (ou desinformações) podem se espalhar, restringir o direcionamento das mensagens e exigir transparência nos algoritmos. Obviamente, nenhuma cláusula da Constituição dos Estados Unidos aborda a viralização, porque ela ainda não tinha surgido. Este é apenas mais um exemplo do absurdo de tentar interpretar esse documento com base em suas intenções originais.

Como regulamentar o poder de mercado na mídia e nas plataformas

Regulamentar os múltiplos danos sociais das redes sociais é difícil, em parte por conta das preocupações com a liberdade de expressão e de imprensa. Regular o poder de mercado, porém, é um pouco mais fácil. A União Europeia adotou uma abordagem abrangente para regulamentar o panorama tecnológico em evolução com a Lei dos Mercados Digitais, aprovada em 2022, que busca limitar o poder de mercado. Essa lei complementa outras ações da União Europeia relacionadas à privacidade e aos danos sociais[39].

A diferença entre a postura da União Europeia e a dos Estados Unidos pode ser explicada, em grande medida, pela influência dos gigantes digitais na política estadunidense. Um tema central da economia moderna é a ligação entre poder econômico e poder político. O poder econômico concentrado leva ao poder político concentrado, o que resulta em políticas que ampliam o poder econômico concentrado[40]. Nesse caso, as consequências para a sociedade vão muito além dos danos, os quais, em geral, estão associados ao poder de mercado, como aqueles atacados pelas leis antitruste do início do século XX, relacionados a setores como petróleo e tabaco.

Existem algumas medidas fáceis para limitar o poder de mercado dos gigantes digitais, sobretudo o das redes sociais, e para restringir o aumento do poder de mercado que a informação coletada confere às empresas. Nas últimas décadas, as políticas públicas reconheceram que a discriminação de preços prejudica a eficiência (e a equidade). A Lei Robinson-Patman de 1936 proibiu essa prática ao determinar que as empresas não poderiam praticar discriminação nos preços por elas cobrados. Em vez disso, as diferenças de preços deveriam ser justificadas por diferenças de custo. Contudo, infelizmente, devido à influência de economistas do livre mercado que argumentavam que os mercados eram *naturalmente* competitivos e, portanto, havia pouca margem para discriminações distorcivas de preços, os tribunais dos Estados Unidos não aplicam essas disposições há décadas. É hora de recomeçar, pois trata-se de mais uma restrição à liberdade das empresas para explorar, o que aumentaria o bem-estar social.

Vale destacar que as vantagens informacionais desfrutadas pelas grandes empresas de tecnologia são qualitativamente diferentes das vantagens monopolistas ou do conluio que as principais leis antitruste – como a Lei Antitruste Sherman e a Lei Antitruste Clayton, aplicadas pela Comissão Federal de Comércio (FTC, na sigla em inglês) e pelo Departamento de Justiça – foram elaboradas para regular. É evidente que há necessidade de uma nova geração de legislações antitruste especificamente talhadas para contextos em que o acesso diferencial à informação confere uma vantagem[41].

O futuro do capitalismo neoliberal

A discussão neste capítulo tem implicações para o futuro do capitalismo em sua forma atual. No início do século, havia preocupações com o fato de muitos dos jovens mais talentosos estarem indo trabalhar no setor financeiro em vez de produzir bens e serviços ou conhecimentos que aumentassem o bem-estar social. Após a primazia do setor financeiro desmoronar por causa da crise de 2008, muitos dos jovens mais talentosos migraram para o setor de tecnologia. Isso parecia ter como consequência fazer algo *concreto*, e os lucros obtidos por essas empresas sugeriam que era algo de grande importância[42]. No entanto, a esta altura, precisamos nos perguntar sobre a viabilidade de longo prazo de um sistema econômico em que muitos desses jovens talentosos estão fazendo pouco mais do que criar uma máquina publicitária melhor.

Há também implicações para o futuro da democracia. Estamos vendo os resultados de uma economia de mercado insuficientemente controlada, que deixa a mídia, incluindo as redes sociais, à disposição do maior lance. Isso cria uma polarização social, em que não há um terreno comum sequer com relação às realidades básicas. Uma mensagem central da teoria econômica moderna é que a informação é um bem público. Há muito reconhecemos a importância, em uma democracia, de uma cidadania bem-informada, mas muitos países ainda não consideraram seriamente o que isso envolve. Significa que o governo deve apoiar uma mídia independente e diversificada.

Pode não ser possível contrabalançar, por completo, a desinformação e as informações incorretas promovidas por uma mídia privada distorcida e com uma agenda bastante conservadora. Ainda assim, uma mídia mais diversa e independente pode fornecer alguns contrapesos. Vários países, sobretudo os nórdicos, demonstraram que democracias podem criar tal diversidade e independência na mídia.

As ideias sempre são contestadas, então o jogo não acabou. No entanto, não estamos indo no rumo certo, e precisamos fazer algo a esse respeito. Há muito tempo existe o temor de um mundo orwelliano em que o governo nos molde a ponto de perdermos a autonomia – em um sentido profundo, nossa liberdade. Estamos agora entrando em uma distopia bastante diferente, na qual certas empresas do setor privado têm um poder quase orwelliano de nos moldar, incluindo o poder de convencer os outros a permitir que continuem sem controle. Contudo, ainda há tempo para acabar com isso. Temos os meios para garantir que essas inovações poderosas sirvam à sociedade; tudo o que precisamos é vontade coletiva.

10

Tolerância, solidariedade social e liberdade

Nos exemplos apresentados até agora, as normas estão relacionadas a ações individuais que implicam em externalidades que afetam outros; elas são formas pelas quais a sociedade internaliza essas externalidades, aumentando, assim, o bem-estar social. Entretanto, em muitas sociedades, as normas vão muito além disso; elas tentam influenciar ações e até crenças que não têm impacto direto sobre o bem-estar dos outros[1].

Os valores iluministas – normas sociais compartilhadas por muitos e com as quais me alinho – afirmam que não se deve permitir que as crenças dos outros afetem nosso bem-estar e que, independentemente disso, as pessoas devem ser livres para escolher quaisquer crenças que desejem ter. Em especial, as políticas públicas não deveriam discriminar pessoas com crenças diferentes. Atitudes semelhantes se estendem a ações que afetam apenas aqueles que, por vontade própria, concordaram com essas ações ou com seus impactos. Os atos sexuais consensuais entre adultos dizem respeito apenas às pessoas envolvidas, embora o consentimento seja um tema complexo[2].

Esse tipo de tolerância não foi apenas central para o Iluminismo; também foi fundamental para John Stuart Mill e outros que escreveram sobre a liberdade no século XIX. Embora esses escritores tenham dado pouca atenção às externalidades, que afirmei serem fundamentais em uma economia moderna, eles analisaram a ideia de tolerância com profundidade.

A falta de tolerância foi evidente nos séculos anteriores ao Iluminismo, quando a Europa foi devastada por guerras, em parte motivadas por conflitos religiosos (embora muitos acreditem que questões econômicas mais profundas estivessem subjacentes). A intolerância a crenças religiosas diferentes levou países a expulsar certos grupos e forçar conversões, às vezes em detrimento de seu próprio bem-estar econômico. Alguns dos primeiros grupos de imigrantes que chegaram aos Estados Unidos fugiram da intolerância ou da perseguição em seus países de origem. Esse tipo de liberdade formou a base da noção de liberdade para alguns dos fundadores da república estadunidense. Alguns dos primeiros colonos testemunharam a tendência, quando havia uma religião oficial do Estado, de este oprimir os cidadãos de outras fés. Foi essa história que fundamentou as demandas por liberdade religiosa e pela separação entre igreja e Estado.

Nos Estados Unidos, essas questões pareciam estar bem resolvidas, havia um amplo consenso social. Entretanto, hoje, em todo o mundo (incluindo este país), algumas das controvérsias mais acirradas giram em torno delas. Na minha juventude, eu considerava a separação entre igreja e Estado – com a proibição concomitante de apoio estatal à educação religiosa – um pilar dos Estados Unidos, parte da estrutura institucional estabelecida que assegurava a liberdade religiosa[3]. Nunca imaginei que veria o dia em que isso seria colocado em questão, como tem sido em uma série de decisões judiciais. Ao mesmo tempo, considerava a liberdade de expressão outro pilar, embora, naturalmente, entendesse que havia exceções razoáveis. Por fim, afirmo que a perspectiva iluminista continua correta, que as ações, e não os pensamentos ou as crenças, devem ser objeto de intervenção pública. Contudo, cheguei à conclusão de que a própria expressão verbal, em certos contextos, é uma forma de ação que pode ter consequências sociais significativas.

Duas distinções fundamentais

Ao refletir sobre a tolerância, duas distinções importantes são úteis. A primeira é entre ideias que podem ser verificadas e aquelas que são metafísicas e não podem ser verificadas; e a segunda é entre pensamento e ação.

Religião *versus* ciência

As divisões atuais são bem diferentes daquelas que predominavam há 250 anos. Embora algumas possam estar enraizadas em convicções religiosas (por exemplo, sobre quando a vida começou), muitas tratam do funcionamento do sistema econômico e social e, implicitamente, de perdas e ganhos de direitos. As diferenças religiosas são metafísicas e incapazes de serem verificadas; são questões de fé que nunca serão resolvidas com evidências. Esse não é o caso da ciência. Galileu pode ter sido condenado à prisão perpétua (que cumpriu em prisão domiciliar) por suas crenças sobre o sistema solar, mas suas opiniões tinham validade científica – algo que hoje reconhecemos –, ao contrário das teorias geocêntricas de seus acusadores. Por mais desconfortáveis que possam ser para alguns as evidências científicas sobre a evolução ou a mudança climática, elas são esmagadoras. Uma pessoa pode acreditar no que quiser, mas isso não mudará a natureza do universo. Ainda há pessoas que pertencem à sociedade da Terra plana, mesmo após verem belas imagens de um planeta Terra esférico tiradas do espaço sideral. Podemos tolerar suas crenças desde que não levem a ações que causem danos ao restante de nós.

E o mesmo acontece com nosso sistema econômico e social. Podemos determinar com alguma confiança as consequências do equilíbrio do orçamento ou de outras políticas públicas. E deve ser evidente que é um absurdo o Congresso aprovar uma legislação que especifica impostos e despesas e, em seguida, aprovar uma outra que limita os déficits e a dívida que resultam das diferenças entre despesas e impostos. O déficit é simplesmente a diferença entre as despesas autorizadas e os impostos obrigatórios. Se o Congresso especificar despesas de 6,1 trilhões de dólares e impostos de 4,4 trilhões de dólares, o déficit será de 1,7 trilhão de dólares. É simples aritmética. Aprovar uma lei que determine que o déficit não deve exceder 1 trilhão de dólares não pode mudar essa aritmética; a aprovação apenas coloca a questão: qual dos três números (despesas, impostos, déficit) deve ser ignorado? Da mesma forma, a dívida nada mais é do que o resultado da soma de déficits. Se a dívida do ano passado era de 21 trilhões de dólares e o déficit deste ano é de 1,7 trilhão de dólares, a dívida do próximo ano será de 22,7 trilhões de dólares – repito, é uma simples questão de aritmética. Aprovar uma lei que estabelece que a dívida não deve ultrapassar 22 trilhões de dólares não pode mudar a aritmética; apenas coloca a questão: qual dos três números (despesas de hoje, impostos de hoje ou teto da dívida) terá que ser ignorado ou alterado? (É semelhante à legislatura de um estado estadunidense que considerou a aprovação de uma lei em 1897 para que o valor de pi – a razão entre a circunferência de um círculo e seu raio – fosse, respectivamente, 3,2, 3,24, 3,236 ou 3,232, em vez de 3,1416. O simples fato de aprovar uma lei que afirma algo não muda a realidade do mundo.)[4]

Os avanços da ciência econômica aprimoraram nossa compreensão, embora, sem dúvida, ainda existam controvérsias significativas. Podemos raciocinar sobre as consequências de diferentes regras e atribuições de direitos, mesmo que não concordemos sobre como avaliar as perdas e os danos decorrentes. Deve ficar claro que o direito de portar uma arma resulta na morte de mais pessoas inocentes. O direito à vida foi retirado das vítimas. A Direita aparentemente afirma que esses direitos são menos importantes do que o direito de portar armas e o prazer que os objetos proporcionam aos proprietários de armas.

Pensamentos *versus* ações

Uma distinção ainda mais fundamental para entender as noções de tolerância do Iluminismo está relacionada à diferença entre pensamento e ação. Os pensamentos que não se traduzem em ações não têm efeito direto sobre os outros e, portanto, não devem ser circunscritos. Akeel Bilgrami sugeriu que uma das maiores tiranias do cristianismo foi ir além de dizer "Não cometerás adultério" para dizer (no Evangelho de Mateus): "Vocês ouviram o que foi dito: 'Não cometerás adultério'. Entretanto, eu lhes digo que qualquer pessoa que olhar para uma mulher com desejo já cometeu adultério com ela em seu coração". Ainda antes, os Dez Mandamentos proibiam cobiçar a casa do próximo, ou a esposa, ou o servo ou serva, o boi ou o jumento, ou qualquer outra coisa que pertencesse ao "seu" próximo (veja Êxodo 20:17). Cobiçar diz respeito a pensamentos[5].

Obviamente, não agimos com base em todos os nossos pensamentos – a autonomia humana está ligada à nossa capacidade de decidir o que fazemos – e os valores iluministas oferecem liberdade para pensar, mas não liberdade para agir quando essas ações afetam negativamente as liberdades dos outros[6].

Os limites da tolerância

A tolerância é colocada à prova no mundo atual quando crenças equivocadas – sabidamente falsas com base na melhor ciência disponível – se transformam em ações. Posso tolerar que as pessoas acreditem em todo tipo de tolices; se isso as faz se sentir melhor, que assim seja. No entanto, como devemos pensar sobre as ações baseadas nessas crenças que *nos* afetam objetivamente de maneira negativa? Isso, claro, é um caso clássico de externalidade.

O fato de as pessoas se comportarem de determinada forma por causa de crenças errôneas não muda, de jeito algum, o dano causado, embora possa influenciar o modo como avaliamos as perdas e os ganhos. Podemos (e acredito que devemos) dar menos peso à perda de liberdade delas de infligir danos se a razão para sua ação for uma crença que contradiz evidências científicas.

Considere aqueles que acreditaram que beber água sanitária curaria a covid-19. Até o presidente dos Estados Unidos promoveu soluções falsas. Pode-se adotar uma atitude *laissez-faire* – quem bebe água sanitária sofre as consequências de agir com base nessas crenças. No entanto, a pessoa não sofre essas consequências sozinha. Se, como resultado, for hospitalizada, grande parte dos custos médicos será arcada pela sociedade. Há externalidades financeiras que resultam da transformação dessas crenças equivocadas em ação. Há também externalidades para sua família e amigos, que sofrem com seu sofrimento por conta da empatia. E ingerir água sanitária em vez de tomar um medicamento eficaz faz com que a doença persista, o que aumenta a probabilidade de que outra pessoa seja infectada. Outra externalidade. É certo que existe um elemento de paternalismo quando impedimos alguém de beber água sanitária para se curar, mas há outros contextos nos quais mostramos tal paternalismo, por exemplo, as leis referentes a cintos de segurança, capacetes e restrições a medicamentos[7]. (Repito, uma justificativa completa desse paternalismo ou uma análise de suas consequências está além do escopo deste livro, mas está claramente relacionada aos limites da liberdade nos quais nos concentramos.)[8] Contudo, enquanto houver externalidades, há uma justificativa social para impedir que alguém ingira água sanitária.

Existem ainda outros limites para a tolerância: até que ponto devemos tolerar os intolerantes? Mais uma vez, abordar essa questão nos levaria além dos limites deste pequeno livro.

Tolerar e agir coletivamente

Mas há uma questão sobre a qual quero dizer algumas palavras. Ressaltei que a tolerância em relação a crenças é uma coisa; a tolerância em relação a crenças que levam a ações que impõem danos aos outros é outra. Expliquei também a importância de agir coletivamente em uma sociedade do século XXI.

As opiniões sobre quais ações a sociedade deve tomar são, é claro, influenciadas por crenças. Se uma pessoa acredita em coisas absurdas, pode votar em ações absurdas e apoiar líderes políticos que promovem ideias absurdas. Esse é um contexto em que externalidades surgem de crenças.

As divisões ideológicas que marcam a sociedade hoje, infelizmente, envolvem crenças de uma das partes que vão contra a ciência moderna. Há evidências avassaladoras de que, por exemplo, a mudança climática é real, que está relacionada ao aumento de gases do efeito estufa na atmosfera e que fomenta eventos climáticos extremos que impõem custos enormes. Se acreditamos na ciência, temos que acreditar que nem todas as opiniões sobre esse assunto devem ter o mesmo peso. Não podemos simplesmente declarar: "Será mesmo?". A ciência, nesse sentido, é fundamentalmente antidemocrática, e isso faz parte de seu problema no mundo de hoje. Quando encontro com negacionistas do clima, muitas vezes ouço o refrão: "Eu penso por conta própria". Muitos que dizem isso ressentem-se do elitismo da ciência, do aparente autoritarismo que afirma que determinadas opiniões estão corretas e outras erradas, embora, sem dúvida, as evidências nem sempre sejam tão claras quanto no caso do clima[9].

No último capítulo, falei sobre a necessidade de restringir as plataformas digitais de disseminar ou facilitar a disseminação de desinformação e de informações incorretas quando promovem danos sociais. E elas causam danos sociais quando há decisões coletivas importantes a serem tomadas que são afetadas por essas crenças sabidamente falsas, muitas vezes baseadas em informações também sabidamente falsas. Quando indivíduos acreditam em informações incorretas – quando existe uma incapacidade demonstrável de muitos em identificar mentiras e informações falsas –, pode ser necessário impor restrições à sua disseminação. Fizemos isso durante a pandemia; teria sido tolice – e prejudicial à sociedade – se não o tivéssemos feito. Devemos ter total tolerância com aquilo que as pessoas acreditam individualmente; mas essa tolerância deve ser limitada quando as crenças se convertem em ações. O discurso destinado a influenciar outros é, como já disse, claramente uma "ação".

Embora os estadunidenses defendam a liberdade de expressão – afinal, ela é a base da Primeira Emenda –, ainda existem muitas restrições. Redefinimos constantemente esses limites à medida que o mundo muda. E, conforme nos tornamos conscientes de novos danos sociais e novas formas de causá-los, precisamos reexaminar o equilíbrio entre os custos e os benefícios dessas restrições e, com base nisso, impor novas limitações. Os países têm procurado esse equilíbrio de maneiras diferentes. Nos Estados Unidos, quase tudo pode ser dito contra um líder político, mas em Cingapura e muitos outros países uma declaração considerada difamatória pode levar você à prisão. No Reino Unido, publicar uma declaração verdadeira que difame um indivíduo pode ter consequências sérias. A verdade não serve como defesa. Nos Estados Unidos, a verdade pode ser uma defesa. A maioria dos países tem leis contra fraudes – ninguém pode simplesmente dizer: "Tenho o direito de dizer o que quiser". Nos Estados Unidos e em muitos outros países, existem leis que regulam a veracidade na publicidade. E incitar um tumulto – o que, em geral, significa apenas fazer um discurso – é um crime na maioria dos países. Às vezes, existe o "discurso forçado", ou seja, as empresas são obrigadas a divulgar determinadas informações. Não podem simplesmente declarar: "Tenho o direito de não divulgar que o produto que comercializo causa câncer e outros problemas de saúde". As conspirações para cometer um crime (como tentar reverter uma eleição) são ilegais, mesmo que fracassem; mas, na grande parte das vezes, no centro de tais conspirações estão discussões – discursos.

Fica claro, então, que todas as sociedades, mesmo aquelas comprometidas com a liberdade de expressão, impõem restrições a essa liberdade quando ela causa danos. Como escrevi anteriormente, há uma ampla gama de danos sociais decorrentes da desinformação e das informações incorretas, e, portanto, é compreensível que os governos queiram restringir sua disseminação. No entanto, isso requer arranjos institucionais capazes de distinguir entre falsidades perigosas e a verdade.

Essas foram, em essência, as questões levantadas no último capítulo: como determinamos quais declarações não são verdadeiras? E, dentre elas, quais são prejudiciais? Como fazemos para institucionalizar esses limites à tolerância? No contexto da covid-19, era fácil identificar as declarações falsas (como "beber água sanitária cura a doença") e os danos sociais de tais declarações. As plataformas de mídia social também mostraram que tinham o poder de filtrar grande parte das informações falsas. Esses sucessos representam um extremo do que pode ser feito. As plataformas cooperaram; havia consenso científico sobre o que era falso e prejudicial.

Infelizmente, as plataformas muitas vezes não têm sido cooperativas – na verdade, em geral, elas resistem à ideia de que têm alguma responsabilidade de fiscalizar e exigem isenção de responsabilidade pelos danos resultantes. Grande parte de sua atividade na moderação de conteúdo resultou da regulamentação ou da demanda de seus usuários. Algumas adotam a posição de que, se uma figura política diz algo falso e prejudicial, não apenas está além de sua responsabilidade removê-la do cargo, mas fazê-lo seria uma violação de um conjunto básico de direitos políticos, que incluem o direito de os políticos disseminarem ataques e falsidades. Isso, dizem, seria censura política. Assim, se o presidente ou um senador emitisse a alegação falsa de que microchips haviam sido implantados durante as vacinações contra a covid-19, as plataformas transmitiriam essa "informação", e os algoritmos poderiam até promovê-la, ajudando as declarações falsas a se tornarem virais. Isso, acredito, está errado. Equilibra mal a liberdade de expressão do político e a liberdade de outros de não serem prejudicados. *Pelo menos*, as alegações falsas do político não deveriam ser amplificadas, e atenção deveria ser dada à falsidade da declaração e aos danos que ela pode causar. Os algoritmos atuam como mecanismos editoriais, decidindo o que chega à atenção dos usuários. Nesse caso, os algoritmos têm a responsabilidade de não amplificar. Deixe que a declaração do político apareça em seu site para qualquer pessoa ler, mas apenas isso.

Em áreas da ciência – e aqui incluo a mudança climática – existem protocolos bem definidos para determinar o que se sabe com um grau de confiança razoável e o que se sabe ser falso. No entanto, isso não é verdade em muitas outras áreas, mesmo nas ciências sociais. Não vejo como limitar a disseminação de ideias falsas e confusas nesses domínios. Teremos que viver em um mundo onde alguns podem acreditar em forças obscuras, grandes conspirações e uma série de ideias que não podem ser comprovadas pela ciência, mas que podem induzir efeitos claramente prejudiciais[10]. Aqueles de nós que acreditam na ciência terão que fazer o que for possível para criar uma população mais informada e mais racional. Como sabemos que o mercado de ideias não funciona com perfeição, não existe garantia de que o campo de batalha das ideias será melhor. A triste verdade é que o mundo pode se tornar ainda mais dividido do que está hoje. Podemos acabar gerando sociedades comprometidas com a ciência, com o raciocínio e com os valores do Iluminismo, nas quais essas perspectivas, se não forem universalmente aceitas, pelo menos fornecem a base de um consenso social, e sociedades que, de uma forma ou de outra, estão presas em um mundo pré-Iluminista. Nesse último caso, a ciência e a tecnologia podem até continuar (como ocorreu, de maneira limitada, na União Soviética), mas com uma influência social compartimentada – por exemplo, no desenvolvimento de melhores *smartphones*, carros elétricos e foguetes. Será duplamente triste se meu próprio país acabar na segunda categoria.

Como pensar sobre tolerância por trás do véu da ignorância

A abordagem para a tomada de decisões sociais que venho defendendo – ou seja, pensar sobre questões a partir da perspectiva do espectador imparcial de Adam Smith ou por trás do véu da ignorância de John Rawls – pode ser útil para pensar sobre os limites da tolerância. Se, por trás do véu da ignorância, não sei se nascerei rico ou pobre, ou se me tornarei um fanático religioso ou um cientista secular, uma pergunta que posso fazer é como diferentes perspectivas sobre a tolerância afetam a harmonia cívica. As guerras civis nunca são boas para ninguém, e situações em que membros de uma família se confrontam, embora não sejam tão letais, não são agradáveis para ninguém. Com a redução da tolerância a opiniões diferentes das suas, é quase inevitável que haja conflito. Entretanto, nessa mesma linha, se houver tolerância demais, acima de tudo para aqueles que são intolerantes, também haverá conflito. É necessário haver pressão social para desencorajar a intolerância. Apenas em uma sociedade em que há uma norma de tolerância – sobretudo quando direcionada a ações que não afetam diretamente os outros – pode haver harmonia social suficiente para que um sistema democrático funcione bem. É claro que, em alguns países, incluindo alguns lugares nos Estados Unidos, essa norma não existe mais.

Ao pensar sobre a tolerância como *instrumental*, como algo necessário para que a sociedade funcione bem, quero enfatizar que não estou abandonando a perspectiva iluminista que toma a tolerância quase como um valor fundamental em si. No entanto, estou sugerindo que essa abordagem nos ajuda a pensar em alguns dos dilemas inevitáveis que surgem quando tentamos definir os limites da tolerância.

Liberté, égalité, fraternité

Liberté, égalité, fraternité ("liberdade, igualdade, fraternidade") foi o grito de guerra da Revolução Francesa. Ele conectava, de forma íntima, igualdade e solidariedade – coesão social – com liberdade e razão. Afirmei que a igualdade, ou, mais precisamente, o aumento da renda dos pobres à custa dos ricos, também aumenta a liberdade dos primeiros e diminui a liberdade dos últimos. Acredito que essa mudança melhora o bem-estar social, possivelmente até o bem-estar daqueles que estão no topo, em parte porque aumenta a coesão social. Os revolucionários franceses perceberam que a solidariedade social é uma virtude em si mesma e é necessária para o bom funcionamento da sociedade.

Não existe solidariedade quando alguns vivem no luxo enquanto outros passam fome, situação que precipitou a revolução na França. Quando há desigualdade excessiva na sociedade, é difícil para aqueles que pertencem a diferentes classes sociais enxergar o mundo pela mesma lente, por mais que tentem. A sociedade quase inevitavelmente se polarizará. Atribuí a polarização existente em tantos países hoje, incluindo os Estados Unidos, em parte aos extremos de desigualdade; e afirmei que as políticas que geram mais igualdade induzirão a maior solidariedade e maior liberdade, como a defini, para mais cidadãos. Maior solidariedade – menos polarização – nos permitirá perceber o mundo de forma mais semelhante, e isso nos ajudará a alcançar mais consenso sobre as questões difíceis enfrentadas pela sociedade, incluindo quais tipos de declarações e ações são falsas e socialmente prejudiciais, e de que maneiras a disseminação delas pode ser restringida de um modo que seja consistente com outros valores.

Muitas comunidades nos Estados Unidos e no Reino Unido tiveram que enfrentar a questão do que fazer com estátuas de proprietários de escravos e (nos Estados Unidos) daqueles que lutaram pelo direito de manter a escravidão. Em minha faculdade em Oxford, All Souls, a bela biblioteca de 1751, construída pelo arquiteto Nicholas Hawksmoor, era conhecida como Codrington Library, em homenagem ao homem que a financiou. Christopher Codrington fez sua fortuna com plantações nas Índias Ocidentais onde trabalhavam pessoas escravizadas. Em 2020, aquela construção passou a ser chamada simplesmente de "a Biblioteca", como parte de "medidas para abordar a natureza problemática do legado de Codrington", conforme explicado no site do All Souls College[11]. No entanto, em vez de retirar a estátua de Codrington, Oxford chegou a um meio-termo: exibir os nomes dos escravizados e contar a história da escravidão daquela época.

Dessa forma, enfrentamos uma série de conflitos problemáticos que minam ainda mais a solidariedade e polarizam a sociedade. Nos Estados Unidos, a Suprema Corte, que poderia ter optado por tomar decisões judiciais sábias que representassem meios-termos inteligentes – decisões salomônicas –, tornou-se simplesmente mais um instrumento de polarização partidária.

De onde vem a tolerância iluminista?

Este capítulo explorou as múltiplas dimensões da tolerância iluminista. Se a visão evolucionária de que as ideias melhores prevalecerão está correta ou não, e se os valores iluministas predominarão *no longo prazo*, não importa. Conforme afirmou John Maynard Keynes, no longo prazo, estaremos todos mortos. A realidade é que esses valores não são compartilhados por uma parte significativa da população. Conservá-los é uma luta constante. Um dos meus colegas na administração Clinton costumava dizer que sentia que tinha que revalidar o Iluminismo, de novo, todos os dias.

A adoção profunda e universal do valor iluminista de tolerância é difícil, pois exige um comprometimento com uma determinada mentalidade, e parece haver uma inclinação natural humana para ignorar aqueles que não compartilham nossos valores. Além disso, a mídia monopolizada nem sempre promove noções de tolerância iluminista. Isso talvez não sirva aos interesses dos gigantes da mídia e de seus proprietários.

Ainda assim, de todas as dimensões da liberdade em que deveríamos trabalhar mais arduamente para expandir, esta é a mais importante.

Observações finais

Nesta parte do livro, enfatizei que nossas crenças e preferências são moldadas. Uma sociedade boa e justa, acredito, não conferiria tanto poder aos ricos e às grandes empresas para moldar nossas crenças e preferências. Isso é oneroso e prejudicial, e o advento das mídias sociais apenas exacerbou os problemas. Nesse mesmo sentido, o poder de mercado na mídia é muito mais insidioso do que em outras áreas da economia[12].

A tolerância – a liberdade das pessoas de acreditar no que quiserem, desde que as crenças não levem a ações que prejudiquem outros – está no cerne das ideias iluministas sobre a liberdade. E a liberdade de expressão implica o direito de comunicar essas ideias, não importa o quanto elas contrariem o senso comum. No entanto, vimos que as coisas não são tão simples assim. A ciência, a busca pela verdade e a criação de instituições que avaliem a verdade também são essenciais para o Iluminismo. E algumas decisões precisam ser tomadas de forma coletiva. Devemos permitir que as emissões de gases de efeito estufa continuem sem controle? Como devemos lidar com uma crise de saúde pública, como uma pandemia? Nesse caso, a transmissão de informações cientificamente falsas – sobretudo desinformação e informações incorretas direcionadas que se tornam virais – pode ter consequências perigosas e destrutivas. Essas são as águas traiçoeiras em que as democracias do século XXI precisam navegar, e posições absolutistas sobre liberdades não nos ajudarão.

Enquanto pensamos sobre o que é uma boa sociedade e como criá-la – um tema que abordarei na Parte III –, precisamos analisar como nosso sistema econômico e social nos molda e quem tem o direito – a liberdade – de moldar a nós e as nossas crenças.

Existe um amplo consenso de que os arranjos econômicos atuais não estão funcionando – e não estão equilibrando as liberdades de maneira apropriada. Nos capítulos que se seguem, tento entender melhor essas falhas e definir que tipo de sistema nacional e internacional tem mais probabilidade de resultar em uma boa sociedade – ou, pelo menos, nos aproximar mais dessa aspiração do que o faz o mundo disfuncional de hoje.

PARTE III
Que tipo de economia promove uma sociedade boa, justa e livre?

A questão central deste livro, aquela que me levou a estudar economia, para início de conversa, é: qual tipo de sistema econômico promove melhor a criação de uma boa sociedade?

Há uma longa história de respostas fracassadas. O feudalismo foi marcado por alta concentração de poder e riqueza, baixo crescimento econômico e progresso social lento. O comunismo conseguiu gerar maior segurança e mais igualdade em bens materiais, mas falhou em outros aspectos, incluindo o baixo crescimento econômico, a falta de liberdade em todas as suas dimensões, a concentração de poder e uma desigualdade nos padrões de vida maior do que os governantes comunistas estavam dispostos a admitir.

O neoliberalismo, o sistema econômico dominante no Ocidente durante as últimas quatro décadas, é cada vez mais visto como um fracasso econômico porque trouxe crescimento mais lento e mais desigualdade do que houve nas décadas anteriores. No entanto, também sugeri que suas falhas vão além disso. Ele aumentou a polarização social, criou cidadãos egoístas, materialistas e, com frequência, desonestos, além de ter contribuído para uma crescente falta de confiança. Apesar de incorporar o conceito de liberdade em seu nome (neo*liberalismo*), não proporcionou liberdades *significativas* para grande parte da população.

Para encontrar um caminho melhor, com prosperidade compartilhada e o conjunto de liberdades mais amplo possível para o maior número de pessoas, precisamos refletir profundamente e nos perguntar: o que é uma boa economia e qual é a sua relação com uma boa sociedade?

Como evitar as questões difíceis: um simulacro de ciência

Nos últimos cem anos, os economistas tentaram evitar essas questões difíceis. A teoria padrão *presume* que as pessoas entram no mundo plenamente formadas. A maneira como construímos nossa sociedade não influencia o tipo de pessoas que somos, dizem eles. E, mesmo assim, os economistas concentraram suas análises em situações limitadas nas quais ninguém poderia ser beneficiado sem prejudicar outra pessoa, o que eles denominam critério de Pareto.

A agenda da economia *positivista*, que sustenta que toda afirmação deve ser cientificamente verificada ou passível de prova lógica ou matemática[1], tentou evitar julgamentos sobre a natureza das preferências e das comparações interpessoais[2]. Os economistas evitaram as discussões sobre justiça social. Eles não queriam falar sobre quem era mais merecedor ou sobre os direitos morais das pessoas de usufruir de sua própria renda. Nem mesmo queriam dizer que era desejável, do ponto de vista moral ou social, transferir dinheiro de um homem super-rico, como Jeff Bezos – não importa como ele tenha ganhado sua fortuna –, para alguém que está em uma situação de extrema pobreza e para quem esses dólares significam a sobrevivência. Um economista talvez dissesse: tenho uma opinião sobre a desejabilidade de transferir esse dinheiro, mas esses são meus valores; como técnico, não posso impor meus valores aos outros. Não existe maneira científica ou objetiva de avaliar se um dólar tem maior valor social para uma pessoa do que para outra.

Desde que a economia fosse eficiente, produzisse bens ao menor custo possível e os entregasse aos consumidores que os valorizassem mais, a questão seria deixada para os filósofos decidirem se uma economia em que a maior parte da renda fica nas mãos de uns poucos era melhor do que uma em que as rendas são mais igualmente compartilhadas. A distribuição de renda seria responsabilidade do processo político, não dos tecnocratas econômicos[3]. Conforme observado no Capítulo 2, estudiosos como Robert Lucas defendiam que os economistas não deveriam nem mesmo discutir a desigualdade. É óbvio, eu acho que Lucas estava errado. Uma sociedade com uma quantidade determinada de bens, mais igualmente distribuída, é uma sociedade mais justa e melhor do que uma em que esses bens são propriedade de poucos. Apresentei uma maneira coerente de explicar o porquê: por trás do véu da ignorância de Rawls, esse é o tipo de sociedade pela qual a maioria optaria, mas também é uma sociedade em que mais pessoas têm mais liberdade e mais oportunidades de realizar seu potencial.

A agenda da teoria econômica positivista só pode chegar até certo ponto. O critério de Pareto – o qual aceita a intervenção governamental apenas quando ninguém é prejudicado – é simplesmente insuficiente para orientar os julgamentos morais e as políticas públicas. É impossível dizer muito sem invocar julgamentos sobre o direito das empresas de explorar, poluir ou disseminar desinformação ou informações incorretas.

A formulação de políticas implica enfrentar perdas e ganhos, e julgamentos morais. Algumas pessoas – mesmo que sejam apenas os exploradores e especuladores – ficam em pior situação com uma regulamentação que proíbe comportamentos antissociais[4]. Anteriormente, defendi ações governamentais que limitassem a publicidade de cigarros, a venda de opioides ou restringissem os alimentos que causam diabetes infantil[5]. O consenso amplo sobre a desejabilidade de tais intervenções apenas reforça a conclusão de que a obsessão dos economistas pelas intervenções de Pareto (em que *algumas* pessoas são beneficiadas, mas ninguém é prejudicado) é equivocada. A abordagem tecnocrática dos últimos 75 anos acabou em um beco sem saída[6].

Os argumentos na Parte II também expuseram outra limitação da abordagem econômica padrão que presume preferências congênitas fixas. Elas podem mudar e mudam. Quem somos é afetado por nosso sistema econômico. A análise econômica pode descrever políticas que podem atingir melhor cada resultado possível, mas, sem saber o que desejamos, ela não pode determinar qual das políticas possíveis é, em última análise, preferível[7, 8].

Em um mundo com preferências endógenas e em mutação, devemos fazer a pergunta mais profunda da qual os economistas têm tentado se esquivar. A economia deve servir à sociedade, e uma boa economia ajuda a criar uma boa sociedade. No entanto, o que queremos dizer com uma boa sociedade? Claro, os economistas não deveriam ser os únicos a responder essa pergunta; a sociedade como um todo precisa tentar respondê-la. Ela deve estar na vanguarda do nosso discurso e diálogo democráticos. Embora este não seja o lugar para uma articulação completa do significado de "boa sociedade", gostaria de comentar alguns aspectos dela.

É intuitivamente claro para mim que uma sociedade marcada por uma maior igualdade (mantidas as demais condições constantes) é melhor do que uma marcada por enormes disparidades; em que a cooperação e a tolerância são fundamentalmente melhores do que a ganância, o egoísmo e a intolerância. As versões extremas destes últimos que surgiram na cena estadunidense nas últimas décadas são, de fato, abomináveis.

É óbvio que é importante que os economistas deixem claro quando estão extrapolando a agenda positivista, limitada como ela é pelo critério de Pareto. Como sempre, precisam expor as premissas que embasam suas análises. Eles também podem ser úteis para nos ajudar a entender por que uma boa sociedade abraça a igualdade e a tolerância. Por exemplo, podem mostrar como a confiança melhora a cooperação social, o desempenho econômico e o bem-estar social geral, e como a igualdade e a tolerância aumentam a confiança[9]. No entanto, os argumentos em favor de uma sociedade baseada em confiança, tolerância e justiça social são mais do que instrumentais para melhorar o desempenho econômico. A vida é muito melhor e menos estressante se não tivermos que nos preocupar em ser enganados por todos que encontramos.

As ideias apresentadas aqui devem ser úteis para refletir sobre o que mais desejaríamos ver em uma boa sociedade. Por exemplo, mencionei as liberdades positivas que contribuem para que as pessoas possam realizar seu potencial e levar vidas plenas. Uma característica importante de uma boa sociedade é que isso seja verdade para grande parte da sociedade, se não para toda ela.

Devemos ver tudo isso no contexto de um mundo em constante evolução, não pelos olhos dos economistas do século XIX, que viam a sociedade em um equilíbrio harmônico, porém estático, no qual ninguém exerce poder, seja na economia ou na política, e nunca há mudanças profundas. Essa é uma tradição que continua muito forte na profissão econômica até hoje. Entretanto, é óbvio que não vivemos em tal mundo. Uma boa sociedade é estruturada de forma que possamos aprender sobre essas mudanças e encontrar soluções, adaptações e respostas justas e equitativas.

Como uma questão de filosofia pragmática, não precisamos responder à pergunta de como seria cada boa sociedade. Começamos de onde estamos. Respeitamos a honestidade, a bondade, a consideração pelos outros, a cooperação e a empatia. Não gostamos do sofrimento, das privações, das injustiças e assim por diante. É digno de nota que, ao longo de todas as vicissitudes do tempo e do espaço, em sociedades com diferentes estruturas econômicas, políticas e sociais, as características citadas constituem virtudes em quase todas elas[10]. Reconhecemos características predominantes, novamente vistas em muitas sociedades, como um sentimento inato de justiça, uma aversão generalizada ao risco, um desejo por, pelo menos, um determinado nível de segurança, e assim por diante. Existem arranjos sociais e econômicos que fomentam essas virtudes e satisfazem esses desejos de maneira sustentável? Eu acredito que sim.

11

O capitalismo neoliberal: a razão de seu fracasso

Antes de podermos responder à pergunta sobre que tipo de economia proporcionaria liberdade significativa ao maior número de pessoas, devemos considerar a razão pela qual o capitalismo neoliberal (ou apenas o neoliberalismo) fracassou, e fracassou de forma tão desastrosa. Os defensores do neoliberalismo sugerem que uma das razões é que nós, na verdade, não experimentamos o neoliberalismo. Metade dessa afirmação está correta: não experimentamos o neoliberalismo puro. Se tivéssemos experimentado, as coisas teriam sido muito piores. O desempenho econômico teria sido mais fraco e a desigualdade, a polarização e a instabilidade política e econômica, maiores.

Milton Friedman sugeriu que uma forma desenfreada do capitalismo é necessária para preservá-lo, algo mais impiedoso do que o neoliberalismo mais brando dos últimos quarenta anos. A educação formal pública seria substituída por vales para financiar a educação formal privada. Os programas públicos de aposentadoria seriam substituídos por anuidades privadas. As prisões públicas seriam privatizadas. Levando essa lógica mais adiante, as forças armadas, financiadas pelo governo federal, seriam substituídas por exércitos de mercenários, como o Grupo Wagner na Rússia.

Os defensores dos livres mercados também entendem que, mesmo quando imperfeita, a liberdade em si permite a entrada em ação de um mecanismo autocorretivo. Explicarei por que isso não é verdade. Longe de se corrigir, o capitalismo neoliberal é um sistema que se devora.

Há mais no fracasso do neoliberalismo do que apenas a teoria econômica convencional. O capitalismo neoliberal não é um sistema político e econômico sustentável. Embora os críticos do capitalismo digam o mesmo há duzentos anos, acredito que hoje temos uma compreensão melhor da razão pela qual isso é verdade. Quando um sistema não é sustentável, ele não será sustentado. Haverá mudanças. A questão é: o que podemos fazer para assegurar que a mudança tome a direção certa?

Os fracassos do neoliberalismo

A grande ironia da história é que o neoliberalismo se tornou uma ideologia global justamente quando a teoria econômica estava nos ajudando a entender as limitações dos mercados. Qualquer discussão sobre os fracassos do neoliberalismo precisa começar com uma discussão a respeito dessas limitações, as quais abordei em vários pontos deste livro, mas sobretudo no Capítulo 3, na discussão sobre externalidades. No entanto, as falhas de mercado vão muito além das externalidades.

Na tabela a seguir, resumo algumas das falhas cruciais do mercado, a visão neoliberal sobre o que deveria ser feito a respeito delas, as consequências e os exemplos do que considero as respostas mais apropriadas. Depois, destaco três exemplos das múltiplas intervenções no funcionamento da economia de mercado que podem e têm abordado com sucesso falhas de mercado importantes além daquelas já discutidas.

Concorrência e exploração

O neoliberalismo estadunidense do século XXI é diferente do neoliberalismo europeu em, pelo menos, um aspecto importante e interessante. Os liberais europeus reconhecem que os mercados funcionam bem *apenas* quando existe concorrência efetiva e, sobretudo, não acreditam que os mercados, por si só, serão necessariamente competitivos. As vertentes neoliberais dominantes nos Estados Unidos sustentam que os mercados são competitivos pela própria natureza. Essa perspectiva foi incorporada aos padrões jurídicos de modo que, nos tribunais, alguém que afirma que um ato de uma empresa é anticompetitivo tem um ônus da prova considerável.

Os economistas e advogados da Escola de Chicago (dos quais Robert Bork é o mais famoso)[1] que promoveram essa visão fizeram suposições irreais que são amplamente rejeitadas hoje, até mesmo nos Estados Unidos. No entanto, enquanto eram populares, essas ideias foram incorporadas a decisões da Suprema Corte, o que significa que, para poder haver mudanças, será necessário aprovar legislação, algo que é quase impossível no contexto atual.

Para mim, as evidências de que o governo desempenha um papel importante em assegurar que os mercados permaneçam competitivos (por meio de leis de concorrência, também conhecidas como leis antitruste) são esmagadoras[2]. Essas questões têm se tornado uma preocupação crescente por causa do crescimento de gigantes da tecnologia, como a Amazon e o Google, os quais possuem um poder de mercado enorme e têm abusado dele.

A macroeconomia

Uma das falhas mais óbvias dos mercados sem amarras são as retrações profundas e episódicas, como a Grande Depressão e a Grande Recessão, nas quais o desemprego dispara e a produção despenca. A Grande Recessão teria sido ainda mais catastrófica não fosse pela intervenção do governo. No entanto, os neoliberais e uma vertente importante da teoria macroeconômica moderna argumentam que os mercados são eficientes – que as oscilações observadas nada mais são do que a resposta eficiente aos choques que atingem a economia. Para aqueles fora desse clube seleto de economistas, pode ser difícil acreditar que uma importante escola de pensamento – uma que é levada a sério, ensinada em programas de pós-graduação e que conta com vários ganhadores do Prêmio Nobel – realmente defenda que "não existe algo como desemprego e que as variações na oferta de emprego refletem mudanças no número de indivíduos que, de forma eficiente e voluntária, decidem desfrutar de lazer"[3]. Outra grande vertente de economistas pertence à escola de "culpar a vítima": o desemprego ocorre porque os trabalhadores exigem salários altos demais. Se os salários fossem perfeitamente flexíveis, a economia seria eficiente e não haveria desemprego.

Falha de mercado	Postura da política neoliberal	Consequências	Políticas do capitalismo progressista
Externalidades Ambientais; Saúde pública; Conhecimento; Econômicas. Por exemplo, tomada excessiva de riscos pelas instituições financeiras, o que impõe custos altos ao restante da sociedade (Grande Recessão).	Nenhuma intervenção no mercado (desregulamentação onde já existem regulamentações). (O teorema de Coase diz que, se os direitos de propriedade forem adequadamente atribuídos, o mercado resolverá tudo sozinho.)	Excesso de externalidades negativas; poucas externalidades positivas: Poluição excessiva; Pandemias piores; Pouca inovação. Crises financeiras e econômicas com custos altos.	Regulamentação, "tributação corretiva", investimentos governamentais que resultam em: • melhor meio ambiente; e • melhor controle de epidemias. Políticas industriais para promover inovações com grandes efeitos colaterais – incluindo, talvez, restrições ao comércio. Regulamentações financeiras (tanto em nível micro, para garantir a solvência dos bancos, quanto macro, focadas na estabilidade econômica e no pleno emprego).

Falha de mercado	Postura da política neoliberal	Consequências	Políticas do capitalismo progressista
Bens públicos e falhas de coordenação	Deixar nas mãos do setor privado. Nos casos de intervenção governamental, confiar na produção privada. (O teorema de Coase afirma que o mercado resolverá eficientemente os problemas dos bens públicos.)	Subinvestimentos em educação formal, saúde, tecnologia e infraestrutura; Crescimento mais lento; Menos igualdade e menos igualdade de oportunidades. Empresas privatizadas buscam lucros à custa de metas sociais (prisões privadas). Privatizações e parcerias público-privadas muitas vezes significam socialização das perdas e privatização dos ganhos.	Investimentos públicos. Às vezes com financiamento público e execução pelo setor privado e, às vezes, por meio da produção pública.

Falha de mercado	Postura da política neoliberal	Consequências	Políticas do capitalismo progressista
Informação imperfeita	Deixar nas mãos do setor privado (sem exigência de divulgação, *caveat emptor*).	Divulgação insuficiente, levando a alocações de recursos subótimas e distorcidas (*rent-seeking*) e exploração.	Exigência de divulgação. Regulamentações (consumo, finanças, trabalho) que impedem a exploração de assimetrias de informação e outras formas de exploração. Leis de responsabilidade que impõem responsabilidades às empresas e ações coletivas que ampliam os direitos dos prejudicados. Restrições à arbitragem compulsória.

Falha de mercado	Postura da política neoliberal	Consequências	Políticas do capitalismo progressista
Mercados de risco imperfeitos **Falta de seguros contra riscos importantes**	Deixar nas mãos do mercado. Nenhuma atenção às consequências do risco de políticas como liberalização dos mercados financeiros e de capital, já que os mercados gerenciam os riscos perfeitamente.	Perda de bem-estar (e produtividade) como resultado da insegurança: Pode até impedir a inovação. Falta de plano de saúde leva à piora da saúde e à menor produtividade. Volatilidade econômica excessiva, grandes perdas de bem-estar devido à volatilidade.	Toda política (comercial, financeira etc.) leva em conta as incertezas induzidas e o aumento da volatilidade. Seguros/proteção social: Programas de rede de segurança; Seguro-desemprego; Programas de aposentadoria; Plano de saúde. Empréstimos vinculados à renda (em que o pagamento depende da renda), por exemplo, para a educação formal. Opção pública.

O capitalismo neoliberal: a razão de seu fracasso 221

Falha de mercado	Postura da política neoliberal	Consequências	Políticas do capitalismo progressista
Mercados de capital imperfeitos (racionamento de crédito, dificuldades em obter empréstimos ou levantar capital)	Negar a relevância – deixar nas mãos do mercado.	Investimentos de alta produtividade não são realizados, por exemplo, por empresas pequenas.	Empréstimos para empresas pequenas. Desenvolvimento de bancos verdes que financiam investimentos ambientais que trazem benefícios para a sociedade.
Oscilações macroeconômicas (externalidades macroeconômicas, por exemplo, empresas assumem dívidas excessivas, o que gera volatilidade excessiva)	Os mercados respondem de forma ótima aos choques e não têm responsabilidade pelo surgimento desses choques. Se há desemprego, é porque os trabalhadores exigem salários muito altos (culpar a vítima) – resposta: aumentar a flexibilidade do mercado de trabalho.	Subutilização episódica dos recursos sociais/ perda imensa de bem-estar, sobretudo associada ao desemprego.	Políticas fiscais e monetárias estabilizadoras. Estabilizadores automáticos. Proteção social (seguro-desemprego).

Falha de mercado	Postura da política neoliberal	Consequências	Políticas do capitalismo progressista
Macroinflação	Os bancos centrais precisam focar na inflação, aumentar as taxas de juros quando a inflação ultrapassa 2%.	Grande diferença média de produção (disparidade entre o potencial econômico e a produção real). Desemprego médio elevado. A estabilidade de preços vem à custa da instabilidade "real" (instabilidade na produção real).	A resposta depende da fonte da inflação. Choques do lado da oferta exigem políticas fiscais para lidar com cadeias de suprimento incompletas.
Falta de concorrência	Deixar nas mãos do mercado – os mercados são naturalmente competitivos (concorrência potencial, em que a concorrência por um mercado substitui a concorrência nele).	Altas concentrações de poder de mercado. Preços altos. Salários reais mais baixos. Economia menos resiliente. Menos inovação.	Políticas antitruste/de concorrência: Restringir fusões; Restringir práticas abusivas; Restringir colusões tácitas; Opções públicas fornecem uma alternativa.

Falha de mercado	Postura da política neoliberal	Consequências	Políticas do capitalismo progressista
Desigualdade excessiva	Deixar nas mãos do mercado – ou deixar para o processo político resolver.	Altas concentrações de renda e concentrações de riqueza e poder ainda maiores. Grande número de pessoas na pobreza. Falta de esperança e oportunidade – mortes resultantes do desespero. Enfraquecimento da democracia e da coesão social. Possível prejuízo ao desempenho econômico geral.	Pré-redistribuição (políticas como salários mínimos e legislação trabalhista pró-trabalhador, aumento da igualdade dos rendimentos de mercado). Redistribuição por meio de impostos. Programas de despesas públicas (educação formal, cuidados de saúde).

O neoliberalismo abraçou essas doutrinas de economistas obscuros em seus esforços para defender o mercado e limitar a ação do governo. Em consequência, deixou de reconhecer que a fonte das oscilações mais importantes e severas é o próprio mercado. Essa é uma lição que deveríamos ter aprendido com a Grande Depressão, a Grande Recessão e com as dezenas de outras crises causadas pelos excessos do mercado em todo o mundo.

Após a pandemia de covid-19 e a invasão da Ucrânia pela Rússia, a economia global enfrentou outro problema: um salto na taxa de inflação. O problema subjacente não era um excesso de demanda agregada, mas restrições na oferta e mudanças na procura. O mercado carecia de resiliência. Nos Estados Unidos, houve até mesmo escassez de fórmula infantil. As montadoras de automóveis não encomendaram os chips de que precisavam e, como resultado, a produção foi cortada, e a escassez levou os preços de veículos a dispararem. A Alemanha e outros países europeus tornaram-se excessivamente dependentes do gás russo e, quando o fornecimento foi reduzido, os preços de energia dispararam. As empresas europeias simplesmente não avaliaram bem os riscos dessa dependência – algo que eu havia alertado em meu livro *Globalização: como dar certo* mais de 15 anos antes. Parecia-me óbvio, naquela época, que a Rússia governada por Putin não era um parceiro comercial confiável.

Esses episódios de inflação e desemprego revelam as fraquezas fundamentais dos mercados sem amarras, mas também expõem as fragilidades nas prescrições de políticas neoliberais, que se concentraram em minimizar o papel do governo e sua discricionariedade. Os neoliberais queriam que o governo obedecesse a regras simples – eu diria simplistas –, como "os governos não devem ter déficits, mas, se os tiverem, eles não devem exceder 3% do PIB", como na Europa, ou que a estabilização macroeconômica deveria depender da política monetária, com aumentos nas taxas de juros sempre que a inflação ultrapassasse 2%. Esses números mágicos são retirados da cartola. As prescrições não são baseadas nem em teoria nem em evidências, tampouco resultaram em estabilidade, sobretudo em termos *reais* – seja PIB real ou taxa de emprego. Em muitos casos, os resultados das políticas neoliberais foram desastrosos: a demanda por austeridade – cortes profundos nos gastos do governo – durante a crise do euro, logo após a crise financeira de 2008 nos Estados Unidos, induziu recessões profundas e, em alguns casos, quedas tão severas que foram corretamente chamadas de depressões, tanto que a Grécia (quando este livro vai para o prelo) ainda não retornou ao nível de PIB real que prevalecia antes da crise.

O ritmo e a direção da inovação

Os defensores do mercado falam das maravilhas dos mercados no campo da produção de inovação. Como vimos, a maior parte da inovação que aumentou os padrões de vida nas últimas décadas se apoia em fundamentos da ciência básica, financiada, e muitas vezes executada, pelo governo[4]. Contudo, além de os mercados, por si só, não serem suficientemente inovadores, eles encaminham a inovação na direção errada. Deveríamos focá-la para salvar o planeta e reduzir as emissões de carbono. No entanto, enormes esforços de pesquisa são direcionados para economizar mão de obra, sobretudo aquela não qualificada, e reduzir sua necessidade nos processos de produção, quando já temos um excesso desse tipo de mão de obra no mundo inteiro. Esses tipos de inovação podem reduzir os custos privados, mas o desemprego induzido e a desigualdade impõem custos enormes ao restante da sociedade[5].

Nosso sistema econômico e político se autocorrige?

Apesar dos fracassos do neoliberalismo, há muitas pessoas – sobretudo os integrantes da Direita – que dizem: não há por que se preocupar. Nosso sistema político/social/econômico possui mecanismos embutidos de autocorreção, insistem. Uma vez que os excessos do neoliberalismo tenham sido expostos, aprovaremos legislação para contê-los. Com uma dose maior de regulamentação aqui, uma dose menor ali, um pouco mais de investimento em educação formal aqui, alguns ajustes em outras políticas ali, a prosperidade e a coesão social serão restauradas. A crítica fundamental ao neoliberalismo, dizem, é puro exagero.

Os historiadores adotam, naturalmente, a "visão de longo prazo" da história. Um deles, com quem compartilhei minha perspectiva sombria sobre o estado da democracia ao redor do mundo, observou que também é verdade que, a longo prazo, as ditaduras morrem. Pense no colapso da União Soviética, ou de Francisco Franco na Espanha, António de Oliveira Salazar em Portugal, Augusto Pinochet no Chile. É verdade que os ditadores na América Latina duraram menos de 25 anos. No entanto, a ditadura soviética, com suas elites governantes, durou quase oitenta anos e foi rapidamente substituída por outra ditadura e uma oligarquia. O regime não democrático da China já dura 75 anos. Pode haver forças autocorretivas em jogo, mas às vezes elas agem com lentidão, devagar demais para nosso conforto.

Há várias razões para ser pessimista com relação às forças autocorretivas. As sociedades muitas vezes respondem com lentidão; há rigidezes gritantes mesmo diante de disfunções óbvias. Por exemplo, a prática de amarrar os pés das mulheres persistiu na China durante séculos, apesar de seus efeitos devastadores nelas. Respostas lentas ocorrem, em parte, porque aquilo em que cada um de nós acredita é afetado por aquilo que os outros acreditam, de forma que a crença reforça[6]. Se todos acreditam (ou se acredito que todos acreditam) que amarrar os pés das mulheres é bom, quem sou eu para discordar? E quase todas as sociedades trabalham para suprimir aqueles que se desviam das normas. Questionar demais é perturbador demais. É quase como se as sociedades tivessem criado anticorpos contra os desvios, na forma da desaprovação social e econômica (às vezes, indo mais longe, com comportamentos excludentes), ainda que o desvio da norma seja algo que, no final, leve a uma sociedade melhor ou pior.

É provável que uma grande maioria das pessoas nos países avançados acredite em alguma versão da mão invisível de Adam Smith, em parte porque quase todos os comentaristas acreditam nela; e os comentaristas acreditam, em parte, porque quase todas as pessoas que eles conhecem e respeitam acreditam nela também. Apenas uns poucos economistas acadêmicos e alguns radicais de Esquerda defenderam posições diferentes. Essa é a lente através da qual os comentaristas percebem o mundo, uma coerção social do pensamento, imposta não pela disciplina partidária, mas por um sistema de aprovação e desaprovação social. Como descrevi no Capítulo 9, o viés de confirmação leva a maioria das pessoas a descartar as informações que contradizem suas suposições e pressupostos. Quando os defensores do livre mercado viam as dificuldades contínuas dos estadunidenses de baixa renda, não as enxergavam como uma indicação de algum defeito fundamental no sistema. Em vez disso, racionalizavam de acordo com os preceitos dele: as vítimas eram culpadas por não haverem trabalhado o suficiente, economizado o suficiente ou organizado suas vidas da maneira certa. Quando essa explicação parecia fraca, já que um número tão grande de pessoas passava por dificuldades, a resposta dos defensores da mentalidade do mercado foi defender mudanças políticas menores, sem qualquer alteração fundamental nos arranjos econômicos.

Nossas instituições, regras e regulamentações, é claro, refletem essas perspectivas predominantes, e diferentes partes do sistema se reforçam mutuamente. É difícil pensar em como cada componente de nosso sistema complexo deveria mudar à medida que nossa economia, nossa tecnologia, nossas sociedades e nosso conhecimento sobre tudo isso mudam. Afirmei, por exemplo, que as leis de propriedade, sobretudo as leis de propriedade intelectual, precisam ser repensadas. Elas fazem parte de um sistema que foi criado ao longo de séculos. Foram sendo adaptadas, mas, via de regra, apenas com lentidão – devagar demais para o ritmo das mudanças dos dias de hoje[7]. É difícil conceber modelos alternativos, mas, quando o fazemos, muitas vezes nos deparamos com a resistência daqueles com interesses pessoais e até mesmo daqueles que, sem esses interesses, veem o mundo através de lentes mais antigas.

Daniel Kahneman, que apresentei anteriormente como um dos principais economistas comportamentais, descreve em seu famoso livro *Rápido e devagar: duas formas de pensar* como os indivíduos precisam, com frequência, tomar decisões ou chegar a julgamentos rápidos. Eles pensam com rapidez, usam regras práticas que funcionam bem na maioria das circunstâncias, mas não refletem no todo aquilo que de fato desejam ou quais seriam seus julgamentos se tivessem a oportunidade de refletir um pouco mais. Isso também é verdade para as sociedades, exceto que essa necessidade permanece verdadeira mesmo quando temos tempo para pensar[8]. O ritmo das mudanças deliberativas, em que a deliberação pode levar a um consenso razoável, seja em termos de leis formais ou normas sociais, pode estar fora de sintonia com as necessidades de nossa sociedade. Enquanto isso, usamos arranjos econômicos ultrapassados. Esse uso talvez seja mais verdadeiro nos Estados Unidos, onde uma maioria dos juízes da Suprema Corte tenta interpretar a Constituição de acordo com a perspectiva dos homens brancos ricos e proprietários de escravos que a redigiram[9]. Os próprios redatores projetaram a Constituição para dificultar mudanças nela, em parte como forma de proteger os interesses enraizados.

O pessimismo com relação à possibilidade de autocorreção nos dias de hoje

Na conjuntura atual, quaisquer forças autocorretivas existentes talvez sejam fracas demais. Para início de conversa, apesar de seus fracassos, a ideologia neoliberal está profundamente enraizada na sociedade. Muitos foram educados com base nela e acreditam nela[10]. A teoria econômica comportamental nos ajudou a entender essas crenças como uma fonte de rigidez na sociedade. Procuramos informações que sejam consistentes com nossas crenças e descartamos aquelas que as contradizem.

Sempre existem opiniões divergentes sobre uma ampla gama de questões na sociedade, incluindo o papel do governo. As opiniões são afetadas por julgamentos sobre a importância das externalidades, por exemplo, bem como pela eficácia das intervenções governamentais para abordá-las. No entanto, no início dessas discussões, é necessário haver amplo acordo sobre determinados fatos. A mudança climática é real. A covid-19 é uma doença transmissível e tem consequências sérias. Nos Estados Unidos, um dos dois grandes partidos foi tomado por políticos e eleitores dispostos a encarar os fatos e negá-los. Eles negam até mesmo a credibilidade da ciência, o alicerce de nossa sociedade e a razão pela qual os padrões de vida são tão mais altos hoje do que há 250 anos. Grande parcela do eleitorado republicano nega a mudança climática, enquanto muitos outros a minimizam, mesmo quando o país é devastado por eventos climáticos extremos.

Muito já foi escrito com o intuito de dissecar essa patologia social. Isso faz parte de uma perda mais ampla de credibilidade das elites e de confiança nas instituições, bem documentada em pesquisas ao redor do mundo, inclusive nos Estados Unidos. Isso, acredito, está diretamente relacionado ao mal-estar econômico do país – a estagnação da renda dos 90% mais pobres. É natural que aqueles que estão na base pensem: "As elites prometeram que as reformas de mercado neoliberais levariam a um crescimento mais rápido e que todos nós compartilharíamos os benefícios. Se eles estavam tão errados sobre essa questão, como podem ser dignos de confiança agora?". O paradigma dominante focou em incentivos, assim, era natural, para aqueles cujas rendas estagnaram ou caíram, enquanto as do topo dispararam, pensar: "Não foi apenas um erro das elites na área econômica. Eles manipularam o sistema para beneficiar a si mesmos à custa do restante de nós. Eles tinham um incentivo para fazer isso".

No entanto, a teoria econômica por si só não pode fornecer uma explicação completa. Muitos outros países experimentaram traumas econômicos semelhantes e, embora tenham enfrentado o crescimento do populismo, poucos deles viram a mesma prática quase cultista de negação da verdade. Talvez isso aconteça porque os estadunidenses esperavam mais – havia uma crença generalizada no "Sonho Americano" –, de modo que a disparidade entre, por um lado, a esperança dada pelo neoliberalismo e as promessas feitas em seu nome e, por outro, o resultado concreto delas foi maior.

Além disso – e este é o segundo motivo para o meu pessimismo –, a própria patologia cria condições que promovem sua autoperpetuação. Os mal-entendidos sobre economia, combinados com uma cegueira intencional para os fatos, significam que há uma boa chance de que as políticas econômicas e sociais adotadas não sejam sustentáveis, e que algumas agravem as condições econômicas adversas. O corte de impostos de Trump em 2017 para as grandes empresas e os ricos não produziu os investimentos prometidos, mas aumentou o déficit fiscal e as desigualdades sociais. Suas propostas de cortes drásticos na pesquisa básica – felizmente nunca ratificadas pelo Congresso – teriam minado os alicerces do progresso. As condições econômicas dos cidadãos comuns podem piorar, e isso pode fortalecer o populismo.

Da mesma forma, embora os axiomas neoliberais sobre egoísmo e ganância universais sejam falsificáveis – e falsificados[11] –, eles criaram um grande número de pessoas bem descritas por esses axiomas, as quais constituem uma força muito grande na perpetuação do sistema.

Talvez o mais importante sejam as dinâmicas de poder nos dias de hoje. Pessoas com um interesse em perpetuar o *status quo* exercem uma influência desproporcional sobre o sistema político[12].

Há dois aspectos distintos na situação dos Estados Unidos. A dinâmica de poder é exacerbada por um sistema político no qual o dinheiro importa mais do que na maioria das outras democracias. As eleições estadunidenses são muito caras, e é inevitável que os doadores que contribuem mais para campanhas (contribuições que são mais corretamente entendidas como "investimentos políticos") tenham mais influência. O *lobby* também se tornou um grande negócio. Aqueles que podem pagar mais e melhores lobistas são ouvidos com mais clareza. Em algumas áreas, como finanças, as "portas giratórias" continuam sendo uma prática comum, a saber, empresas e organizações oferecem empregos atraentes a ex-funcionários do governo que serviram bem aos seus interesses. As distorções nos incentivos são óbvias.

Além disso, a Constituição dos Estados Unidos, através de seu sistema de eleições presidenciais e de dois senadores por cada estado, deu mais poder aos estados menos populosos. Consequentemente, as disparidades implícitas no poder de cada voto se ampliaram de forma gigantesca ao longo do tempo. Até mesmo o valor da democracia em si começou a ser questionado pelos republicanos, que trabalham descaradamente para suprimir votos, manipular os distritos eleitorais e desestabilizar a transferência pacífica do poder, uma característica essencial de qualquer democracia.

Além disso, as novas tecnologias forneceram novos instrumentos para consolidar o poder e deram poderes adicionais aos poucos que as controlam, permitindo-lhes exercer uma influência desproporcional sobre os resultados políticos[13].

De onde virá a mudança e para onde ela nos levará?

Condições econômicas precárias, sobretudo grandes disparidades econômicas entre diferentes grupos sociais, geram demandas por mudanças nas políticas e nos sistemas[14]. Mas a direção que a mudança tomará nem sempre é clara. Há uma oferta infinita de ideias ruins. Em tempos de desesperança, as sociedades raramente conseguem engajar-se no tipo de deliberação que permitiria uma escolha racional, ou seja, a separação das boas ideias das ruins e a reestruturação sutil de qualquer ideia incipiente para torná-la viável. Como resultado, a mudança social resultante das crises nem sempre é positiva. A Grande Depressão foi, com frequência, responsabilizada pela ascensão de Hitler; a desindustrialização nos Estados Unidos, pela ascensão de Trump. A preocupação entre aqueles que desejam ver a democracia florescer é que a nação possa eleger um demagogo ainda pior que Trump se a situação econômica do país persistir – sua profunda desigualdade acompanhada pelas "mortes resultantes do desespero"[15]. A ascensão do neoliberalismo no campo político pode ser datada, pelo menos nos Estados Unidos e no Reino Unido, períodos de estresse, como a estagflação que precedeu a eleição de Ronald Reagan e as primeiras manifestações da desindustrialização, por exemplo.

É claro que as crises, às vezes, são momentos para aproveitar oportunidades de mudanças sociais positivas. A Grande Depressão nos Estados Unidos levou às reformas do New Deal, incluindo a legislação trabalhista e a Seguridade Social.

Em resumo, o estresse econômico resultante dos fracassos do neoliberalismo e de seus sucessores na Direita populista, como Trump e o ex-presidente brasileiro Jair Bolsonaro, pode muito bem induzir movimentos por mudanças sociais. É possível também que esses movimentos redirecionem nosso sistema socioeconômico na direção certa. No entanto, é igualmente, talvez muito, provável que a economia tome o caminho errado.

Os Estados Unidos são talvez excepcionais pela influência que exercem sobre aquilo que é considerado comportamento aceitável ou desejável por seus líderes e governo. Em grande medida, o país cria o ambiente intelectual em que outros líderes e Estados funcionam. Assim, Trump abriu espaço para que outros demagogos, como o primeiro-ministro Narendra Modi na Índia e Bolsonaro no Brasil, avançassem suas agendas populistas. Trump quase certamente mudou a política, pelo menos em alguns desses países, e tornou aceitável o que anteriormente teriam sido consideradas ideias antidemocráticas. Afinal, elas não pareciam tão ultrajantes pelos novos padrões globais. A ideia do primeiro-ministro húngaro Viktor Orbán de "democracias iliberais" poderia ter sido ridicularizada e descartada se não fosse por Trump.

É claro que ondas intelectuais percorrem o mundo – a era do fascismo nos anos 1930, a era das ditaduras militares na América Latina nos anos 1970 e 1980, e o neoliberalismo nos anos 1980 e 1990. No mundo de hoje, os Estados Unidos desempenham um papel de destaque no estabelecimento de tendências[16].

Tudo isso nos deixa talvez com um sentimento ainda mais pessimista a respeito das possibilidades fora dos Estados Unidos. Se este país não está no caminho certo para corrigir sua distopia crescente, a probabilidade é que mais países terão líderes políticos com características de culto, o que tornará mais lento e problemático um retorno a uma economia e a uma política mais sensatas.

Essa crise democrática não poderia ter vindo em pior hora, uma vez que enfrentamos, ao mesmo tempo, a crise climática. A aliança profana entre demagogos, populistas, o setor de combustíveis fósseis e os interesses empresariais que os apoiam está nos empurrando rapidamente para além dos limites do planeta.

O momento pode ser propício: gotas de otimismo

Como observei no Capítulo 1, uma característica do neoliberalismo era a alegação de que não havia alternativa. Seus defensores diziam que não havia alternativa efetiva ao seu mantra de liberalização, desregulamentação, privatização, austeridade e o foco implacável e exclusivo dos bancos centrais em manter a inflação em 2%. É claro que havia alternativas, mas os neoliberais alegavam que qualquer política alternativa tornaria a situação de todos tão pior que eles se arrependeriam. Essa postura tinha uma grande vantagem: poderíamos deixar não apenas a gestão da economia, mas também a formulação das regras básicas, para os tecnocratas – na verdade, para os economistas.

Suas análises estavam erradas e, mais importante, havia alternativas realistas, tanto domésticas quanto internacionais. Anteriormente, descrevi o neoliberalismo como uma mentalidade que começa com a *presunção* de que os mercados são eficientes e de que é provável que qualquer coisa que o governo faça piorará tudo. As realidades econômicas são diferentes. Pelo mundo afora, o governo desempenhou um papel importante nos países com as taxas mais altas de crescimento. Todos, em todos os lugares, recorreram ao governo para salvar a economia e conter a covid-19 durante a pandemia. E isso funcionou muito bem. Entretanto, esse não foi um evento único; sempre acontece. À medida que o mundo enfrenta a crise existencial da mudança climática, não há alternativa senão a ação governamental.

O sistema econômico neoliberal atual não é ambiental, social, política nem economicamente sustentável.

Muitos dentro do *establishment* sugerem que pequenos ajustes no sistema são tudo o que é necessário. Ao enfrentar a crise climática, eles falam sobre as "finanças verdes" e liberar o poder dos mercados financeiros privados. Ao enfrentar a crise da desigualdade, falam em melhorar o sistema educacional. Alguns podem ser tão ousados a ponto de propor o aumento do salário mínimo (nos Estados Unidos, ele está no mesmo nível de mais de seis décadas atrás, após correção para a inflação).

Eu e muitos outros afirmamos, no entanto, que esses pequenos ajustes não serão suficientes. Alguns dizem, portanto, que precisamos de uma revolução. Entretanto, a triste história dos últimos dois séculos e meio é que as revoluções, em geral, não terminam bem. Para mim, a única resposta é lutar por uma mudança tão grande quanto nosso sistema democrático permitir. Os Estados Unidos e outras democracias já passaram por períodos de mudanças rápidas tão grandes que podem ser descritas como radicais, mas que, ao mesmo tempo, ficaram aquém de uma revolução. Exemplos de tais mudanças rápidas incluem o New Deal nos Estados Unidos e a criação do estado de bem-estar social no Reino Unido após a Segunda Guerra Mundial.

O fato de não haver alternativa a não ser uma mudança radical é uma fonte de otimismo. Nossa juventude é outra. Uma das divisões em nossa sociedade é entre as gerações. Os jovens estão encontrando dificuldades em comprar casas e conseguir empregos decentes; eles sabem que a probabilidade de alcançarem mais sucesso econômico do que seus pais é baixa[17]. Também sabem que a realidade da mudança climática pode ter efeitos devastadores no mundo que irão herdar. De várias outras maneiras, estão questionando sua herança intelectual. E parte desse questionamento envolve os sistemas econômicos e sociais. Mesmo nos Estados Unidos, percebo um forte apoio às ideias que estou articulando aqui e uma compreensão dos princípios que enunciei. Se conseguirmos manter a tocha de uma democracia liberal com valores iluministas parcialmente acesa por tempo suficiente e proteger o tipo de economia que a acompanha, há uma boa chance de que a próxima geração consiga chegar a um consenso sobre como podemos não apenas criar um mundo mais estável, próspero, sustentável e equitativo, mas também iniciar o processo de avançar em direção a uma boa sociedade (ou, pelo menos, uma melhor)[18].

12

Liberdade, soberania e coerção entre Estados

Diversas questões relacionadas à liberdade e à coerção se manifestam no nível dos Estados-nação, muitas vezes de maneiras semelhantes àquelas que acontecem no nível dos indivíduos, embora a linguagem, por vezes, seja ligeiramente diferente. Os países se preocupam com a perda de soberania em acordos internacionais, como aquele que estabeleceu a Organização Mundial do Comércio. Os que aceitam fundos do Fundo Monetário Internacional sentem-se coagidos a aceitar as obrigações que acompanham o dinheiro (chamadas de "condicionalidades") – exigências para que o país reduza gastos, aumente impostos ou altere alguma regra ou regulamentação para obter o dinheiro de que tanto necessita.

Pode ser útil distinguir dois tipos de situações. A primeira é a coerção verdadeira – a ameaça de violência por meio da qual as potências coloniais exerciam seu controle. Elas prejudicavam claramente as liberdades dos colonizados, mesmo que estes assinassem um acordo que cedesse seus direitos. Esse acordo era apenas uma fachada.

A segunda é um acordo entre dois iguais, feito para benefício mútuo, seja para evitar que exerçam externalidades negativas entre si (como no caso do clima) ou para facilitar a criação de externalidades positivas (como pode ser o resultado de uma expansão comercial mutuamente benéfica). Em ambos os casos, cada parte concorda em fazer ou não algo se, e somente se, a outra fizer o mesmo. A liberdade para agir em uma dimensão é restringida, mas a expansão do conjunto de oportunidades de cada parte, como resultado do acordo, contanto que a outra parte o cumpra, aumenta a liberdade para agir de muitas outras maneiras.

Não há coerção nos acordos verdadeiramente voluntários entre iguais, mesmo que limitem a soberania. Eles podem ser vistos, na escala internacional, da mesma forma que os contratos entre indivíduos discutidos no Capítulo 5.

No entanto, como observei, os contratos aparentemente voluntários podem mesmo assim ser exploratórios e parecerem coercitivos, sobretudo quando uma das partes do contrato é mais poderosa que a outra. Tais desequilíbrios de poder, tanto econômico quanto militar, permeiam o mundo contemporâneo.

Ao longo do século passado, acordos entre países avançados e mercados emergentes ou países em desenvolvimento parecem ter sido voluntários – não costuma haver coerção física – e sustentados por uma retórica de benefícios mútuos. No entanto, essa nem sempre é a forma como são percebidos pelos países em desenvolvimento, que (corretamente, em minha opinião) acreditam, muitas vezes, que o que está de fato acontecendo é coerção econômica.

A coerção pode assumir diversas formas. Privar uma pessoa de uma oportunidade que ela poderia ter tido pode induzi-la a fazer algo que, de outro modo, não faria. Embora não seja "forçada" a agir da maneira como se sente coagida, essa é a melhor opção *disponível*. Em tais situações, ela pode, corretamente, dizer que foi coagida. Vimos um exemplo antes: os negros sul-africanos trabalhavam "voluntariamente" nas minas por salários baixos porque o regime opressor eliminou quaisquer oportunidades diferentes, como a agricultura. Não havia uma escolha efetiva.

Uma situação semelhante se aplica às nações. O colonialismo deixou um legado de privação em muitos países. A melhor alternativa para eles era aceitar relações econômicas, muitas vezes chamadas de parcerias, que forneciam assistência financeira e acesso aos grandes mercados do mundo desenvolvido. Entretanto, os termos eram vantajosos para o país avançado e não teriam surgido em um mundo em que o poder de barganha fosse mais igualitário. Muito do que escrevi nas últimas duas décadas tem sido um esforço para mostrar a natureza exploratória dos acordos internacionais e o funcionamento exploratório das instituições econômicas internacionais, e a disparidade entre a retórica de acordos mutuamente vantajosos e justos e a realidade de acordos injustos redigidos para promover os interesses das multinacionais dos países avançados, incluindo grandes empresas financeiras, mineradoras e, mais recentemente, de tecnologia[1].

Em muitos casos, os acordos internacionais trouxeram poucos benefícios diretos aos países em desenvolvimento e, ainda assim, limitaram o que poderiam fazer. Eles implicaram em uma nítida perda de liberdade econômica para o país pobre, sem um ganho correspondente adequado.

Em alguns casos, as instituições internacionais usaram externalidades transnacionais como justificativa para as restrições que impuseram aos países pobres (da mesma forma que falei sobre as regulamentações que restringem o comportamento individual quando há externalidades). Contudo, as externalidades dos países em desenvolvimento pequenos ou mesmo dos mercados emergentes são, na maioria das vezes, insignificantes, enquanto as originadas nos grandes países avançados são enormes. Ainda assim, muitos acordos buscaram limitar o comportamento dos países em desenvolvimento e dos mercados emergentes de uma forma ou de outra, enquanto praticamente nada foi feito sobre as grandes externalidades originadas nos países avançados. Isso sugere que algo mais está em jogo. Os países grandes e ricos usam esses acordos para promover seus interesses à custa dos pequenos e pobres. E, pior ainda, os acordos não costumam ser aplicados em toda sua plenitude aos grandes e ricos, mas são aplicados aos pequenos e pobres.

Os acordos são pouco mais que a mais recente manifestação da política de poder, que restringe a liberdade do mundo em desenvolvimento enquanto expande a liberdade do mundo desenvolvido. Não é muito diferente do resultado da Guerra do Ópio discutida mais cedo, que restringiu a capacidade da China de proteger seus cidadãos de um narcótico perigoso, mas expandiu os direitos de livre comércio do Ocidente para exportá-lo. Devo ser mais preciso: os poderosos nos países avançados tentam assegurar que seus governos usem *seu* poder para proteger os interesses das elites do poder; as políticas podem ser, e com frequência são, contrárias ao bem-estar da vasta maioria dos cidadãos dos países avançados.

As externalidades dos países grandes e ricos para os pequenos são evidentes não apenas no comércio. Ao longo dos anos, as políticas monetárias dos Estados Unidos criaram externalidades globais. A súbita elevação das taxas de juros por Paul Volcker, presidente do Federal Reserve, em 1981, acima de 20%, precipitou a crise da dívida latino-americana. Porém, os Estados Unidos raramente consideraram essas externalidades enquanto elaboravam suas políticas. Mesmo assim, o FMI, o Banco Mundial e outros pressionaram os países em desenvolvimento a conduzirem suas políticas monetárias de acordo com os ditames neoliberais que focam na inflação, o que significa ter que aumentar as taxas de juros assim que a inflação sobe acima de 2%, independentemente da razão, mesmo que não existam externalidades globais significativas decorrentes da política monetária de um país pequeno. Mais grave ainda, essas organizações usaram seu poder para condicionar os empréstimos ao cumprimento dessa ortodoxia pelo país mutuário[2].

Há uma exceção em que países pequenos exercem uma externalidade sobre os grandes. Alguns oferecem opções de evasão fiscal para empresas e para os ricos, o que prejudica a capacidade de outros países de arrecadar impostos. As Ilhas Cayman, o Panamá e as Ilhas Virgens Britânicas são notórias por essa prática. Não foram apenas países pobres – Luxemburgo e Irlanda fizeram o mesmo na Europa. Entretanto, países grandes, e setores especiais (como o mercado imobiliário) nesses países, também se tornaram centros globais de evasão e elisão fiscal, ao ajudar a roubar de outros países os impostos que lhes são devidos. E, talvez mais importante, se os países ricos e poderosos quisessem acabar com esses paraísos fiscais, poderiam fazê-lo com facilidade ao simplesmente restringir o aproveitamento, por seus cidadãos e empresas, dos serviços de evasão fiscal daqueles lugares. Eles persistem porque é do interesse de alguns dos ricos e poderosos nos países ricos e poderosos permitir que persistam.

Propriedade intelectual

Nada poderia ilustrar melhor os desequilíbrios nas regras e regulamentações internacionais do que a regulamentação da propriedade intelectual. No Capítulo 7, mencionei os efeitos desastrosos quando, durante a covid-19, restrições à liberdade das empresas nos países pobres para produzir vacinas, testes e tratamentos contra a doença levaram a milhares de hospitalizações adicionais e um número incontável de mortes. A ironia é que já existia um acordo global afirmando que, durante uma epidemia, os países poderiam ter acesso irrestrito à propriedade intelectual sujeito ao pagamento de um *royalty* justo. Os países pobres acreditavam que esse acordo significava que, durante pandemias, as vidas seriam consideradas mais importantes do que os lucros; sem esse entendimento, talvez não tivessem aderido ao acordo da OMC. Entretanto, as indústrias farmacêuticas aprenderam a procrastinar. Cada dia de atraso significava milhões a mais em lucros – mesmo que a demora causasse milhares de mortes adicionais. Lamentavelmente, governos importantes, incluindo Alemanha, Suíça e Reino Unido, apoiaram a indústria farmacêutica durante a pandemia de covid-19.

A decisão do Ocidente de priorizar os lucros das indústrias farmacêuticas em detrimento de vidas terá efeitos duradouros. O enfraquecimento do apoio de tantos países em desenvolvimento à Ucrânia contra a invasão da Rússia não surpreendeu, dada a resposta cruel do Ocidente aos pedidos de ajuda durante a pandemia do coronavírus. Contudo, em um mundo onde a cooperação global é urgentemente necessária para resolver problemas existenciais, como a mudança climática, precisamos reescrever os acordos internacionais para que sejam bem mais equilibrados do que foram no passado.

A governança global e a tributação das multinacionais

Há um desequilíbrio de poder no cenário internacional que é talvez mais óbvio e maior do que em muitas sociedades democráticas que funcionam bem. E esse desequilíbrio se reflete na forma como as decisões são tomadas em nosso mundo. Os países em desenvolvimento têm exigido participar das discussões sobre acordos globais cruciais porque perceberam que, se você não tem um lugar à mesa, você talvez esteja no cardápio. No entanto, ocupar um lugar à mesa não basta. Muitas vezes, seu microfone é desligado e ninguém está ouvindo.

Um exemplo: com muito alarde, a comunidade internacional discutiu reformas no sistema de tributação das empresas multinacionais. Os países em desenvolvimento, é óbvio, precisam desesperadamente de recursos. À medida que as fábricas se transferiram para seus países, o que permitiu que os consumidores dos países mais avançados obtivessem bens a preços mais baixos, os países em desenvolvimento acreditaram ter garantido empregos para si mesmos *e* uma fonte de recursos para educação formal, saúde e outras metas de desenvolvimento. No entanto, as multinacionais se especializaram em explorar a globalização. Produziam bens onde a mão de obra era barata, mas usavam regras globais para evitar pagar impostos em todos os lugares. O processo de reforma do sistema começou na Organização para Cooperação e Desenvolvimento Econômico (OCDE), o grupo de peritos (*think tank*) oficial dos países avançados, mas, após muitas críticas feitas pelos mercados emergentes e países em desenvolvimento de que suas preocupações não estavam recebendo a devida atenção, a OCDE criou uma estrutura "inclusiva" para as discussões – ou, mais precisamente, criou uma fachada de inclusão.

Os representantes dos países em desenvolvimento continuaram a criticar o processo dizendo que suas vozes ainda eram ignoradas – não surpreende, dado que a OCDE era o clube dos países avançados. A proposta de acordo que acabou surgindo confirmou as alegações dos países em desenvolvimento. Por exemplo, embora fosse bom que o acordo estabelecesse um imposto mínimo sobre as empresas e as obrigasse a pagar impostos em *algum lugar*, o imposto mínimo foi fixado em uma alíquota muito baixa, metade da alíquota média na América Latina[3]. Mesmo exigindo que os países aderissem ao novo marco, a OCDE se recusava a divulgar estimativas de como o novo regime geraria receitas adicionais para os países pobres. Estimativas independentes sugeriram que seria uma ninharia e, em troca dessa ninharia, os países teriam que renunciar à imposição de impostos digitais sobre empresas como Google, Meta e Amazon – cuja receita potencial só aumentaria com o passar do tempo[4]. (É óbvio, os interesses refletidos nas restrições eram os dos gigantes digitais, cujas ideias estavam bem representadas pelos negociadores estadunidenses.)

Os países em desenvolvimento ficaram tão decepcionados com os resultados que pediram para transferir a sede da discussão tributária para a ONU, onde teriam uma voz mais ativa, mesmo que o poder econômico continuasse a importar mais no final. No entanto, os Estados Unidos entenderam que mudar o local poderia limitar seu poder. O mundo já estava dividido pelo apartheid das vacinas e por duas guerras, uma no Oriente Médio e outra na Ucrânia, mas os Estados Unidos criaram outra divisão, entre os países em desenvolvimento e os avançados. À medida que crescia a decepção do mundo em desenvolvimento com as propostas da OCDE, a União Africana lançou uma proposta para iniciar o processo de uma convenção tributária sobre uma série de assuntos, possivelmente incluindo aqueles abordados pela OCDE, mas também indo muito além. Em vez de ceder ao crescente apoio global para discutir esses assuntos vitais na ONU, o órgão criado para tais propósitos, em novembro de 2023, os Estados Unidos votaram com outros 47 países, em grande parte avançados, contra um acordo da ONU para iniciar o processo. Os Estados Unidos não apenas falharam em sua tentativa de impedir o acordo histórico, que recebeu o apoio de 125 países, a maior parte deles em desenvolvimento, como também se colocaram do lado errado da história e, novamente, alienaram aqueles cuja cooperação seria necessária em uma série de problemas globais[5].

Histórias semelhantes poderiam ser relatadas sobre cada área da arquitetura econômica internacional. Esses problemas têm me preocupado nas últimas duas décadas e meia; e, embora haja agora um maior reconhecimento das injustiças – os desequilíbrios entre as restrições (perdas de liberdade) impostas aos países pobres e as liberdades conferidas aos ricos –, muito pouco foi feito a respeito. Nas próximas três seções ilustro essa situação examinando a dívida, o comércio e o investimento.

Os grilhões da dívida

Os leitores de Charles Dickens compreendem muito bem as conexões entre dívida e liberdade para os cidadãos no século XIX. A punição por não pagar uma dívida era a prisão. Não importava que o próprio prisioneiro, sentado na cela, pouco pudesse fazer para saldar sua dívida[6]. Felizmente, avançamos além desse ponto e consideramos as prisões para devedores como parte de um passado quase incivilizado.

No cenário internacional, as coisas também podem parecer melhores hoje do que há cento e poucos anos. No século XIX, quando os países não conseguiam pagar o que deviam, os países credores usavam a força das armas para forçá-los a pagar suas dívidas – como no Egito em 1882 e na Venezuela em 1902-1903. Mais recentemente, países e províncias descobriram que podem perder sua independência democrática efetiva, como a Terra Nova* descobriu na década de 1930, quando foi colocada sob "administração judicial" e seu controle foi, em grande parte, transferido para seus credores; e como Porto Rico aprendeu em 2016, quando seu governo, eleito democraticamente, foi, na realidade, subjugado a um conselho designado para gerenciar o pagamento de sua dívida[7].

Mesmo sem medidas tão drásticas, no entanto, a vida para um país que se endividou em demasia não é agradável. Os credores fazem o que podem para extrair o máximo possível do que lhes é devido – sem se importar muito, se é que se importam, com as consequências para os cidadãos. Isso é verdade mesmo se os credores tiverem desempenhado um papel ativo na criação da crise da dívida ao oferecerem crédito em condições tentadoras, possivelmente até tendo subornado funcionários do governo ou executivos privados para que eles contraíssem os empréstimos.

Na sociedade moderna, quando uma pessoa ou empresa contraiu dívidas excessivas, o que é igual a quando os bancos e outros credores fazem

---

*   Hoje uma província do Canadá. (N.T.)

empréstimos excessivos, existe um procedimento formal de falência. A dívida é reestruturada para que as pessoas possam dar seguimento a suas vidas e as empresas possam se reerguer a fim de crescer e criar empregos de novo, se tiverem o talento e os conhecimentos para tanto.

Embora os credores destaquem a imprudência dos tomadores de empréstimos em contrair dívidas excessivas, a verdadeira falha reside nos credores. Eles deveriam ser especialistas em gestão de risco e saberem quanto uma pessoa, empresa ou país pode tomar emprestado sem acabar tendo problemas. Presume-se que saibam muito mais sobre a microeconomia subjacente e a macroeconomia predominante do que uma pessoa comum ou um país em desenvolvimento pobre. Os empréstimos são voluntários. Se um empréstimo não deveria ter sido feito, a culpa recai tanto, ou mais, sobre o credor quanto sobre o tomador.

Mencionei na Parte II como os ricos exercem controle sobre a mídia e uma influência descomunal sobre nosso sistema econômico. Em nenhum lugar isso é mais evidente do que em nossa discussão aqui. Os banqueiros no Ocidente contam a história de tomadores de empréstimos imprudentes, de uma Argentina que é reincidente em inadimplências. Entretanto, ignoram o óbvio: se isso era tão evidente, por que emprestaram tanto, como fizeram para a Argentina depois que Mauricio Macri se tornou presidente daquele país em 2015? A resposta óbvia é que a ganância pesou mais do que a avaliação de risco. Os bancos gostaram das taxas de juros elevadas, sem pensar que isso não era apenas um sinal de alto risco, mas também uma causa, já que o país teria dificuldade em cumprir termos tão onerosos.

A nível internacional, não há nada análogo a um tribunal de falências para países soberanos que não conseguem pagar o que devem. É extremamente importante criar uma estrutura para isso, já que resolver endividamentos transnacionais é muito mais complexo do que resolver problemas de dívida interna[8]. E o que acontece como resultado é um jogo de puro poder, com a maior parte dele nas mãos dos credores. No passado, suas exigências eram amplificadas e coordenadas pelo FMI, que agia como agente de cobrança dos credores.

Havia um padrão no que acontecia quando os países ficavam excessivamente endividados nas décadas após o fim da Segunda Guerra Mundial até cerca de 2020. Eles eram ameaçados de terem qualquer acesso ao mercado de crédito cortado se não concordassem com os termos oferecidos[9]. Sem crédito e sem reservas em moeda estrangeira, esses países talvez não conseguissem comprar alimentos para seu povo ou outros bens importados necessários para a produção. Havia um espetáculo de barganha e negociação, mas, no final, tudo não passava de mais uma farsa. O FMI elaborava um relatório excessivamente otimista da capacidade de pagamento do país devedor e, com base nisso, uma pequena parte da dívida era perdoada. Em troca, o país fazia o possível para extrair dinheiro de seus cidadãos para pagar os credores, o que significava cortar gastos com saúde, educação e infraestrutura – despesas necessárias para a subsistência básica e para as perspectivas de crescimento no futuro. A austeridade extrema, às vezes acompanhada por aumentos de impostos, empurrava o país para uma recessão profunda. O crescimento estimado no cenário otimista do FMI não se concretizou, e outro calote aconteceria alguns anos mais tarde. Isso equivalia a uma versão dos séculos XX e XXI da prisão para devedores, só que para países[10].

Observe o papel do FMI em tudo isso. Nos piores casos, o país assumiu a responsabilidade de pagar os credores privados, o FMI entregou ao país o dinheiro necessário para fazê-lo, e os cidadãos do país arcaram com a conta. Embora os banqueiros possam *parecer* defensores ferrenhos da livre-iniciativa privada, isso só acontece quando eles são beneficiados. Quando uma grande quantidade de dívida privada se acumula em um país em desenvolvimento, os credores exercem uma pressão enorme sobre o governo para absorver a dívida do setor privado. Assim, os integrantes do setor privado, incluindo o financeiro, no país desenvolvido e no país em desenvolvimento, compartilham os lucros. Enquanto isso, os cidadãos do país em desenvolvimento arcam com o risco do lado negativo nesse capitalismo de fachada. E o FMI é o chefe da gangue que garante que tudo isso aconteça.

Mais recentemente, com a crise na Argentina em 2020 – a qual envolveu o maior empréstimo da história do FMI (cerca de 44 bilhões de dólares) –, as coisas pareciam ter melhorado, para desgosto da Wall Street e do Tesouro dos Estados Unidos, que por vezes foi descrito, de forma não totalmente injusta, como uma subsidiária integral da Wall Street, mesmo sob administrações democratas. Na reestruturação da dívida da Argentina em 2021, o FMI desempenhou um papel de mediador honesto, detalhando o nível de dívida que era sustentável, ou teria sido se as coisas tivessem corrido bem (isso foi antes de sentir em toda sua extensão os impactos das perturbações globais da guerra na Ucrânia, da pandemia e de uma seca induzida pela mudança climática)[11]. O restante da dívida teria que ser perdoado, de uma forma ou de outra. Wall Street ficou furiosa com a aparente traição do FMI; queria extrair mais dólares da Argentina do que o FMI dizia ser viável. Houve tentativas de substituir a chefe do FMI, o que foi visto por alguns como uma tentativa de golpe[12], apoiado pelo Tesouro dos Estados Unidos.

Embora os mercados globais de dívida tenham melhorado, como ilustra esse evento, em outros aspectos o problema piorou. Existem mais credores diversificados, com agendas econômicas e políticas conflitantes. Resolver as crises de dívida com um punhado de bancos em volta da mesa já era difícil. Hoje é muito mais, com centenas de credores de múltiplos países defendendo seus próprios interesses, os quais, em geral, conflitam com os de outros[13]. Os verdadeiros interesses dos credores também são completamente obscurecidos por mercados financeiros que permitem que alguns permaneçam à mesa de negociações enquanto transferem secretamente todo o risco de inadimplência para terceiros[14].

A China tornou-se um credor muito importante para a dívida de países em desenvolvimento e mercados emergentes[15], e mostrou muito pouca disposição para reestruturar dívidas. Ela parece ser um negociador tão inflexível quanto os bancos privados dos Estados Unidos[16]. Porém, se um credor grande não participa significativamente da reestruturação da dívida, poucos outros o farão, já que nenhum credor quer sentir que outro credor está se apropriando do dinheiro que ele não está recebendo[17]. Por ironia do destino, embora a China tenha feito grande parte de seus empréstimos por razões geopolíticas, suas políticas inflexíveis causaram sérios danos à sua reputação, mais notoriamente no caso do Sri Lanka; a China assumiu o controle de um dos principais portos desse país quando ele não conseguiu pagar sua dívida.

O que está claro é que qualquer país que se endivida em excesso junto a credores estrangeiros entra em um acordo faustiano. O país recebe um pouco mais de dinheiro hoje, mas corre sério risco de perder sua liberdade no futuro. Os países do Leste Asiático aprenderam isso a um grande custo durante a crise de 1997-1998, quando eu era economista-chefe do Banco Mundial[18]. Essa foi uma crise causada pela abertura das economias dos países do Leste Asiático ao fluxo livre de capitais, um processo chamado liberalização do mercado de capital e uma parte central da agenda ampliada do Consenso de Washington – "reformas" que o Banco Mundial, o FMI e o Tesouro dos Estados Unidos impuseram aos países em desenvolvimento[19]. O dinheiro fluiu livremente para os países, já que Wall Street via a região como a nova fronteira para lucros; mas, em seguida, o sentimento de repente mudou, em parte porque Wall Street temia que tivesse emprestado demais. Houve uma corrida para sacar dinheiro daqueles países, as taxas de câmbio despencaram e os tomadores de empréstimos não puderam pagar o que haviam prometido. O FMI desempenhou seu papel habitual – impôs condições extremas, forneceu dinheiro que efetivamente fluiu para os credores privados estrangeiros e deixou os cidadãos dos países com o prejuízo. Os cidadãos disseram: nunca mais. Nunca mais arriscariam a perda de sua soberania econômica, uma parte fundamental da liberdade de um país. Os países do Leste Asiático reduziram seus empréstimos no exterior e aumentaram suas reservas cambiais (dinheiro que um país mantém na forma de títulos do Tesouro dos Estados Unidos, ouro ou outros ativos líquidos)[20].

Mesmo em casos menos agudos, o endividamento tem seus efeitos sobre os países em desenvolvimento e mercados emergentes. Os fluxos livres de capital enfraquecem as vozes democráticas locais. O capital pode dar um poder de veto crucial à Wall Street, o que pode se traduzir em ameaças, por parte de financiadores internacionais, de retirada de seu dinheiro se um candidato a um cargo político ganhar e eles não gostarem. A ameaça é suficientemente crível para que, normalmente, os eleitores se sintam amedrontados e votem em um candidato escolhido pela Wall Street, ou pelo menos em alguém que Wall Street considere aceitável.

Isso não é hipotético. Aconteceu nas duas primeiras vezes em que Luiz Inácio ("Lula") da Silva concorreu à presidência do Brasil. A ironia foi que, quando finalmente conseguiu se eleger, ele liderou o país a uma enorme prosperidade, contrariando os temores dos banqueiros estrangeiros e das elites domésticas.

Durante anos, a comunidade internacional, liderada pela Wall Street, pelo Tesouro dos Estados Unidos e pelo FMI, tentou forçar os países a abrir seus mercados de capital, por meio da liberalização e da eliminação das restrições à entrada e à saída de dinheiro. Esse movimento permitiu, essencialmente, que as empresas privadas daqueles países fossem persuadidas por corretores de dívida de Wall Street a contraírem o máximo de endividamento possível. Por ironia, na mesma época em que a crise do Leste Asiático estava se formando, causada, como já mencionei, em grande parte, pelo fato de estes *países terem liberalizado seus mercados de capital*, houve uma tentativa, na reunião do FMI em Hong Kong, em 1997, de alterar o estatuto da instituição de modo a permitir que impusesse essas políticas aos países em desenvolvimento e mercados emergentes. Felizmente, isso não aconteceu e, em apenas 15 anos, o FMI reverteu sua posição e reconheceu que, em certos momentos, os controles de capitais que restringem o fluxo de dinheiro para dentro e para fora de um país (eufemisticamente chamados de técnicas de gerenciamento da conta de capital) poderiam ser uma ferramenta útil e desejável[21].

A farsa do comércio "livre e justo"

As regras que regem o comércio internacional são uma parte essencial da arquitetura econômica internacional. Seu suposto objetivo é expandir o comércio reciprocamente, permitindo que os países aproveitem as economias de escala e as vantagens comparativas, elevando, assim, seu padrão de vida. Seu objetivo é criar um "campo de jogo nivelado" por meio da limitação das restrições às importações e dos subsídios às exportações.

Produtores e trabalhadores em uma indústria inundada por importações estrangeiras talvez fiquem insatisfeitos; trabalhadores talvez percam seus empregos e empresas talvez peçam falência. Os valores dos imóveis despencam nas comunidades afetadas. No entanto, os defensores desses acordos comerciais dizem: "Aguentem firme. No longo prazo, todos estaremos melhor. Como consumidores, todos nós nos beneficiamos das importações mais baratas. Transferiremos trabalhadores de setores improdutivos que tentam concorrer com empresas estrangeiras mais eficientes para nossos setores mais produtivos, e os trabalhadores se beneficiarão duplamente, com empregos melhores e preços mais baixos". Mesmo nos países desenvolvidos, muitas vezes os trabalhadores não se deslocam de setores de baixa produtividade que concorrem com importações baratas da China para empregos de alta produtividade. Em vez disso, passam para as filas de desemprego, onde sua produtividade é exatamente nula. E não deveríamos nos surpreender. Os neoliberais presumiram que mudar de um setor e de um local para outro era algo isento de custos; não é. Considere o que aconteceu nos Estados Unidos à medida que a globalização se desenrolava nas últimas quatro décadas. Os antigos empregos poderiam estar em Indiana, enquanto os novos, a milhares de quilômetros de distância, em Seattle. Os antigos empregos poderiam estar na fabricação de automóveis, enquanto os novos poderiam ser destinados a engenheiros de software. Mesmo com amplo apoio, a transição de uma habilidade para outra seria difícil, sem mencionar os custos de mudança envolvidos. Contudo, de acordo com a ideologia neoliberal, o foco era em "liberar o mercado", não em cobrar os impostos que gerariam as receitas necessárias para fornecer assistência com o ajuste. Assim, havia pouca ou nenhuma ajuda para os trabalhadores.

Os defensores do livre comércio afirmavam que todos ficariam melhor – não apenas aqueles que se beneficiavam da nova capacidade de exportar – por meio de algum tipo de processo místico de gotejamento. Mesmo a teoria econômica padrão (a neoclássica) previa que, sem assistência e transferências, a liberalização comercial faria com que alguns grupos acabassem em uma situação absoluta, não relativamente, pior[22]. O argumento era óbvio. Ao importar bens intensivos em mão de obra não qualificada de lugares como a China, reduzimos a demanda por mão de obra não qualificada estadunidense. Se as exportações criavam empregos, as importações os destruíam. Os bens que os Estados Unidos importavam, como têxteis e vestuário, eram mais intensivos em mão de obra – ou seja, usavam mais mão de obra não qualificada do que a maioria das exportações. Com a balança comercial em equilíbrio aproximado, o incremento de exportações correspondente ao aumento das importações não aumentaria os empregos não qualificados a ponto de compensar a perda adicional de empregos nos setores que concorriam com as importações. Os salários dos trabalhadores não qualificados cairiam, e o desemprego subiria. Entretanto, quando apresentei essa observação a meus colegas no governo Clinton, eles deram de ombros. Esse trabalho era apenas um delírio de teóricos acadêmicos, que não deveria ser levado a sério por formuladores de políticas qualificados que *sabiam* que todos ficariam em uma situação melhor. A ideologia e os interesses – uma crença do neoliberalismo – prevaleceram sobre a teoria e as evidências.

As consequências são bem conhecidas: uma aceleração do processo de desindustrialização e uma depressão nos antigos centros industriais, que alimentaram um mal-estar e contribuíram, por sua vez, para a ascensão do populismo, da demagogia e do desespero.

O que mais me interessa, do ponto de vista deste livro, é o vocabulário usado para promover esses acordos, sobretudo nos Estados Unidos. Os acordos comerciais entre países eram, como vimos, frequentemente chamados de "tratados de livre comércio", e os defensores falavam de um "tratado de comércio livre e justo". No entanto, eles não eram nem uma coisa nem outra. Eram, em sua maior parte, geridos pelos interesses das grandes empresas multinacionais. Um acordo de livre comércio simplesmente proibiria tarifas ou subsídios; teoricamente, teria apenas um pequeno número de páginas.

Na prática, os acordos comerciais contêm centenas de páginas devido ao tratamento especial concedido a setores e bens específicos.

Embora os tipos de subsídios industriais que permitiriam aos países pobres reduzir a distância em relação aos países ricos sejam proibidos, poderosos interesses agrícolas nos Estados Unidos e na União Europeia insistem em permitir os subsídios para esse setor. Esses apoios governamentais prejudicam centenas de milhões de pessoas no mundo em desenvolvimento que dependem da agricultura, porque reduzem os preços dos bens que elas vendem. Costumava-se dizer que a vaca europeia média recebe um subsídio maior (2 dólares por dia) do que a renda *per capita* de milhões de pessoas no mundo em desenvolvimento.

Mesmo a estrutura das tarifas – com tarifas mais baixas sobre produtos básicos com baixo valor agregado (tomates *versus* tomates enlatados) – foi projetada para desencorajar o crescimento de indústrias de valor agregado no mundo em desenvolvimento. E funcionou. É parte da razão pela qual os padrões de comércio colonial persistem mais de meio século após o fim formal do colonialismo, e os países em desenvolvimento ainda exportaram, em grande parte, produtos primários. É um exemplo de neocolonialismo econômico, do qual os países em desenvolvimento reclamam há muito tempo. Os países avançados usaram seu poder econômico para manter esse antigo sistema, que não pode ser defendido nem moral nem economicamente, a menos que seja considerado apenas da perspectiva das multinacionais.

As negociações comerciais ocorrem em "rodadas". Em cada rodada, todas as partes das negociações colocam na mesa as questões principais que as preocupam. Elas o fazem na esperança de que, ao colocarem muitas coisas em discussão, o vaivém resulte em um grande meio-termo no qual todos saiam com vitórias suficientes para que o acordo seja democraticamente ratificado no país – com os vencedores em maior número que os perdedores, e talvez até mesmo compensando-os. A Rodada Uruguai, por exemplo, começou em Punta del Este, Uruguai, em 1986, e foi concluída oito anos depois, em Marrakesh, Marrocos, em 1994. Isso levou ao estabelecimento da Organização Mundial do Comércio (OMC) em 1995. Em discussão, estavam os direitos de propriedade intelectual, a liberalização dos serviços, os subsídios agrícolas, as tarifas sobre têxteis e uma série de outras questões. As últimas grandes negociações comerciais globais, que começaram em novembro de 2001, em Doha, Catar, na sombra do 11 de setembro, foram, de certa forma, uma continuação da anterior, a Rodada Uruguai. Nela, os países desenvolvidos conseguiram grande parte do que queriam, e os países em desenvolvimento deram seu apoio com a esperança – e a promessa – de que na próxima rodada os desequilíbrios da primeira seriam corrigidos. Isso foi amplamente reconhecido, e a nova rodada foi, portanto, chamada de Rodada do Desenvolvimento. Entretanto, bastaram poucos anos para que os países desenvolvidos esquecessem suas promessas, endurecessem suas posições e se recusassem a cumprir o acordo que haviam feito. Nada aconteceu, e a rodada foi, por fim, abandonada quatorze anos depois, em dezembro de 2015.

As coisas pioraram quando, primeiro, o presidente Obama, depois o presidente Trump e, por fim, o presidente Biden bloquearam as nomeações de juízes para o tribunal de apelações da OMC, responsável pelo julgamento de disputas. Os Estados Unidos destruíram, com grande eficácia, o sistema de comércio internacional baseado em regras. Biden juntou-se a Trump em ignorar flagrantemente as regras, ao fornecer subsídios a indústrias de chips e a outras, além de dar preferência a produtores domésticos na transição verde[23]. Os valores têm sido enormes e, no momento, estão estimados em mais de um trilhão de dólares, como destacamos no Capítulo 3[24]. E agora não existe tribunal de apelação. Parecia claro: as regras são para os fracos e desprovidos de poder, mas não para os poderosos que as criaram.

Em resumo, o regime neoliberal de comércio internacional baseado em regras cada vez mais se assemelha a uma farsa perigosa. Ele restringiu o empreendedorismo ao retirar a liberdade das empresas dos países em desenvolvimento de produzirem produtos essenciais para a covid-19 e a aids. Ao mesmo tempo, expandiu a liberdade das indústrias farmacêuticas dos Estados Unidos e da Europa para cobrar preços elevados no mundo inteiro. As consequências foram igualmente desequilibradas. Milhões no mundo em desenvolvimento sofreram os piores efeitos das doenças sem necessidade, e muitos morreram[25]. O regime liberal restringiu também a capacidade dos países em desenvolvimento de, por décadas, subirem na cadeia de valor e produzirem produtos mais avançados ao dar às suas empresas pequenos subsídios; condenou-os a permanecerem, em grande parte, fabricantes de produtos primários. No entanto, agora, os Estados Unidos, acompanhados tardiamente pela Europa, estão pagando subsídios enormes para captar os novos empregos verdes e de alta tecnologia – e ignoram os acordos globais[26].

Os acordos de investimento: exploração disfarçada

Embutidos em muitos acordos comerciais estão os acordos de investimento, os quais, supostamente, protegem os investidores[27]. Além disso, há centenas de acordos bilaterais entre diferentes países. Eles foram originalmente concebidos para proteger contra a expropriação – quando um governo toma posse de uma propriedade privada sem a devida compensação.

Na prática, a expropriação sem compensação tornou-se rara, e as empresas preocupadas com isso, em geral, podem obter com facilidade um seguro contra esse risco (de uma divisão do Grupo Banco Mundial ou de entidades especiais criadas pelos Estados Unidos e por outros países para esse fim).

Hoje, esses acordos vão muito além da simples expropriação e conferem aos investidores estrangeiros direitos que nem mesmo são concedidos às empresas nacionais. O que esses acordos costumam fazer é definir a expropriação de uma maneira expansiva. Uma regulamentação que possa reduzir os lucros de uma empresa – mesmo que a regulamentação seja perfeitamente razoável, como evitar a poluição ou proibir o plutônio em cereais infantis (um exemplo realmente usado por um dos advogados que promovem esses acordos!) – é vista como uma expropriação parcial porque reduz os lucros potenciais da empresa. Os acordos determinam que as empresas sejam compensadas pelo montante de lucros que poderiam ter esperado obter se continuassem poluindo ou vendendo um produto inseguro. Esse é um número fictício, que pode chegar, às vezes, a centenas de milhões de dólares. Em vez de obrigar as empresas a pagarem pelos danos que causam, os acordos de investimento efetivamente forçam os governos a compensarem as multinacionais ricas por *não* prejudicarem outros.

Quatro aspectos tornam esses acordos ainda mais nocivos.

Primeiro, os tratados introduzem um tipo de rigidez improdutiva e injustificada no sistema econômico e político. Nunca sabemos o que o futuro trará. Podemos descobrir que um produto fabricado por uma empresa é tóxico. Se a indústria de amianto, nos Estados Unidos, fosse de propriedade de uma empresa estrangeira quando a ameaça do amianto foi descoberta e o produto proibido, segundo o acordo de investimento, o governo estadunidense teria que compensar a empresa de amianto pelos lucros que teria obtido se o amianto continuasse permitido.

Da mesma forma, agora reconhecemos os perigos da mudança climática, mas, se os governos tomarem medidas para restringir os combustíveis fósseis, segundo os acordos de investimento existentes, eles podem precisar desembolsar até 340 bilhões de dólares para compensar as empresas por *não* destruírem o planeta[28].

Os acordos de investimento restringem a capacidade de um país de aumentar impostos sobre empresas estrangeiras cujas sedes estão localizadas em um dos países signatários do acordo. As circunstâncias mudam, e os governos devem ter o direito de aumentar impostos. Um país pode, por exemplo, precisar de mais receita tributária, talvez devido a uma pandemia ou algum outro desastre; mas o acordo de investimento implica que, enquanto as empresas e famílias nacionais podem ter seus impostos aumentados, o investidor estrangeiro não pode[29].

Essa é a segunda objeção. As empresas estrangeiras são tratadas de forma mais favorável, com mais proteções do que as domésticas. Esse não é um campo de jogo nivelado.

Terceiro, esses acordos conferem às empresas estrangeiras direitos sem obrigações e responsabilidades bem definidas. Elas têm o direito de não ter novas regulamentações impostas a elas, mas nenhuma responsabilidade de evitar causar danos a terceiros. É famosa a história de uma cidade no México que quis fechar um depósito de lixo tóxico e a empresa estrangeira processou o país. Alegou, pasmem, que não tinha a responsabilidade de não poluir.

No entanto, a parte mais nociva desses acordos é a maneira como eles são adjudicados. Não existe um tribunal público internacional. Em vez disso, um painel de três árbitros é nomeado após a empresa privada processar o Estado (é por isso que, muitas vezes, esse tipo de arranjo é chamado de Arbitragem de Litígios Investidor-Estado [ISDS, na sigla em inglês]). Cada lado escolhe um árbitro, e estes dois nomeiam o terceiro. A arbitragem tornou-se um negócio. Os árbitros são advogados bem remunerados que conhecem o sistema. Eles são contratados, periodicamente, pelas empresas que estão entrando com processos; assim, não surpreende que, desproporcionalmente, suas decisões favoreçam as empresas. E nenhuma das normas que associamos aos procedimentos judiciais modernos é observada, incluindo a transparência. Até mesmo as decisões são secretas. Os árbitros podem ter conflitos de interesse – um juiz em um caso pode representar um autor em outro no qual questões semelhantes estejam em disputa –, mas eles nem sequer precisam divulgá-los. Não há revisão nem órgão de apelação.

Resultados ruins são consequência de processos ruins. Os países em desenvolvimento tiveram que pagar bilhões de dólares em casos em que observadores externos objetivos entenderam que nada era devido – ou, no máximo, que a empresa deveria ter recebido de volta o dinheiro que investiu. Em um caso famoso, a Philip Morris processou o Uruguai em 2010 pela perda de lucros associada à exigência de que a empresa declarasse em seus maços que os cigarros são um risco à saúde, de maneira semelhante aos avisos nos pacotes de cigarro nos Estados Unidos, Europa e dezenas de países ao redor do mundo. Mesmo assim, um dos três árbitros votou contra o Uruguai. Se um dos outros dois árbitros tivesse mudado seu voto, o Uruguai teria que pagar valores enormes apenas por alertar seus cidadãos sobre um produto mortífero[30]. O árbitro que disse que o Uruguai deveria compensar a Philip Morris estava colocando a liberdade empresarial, o "direito" das empresas de fazerem o que quiserem – para explorar, na linguagem utilizada na Parte I deste livro – acima de todas as outras liberdades.

Os países aderem a esses arranjos perniciosos porque as empresas fazem ameaças econômicas – o país não receberá nenhum investimento a menos que aceite – reforçadas por preleções, incentivos e pressões dos países avançados. Em outras palavras, o medo reina supremo. Países em desenvolvimento foram persuadidos a concordar com tudo, mesmo quando há poucas evidências de que, após assinarem, os investimentos aconteçam.

Curiosamente, os Estados Unidos, o país desenvolvido que lidera o movimento para persuadir países mais fracos a assinar esses acordos, de repente mudaram de ideia. Durante o mandato de Trump, decidiram que esses acordos de investimento violavam a soberania estadunidense. Uma grande diferença entre o Acordo de Livre Comércio da América do Norte (NAFTA, na sigla em inglês, de 1994) (um regime de comércio gerido entre Estados Unidos, Canadá e México) e o Acordo EUA-México-Canadá (USMCA, na sigla em inglês), que o substituiu em 2020, foi a retirada das disposições de acordos de investimento[31] (com algumas exceções). A razão era simples: os Estados Unidos perceberam que empresas de outros países poderiam processá-los caso quisessem mudar impostos ou regulamentações, o que já aconteceu. Empresas canadenses que investiram em oleodutos nos Estados Unidos processaram o país após não obterem as aprovações regulatórias. Isso ilustra a assimetria mencionada anteriormente. As empresas estadunidenses não têm o direito de processar quando acreditam terem sido prejudicadas por uma ação regulatória dos Estados Unidos, mas uma empresa canadense tem. Isso introduz uma nova complexidade: uma empresa estadunidense poderia criar uma subsidiária canadense e, se esta fizer investimentos nos Estados Unidos, teria o direito de processar. Os tratados de investimento abriram uma caixa de Pandora.

Durante o governo Trump, os Estados Unidos encararam os acordos de investimento como uma violação de sua soberania, de sua liberdade para agir. Entretanto, todos os acordos internacionais restringem as ações de um país, assim como vimos anteriormente que todos os contratos restringem ações. Ao mesmo tempo, os acordos podem expandir liberdades para agir de outra maneira. Os acordos comerciais reduzem a liberdade de um país para restringir as importações, mas expandem sua liberdade para exportar. Essa é a natureza da maioria das regras e regulamentações, dos impostos e programas públicos. Eles expandem liberdades em algumas áreas enquanto as reduzem em outras. Os acordos de investimento enquadram-se na categoria de regras e regulamentações projetadas para expandir a "liberdade para explorar". Eles são o resultado de desequilíbrios de poder, e os países pobres só os assinam com base em medos infundados de que, se não o fizerem, ficarão para trás. No entanto, o resultado é que as empresas conseguem o que querem à custa de outros grupos da sociedade.

Democracia, poder e a arquitetura econômica global

Neste capítulo, vimos como um tema central deste livro – a expansão da liberdade de uma pessoa pode levar à falta de liberdade de outras – se manifesta em âmbito internacional. Os efeitos sobre o desenvolvimento econômico dos países mais pobres têm sido devastadores. A América Latina teve uma década perdida por causa da crise causada por seu endividamento externo. Muitos países na África experimentaram 25 anos perdidos em que regrediram – houve, na verdade, um processo de desindustrialização[32] que tornou esses países mais dependentes dos recursos naturais e deixou suas economias menos diversificadas e menos resilientes do que poderiam ser.

No entanto, houve efeitos igualmente perniciosos no desenvolvimento da democracia. As condições impostas a esses países em troca da assistência financeira tentaram exigir uma versão do capitalismo neoliberal, com ênfase no setor privado e na privatização. O resultado prejudicou o desenvolvimento de um Estado robusto e minou a possibilidade de agir coletivamente e de forma coordenada necessária para o sucesso econômico no século XXI.

Os Estados Unidos, como observei, agora passaram a adotar políticas industriais. Entretanto, os países em desenvolvimento foram orientados a evitá-las e, assim, não desenvolveram a capacidade de expandir suas indústrias ou de implementar políticas e programas que ajudem a reduzir o abismo em relação aos países mais avançados. Além disso, as regras impostas a esses países exacerbaram os desequilíbrios de poder dentro de suas fronteiras e, em certos casos, de fato, concederam um poder de veto a estrangeiros, a pior manifestação possível do neocolonialismo.

Uma democracia eficaz requer a limitação do poder das empresas e a contenção das desigualdades de riqueza. Entretanto, as condições impostas pelo FMI e pelo Banco Mundial envolviam, com frequência, o enfraquecimento do poder dos sindicatos e a limitação da tributação progressiva, assim como o das empresas. Durante anos, o Banco Mundial publicou o relatório *Doing Business*, que avaliava os países de acordo com a criação de um ambiente favorável aos negócios. Ao definir o que isso significava, essas instituições defendiam impostos baixos para as empresas, regulamentação limitada e relações trabalhistas pró-negócios. Em outras palavras, uma abordagem totalmente neoliberal. Elas poderiam ter valorizado uma boa infraestrutura pública ou uma força de trabalho bem-instruída, também necessárias para um bom ambiente de negócios. Os países competiam para ficar bem classificados na lista do *Doing Business* para não serem vistos como destinos pouco atraentes para o investimento multinacional. Na prática, o Banco Mundial e o FMI criaram uma corrida para o fundo do poço, na qual os únicos vencedores foram as multinacionais. Os países procuraram atraí-las com impostos mais baixos e menos progressivos, condições de trabalho piores e acordos comerciais e de investimento "melhores".

Por fim, a liberalização do mercado de capital, que permite que o capital se movimente com facilidade para dentro e para fora de um país, não apenas expôs os países a mais volatilidade – frequentemente além da capacidade de gestão dos países em desenvolvimento e dos mercados emergentes –, mas também enfraqueceu a democracia. Em alguns casos, isso deu, de fato, à Wall Street e aos mercados financeiros globais o poder de veto sobre a escolha de lideranças. E se os cidadãos de um país fossem corajosos o suficiente para contemplar uma visão política mais progressista, seriam punidos impiedosamente, ou, pelo menos, haveria ameaças claras. Além de a assistência ser suspensa, o investimento estrangeiro e a entrada de capital encolheriam, e os recursos dentro do país seriam transferidos para o exterior.

Os mercados sem amarras, projetados com base em princípios neoliberais, efetivamente roubaram desses países sua liberdade política. Milton Friedman estava certo ao dizer que as liberdades econômica e política precisam ser pensadas em conjunto; contudo, ao fazer esse exercício, chega-se a uma resposta muito diferente da que ele propôs. Restringir a mobilidade irrestrita de capitais, evitar os acordos de investimento, regular com rigor as instituições financeiras, impedir o acúmulo excessivo de poder econômico – todas essas são formas de limitar o sistema econômico para que a liberdade política seja mantida.

Um outro mundo é possível

A arquitetura econômica global contemporânea foi, em larga medida, criada no auge do neoliberalismo. Ela também, é claro, refletiu as realidades do poder geopolítico daquela época, quando os Estados Unidos emergiram dominantes após a Segunda Guerra Mundial e o poder da Rússia desmoronou nas décadas subsequentes.

Existe, no entanto, uma nova geoeconomia e uma nova geopolítica. Existe polarização não apenas dentro dos países, mas entre países. Isso é diferente do mundo sem fronteiras que os Estados Unidos trabalharam tanto para criar após a Segunda Guerra Mundial e a queda do Muro de Berlim – admitidamente, um mundo sem fronteiras regido por suas regras, que funcionava para seu interesse, ou pelo menos para os interesses de suas grandes multinacionais. Países e pessoas agora estão questionando o neoliberalismo e suas regras, tanto as domésticas quanto as internacionais. As pessoas em países em desenvolvimento e mercados emergentes são menos receptivas, por exemplo, ao direito para explorar. Elas veem o livre mercado muito como o caracterizei neste livro, como conferindo liberdade a alguns à custa da liberdade de outros. E acreditam, com razão, que o sistema atual de governança global, no qual decisões são tomadas com relação aos meios-termos atingidos entre liberdades, direitos e responsabilidades, carece de justiça e legitimidade. Não se trata apenas de as vozes dos países poderosos predominarem; é que essas vozes estão, em grande medida, alinhadas aos interesses empresariais e financeiros, e não aos interesses dos cidadãos comuns.

O panorama discutido nos capítulos anteriores, que cuidadosamente equilibra e pondera os ganhos de uns contra as perdas de outros e dispensa a ideologia neoliberal, fornece as bases para novos sistemas econômicos nacionais. Ele também estabelece os alicerces para uma nova arquitetura econômica global justa e equitativa, a qual simultaneamente equilibra liberdades enquanto distribui direitos e responsabilidades.

Este não é o lugar para detalhar como seria essa arquitetura, mas os princípios seguem de perto aqueles que já articulei. A discussão, neste capítulo, concentrou-se, sobretudo, em algumas das mudanças necessárias. Por exemplo, os acordos de investimento não devem interferir no direito de um país de regulamentar ou tributar em defesa dos interesses de seus cidadãos, e as disposições sobre os direitos de propriedade intelectual devem ser projetadas para incentivar a inovação e promover a saúde e o bem-estar de todos em todos os lugares. Precisamos de um marco internacional para resolver os excessos de endividamento, semelhante aos procedimentos de falência doméstica, que leve em consideração o bem-estar do devedor e os interesses mais amplos da sociedade. Precisamos de um sistema regulatório financeiro internacional que diminua a probabilidade de ocorrência de crises periódicas e de sua gravidade quando elas ocorrerem.

Três princípios gerais fundamentam esse modelo alternativo.

O primeiro princípio é que as regras internacionais devem permitir que os países façam o que quiserem, desde que isso não prejudique outros países[33] – para usar a linguagem que empreguei anteriormente, desde que não haja externalidades significativas para outros países. Os Estados Unidos podem considerar tola a decisão de países em desenvolvimento de impor restrições ao capital que entra ou sai de seus territórios, mas essas restrições não têm consequências globais e, se a política estiver errada, o país e seus cidadãos arcarão com as consequências sozinhos[34]. Como se constatou, a visão predominante dos Estados Unidos de que a liberalização do mercado de capital promovia crescimento e estabilidade estava equivocada[35]; a falta de controle sobre o capital levou à instabilidade financeira global, e foram os países em desenvolvimento que acabaram pagando o preço mais alto por essas ideias equivocadas.

O segundo princípio é o de equidade ou justiça. Embora todos tenhamos uma noção intuitiva do que isso significa – ou pelo menos do que são violações flagrantes –, muitas vezes é útil analisar a questão pela ótica proposta por John Rawls, sem saber se nasceremos em um país rico e poderoso ou em um país pobre e fraco[36]. Por trás do véu da ignorância, como responderíamos à seguinte situação? Suponha que haja uma cura disponível para o câncer, mas que haja uma escassez global do medicamento; uma empresa em nosso país é capaz e está disposta a produzi-lo a um preço acessível, mas as regras de propriedade intelectual proíbem a empresa de fabricá-lo. E se 95% dos custos de pesquisa tiverem sido financiados pelo público? A maioria das pessoas tem empatia suficiente para ficar indignada e diria que um sistema justo não restringiria o acesso ao conhecimento e ao seu uso em tal situação. A liberdade para acessar esse conhecimento para salvar vidas é mais importante do que a liberdade para explorar outras pessoas por meio do exercício do poder de mercado, facultado por um sistema de patentes mal concebido. Um sistema de propriedade intelectual que permite esse tipo de coisa é injusto e desleal. No entanto, esse é o sistema de propriedade intelectual que temos. Grande parte da arquitetura econômica e financeira global também é assim.

O que acontece se os países ricos e poderosos que lideram a arquitetura atual não estiverem dispostos a criar uma arquitetura global justa ou equitativa e tiverem poder suficiente para impedi-la? Obviamente, devemos fazer o possível para avançar em direção à equidade – lutar, por exemplo, contra o apartheid das vacinas ou a favor da justiça tributária. Houve alguns sucessos – não tantos quanto eu gostaria, mas talvez mais do que seria de se esperar, dado o contexto das relações de poder. Entretanto, há outra opção: buscar os acordos *mínimos* necessários para manter o sistema global em funcionamento, concentrando-se em áreas em que a cooperação é essencial, como a mudança climática, mas restringindo a capacidade dos poderosos de impor sua vontade aos restantes. Não precisamos de acordos de investimento. É mais provável que os acordos comerciais que envolvem a Big Tech e a Big Data promovam os interesses das empresas e limitem a capacidade dos governos de regulamentá-las para o interesse público.

O terceiro princípio é aquele que permeia todo este livro: os arranjos econômicos têm custos sociais que precisam ser levados em conta. A economia não está separada da sociedade. Vimos que liberar o capital por meio da liberalização do mercado de capital tem um custo, não apenas no sentido econômico convencional, mas também em termos de liberdade econômica e política. Em um sentido importante, os países que recorreram ao FMI perderam sua soberania econômica. E os resultados das políticas impostas tiveram consequências sociais significativas, com interrupções generalizadas na área da educação formal, o que implicou que um grande número de pessoas não teve a liberdade para realizar seu potencial. A liberdade política também fica restringida, pois a liberalização do mercado de capital efetivamente confere à Wall Street o poder de veto.

Os três princípios que acabei de descrever nos conduzem a um regime internacional bastante diferente, um em que o poder importa menos e os indivíduos importam mais. Haveria mais simetria e, quase certamente, menos hipocrisia. Embora não seja surpresa que os arranjos atuais reflitam mais o poder do que a justiça, o tratamento perverso das externalidades é irônico porque a linguagem das externalidades é usada, com frequência, em defesa das ações internacionais. Os resgates do FMI são defendidos com base no argumento do contágio. Na ausência de uma intervenção do FMI, acredita-se que uma crise em um país se espalhará, como uma doença infecciosa, para outros. Entretanto, na realidade, os países grandes e poderosos fazem o que bem entendem, independentemente das externalidades e das regras. Os Estados Unidos falam sobre o estado de direito internacional no comércio, mas nada acontece quando Trump ou Biden violam essas regras, seja por meio da imposição de tarifas injustificadas, de subsídios à indústria de chips local ou da aprovação dos dispositivos do programa Compre dos Estados Unidos[*]. E os Estados Unidos, ao se recusarem a permitir o ingresso de juízes novos no tribunal de apelações da OMC, garantem que nada possa ser feito dentro do estado de direito. Os Estados Unidos também sabem que, dadas as relações de poder, nada pode ser feito fora do estado de direito.

Outro mundo é possível, um que expanda as liberdades da maioria dos países e dos cidadãos dentro desses países para agir e realizar seu potencial. Este capítulo delineou como poderia ser essa ordem internacional. O próximo analisa mais de perto as políticas nacionais.

---

[*] Estabelecido por lei em 2021, o Buy America é um grande programa de compras governamentais das indústrias estadunidenses para movimentar a economia interna e gerar mais empresas industriais, com o intuito de proteger empregos nesse setor nos Estados Unidos. (N.T.)

13

O capitalismo progressista, a democracia social e uma sociedade aprendiz

Espero que este seja o momento na história em que os defeitos do neoliberalismo sejam tão evidentes que ele seja abandonado. Gabriel Boric, que se tornou presidente do Chile em 2022, captou o espírito do momento na véspera de sua vitória nas eleições primárias quando disse: "Se o Chile foi o local de nascimento do neoliberalismo, ele também será seu túmulo!".

Aqui quero discutir um modelo alternativo, o capitalismo progressista (ou uma democracia social rejuvenescida), que coloca o bem-estar de todos os cidadãos em primeiro lugar e vai além dos bens materiais para incorporar um sentimento de segurança e liberdade. Ele toma o desenvolvimento humano como objetivo de nosso sistema econômico e social, no qual os cidadãos levam vidas significativas e criativas. Boa saúde, educação formal e um certo nível de bem-estar material e de segurança são necessários, mas não suficientes para implementá-lo. Às vezes esquecemos, mas a economia deve servir à sociedade, não o contrário.

Enfatizei como todas as regras e regulamentações, leis e programas moldam a economia e a sociedade. Em um livro curto como este, não tenho como delinear a estrutura de cada um. Nas próximas páginas, centro minha discussão sobre o capitalismo progressista em torno de seis temas. Já introduzi vários que estão relacionados ao poder, à desigualdade, à importância de agir coletivamente e ao papel do sistema econômico na formação dos indivíduos. Dois deles, associados à criação de uma sociedade aprendiz e uma ecologia rica em instituições, apenas mencionei de passagem, e começo minha discussão por eles.

Como criar uma sociedade aprendiz

O mundo está em constante mudança, e o faz de maneiras imprevisíveis. Essa visão é bastante diferente da teoria do equilíbrio, que foi tão influente nos primórdios da teoria econômica e continua sendo até hoje. Precisamos ver as instituições e as estruturas de governança através de lentes evolutivas, em que mudanças e aprendizado estão sempre ocorrendo. Nossa tecnologia está mudando. Nossos gostos estão mudando. Nossa compreensão dos sistemas sociais e econômicos está mudando. E a compreensão do mundo físico ao nosso redor também está mudando. De fato, uma das fontes de mudança importantes em nossa economia e sociedade se origina no aprendizado – não apenas das descobertas de novas tecnologias por meio dos avanços científicos, mas também do aprendizado sobre como funciona nosso complexo sistema político/econômico/social[1].

Como cientistas sociais, queremos entender as causas e as direções da mudança; como formuladores de políticas e cidadãos, queremos direcionar a mudança sabendo que nunca temos o controle total sobre ela. Na melhor das hipóteses, podemos influenciar a economia e a sociedade de uma maneira ou de outra.

Aprender não é simplesmente obter uma educação formal; o aprendizado ocorre ao longo da vida toda. No entanto, também existe aprendizado institucional, em que aprendemos a reprojetar arranjos institucionais para torná-los capazes de melhor atingir os objetivos para os quais foram criados e mais hábeis na coordenação com outras instituições. Podemos aprender a projetá-los para se transformarem internamente e responderem aos ambientes em constante mudança em que funcionam. Claro, sempre há algum aprendizado, mas não tanto quanto poderia haver. Os banqueiros centrais fizeram um trabalho melhor em 2008 do que na Grande Depressão, em parte porque aprenderam com os erros daquele episódio anterior. No entanto, ficou evidente, no período que antecedeu a Grande Recessão, que mesmo economistas como Ben Bernanke, presidente do Federal Reserve (Fed), que alegavam ter absorvido as lições da Grande Depressão, realmente não o tinham feito. Bernanke apoiou Alan Greenspan (seu predecessor) e a maioria dos outros membros do Fed quando promoveram a desregulamentação que levou à Grande Recessão. Uma das principais lições da Grande Depressão foi que os mercados financeiros sub-regulados são perigosos.

Nos últimos anos, os Estados Unidos adotaram políticas industriais para tentar moldar a direção da economia. Agora, reconhecem que os mercados, por si sós, não são suficientes. O governo dos Estados Unidos também vem promovendo uma economia verde, tem apoiado o desenvolvimento de vacinas contra a covid-19 e reconheceu a dependência excessiva do país de chips fabricados no exterior. Inevitavelmente, já que os Estados Unidos não tiveram muita experiência com esse tipo de política no passado (fora do âmbito militar), haverá muito a aprender. Erros serão cometidos. No entanto, a descoberta de um erro não é mais razão para abandonar essas políticas do que o reconhecimento das falhas do Fed na Grande Depressão e na Grande Recessão é razão para fechá-lo. Por exemplo, quando o governo dos Estados Unidos emprestou quase 500 milhões de dólares a Elon Musk para a fabricação de automóveis Tesla em 2009, apoiou com sucesso o desenvolvimento da tecnologia de veículos elétricos. No entanto, cometeu um erro. Não insistiu em uma participação no potencial de lucro, o que poderia ter feito, com facilidade, se tivesse exigido receber parte das ações da empresa, por exemplo. Se o tivesse feito, o governo (e os contribuintes estadunidenses) teria obtido mais do que os prejuízos incorridos em outros empréstimos e investimentos em tecnologia. Os Estados Unidos capturarão uma parte dos lucros por meio de impostos sobre a renda dos indivíduos e os lucros das empresas, mas muito menos do que se tivessem incluído uma provisão de compartilhamento de lucros no contrato. A lição a ser aprendida é que é importante escolher bem os projetos, mas é também importante redigir bem os contratos.

Assim, uma sociedade aprendiz envolve tanto o aprendizado individual quanto o institucional – e esse aprendizado é de fato parte da prosperidade humana, um objetivo básico de uma boa sociedade[2]. O aprendizado é um processo interminável.

Anteriormente, contrastei a perspectiva de equilíbrio da teoria econômica padrão (neoliberal) – sua premissa de um mundo harmonioso em equilíbrio e imutável – com o mundo em constante mudança em que vivemos, frequentemente marcado por conflitos intensos. Por fim, estamos começando a entender que estamos colidindo de frente com os limites de nosso planeta. *Precisamos* nos adaptar. Não temos escolha. Entretanto, o melhor caminho a seguir quase nunca é óbvio. Assim, adotamos uma perspectiva evolutiva com foco na adaptação em vez de no equilíbrio. O capitalismo progressista, acredito, facilitará a evolução de nossa economia de maneiras que ajudarão a criar uma boa sociedade[3].

Uma economia descentralizada com uma ecologia rica em instituições

Nosso sistema econômico precisa ser descentralizado e ter uma multiplicidade de unidades econômicas – muitas empresas e outras entidades (de diferentes tipos) que tomam decisões sobre o que fazer e como fazê-lo. O mundo é complexo demais para ser planejado centralmente, como propôs o comunismo há mais de cem anos.

Ter muitas unidades gera mais aprendizado sobre suas próprias capacidades, sobre tecnologia e sobre o que os outros desejam. Cada unidade faz experiências, sendo que diferentes unidades possuem concepções distintas sobre objetivos apropriados e como alcançá-los.

Grande parte do debate nos últimos anos tem focado no papel relativo desempenhado por instituições públicas (governo) *versus* empresas privadas (com fins lucrativos). Essa perspectiva restringe, desnecessariamente, a discussão. Qualquer economia ou sociedade bem estruturada exige uma mistura de tipos de instituições, não apenas públicas e privadas com fins lucrativos, mas também cooperativas, privadas sem fins lucrativos, entre outras. E as instituições governamentais precisam operar em múltiplos níveis, incluindo local, estadual ou provincial, nacional e global. Essas instituições precisam usar freios e contrapesos umas com as outras, e as estruturas gerais de governança devem limitar o poder e o seu abuso, um tópico que explorarei mais adiante.

Quero enfatizar que grandes partes da economia não são e não podem ser orientadas para o lucro. Isso inclui grande parte dos setores de saúde, educação formal e cuidados, nos quais a busca pelos lucros acima de tudo leva, com frequência, a resultados perversos. O sistema prisional privado falhou em sua missão principal de reabilitar prisioneiros. Nos Estados Unidos, as instituições mais bem-sucedidas, que explicam boa parte das grandes conquistas do país, são suas grandes universidades de pesquisa, as quais são fundações, como Harvard e Columbia, ou públicas. Em outros países, também, as melhores universidades são fundações sem fins lucrativos, como Oxford e Cambridge, ou instituições estatais, como as *grandes écoles* e a Sorbonne na França. Da mesma forma, a parte cooperativa do sistema financeiro dos Estados Unidos (em geral, chamada de cooperativas de crédito) foi o único segmento que, em sua maioria, se comportou de maneira socialmente responsável tanto antes quanto depois da crise financeira de 2008.

Mesmo assim, as empresas com fins lucrativos seriam diferentes no capitalismo progressista do que no neoliberalismo. Seu etos seria diferente daqueles das empresas atuais, que são obcecadas por maximizar a riqueza dos acionistas a qualquer custo em detrimento do restante da sociedade. E essas empresas privadas e com fins lucrativos não seriam reverenciadas como são hoje. Elas não possuem uma fórmula mágica que lhes permite resolver problemas que os outros não conseguem; o fato é que determinados problemas podem ser mais bem resolvidos por empresas que maximizam lucros e outros por outros tipos de entidades.

Poder, o paradigma competitivo e o capitalismo progressista

A teoria econômica moderna começa, como observei, com um modelo de concorrência perfeita, no qual a economia está em um equilíbrio harmonioso. A política de concorrência nem mesmo é necessária, porque a economia será naturalmente competitiva.

Nesse ponto, os neoliberais se distanciam bastante de Adam Smith[4]. Conforme mencionei anteriormente, ele se preocupava com a tendência dos empresários de conspirarem contra o interesse público. Os conservadores adeptos de Smith o defendem apenas na medida em que ele concorda com as suas ideias. O fato é que não é natural a economia ser competitiva, no sentido restrito em que os economistas usam o termo. Para estes, uma economia verdadeiramente competitiva é aquela em que nenhuma empresa tem poder para aumentar preços, impor termos contratuais a outros ou bloquear a entrada de empresas para que os lucros não sejam dissipados[5]. Já vimos que essas condições não são verdadeiras no mundo de hoje – desde os acordos de confidencialidade indecorosos e as cláusulas arbitrais obrigatórias até os lucros persistentes que são mais evidentes nas gigantes digitais.

O capitalismo progressista reconhece que o poder existe, e que a distribuição do poder é uma preocupação primordial; limitar o poder é crucial. Existem relações de poder dentro e entre as entidades que constituem nossa economia e em suas interações com os cidadãos, e algumas podem tirar, e de fato tiram, vantagem de outras.

As relações de poder são fundamentais para a compreensão da economia, da política e da sociedade. A economia estadunidense foi construída sobre o trabalho escravizado, muito longe de uma manifestação do livre mercado. A estrutura legal do país foi projetada para impor a escravidão e preservar as relações de poder.

As relações de poder são importantes para entender a crescente desigualdade e a percepção generalizada de que o sistema é manipulado, o que desempenhou um papel de suma importância na desilusão com a democracia e suas instituições, e no crescimento do populismo. O capitalismo progressista alcançaria um equilíbrio melhor ao conter o poder das empresas, incentivar a entrada de novas empresas (por meio do aumento da disponibilidade de financiamento e tecnologia para os novos participantes) e fortalecer os direitos dos trabalhadores, inclusive por meio do incentivo à sindicalização.

Governança

O termo "governança" refere-se às regras que determinam quem toma quais decisões e quais são os objetivos. A governança corporativa está relacionada às regras que afetam as decisões das empresas. Os gestores das empresas têm um poder enorme sobre todas as decisões da companhia – como ela trata empregados, clientes, acionistas e partes interessadas. As leis de governança empresarial especificam e limitam esses poderes.

Milton Friedman apresentou uma ideia que se tornou um princípio primordial do capitalismo neoliberal do século XX e que foi consagrada nas leis de muitos Estados: o capitalismo dos acionistas. O único objetivo dos gestores das empresas é maximizar o valor para os acionistas. Não há responsabilidade em prestar atenção aos empregados, aos clientes, à comunidade ou mesmo ao meio ambiente, exceto na medida em que suas ações em relação a essas "partes interessadas" afetam os preços das ações. À primeira vista, havia algo tóxico nessa doutrina. Ela colocou Gordon Gekko, o personagem fictício do filme *Wall Street – Poder e Cobiça*, e seu etos de que "a ganância é boa" em cima de um pedestal. Adam Smith pode ter sugerido que a busca do interesse próprio levava ao bem-estar social, mas ele se apressou em qualificar essa afirmação. Friedman não o fez[6].

Mesmo enquanto Friedman enunciava essa doutrina em um artigo famoso no *New York Times* em 1970[7], o economista Sandy Grossman e eu, juntamente com outros, estávamos analisando as condições sob as quais a maximização do valor dos acionistas levaria ao bem-estar social. Mostramos que essas condições eram extraordinariamente restritivas e não eram satisfeitas por nenhuma economia real. No entanto, nossos artigos, publicados em revistas como o *Quarterly Journal of Economics* e o *Journal of Finance*, foram muito menos influentes do que os de Friedman[8]. Ele era um defensor do livre mercado e tinha uma enorme capacidade de persuasão, e apresentou argumentos que pessoas como Ronald Reagan e Margaret Thatcher queriam ouvir. Ele pouco se importava se havia dados que fundamentavam esses argumentos.

O capitalismo dos acionistas pode ter conseguido enriquecer os proprietários das empresas, mas não resultou em uma prosperidade compartilhada pela sociedade.

Como reequilibrar as relações de poder

Reequilibrar as relações de poder em todos os aspectos de nossa sociedade (o lar, a empresa, a economia, a política) é essencial para uma prosperidade compartilhada e para criar uma sociedade boa e decente. O desequilíbrio de poder de hoje ampliou a liberdade das grandes empresas, ao mesmo tempo que restringiu a liberdade dos cidadãos comuns. As pessoas sentem isso, com intensidade, nas frustrações do dia a dia. Não há uma escolha real para os consumidores, e cada empresa é tão exploradora quanto a outra, com cláusulas abusivas como a arbitragem obrigatória de disputas e taxas exorbitantes. Além disso, muitas vezes precisamos esperar duas horas para falar com um funcionário do setor de "atendimento ao cliente".

Observamos no Capítulo 7 como a Suprema Corte interveio para inclinar ainda mais a balança a favor da expansão da liberdade e do poder das grandes empresas, à custa de todos os outros, ao eliminar processos coletivos no contexto das arbitragens que as pessoas são, em última análise, forçadas a aceitar. Isso pode parecer um detalhe pequeno, mas as relações de poder são criadas dentro de um sistema, regra por regra, caso por caso[9]. Portanto, hoje, para alcançar um equilíbrio melhor – para substituir o capitalismo neoliberal pelo capitalismo progressista –, precisamos reconstruir nosso sistema econômico e jurídico, regra por regra, regulamentação por regulamentação, instituição por instituição. Tentei apresentar vários exemplos do que deveria e pode ser feito ao longo deste livro.

Como organizar a sociedade

Observei, repetidas vezes, que existem múltiplas formas de organizar a sociedade. Alguns arranjos dão mais poder a um grupo e menos a outros; alguns beneficiam um grupo à custa de outros. Tradicionalmente, as regras são definidas pelos poderosos em benefício dos poderosos. Isso deveria ser inaceitável. Nenhuma democracia real permitiria tal coisa. Descrevi uma base alternativa para adjudicar entre arranjos possíveis, uma aplicação de princípios filosóficos estabelecidos que fundamentam o que significa justiça social e como seria um sistema econômico, político e social justo e equitativo para a sociedade – aquele que seria escolhido por trás do véu da ignorância. Pode ser difícil nos colocarmos nesse estado de espírito e pensar nas implicações; podem até surgir dilemas e impasses ao fazê-lo[10]. E quando concluirmos nosso exercício, ainda assim podemos não alcançar a unanimidade, ou mesmo o consenso. No entanto, suspeito que o abismo entre as ideias que vemos hoje seria reduzido, e seria possível encontrar um meio-termo para nos permitir avançar na busca de uma sociedade boa e justa.

Freios e contrapesos

Um dos argumentos a favor da estrutura econômica descentralizada descrita acima, com sua rica ecologia de arranjos institucionais, é o potencial que essa diversidade tem para usar freios e contrapesos. A sociedade civil e a imprensa fornecem um freio uma à outra e a entidades com fins lucrativos e ao governo. Na ciência política, o argumento padrão a favor da divisão de poderes dentro do governo está relacionado aos freios e contrapesos; mas, também é importante frisar, precisamos de freios e contrapesos na sociedade. De fato, independentemente das estruturas formais, se há um poder excessivo no setor privado com fins lucrativos, as empresas ricas e poderosas exercerão uma influência indevida na esfera pública.

Divisões econômicas, poder e justiça social

Contudo, os freios e contrapesos também não funcionarão se houver uma concentração excessiva de riqueza e renda na sociedade.

Se quisermos desenvolver um sistema que aja em prol do bem comum, um ingrediente essencial em qualquer sistema que se considere uma boa sociedade, precisamos ter maior igualdade em todas as suas dimensões, sobretudo a igualdade de oportunidades. (Isso *não* significa a eliminação de toda a desigualdade econômica – um sistema que alcançasse esse patamar enfraqueceria os incentivos, e até mesmo um mínimo de realismo envolve reconhecer que os incentivos materiais serão importantes para grandes parcelas da população.)

Mais problemática ainda é a crescente desigualdade de poder, o aumento das concentrações de riqueza e poder empresarial espelhadas na perda de poder e renda dos trabalhadores. Uma agenda de justiça social é uma parte importante do capitalismo progressista. Ela busca reduzir os níveis de desigualdade, e não apenas em termos de renda e riqueza. Ela está muito atenta às desigualdades que surgem de várias formas de exploração.

O acesso a cuidados básicos de saúde é uma parte importante da justiça social e deveria ser um direito humano (como está previsto na Declaração Universal dos Direitos Humanos, adotada em 1948)[11]. O capitalismo progressista reconhece esse direito, e a maioria dos países avançados já descobriu que a maneira mais justa e eficiente de fornecer cuidados de saúde é algum tipo de prestação de serviço público, às vezes complementada por prestação de serviço privado, sobretudo nos países com alto nível de desigualdade de renda e riqueza[12]. Muitas pessoas nos Estados Unidos, no entanto, parecem ter dificuldade em aceitar essa ideia. O sistema atual, mesmo após a aprovação do Affordable Care Act*, deixou muitos sem acesso adequado à saúde ou sem uma escolha concreta de prestador de plano de saúde, o oposto do que havia sido a intenção da lei. É por isso que, nos Estados Unidos, uma opção pública – na qual o governo é um dos prestadores que as pessoas podem escolher – é tão importante. Ela amplia a escolha e a concorrência, que é outra maneira de limitar a exploração pelos agentes de mercado[13].

O capitalismo progressista, o papel do Estado e a social-democracia

Importante, o capitalismo progressista implica um maior escopo para agir coletivamente em todas as suas formas e um melhor equilíbrio entre agir coletivamente

---

* Lei de Cuidados Acessíveis, também conhecida como Obamacare. (N.T.)

e o setor privado, incluindo o governo em todos os níveis. O comunismo foi longe demais em uma direção, o Reagan-Thatcherismo foi longe demais na outra, e a Terceira Via refletida na triangulação de Clinton, Blair e Schröder representou uma correção insuficiente. A Terceira Via abraçou o neoliberalismo, o materialismo e o livre mercado, e prestou atenção insuficiente às questões relacionadas à justiça social, a um grau que talvez não fosse aceitável em um mundo em que o comunismo e as economias de mercado competiam por corações e mentes. De fato, os acordos de livre comércio, junto dos acordos de investimento e da liberalização do mercado financeiro, tiveram seu auge durante o governo Clinton. Os impostos sobre os ganhos de capital, os quais beneficiaram esmagadoramente os muito ricos, foram reduzidos[14].

Agir coletivamente pode se manifestar de muitas formas. Exemplos incluem ONGs, sindicatos, grupos religiosos, cooperativas de produtores e consumidores, ações coletivas na esfera judicial, entidades de preservação ambiental e uma infinidade de outros grupos que trabalham para promover causas nas quais acreditam.

Comecei o livro com uma observação simples: *a liberdade de uma pessoa equivale à falta de liberdade de outra*. As externalidades são onipresentes, e a gestão delas – incluindo a devastação ambiental –, que são os subprodutos diretos e inevitáveis de mercados sem amarras, requer ações públicas, incluindo a regulamentação. Na verdade, qualquer jogo precisa de regras e regulamentações. Delineei aqui a necessidade de regulamentações para conter o acúmulo de poder e a exploração de alguns por outros.

Outra observação relevante é que as pessoas podem alcançar juntas o que não conseguem sozinhas. No entanto, em muitas áreas em que agimos coletivamente, surgem problemas de caronas, de modo que resultados bons (e eficientes) exigem um certo grau de coerção, do tipo que apenas o governo pode impor de forma adequada. Pode ser também desejável incentivar esse tipo de ação voluntária por meio de subsídios, por exemplo.

O Capítulo 11 descreveu uma infinidade de áreas em que agir coletivamente era desejável porque os mercados, por si só, eram ineficientes ou falhavam de outra forma. Aqui, quero enfatizar que a desejabilidade de agir desse modo é mais ampla.

Um componente importante dessa ação é mais investimento público nas crianças e em seu futuro, na pesquisa e, de forma mais ampla, na infraestrutura social e física. Esses investimentos não apenas promoverão o crescimento; eles também aumentarão as oportunidades (as liberdades) dos cidadãos comuns. Uma empatia natural pelos outros deveria nos tornar avessos ao sistema atual, em que o destino de uma criança depende tanto da renda e da educação formal de seus pais.

Outro componente essencial é a proteção social contra as vicissitudes da vida, inclusive dos mercados, mesmo quando eles estão controlados e domados[15]. As tecnologias estão sempre mudando, de modo que poucos trabalhadores podem ter segurança em seus empregos. E ninguém pode ter certeza de que não será atingido por uma calamidade de saúde. A proteção social é, por si só, libertadora. Ela liberta as pessoas para assumir riscos que, de outra forma, não assumiriam, por medo de fracassarem e ficarem na miséria. É por isso que as sociedades com sistemas de proteção social melhores podem, na verdade, ser mais inovadoras.

O fracasso do governo

Entretanto, os críticos dessa perspectiva, que enfatiza a necessidade de agirmos coletivamente, sugerem que ela presta atenção insuficiente às falhas do governo. A alegação é que, por mais falhos que possam ser os processos econômicos, os processos políticos – o modo como as decisões são tomadas pelo governo – são piores. Isso, afirmam os críticos da ação governamental, é verdade mesmo na ausência de corrupção explícita. As políticas e os gastos podem ser mais motivados por ganhos políticos de curto prazo do que pelos interesses de longo prazo da sociedade.

Qualquer estadunidense que viveu durante a administração Trump conhece as falhas governamentais e políticas. Não sou ingênuo. Sei que criar um Estado forte e eficaz que promova o progresso econômico e a justiça social – não os interesses especiais – é difícil. No entanto, também sei que houve pouco ou nenhum progresso social e econômico na ausência de um Estado forte e eficaz. Durante meus mais de cinquenta anos como economista, presenciei alguns milagres econômicos – como a renda *per capita* dos países do Leste Asiático ter aumentado em dez vezes, por exemplo –, e esses sucessos estavam diretamente relacionados a políticas governamentais. Presenciei também alguns fracassos e decepções. Não fizemos um trabalho tão bom na gestão da macroeconomia quanto poderíamos ou deveríamos, mas as coisas estão melhores do que estariam se tivessem sido deixadas apenas nas mãos do mercado[16]. Não temos escolha a não ser tentar fazer nossa democracia funcionar de maneira a promover os interesses da sociedade como um todo. Em alguns momentos, as sociedades tiveram considerável sucesso em fazer exatamente isso. Precisamos aprender tanto com os sucessos quanto com os fracassos.

Duas das coisas que aprendemos são que um desequilíbrio de poder econômico se traduz em um desequilíbrio de poder político; e que os sistemas políticos dominados pelo dinheiro inevitavelmente se corrompem. O predomínio do neoliberalismo em tantos lugares está muito relacionado aos interesses especiais que lucram com suas ideias e ao poder político que esses interesses exercem.

Sabemos também algumas das coisas que contribuem para o sucesso da sociedade e da economia: abertura e transparência, instituições aprendizes e adaptáveis, sistemas de freios e contrapesos – incluindo uma imprensa ativa e diversificada –, uma sociedade civil ativa com participação cidadã e uma multiplicidade de mecanismos para lhe dar voz.

Como moldar pessoas

Por fim, o projeto do nosso sistema econômico, político e social deve estar ciente de como ele molda as pessoas. Conforme enfatizei na Parte II, não nascemos plenamente formados; somos moldados por nossos pais, nossas escolas e pelo ambiente que nos rodeia – incluindo o sistema econômico, político e social no qual estamos inseridos. Enquanto tentamos moldar nosso sistema econômico, precisamos estar conscientes dos efeitos dessa moldagem. Como observei, instituições cooperativas podem estimular comportamentos mais cooperativos. O sistema neoliberal que tivemos nas últimas cinco décadas fracassou em seus próprios termos por não produzir a prosperidade compartilhada que prometeu, mas, o que é mais preocupante, também criou pessoas mais egoístas e materialistas, menos honestas e confiáveis. Que tipo de mundo é esse em que os indivíduos rotineiramente ganham dinheiro tirando vantagem de outros e nem sequer se sentem culpados?

Margaret Thatcher disse a seguinte frase, que ficou famosa, em uma entrevista de 1987: "Quem é a sociedade? Isso não existe!". Entretanto, naquele exato momento como líder da Grã-Bretanha, ela estava tentando moldar sua sociedade e seus cidadãos. Ela articulou uma visão que é o antônimo da boa sociedade. O sucesso do neoliberalismo em levar a sociedade na direção da visão de Thatcher pode ser o seu maior fracasso.

Há um outro conjunto de argumentos a favor da agenda de justiça social, o qual gira em torno de quem somos como indivíduos e como sociedade. Como também observei na Parte II, a desigualdade leva os cidadãos mais ricos a sentirem-se privilegiados e os mais pobres a viverem em desespero, sem esperança ou aspirações.

A aspiração mais profunda do capitalismo progressivo é construir uma sociedade na qual haja mais empatia, mais cuidado, mais criatividade e esforço saudável, com indivíduos menos egoístas e mais honestos – e esses atributos levarão a uma economia e a uma sociedade que funcionam melhor[17]. Acredito que a economia progressista que defendo conseguirá fazer isso.

Observações finais

Alguns críticos perguntaram: "O capitalismo pode ser progressista? Isso não é um oximoro?". O sistema que descrevi brevemente é um abandono significativo do atual, ainda que compartilhe o termo "capitalismo". O "capital" que é central para o capitalismo progressista do século XXI não é apenas físico ou financeiro, mas inclui o capital humano, intelectual, organizacional, social e natural – todas as bases da nossa economia. Na verdade, a ampliação de nosso entendimento do termo é fundamental e corresponde à natureza mutante de nossa economia e sociedade.

Acredito que podemos construir uma economia e uma sociedade baseadas nos princípios que delineei. Mesmo que não consigamos criar uma sociedade "ideal", podemos fazer muito melhor do que a forma atual do capitalismo.

14

Democracia, liberdade, justiça social e a boa sociedade

Qualquer discussão sobre liberdade precisa começar com uma discussão sobre quem é a pessoa cuja liberdade está em questão. A liberdade de alguns para prejudicar outros ou a liberdade de outros de não serem prejudicados? Muitas vezes, não equilibramos bem essa equação: proprietários de armas *versus* vítimas da violência armada; empresas químicas *versus* milhões que sofrem com a poluição tóxica; indústrias farmacêuticas *versus* pacientes que morrem ou cuja saúde piora porque não podem pagar pelos medicamentos. Sabemos de quem foi a liberdade que prevaleceu. A lista de injustiças é longa.

É notável como, apesar de todos os fracassos e as iniquidades do sistema atual, tantos ainda defendem a economia de livre mercado. Isso, apesar das frustrações diárias ao lidar com planos de saúde, operadoras de telefonia, senhorios ou companhias aéreas. É desconcertante que alguém que viva sob o capitalismo do século XXI, e leia sobre os inúmeros abusos, possa acreditar em mercados sem amarras ou na eficiência inevitável da "livre"-iniciativa.

Para ser franco, foi feita uma falsa promessa aos cidadãos comuns ao redor do mundo. Sempre que houvesse um problema, disseram-lhes para "deixar nas mãos do mercado". Também lhes foi dito que o mercado pode resolver problemas de externalidades, coordenação e bens públicos. Isso é pura ilusão, e eu expliquei por quê. Uma sociedade que funciona bem precisa de regras, regulamentações, instituições públicas e gastos públicos financiados por impostos.

O outro lado dessa fábula, de que as empresas privadas e com fins lucrativos são incapazes de causar danos e são perfeitamente eficientes, é que o governo é voraz e ineficiente.

Muitas pessoas se beneficiaram dessa versão da história, incluindo os CEOs (e seus acionistas), cuja liberdade para explorar foi expandida. Seus bolsos foram enriquecidos, e seus poderes ampliados, sobretudo à medida que serviços públicos foram privatizados. Os ricos e poderosos tomaram o controle da mídia. Os líderes políticos que eles apoiaram repetiram e amplificaram a mensagem, alguns com frases memoráveis, como a de Reagan: "O governo não é a solução para o nosso problema; o governo é o problema"[1].

As mentalidades, uma vez criadas, são difíceis de mudar. Muitos estadunidenses ainda acreditam no Sonho Americano e que os Estados Unidos são a terra da oportunidade, embora, há décadas, as estatísticas pintem um quadro muito diferente. Claro, os Estados Unidos deveriam aspirar a ser uma terra de oportunidades, mas insistir em crenças que não são apoiadas pela realidade de hoje, como a ideia de que os mercados, por si só, são a solução para os problemas atuais, não ajuda. Os mercados sem amarras criaram muitos dos problemas centrais que enfrentamos, incluindo as desigualdades, a crise climática e a crise de opioides nos Estados Unidos. E os mercados sem amarras não podem resolver nenhum deles; não podem gerenciar as mudanças estruturais imensas pelas quais estamos passando – incluindo o aquecimento global, a inteligência artificial e o realinhamento da geopolítica – sem deixar muitos para trás. Na verdade, o setor privado por si só não pode lidar com a mudança climática de uma forma minimamente adequada, sobretudo com a urgência que precisamos e de um modo que distribua os custos da transição verde de maneira equitativa.

E essa constatação pode fornecer entendimentos sobre as guerras culturais que eclodem ao redor do mundo. Por que a Direita resiste tão veementemente a tomar as medidas necessárias para impedir a mudança climática? Por que seus seguidores se recusaram a usar máscaras e a se vacinar durante a pandemia de covid-19? A resposta é que a mudança climática e as pandemias apresentam verdades inconvenientes para a mentalidade de livre mercado. Se as externalidades são importantes, então agir coletivamente é importante, e os mercados por si só não podem ser confiáveis. Melhor ignorar a realidade do que mudar de ideia. Entretanto, eles precisam mudar de ideia, se quisermos criar uma sociedade que, mesmo remotamente, corresponda aos nossos ideais e aspirações.

Como resolver as disputas sobre liberdade em uma sociedade dividida

O que acontece se, mesmo depois de uma sociedade examinar com cuidado e debater à exaustão quais direitos são mais importantes, as pessoas continuam a discordar? Quase por definição, uma sociedade só pode ter uma única atribuição de direitos. Os cidadãos devem concordar com essa atribuição coletivamente por algum mecanismo coletivo de tomada de decisão.

Precisamos também tomar uma decisão coletiva sobre as regulamentações que regem nossa sociedade. Precisamos de regulamentações ambientais, de trânsito, de zoneamento, financeiras; precisamos de regulamentações em todos os setores de nossa economia. Em uma economia do século XXI, um conjunto complexo de regras e regulamentações se faz necessário.

Gostaríamos todos de viver em uma sociedade com pessoas de mentalidade semelhante que, ao raciocinarem juntas, chegam a respostas congruentes para questões fundamentais. Gostaríamos também de viver em um mundo onde todos os países compartilham nossas visões sobre os direitos humanos e a democracia. Entretanto, esse não é o caso.

Algumas pequenas comunidades conseguem atingir um consenso amplo (o qual, porém, costuma ficar longe da unanimidade). No entanto, as sociedades maiores têm mais dificuldades. Muitos dos valores e das pressuposições fundamentais são o que economistas, filósofos e matemáticos chamam de *primitivos*, premissas subjacentes que, embora passíveis de serem objeto de debate, não podem ser reconciliadas. Ainda assim, dada a importância de vivermos juntos e a necessidade de tomarmos, pelo menos, um número limitado de decisões coletivas, precisamos perguntar: há algo que pode ser feito para encontrar áreas de consenso? Para responder a essa pergunta, é preciso entender o que dá origem às divisões sociais e por que elas cresceram.

O papel da desigualdade de renda e riqueza

Acredito que grande parte da resposta diz respeito a dois problemas do neoliberalismo para os quais chamei a atenção: a crescente disparidade de renda e riqueza que caracteriza o capitalismo neoliberal dos séculos XX e XXI e a polarização causada pela mídia. A situação se agrava sob as regras atuais, as quais permitem que os ricos e as elites tenham uma influência desproporcional na definição tanto das políticas quanto das narrativas sociais. Tudo isso leva a um sentimento agudo, por parte daqueles que não são ricos, de que o sistema é manipulado e injusto, o que dificulta ainda mais sanar divisões.

À medida que as desigualdades de renda crescem, as pessoas acabam vivendo em mundos diferentes e não interagem. Há um vasto corpo de evidências que mostra que a segregação econômica está crescendo e tem consequências, por exemplo, sobre como cada lado pensa e sente sobre o outro[2]. Os membros mais pobres da sociedade acreditam que o mundo funciona contra eles e desistem de realizar suas aspirações; os mais ricos desenvolvem um senso de privilégio, e sua riqueza ajuda a garantir que o sistema *seja* manipulado. No entanto, essas opiniões individuais sobre a disparidade econômica apenas acentuam a divisão social.

O papel de divisor desempenhado pela mídia

As redes sociais fornecem outra fonte para essa divisão. A mídia tem um imenso poder de moldar narrativas sociais e vem desempenhando um papel relevante na polarização social. Como observei, o modelo de negócios de grande parte da mídia envolve fomentar divisões. A Fox News, por exemplo, descobriu que era melhor ter uma audiência fiel de seguidores da Direita, atraída por sua cobertura distorcida, que assistia *apenas* a ela, do que ter uma audiência mais ampla, atraída por uma cobertura mais equilibrada. As redes sociais descobriram que é lucrativo fazer uso da indignação para obter engajamento e que podem desenvolver seus algoritmos para refinar de forma eficaz a quem se dirigir, mesmo que a prática leve à polarização social quando elas fornecem informações diferentes para usuários diferentes.

O raciocínio como uma resolução

Uma premissa deste livro é que o *raciocínio*, um valor central do Iluminismo, e o discurso baseado nesse raciocínio podem nos ajudar a compreender melhor as complexidades do que está em jogo e ajudar a alcançar um terreno comum na busca pelo bem comum. Por exemplo, raciocinar sobre o significado e a natureza da liberdade leva à conclusão de que a visão de mundo da Direita libertária é fundamentalmente incoerente pelo simples fato de não reconhecer que "a liberdade de uma pessoa equivale à falta de liberdade de outra". Tentei fornecer uma análise mais coerente e significativa das liberdades em uma sociedade moderna interdependente.

Acredito que existe um amplo consenso sobre muitos dos elementos importantes do que constitui uma sociedade boa e decente e sobre que tipo de sistema econômico sustenta essa sociedade. Por exemplo, uma boa sociedade deve viver em harmonia com a natureza. Nosso capitalismo atual não tem feito um trabalho adequado nesse sentido; o capitalismo progressista, comprometido com a regulamentação ambiental, colocaria essa questão no centro das atenções.

Uma boa sociedade permite que os indivíduos prosperem e realizem seu potencial. Nosso capitalismo atual está falhando com grande parte da população. O capitalismo progressista também aborda essa questão, tanto por meio da pré-distribuição quanto da redistribuição.

Um sistema econômico bom incentivaria as pessoas a serem honestas e empáticas, com capacidade de cooperar umas com as outras. O sistema capitalista atual muitas vezes incentiva o oposto; a rica ecologia de arranjos institucionais característica do capitalismo progressista faria melhor.

Além disso, quando não há consenso sobre como tomar determinadas decisões fundamentais, as tradições filosóficas dos utilitaristas/benthamitas (aqueles que seguem as ideias de Jeremy Bentham, filósofo do século XIX) e de John Rawls podem nos ajudar a refletir sobre que conjunto de regras faz sentido em uma boa sociedade; elas também podem, pelo menos, fornecer diretrizes para pensar sobre o conjunto total de regras que constituem uma sociedade.

A política trata de navegar em um mundo em que pode haver grandes diferenças de opinião sobre o que deve ser feito de forma coletiva. Em alguns casos, pode haver negociações, um acordo sobre o pacote geral, com alguns aceitando um conjunto de decisões em um domínio que consideram errado, ou pelo menos não ideal, em troca de outros aceitarem decisões em outro domínio sobre o qual desconfiam. Há harmonia no resultado geral, insatisfação nos detalhes. Pode até haver quase unanimidade no final, com os cidadãos entendendo os benefícios da coesão social que resulta de um acordo tão abrangente.

Infelizmente, muitas vezes isso não acontece. Alguns acreditam que devemos restringir o espaço da tomada de decisões coletivas precisamente porque há diferenças que não podem ser resolvidas. Expliquei que isso tem um custo alto. Há benefícios enormes quando agimos de forma coletiva usando bens públicos, como pesquisa e desenvolvimento, educação e saúde. No entanto, mais fundamentalmente, não podemos apenas evitar a tomada coletiva de decisões. Precisamos ter um conjunto comum de regras para nos governar.

O que não funciona caracteriza os Estados Unidos e alguns outros lugares: as pessoas que controlam as alavancas do poder as utilizam para manter, amplificar e estender seu poder, enquanto fazem apenas esforços limitados para encontrar ou criar um consenso político. Os Estados Unidos têm um sistema político criado há mais de 200 anos, o qual atribui peso político desproporcional a algumas partes do país e dá aos estados a capacidade de privar, em parte, alguns cidadãos de seus direitos por meio de *gerrymandering*[*] e supressão de eleitores. Há muito, a história ensina que governos e sistemas políticos marcados por tais disparidades entre governantes e governados – mesmo quando existe uma fachada de democracia – não conseguem sobreviver. Inevitavelmente, a confiança no governo e a crença em sua legitimidade acabam se desgastando.

Ainda acredito que, se pudéssemos tirar a discussão dos domínios da ideologia, da identidade e das posições absolutistas, e levá-la para o campo de um debate saudável, um consenso poderia emergir, não sobre todas as questões, mas em uma gama muito mais ampla de temas, o que nos permitiria avançar com mais facilidade em direção a uma boa sociedade[3].

O neoliberalismo e a democracia sustentada

Durante muito tempo, a Direita tentou estabelecer um monopólio sobre a invocação da "liberdade", quase como se a tivessem registrado como uma marca. Está na hora de confrontar a Direita e reivindicar essa palavra para nós.

Milton Friedman e Friedrich Hayek argumentaram que as liberdades econômica e política estão intimamente conectadas, sendo a primeira necessária para a segunda. Entretanto, já afirmei que o sistema econômico resultante – em grande parte sob a influência desses pensadores e de outros como eles – mina a democracia significativa e a liberdade política. A liberdade política substancial só pode ser garantida no contexto de um sistema econômico, como o capitalismo progressista, que assegura um nível mínimo de prosperidade compartilhada e em que o poder – o dinheiro – não desempenha um papel inadequado nos resultados.

O tom do argumento tanto de Friedman quanto de Hayek era de que os mercados livres e sem amarras são, por si só, eficientes. Eles afirmavam que, se o governo ficasse afastado, os mercados competitivos seriam mecanismos

---

[*] Manipulação do traçado dos limites dos distritos eleitorais em benefício de um partido. (N.T.)

autossustentáveis e necessários para manter a democracia funcionando sem problemas. Para evitar a descida à "servidão", seria necessário manter o governo pequeno, usando-o, sobretudo, para fazer valer os direitos de propriedade e os contratos, e afastando-o da provisão de bens públicos, da regulamentação ou da redistribuição.

Expliquei por que eles (e os inúmeros outros que compartilham essa visão) estão errados. Por si só, os mercados, em sua essência, nunca são eficientes.

Os mercados livres são sustentáveis sem uma democracia mais forte? A razão pela qual o capitalismo neoliberal se devora

Não apenas as economias neoliberais são ineficientes, mas o neoliberalismo, como sistema econômico, não é sustentável. Há muitas razões para acreditarmos que uma economia de mercado neoliberal tende a se devorar. Uma economia de mercado funciona com base na confiança. Adam Smith enfatizou a importância da confiança e reconheceu que a sociedade não poderia sobreviver se as pessoas seguissem seus próprios interesses descaradamente em vez de bons códigos de conduta:

> O respeito a essas regras gerais de conduta é o que é propriamente chamado de senso de dever, um princípio da maior consequência na vida humana e o único princípio pelo qual a maior parte da humanidade é capaz de direcionar suas ações. [...] [D]a observância tolerável desses deveres depende a própria existência da sociedade humana, a qual se desintegraria se a humanidade não fosse, em geral, impressionada com uma reverência por essas importantes regras de conduta[4].

Por exemplo, os contratos precisam ser cumpridos. O custo de fazer cumprir cada contrato nos tribunais seria insuportável. E, sem confiança no futuro, por que alguém faria uma poupança? Os incentivos do capitalismo neoliberal focam no interesse próprio e no bem-estar material, e fizeram muito para dirimir a confiança (conforme evidenciado muito claramente pelo setor financeiro antes da crise financeira de 2008). Sem regulamentação adequada, muitas pessoas, para atender aos próprios interesses, agirão de maneira não confiável, chegando ao limite do que é legal e ultrapassando os limites do que é moral. Vimos também como o neoliberalismo ajuda a criar pessoas egoístas e não confiáveis. Um "empresário" como Donald Trump pode prosperar por anos, até décadas, aproveitando-se dos outros[5]. Se ele fosse a norma em vez da exceção, o comércio e a indústria estariam paralisados.

Precisamos também de regulamentações e leis para assegurar que não haja concentrações de poder econômico. Vimos não apenas que as empresas buscam o conluio e o fariam ainda mais na ausência de leis antitruste, mas, mesmo que elas ajam em conformidade com as leis atuais, há uma forte tendência para o acúmulo de poder. O ideal liberal de mercados livres e competitivos seria, sem a intervenção governamental, efêmero.

E também vimos que aqueles com poder fazem, com frequência, o que podem para mantê-lo. Eles escrevem as regras para sustentar e aumentar o poder, não para contê-lo ou diminuí-lo. As leis de concorrência são enfraquecidas, incapazes de responder às novas tecnologias e às novas maneiras das empresas de adquirir e exercer poder de mercado. A fiscalização é debilitada. Nesse mundo de capitalismo neoliberal, a riqueza e o poder estão sempre em ascensão.

O neoliberalismo é politicamente sustentável e consistente com uma democracia sustentável?

O neoliberalismo não é economicamente sustentável e mina a sustentabilidade da democracia – exatamente o oposto do que Hayek e Friedman afirmaram.

Criamos um círculo vicioso de desigualdade econômica e política, que consolida mais liberdade para os ricos e menos para os pobres, pelo menos nos Estados Unidos, onde o dinheiro exerce uma influência enorme na política. Existem muitas maneiras pelas quais o poder econômico se traduz em poder político e mina o valor democrático fundamental de cada pessoa ter um voto. A realidade é que as vozes de algumas pessoas são muito, muito mais altas do que as de outras. Em alguns países, isso toma formas tão toscas quanto a compra de votos, com os ricos tendo mais dinheiro para comprar mais votos. Nos países avançados, os ricos usam sua influência na mídia e em outros lugares para criar narrativas e estão em melhor posição para fazer com que suas narrativas se tornem o senso comum. Por exemplo, certas regras, regulamentações e intervenções governamentais que servem ao interesse dos ricos e poderosos são apresentadas como sendo do interesse nacional, segundo eles – e muitas vezes conseguem convencer os outros de que isso é verdade.

O medo é um instrumento relevante que os poderosos usam para persuadir os demais a seguir sua agenda: se os bancos não forem resgatados, o sistema econômico entrará em colapso e *todos* ficarão em pior situação. Se a alíquota de imposto das empresas não for reduzida, elas partirão e mudarão para outras jurisdições mais amigáveis aos seus negócios[6].

Uma sociedade livre é aquela em que uns poucos ditam os termos de engajamento[7]? Em que uns poucos controlam as principais mídias e usam esse controle para decidir quais notícias a população recebe? Há muito tempo, pessoas no Ocidente criticam a propaganda nazista e comunista, mas estamos inseridos no pesadelo da propaganda murdochiana[*] – e, pior ainda, isso inclui as mídias sociais controladas por Musk e Zuckerberg, que podem tornar viral o que quiserem. Como resultado, criamos um mundo polarizado no qual grupos diferentes vivem em universos distintos, discordando não apenas com relação a valores, mas também com relação a fatos.

Uma democracia forte não pode se sustentar sobre uma economia neoliberal por outro motivo. O neoliberalismo deu origem a enormes *rents*, os lucros monopolistas que são uma grande fonte das desigualdades de hoje. Muito está em jogo, sobretudo para muitos dos integrantes do 1% mais rico, centrados no enorme acúmulo de riqueza permitido pelo sistema.

A democracia exige chegar a um meio-termo para permanecer politicamente sustentável, mas o meio-termo tornou-se cada vez mais difícil na sociedade polarizada de hoje. E o neoliberalismo contribuiu para essa situação de muitas maneiras, sobretudo pelas grandes divisões econômicas que criou. Chegar a um meio-termo também é difícil quando há tanto em jogo em termos de poder econômico e político. Não é de admirar, então, que a Direita tenha adotado uma atitude de "o vencedor leva tudo". Poderíamos pensar que, quando os presidentes Bush e Trump assumiram o cargo com uma minoria notável de apoio popular[**], eles buscariam políticas ligeiramente à Direita do centro. Mas não, eles adotaram a ideia de que as eleições têm consequências, e

---

[*] Referência ao magnata Rudolph Murdoch, dono de vários meios de comunicação importantes pelo mundo afora. (N.T.)

[**] Tanto George W. Bush, em 2000, quanto Donald Trump, em 2016, tiveram menos votos do que seus opositores entre a população como um todo, porém receberam mais votos no Colégio Eleitoral. (N.T.)

mesmo tendo havido descredenciamento de eleitores, manipulação de distritos e um sistema eleitoral parcial, vencer significava permissão ampla para fazer o que pudessem sem sofrer as consequências[8]. Isso incluiu um corte de impostos para os ricos à custa dos cidadãos comuns – mesmo quando a crescente desigualdade do país era reconhecida como um de seus principais problemas. Incluiu também uma tentativa de cortar os cuidados de saúde – que falhou no âmbito nacional, mas avançou em muitos estados republicanos – diante de uma expectativa de vida nacional baixa e declinante.

A falta de meios-termos contribui para a instabilidade na esfera política, nas políticas públicas e nos programas governamentais, com consequências econômicas e sociais importantes. Uma vez que grandes fossas de renda facilmente se traduzem em grandes fossas na política, a falta de solidariedade social e a existência de divisões políticas levam, com frequência, à instabilidade na política, como o vaivém sobre a dívida estudantil ou a cessação repentina de recursos para as famílias pobres durante o período da covid. As vicissitudes da política são, por si mesmas, ruins para a economia. A incerteza sobre o ambiente econômico (sobre regulamentações e impostos) desencoraja as empresas a fazer os investimentos necessários para um crescimento robusto. Os economistas muitas vezes criticam o vaivém dessas políticas, mas não analisam o problema subjacente. Se as divisões sociais fossem menores, ainda haveria mudanças na política, porém a magnitude delas seria menor e, portanto, as consequências seriam menos severas.

Barreiras de proteção

Em outras palavras, uma economia neoliberal de mercado livre e competitivo, combinada com uma democracia liberal, não constitui um equilíbrio estável se não houver barreiras de proteção fortes e um amplo consenso social sobre a necessidade de restringir a desigualdade da riqueza e o papel do dinheiro na política. Esse tipo de democracia forte é necessário para sustentar uma economia livre e competitiva. É questionável se, hoje, o sistema político e econômico dos Estados Unidos possui barreiras de proteção suficientes para sustentar liberdades econômicas e políticas significativas.

Mencionei alguns dos elementos constitutivos das barreiras de proteção necessárias, como as políticas antitruste, para impedir a criação, a manutenção e o abuso de poder de mercado. Precisamos de freios e contrapesos, não apenas dentro do governo, como todo estudante estadunidense aprende, mas de forma mais ampla na sociedade. Uma democracia forte, com ampla participação, também é parte do que é necessário, o que significa trabalhar para derrubar leis destinadas a reduzir a participação democrática, como a legislação associada ao descredenciamento.

Essas barreiras de proteção e freios e contrapesos são um elemento fundamental do capitalismo progressista, o qual é caracterizado por limitações ao poder de mercado e à desigualdade excessiva e por uma diversidade robusta de arranjos institucionais. Certamente haverá pressões constantes para remover as barreiras de proteção, enfraquecer os freios e contrapesos e deixar que as desigualdades cresçam. Vemos isso hoje, mesmo nas democracias sociais mais fortes.

Nos Estados Unidos, as barreiras de proteção parecem bastante instáveis. Alguns, como Martin Wolf, principal comentarista econômico do *Financial Times*, temem que a situação seja tão grave que os Estados Unidos em breve talvez deixem de ser uma democracia funcional[9].

A percepção da ameaça representada pelas dinâmicas de qualquer versão do capitalismo em que a riqueza, o poder e as desigualdades podem se acumular é parte da resposta sobre a sustentabilidade da democracia. Um dos objetivos deste livro é aumentar essa percepção.

O caminho para o populismo

Empunhando a própria bandeira da liberdade, os neoliberais e, ainda mais, a extrema Direita têm defendido políticas que restringem as oportunidades e liberdades (tanto políticas quanto econômicas) da maioria em favor de uns poucos. Todos esses fracassos econômicos e políticos associados ao neoliberalismo prejudicaram grandes parcelas da cidadania, muitas das quais responderam com uma guinada para o populismo, atraídas por figuras autoritárias como Trump, Bolsonaro, Putin e Modi. Esses homens procuram bodes expiatórios para explicar o que deu errado e oferecem respostas simplistas para questões complexas.

Não podemos deixar de chegar a conclusões que são exatamente opostas às de Friedman e Hayek. Eles interpretaram mal a história – desconfio que deliberadamente. O grave surto de autoritarismo – Hitler, Mussolini, Stalin – do qual o mundo se recuperava na época em que Hayek e Friedman escreviam não foi causado por governos que desempenhavam um papel abrangente demais[10]. Pelo contrário, esses regimes hediondos surgiram devido a reações extremas ao fato de os governos não fazerem o suficiente. Não foi naquela época, e não é hoje, o caso de que o autoritarismo estava crescendo em estados sociais-democratas com governos grandes, mas sim em países marcados por extremos de desigualdade e altos níveis de desemprego, onde os governos fizeram muito pouco. Vimos que são as democracias sociais – os países que mais se aproximam de nossa ideia de capitalismo progressista – que sustentaram as democracias mais fortes. Os países que adotaram os princípios do neoliberalismo percorreram o caminho do populismo e da servidão.

Em resumo, Hayek e Friedman estavam errados. O capitalismo neoliberal sem amarras é incompatível com uma democracia sustentável. O livro famoso de Hayek, *O caminho da servidão*, afirmava que um Estado grande demais estava pavimentando o caminho para a perda de nossa liberdade. Hoje, é evidente que os mercados livres e sem amarras defendidos por Hayek e Friedman e tantos outros na Direita nos colocaram no caminho para o fascismo, para uma versão do século XXI do autoritarismo, agravada pelos avanços na ciência e na tecnologia, um autoritarismo orwelliano em que a vigilância é a ordem do dia e a verdade foi sacrificada ao poder.

Na medida em que um dos dois principais partidos trabalha ativamente para suprimir votos e fazer quase qualquer coisa para conquistar e manter o poder, é compreensível que muitos pensem que o país esteja agora se encaminhando para o fascismo. Se essa versão do século XXI tomará o rumo repugnante que alguns dos piores países fascistas tomaram no século XX, é algo, claro, incerto. Sabemos que Trump e alguns outros líderes do Partido Republicano promoveram um nacionalismo extremo e fizeram apelos encobertos, e às vezes quase ostensivos, ao racismo e ao autoritarismo.

Os Estados Unidos podem ser os primeiros a seguir por esse caminho, mas outros países podem não estar muito atrás.

Capitalismo progressista, democracia social e justiça social

Apresentei um caminho alternativo, em termos simples, porque precisamos rumar para um lugar melhor do que o nosso destino atual. Isso me traz de volta às conexões entre a liberdade e a agenda do capitalismo progressista (uma democracia social rejuvenescida), com seu foco em igualdade, justiça social e democracia.

O papel libertador de uma educação formal liberal

Os sistemas educacionais – e nosso sistema de conhecimento de forma mais ampla, incluindo as universidades de pesquisa e os *think tanks* – desempenham um papel central na criação de sociedades livres e sustentáveis porque inculcam os tipos de valores necessários e ajudam a libertar os indivíduos da coerção social, e assim fomentam sua autonomia. A lente pela qual vemos o mundo é influenciada pelas pessoas ao nosso redor e pelos eventos que experimentamos, de maneiras que muitas vezes nos passam desapercebidas. Uma boa educação em artes liberais nos ajuda a compreender essas forças. Ela nos permite entender que não precisamos assumir os papéis na sociedade que nossos pais e outros esperam que desempenhemos. Uma melhor compreensão de como nossas preferências são moldadas e como são afetadas pela pressão dos pares pode ser libertadora.

A educação formal também desempenha um papel importante na formação de nossas preferências e ações. Podemos nos tornar mais cooperativos e confiáveis à medida que entendemos melhor a importância dessas características para o bom funcionamento de uma sociedade.

Uma educação formal liberal também nos permite entender as falhas nos arranjos econômicos atuais e compreender por que, por exemplo, os mercados sem amarras são o problema, e não a solução. É por isso que as pessoas que defendem a continuidade das normas atuais (como papéis de gênero restritos ou a primazia dos mercados), independentemente de seus méritos, lutam com todas as suas forças contra uma educação formal liberal. Elas fazem isso até mesmo nos Estados Unidos, que têm entre os fundamentos de seu sucesso os próprios avanços do conhecimento, os quais se baseiam em um sistema educacional forte e fundamentado nos valores do Iluminismo.

Democracia

A parte da democracia na agenda do capitalismo progressista/democracia social rejuvenescida é crucial, mas rejuvenescê-la exige também restaurar a parte da justiça social. Isso levanta questões relevantes. Além de limitar as desigualdades excessivas e o papel do dinheiro na política e na mídia, há algo mais que possamos fazer para evitar que os interesses dos capitalistas distorçam nosso sistema social, econômico e político? Há algo que possamos fazer para tornar o capitalismo progressista democrático mais sustentável, ou mais provável de se sustentar? Embora não exista uma fórmula mágica, há algumas coisas que podemos fazer. Podemos tentar inculcar valores democráticos com mais profundidade, para que as pessoas desconfiem mais do acúmulo de poder, seja qual for a forma que esse acúmulo assuma. Podemos fomentar um comprometimento mais forte com a liberdade de imprensa e a necessidade de uma imprensa e mídia diversificadas para que os ricos não tenham uma influência desproporcional. Podemos fortalecer os sistemas de freios e contrapesos em nossa sociedade. Não se trata apenas de um ramo do governo verificando outros ramos, mas das esferas privada, pública e da sociedade civil verificando umas às outras, e o "quarto poder" verificando todas elas.

E, claro, precisamos assegurar que tenhamos algum tipo de democracia. Enquanto as preocupações anteriores diziam respeito à supressão dos direitos de minorias pela maioria, a preocupação atual nos Estados Unidos diz respeito à supressão dos direitos de uma maioria por uma minoria. O descredenciamento de eleitores, a manipulação extrema de distritos eleitorais e uma série de outras ações antidemocráticas por extremistas republicanos colocaram a democracia estadunidense em risco[11]. Existem múltiplas reformas em nossos processos políticos que poderiam aprofundar nossa democracia e aumentar a probabilidade de sua sobrevivência.

O excepcionalismo estadunidense

Talvez não devêssemos nos surpreender com a situação em que os Estados Unidos se encontram. Esse é um país agora tão dividido que até mesmo uma transição pacífica de poder é difícil; onde a expectativa de vida é a mais baixa entre as nações avançadas e onde não conseguimos concordar sobre a verdade ou sobre como ela pode ser mais bem determinada ou verificada. As teorias da conspiração proliferam, e o Iluminismo precisa ser revalidado todos os dias.

Existem boas razões para questionarmos a sustentabilidade do capitalismo de fachada e da democracia falha dos Estados Unidos. As incongruências entre os ideais elevados e as realidades desoladoras são grandes demais. Trata-se de um sistema político que afirma valorizar a liberdade acima de tudo, mas que, de muitas formas, está estruturado para negar ou restringir as liberdades de grande parte de seus cidadãos. O verdadeiro perigo é que o populismo, ao qual os fracassos do neoliberalismo deram origem, leve ao surgimento de demagogos ainda piores do que aqueles que já apareceram.

Não precisamos continuar a trilhar esse caminho. Estamos em um momento em que as falhas do sistema atual são evidentes, em que uma maioria clama por mudanças e em que a maioria concorda com os valores, políticas e programas que embasam o capitalismo progressista.

Há uma verdadeira urgência na agenda do capitalismo progressista apresentada aqui e no resgate, pelos progressistas, do vocabulário da liberdade. O capitalismo progressista maximiza as liberdades reais dos cidadãos. Entretanto, o tempo não está a nosso favor. A crise climática não permitirá que ignoremos como o capitalismo sem amarras nos levou a extrapolar os limites ambientais; e a crise da desigualdade/populismo/democracia não permitirá que ignoremos como os ideais democráticos estão sendo dilacerados. O choque entre essas duas crises representa uma especial ameaça.

Quando conseguirmos desmontar os mitos sobre a liberdade propagados pela Direita e chegarmos a uma perspectiva mais equilibrada e matizada, teremos dado nosso primeiro e mais importante passo rumo à criação de uma boa sociedade, em que as liberdades dos cidadãos para prosperar, realizar seu potencial e viver em harmonia uns com os outros e com a natureza sejam mais amplas. O capitalismo progressista nos permitirá construir uma democracia vibrante, na qual as pessoas cooperam em prol do bem comum. Esse é o sistema econômico e político verdadeiramente libertador.

Agradecimentos

Este livro está fundamentado em uma vida inteira de estudos acadêmicos sobre as questões em pauta e vai mais longe, e por isso é impossível agradecer a todos que contribuíram para minha compreensão desses temas.

As externalidades e o agir coletivamente estão no centro das atenções de qualquer economista que trabalha com a economia do setor público, e essa foi uma área que comecei a explorar no início da minha carreira, inspirado por uma geração de estudiosos jovens com os quais eu trabalhava, na área que se chamava Novas Finanças Públicas, incluindo Jim Mirrlees, Peter Diamond, Agnar Sandmo e meus alunos Tony Atkinson, Richard Arnott e Geoff Heal.

Poucos economistas têm se disposto a engajar diretamente na discussão e usar termos como "liberdade" e "direitos", e dois desses são amigos cuja influência é evidente: Partha Dasgupta e Amartya Sen.

Aprendi muito também com advogados, sobretudo com aqueles mais diretamente preocupados com as liberdades e os direitos e com as perdas e os ganhos que discuto. Cinco foram muito importantes para minha compreensão dos temas aqui tratados: Rob Howse, da Universidade de Nova York; David Kennedy, da Universidade Harvard; Nathalie Bernasconi-Osterwalder, do Instituto Internacional para o Desenvolvimento Sustentável; Lori Wallach, da Rethink Trade no American Economic Liberties Project; e Guido Calabresi, que estava na Universidade Yale quando lá lecionei. Deve ser evidente também que os temas que discuto aqui vão muito além da economia tradicional e tocam em questões que estão no cerne da ciência política. Novamente, sou grato a uma série de pensadores nessa área, incluindo Anahí Wiedenbrüg, Edward Stiglitz, Michael Doyle e Jacob Hacker.

Beneficiei-me, também, de discussões prolongadas com Ravi Kanbur, que tem lidado com muitas dessas mesmas questões. O mesmo vale para meu colega da Universidade Columbia, Ned Phelps.

Ninguém teve mais influência na elaboração da Parte II deste livro – em que reexaminei os conceitos de liberdade no contexto da coerção social e da formação dos indivíduos pelo nosso sistema econômico, político e social – do que Karla Hoff e Allison Demeritt, com quem tenho trabalhado nessa área, sobretudo no que diz respeito ao desenvolvimento (em um campo chamado economia do desenvolvimento comportamental), há muitos anos. Em vários pontos aqui, me referi ao nosso livro futuro, do qual extraí muito.

Devo um agradecimento especial a Akeel Bilgrami e Jonathan R. Cole por me convidarem para abordar essas questões em seu seminário na Universidade Columbia sobre a liberdade, que deu origem a este livro; a Akeel, por seus comentários detalhados sobre um rascunho anterior; à Universidade de Pádua, por me proporcionar a oportunidade de ampliar esse seminário em uma palestra de maior escala como parte de sua série de palestras sobre a liberdade em comemoração a seu 800º aniversário; e à Universidade de Oxford e à Universidade Central Europeia, por permitirem que eu experimentasse essas ideias nelas. Sou grato também ao Sanjaya Lall Memorial Trust e ao All Souls College, em Oxford, por me oferecerem a oportunidade de passar um mês em Oxford, onde lecionei cerca de 45 anos antes, e onde participei de muitas conversas filosóficas sobre questões relacionadas a este livro. As conversas com David Vines, John Vickers e Vincent Crawford durante minha estadia foram bastante valiosas.

Como em todos os livros, a influência de meu colega de longa data na Universidade Columbia, Bruce Greenwald, será evidente, sobretudo na compreensão sobre a onipresença das externalidades e a necessidade de criar uma sociedade aprendiz.

Sou profundamente grato à Universidade Columbia por me proporcionar, nos últimos 25 anos, o apoio e o ambiente com os quais pude crescer. Boas universidades são necessárias para uma sociedade livre, e a Columbia é um exemplo.

A Columbia também me colocou em contato com estudantes inteligentes e engajados, com quem pude discutir essas questões, vários dos quais serviram como assistentes de pesquisa neste projeto. No entanto, eles foram mais do que assistentes de pesquisa comuns – eles debateram e discutiram as ideias. Quero destacar Haaris Mateen, Parijat Lal e Ricardo Pommer Muñoz. Nikhil Basavappa e Gina Markov também contribuíram, tendo feito pesquisas e trabalhado nas notas finais.

Minha equipe em Columbia – Gabriela Plump, Marianna Palumbo e Caroline Feehan – me forneceu um apoio enorme em todos os aspectos. Quero fazer um agradecimento especial a Andrea Gurwitt, que tem sido minha principal editora há muito tempo, pelo entusiasmo e dedicação que trouxe ao projeto, seus comentários perspicazes e seu enorme trabalho ao editar, reeditar e reeditar de novo cada um dos capítulos do livro.

Fui abençoado por ter editores no Reino Unido e nos Estados Unidos com quem trabalhei de perto durante mais de quatro décadas e que se engajaram comigo nas ideias à medida que elas foram sendo formuladas e na redação à medida que ela progredia. Na Norton, consegui sobreviver a dois de meus editores (que também serviram como presidentes da Norton), Don Lamm e Drake McFeeley. Na última década, tive o grande prazer de trabalhar com Brendan Curry, que ficou tão entusiasmado com as ideias deste livro quanto eu; e ele trouxe sua colaboradora, Caroline Adams. Juntos, eles desafiaram as ideias, melhoraram a organização e refinaram a linguagem. Sua insistência para que eu focasse nas principais mensagens do livro significou jogar pilhas de páginas na metafórica lata de lixo editorial, mas espero e acredito que isso tenha resultado em um livro muito melhor. Agradecimentos também a Laura Sewell por sua excelente edição de texto. No Reino Unido, na Allen Lane, Stuart Proffitt foi novamente meu editor; seu trabalho cirúrgico tem um nível de detalhe e qualidade raramente encontrados hoje. Quero também agradecer a Fonie Mitsopoulou, que trabalhou com ele.

Como sempre, minha maior dívida é com Anya, com quem discuti e debati essas ideias muito antes de elas tomarem a forma de um artigo de seminário, depois uma palestra e agora um livro. Ela também me ensinou a escrever de maneira acessível. Ambos acreditamos que essas ideias são importantes – estão no cerne da nossa democracia e, se quisermos fazê-la funcionar, elas precisam ser amplamente compreendidas e aceitas. Se este livro tiver sucesso nessa missão, é em grande parte graças a ela. Anya leu os rascunhos várias vezes, em cada etapa, e ajudou a refinar a mensagem.

A teoria econômica trata de perdas e ganhos – e pensar sobre liberdades significa pensar sobre perdas e ganhos. Essa é uma mensagem central deste livro. No entanto, perdas e ganhos são fundamentais para se escrever este, ou qualquer outra obra. Há tanto a ser dito, e tão pouco tempo e espaço para fazê-lo. Um livro como este deve levantar questões tanto quanto resolvê-las. Tive que resistir à tentação de explorar cada detalhe do assunto, qualificando cada frase com as notas de rodapé acadêmicas que caracterizam um bom trabalho acadêmico. Este, entretanto, é um assunto em que perder a visão da floresta pela das árvores seria um grande desastre: de fato, nos apegamos ao vocabulário da liberdade sem sequer compreender o escopo do que está em jogo. E isso, infelizmente, teve consequências.

Notas

Prefácio

1. Ele foi meu colega no All Souls College, quando ocupei a Cátedra Drummond daquela instituição no final da década de 1970.
2. Isaiah Berlin, *Four Essays on Liberty* (Oxford: Oxford University Press, 1969).
3. No Capítulo 1, definirei com mais precisão o que quero dizer com "a Direita".
4. George W. Bush, "President Bush Discusses Financial Markets and World Economy", 13 de novembro de 2008, site arquivado da Casa Branca de George W. Bush, https://www.archives.gov/presidential-records/research/archived-white-house-websites.
5. Ronald Reagan, "Remarks Announcing America's Economic Bill of Rights", 3 de julho de 1987, Ronald Reagan Presidential Library and Museum, https://www.reaganlibrary.gov.
6. Nessa altura, ele parece afirmar, sem provas, que essas liberdades econômicas foram "imaginadas por aqueles estadunidenses que vieram antes de nós". Isso é uma ilustração da reescrita da história pela Direita e da reinterpretação da Constituição para servir à sua agenda atual.
7. Ron Paul, "Concurrent Resolution on the Budget for Fiscal Year 2005", *Congressional Record*, v. 150, n. 39 (25 de março de 2004): H1561.
8. Rick Santorum, "Concurrent Resolution on the Budget for Fiscal Year 2005", *Congressional Record*, v. 150, n. 39 (9 de março de 2004): S2383.
9. Ted Cruz, "Five for Freedom", *National Review*, 11 de novembro de 2015.
10. Essa desregulamentação envolveu vários aspectos, cujos detalhes não precisamos mencionar aqui. A desregulamentação incluiu permitir que os bancos comerciais realizassem os mesmos tipos de atividades

que os bancos de investimento, ou seja, emitir ações e títulos – algo que estava proibido desde a Grande Depressão.

11. Cada um deles foi economista no início da carreira, mas é justo considerá-los como tendo ultrapassado muito os limites dessa disciplina com o passar do tempo. Ainda assim, as formas de pensar da teoria econômica influenciaram grandemente seus raciocínios e suas posições, mesmo enquanto se tornavam filósofos, cientistas políticos e ativistas políticos. Dizer que eles foram além da teoria econômica é um elogio, não uma crítica.

12. É importante observar que esses assuntos são exaustivamente tratados na literatura filosófica, mas, até onde sei, não tanto através da lente da teoria econômica. Consulte, por exemplo, Robert Nozick, *Philosophy, Science, and Method: Essays in Honor of Ernest Nagel*, Sidney Morgenbesser, Patrick Suppes, e Morton White, eds. (Nova York: St. Martin's Press, 1969); e Isaiah Berlin, "Two Concepts of Liberty", em *Four Essays on Liberty*, e a vasta literatura associada. Não pretendo discutir essa literatura.

    Há também uma ampla literatura jurídica que lida com a forma de reconciliar direitos (liberdades) conflitantes. Destaco a vasta literatura – por exemplo, Ronald Dworkin, *Taking Rights Seriously* (Cambridge, MA: Harvard University Press, 1977) (lançado no Brasil com o título *Levando os direitos a sério*. Rio de Janeiro: WMF Martins Fontes, 2010) e Hurst Hannum, *Autonomy, Sovereignty, and Self-Determination: The Accommodation of Conflicting Rights* (Filadélfia: University of Pennsylvania Press, 1990) – associada ao direito constitucional nos Estados Unidos e aos direitos humanos de maneira mais ampla, que trata esses temas de forma séria e profunda.

13. Outra ambição deste livro é tornar a disciplina da economia um empreendimento cognitivo mais amplo. Isso ficará bastante evidente na introdução da Parte III.

14. Friedrich A. Hayek, *The Road to Serfdom* (Londres: Routledge, 1944) (lançado no Brasil com o título *O caminho da servidão*. São Paulo: LVM Editora, 2022).

15. Fornecerei uma definição mais extensa de neoliberalismo no Capítulo 1.

16. Milton Friedman, *Capitalism and Freedom* (Chicago: University of Chicago Press, 1962) (lançado no Brasil com o título *Capitalismo e liberdade*. Rio de Janeiro: Intrínseca, 2023).

17. Identificamos corretamente a gravidade do problema. Nosso único erro foi subestimar a velocidade com que as mudanças climáticas avançariam e a magnitude de suas consequências.
18. Agora há uma Aliança para a Economia do Bem-Estar mais ampla, uma aliança da sociedade civil de organizações que promovem essas ideias.

Capítulo 1 | Introdução: *a liberdade em risco*

1. Também acredito que os regimes autoritários não podem, *de forma sustentável*, oferecer aquilo que os cidadãos desejam, mesmo que, no curto prazo, possam ter algum sucesso – ou seja, mesmo que haja um ditador "benevolente" que consiga melhorar o bem-estar do país, não há garantia de que seu sucessor fará o mesmo; pelo contrário. No entanto, essa crítica aos regimes autoritários me levaria além deste breve livro. Há uma vasta literatura sobre o assunto. Minhas próprias contribuições incluem Raaj Sah e J.E. Stiglitz, "The Quality of Managers in Centralized *versus* Decentralized Organizations", *Quarterly Journal of Economics* 106, n. 1 (1991): 289-95, que identifica a tendência de sucessões problemáticas em regimes autoritários, e meu livro de 1994, escrito quando o império soviético entrava em colapso, *Whither Socialism?* (Cambridge, MA: MIT Press). Mais adiante, mostrarei, longamente, que o regime neoliberal predominante também não é sustentável.
2. "Legum denique idcirco omnes servi sumus ut liberi esse possimus", M. Tullius Cícero (66 a.C.), *Pro Cluentio*, trad. W. Ramsay e G. Gilbert Ramsay, 3. ed. (Oxford: Clarendon Press, 1876), p. 121.
3. Ou a caridade. Entretanto, como explico mais adiante, devido ao problema do "carona", não se pode contar com a caridade. Há também objeções adicionais à ideia de a liberdade de uma pessoa depender da caridade de outra, algo que ultrapassaria os limites deste livro.
4. E, sobretudo, aqueles às vezes chamados de libertários de Direita, que se apropriaram do rótulo de libertarianismo nos Estados Unidos. As ambiguidades inerentes ao termo são ilustradas pelo fato de que, embora muitos libertários estadunidenses se considerem seguidores de Ayn Rand (a influente autora de *A nascente*. Rio de Janeiro:

Editora Arqueiro, 2013 e *A revolta de Atlas*. Rio de Janeiro: Editora Arqueiro, 2017, que teve como seguidor Alan Greenspan, presidente do Federal Reserve de 1987 a 2006), ela se distanciou do libertarianismo, e escreveu (em *Ayn Rand Answers, the Best of Her Q & A* [Nova York: New American Library, 2005]): "Os libertários combinam capitalismo e anarquismo. Isso é pior do que qualquer coisa que a Nova Esquerda tenha proposto. É uma paródia de filosofia e ideologia. [...] Os anarquistas são a escória do mundo intelectual da Esquerda, que os abandonou. Assim, a Direita pega mais um descarte da Esquerda. Esse é o movimento libertário". E continua: "Os libertários são um grupo monstruoso e repulsivo". No texto, quando uso os termos "libertários" e "libertarianismo", refiro-me à variante dominante nos Estados Unidos.

5. Há evidências abundantes de que até mesmo os proprietários de escravos do Sul reconheciam a imoralidade gritante da escravidão. Por exemplo, o presidente Jefferson, em sua mensagem anual ao Congresso de 1806, ao se considerar favorável à possibilidade de haver proibição de importação de escravos, referiu-se às "violações dos direitos humanos que foram tão longamente praticadas sobre os habitantes inofensivos da África e que a moralidade, a reputação e os melhores interesses de nosso país há muito desejam proscrever".

6. A diferença entre informações incorretas e desinformação é simples. Ambas são informações incorretas, mas, no caso da desinformação, a falsidade é deliberada.

7. Por "opções", os economistas se referem à especificação completa, por exemplo, do conjunto de bens e serviços do qual o indivíduo poderia desfrutar, *incluindo uma especificação detalhada da qualidade desses bens e serviços*. Veja também a discussão nas notas seguintes.

8. Isaiah Berlin e outros fizeram uma distinção entre liberdades positiva e negativa, sendo a primeira a liberdade *para fazer* e a segunda a liberdade *de não ser restringido no que se pode fazer*. Consulte Isaiah Berlin, *Liberty* (Oxford: Oxford University Press, 2002). No entanto, as duas estão tão entrelaçadas que essa distinção é de uma utilidade limitada. Muitas das restrições, exemplos de coerção governamental, são justificadas porque são necessárias para expandir (ou evitar que sejam limitadas) as liberdades de outros.

9. Muitas mudanças afetam o conjunto de oportunidades de maneiras complexas, eliminam algumas possibilidades enquanto criam outras. Em tais casos, não podemos dizer se há mais liberdade de ação em um caso do que em outro. Podemos avaliar as perdas em comparação com os ganhos para dizer se o indivíduo está em melhores condições em uma situação ou na outra. Adiante, discuto uma metodologia para fazer essa avaliação de forma sistemática.
10. Muitos economistas também afirmariam que tudo o que importa são os resultados, e não os processos pelos quais eles são alcançados. Os economistas comportamentais modernos sugerem que não é bem assim. Os indivíduos podem se importar se foram eles que escolheram um determinado conjunto de bens ou se esse conjunto lhes foi dado. Contudo, também pode ser o caso de que os indivíduos se importam com o processo porque acreditam que, embora em uma situação específica os resultados sejam iguais, é provável que, quando as circunstâncias mudarem, os resultados sejam melhores se puderem fazer as escolhas do que se alguém as fizer por eles. Além disso, há a questão da autonomia humana. Muitos argumentariam que tomar suas próprias decisões é algo intrinsecamente bom, e uma boa sociedade deve ser estruturada para permitir que isso aconteça – sujeito às limitações que observamos ao longo do livro, como os danos causados a outros.

    Alguns têm se preocupado com o fato de que, se um indivíduo tiver, *aparentemente*, liberdade de escolha, mas houver alguém, como um pai, que pode anulá-la se não for do seu agrado, ou mesmo impor outras restrições no futuro, tais como a retirada do direito de escolher, então a pessoa não é realmente livre para escolher. Tais preocupações podem ser incorporadas, com facilidade, ao nosso modelo, uma vez que reconhecemos (como a teoria econômica moderna costuma fazer) que não são apenas as oportunidades no momento que são relevantes, mas também aquelas no presente e no futuro, e que as escolhas hoje podem afetar os conjuntos de oportunidades no futuro. Caso haja possíveis consequências adversas quando o indivíduo fizer uma "escolha errada", seu conjunto de oportunidades as levará em conta. Esse conjunto é mais restrito do que seria se não houvesse essa intervenção em potencial. Essa análise, por sua vez, pode ser estendida a situações em que *poderia* haver consequências adversas, mas se haverá ou quais serão ainda não sabemos.

11. A economia comportamental moderna, discutida extensivamente na Parte II, afirma que isso não está muito correto: a forma como descrevemos (ou apresentamos) uma questão pode ter consequências reais. Consulte, em particular, o artigo de revisão de Samuel Bowles, "Endogenous Preferences: The Cultural Consequences of Markets and Other Economic Institutions", *Journal of Economic Literature* 36, n. 1 (1998): 75-111.
12. Claro, as questões são mais complexas do que essa discussão sugere; diferentes libertários podem ter visões um pouco diferentes sobre muitos dos temas discutidos a seguir.
13. Os economistas que são defensores extremos do "livre mercado" entendem que a economia é *naturalmente* competitiva, que mesmo quando existe apenas uma empresa em um setor, a competição *pelo* mercado é uma substituição eficaz para a competição *dentro* do mercado. Entretanto, tais afirmações, como muitos outros princípios da economia de "livre mercado", não resistiram ao escrutínio, como explico no próximo capítulo.
14. Por analogia, a receita que indivíduos ou empresas obtêm pela generosidade do governo, ou por corrupção, seja ela privada ou pública, por receber um preço acima do preço competitivo em um contrato governamental ou por obter um recurso natural a um preço inferior ao competitivo é chamada de *rent*, e os esforços que os indivíduos fazem para obter esses *rents* são naturalmente chamados de *rent-seeking*. Tais gastos de tempo e esforço não são apenas improdutivos; podem até ser contraproducentes.
15. Embora, na maioria dos casos, o explorador tenha uma renda maior e mais poder do que o explorado. No entanto, ficamos igualmente perturbados quando um trapaceiro pobre trapaceia uma pessoa idosa e rica.
16. E, *grosso modo*, com qualquer critério de bem-estar razoável.
17. Garrett Hardin, "The Tragedy of the Commons", Science 162, n. 3859 (1968): 1243-48.
18. Os economistas tradicionais costumam fazer uma distinção entre preferências (que são "profundas" e imutáveis) e crenças, que podem mudar com a informação. No entanto, a economia comportamental do século 21 enfatiza que as preferências – o que gostamos e queremos – também podem mudar, não apenas pela "informação",

mas por meio das experiências – até mesmo pela simples experiência de assistir a uma novela e se identificar com um personagem. Veja Demeritt, Hoff e Stiglitz, *The Other Invisible Hand* (no prelo) e as obras lá citadas, incluindo Eliana La Ferrara, Alberto Chong e Suzanne Duryea, "Soap Operas and Fertility: Evidence from Brazil", *American Economic Journal: Applied Economics* 4, n. 4 (2012): 1-31.

19. Em teoria econômica, existe pouca literatura sobre a persuasão irracional. Consulte, por exemplo, o artigo de revisão de Andrew Kosenko e Joseph E. Stiglitz, "Robust Theory and Fragile Practice: Information in a World of Disinformation", em *The Elgar Companion to Information Economics*, editado por Daphne R. Raban e Julia Wlodarczyk (Cheltenham, Reino Unido: Edward Elgar Publishing, 2024).

20. Para um tratamento mais abrangente desse assunto, consulte Demeritt, Hoff e Stiglitz, *The Other Invisible Hand*.

21. Consulte Joseph E. Stiglitz e Bruce C. Greenwald, *Creating a Learning Society: A New Approach to Growth, Development, and Social Progress* (Nova York: Columbia University Press, 2014); e Joel Mokyr, *The Enlightened Economy* (New Haven, CT: Yale University Press, 2009).

22. Portugal, Irlanda, Grécia e Espanha.

23. O crescimento recente de grupos populistas na Escandinávia está relacionado à percepção de que os governos não fizeram o suficiente para proteger seus cidadãos contra imigrantes e contra o crime, o qual alguns percebem ter subido como resultado; repito, a queixa não é que o governo fez demais. Consulte Jens Rydgren, "Radical Right-Wing Populism in Denmark and Sweden: Explaining Party System Change and Stability", *The SAIS Review of International Affairs* 30, n. 1 (2010): 57-71.

Capítulo 2 | Como os economistas pensam a liberdade

1. Adam Smith, IV:II em *A riqueza das nações*, 1776.
2. Smith, *A riqueza das nações*, I:X.
3. Naturalmente, Hobbes escrevia antes da era moderna de regulamentação e antes de John Maynard Keynes, e apenas para defender a necessidade de haver um governo para manter a ordem.

4. As descrições de Charles Dickens sobre a Inglaterra industrial do século 19 sugeriam que nem tudo estava bem; que os mercados, no final das contas, não tinham sido uma força positiva para todos. A pobreza, a miséria e a degradação ambiental abundavam: "No campo, a chuva teria desenvolvido mil novos aromas frescos, e cada gota teria uma associação brilhante com alguma forma bonita de crescimento ou de vida. Na cidade, ela desenvolveu apenas cheiros rançosos e fétidos, e era uma adição morna, manchada de sujeira e miserável aos esgotos" (*A pequena Dorrit* [Londres: Bradbury & Evans, 1857], 30-31). E: "Cada traço repulsivo de pobreza, cada indicação nojenta de sujeira, podridão e lixo; tudo isso adorna as margens da fossa Folly" (*Oliver Twist* [Londres: Richard Bentley, 1838], 56).
5. John Stuart Mill estava entre eles; David Ricardo e William Stanley Jevons foram dois outros economistas clássicos ingleses influentes.
6. A política limitou o tamanho dos gastos do New Deal, sobretudo após 1936, de modo que foi apenas com a Segunda Guerra Mundial e os gastos públicos que ela gerou que a economia se recuperou plenamente. A guerra também realizou algo que o mercado, por si só, teve dificuldade em fazer – transformar a economia rural e agrária em uma economia urbana e manufatureira.
7. Como um indicador aproximado, o crescimento medido pelo PIB real aumentou a uma taxa anual de 3,9% durante o período de 1950 a 1980, e a renda real *per capita* cresceu a 2,5% (consulte U.S. Bureau of Economic Analysis, *Real Gross Domestic Product*, recuperado do FRED, Federal Reserve Bank of St. Louis, e U.S. Bureau of Economic Analysis, *Real Disposable Personal Income: Per Capita*, recuperado do FRED, Federal Reserve Bank of St. Louis). Em contraste, várias estimativas colocam a taxa de crescimento da renda *per capita* nos Estados Unidos durante o período de 1800 a 1960 na faixa de 0,94% a 1,29% ao ano, metade a dois terços do número posterior. Consulte Thomas Weiss, "U.S. Labor Force Estimates and Economic Growth, 1800-1860", em *American Economic Growth and Standards of Living Before the Civil War*, Robert E. Gallman e John Joseph Wallis, eds. (Chicago: University of Chicago Press, 1992), 19-78.
8. Em termos de PPC (paridade de poder de compra), a economia da China superou a dos Estados Unidos por volta de 2015. Talvez não seja coincidência que as críticas bipartidárias à China pareçam ter

acelerado bastante desde então. Para ler uma discussão popular sobre as diferentes reações na China e nos Estados Unidos à notícia de que estes haviam – pelo menos de acordo com essa medida amplamente usada – se tornado o número dois, consulte Joseph E. Stiglitz, "The Chinese Century", *Vanity Fair*, janeiro de 2015.

9. Isso acabou sendo controverso (como descrevi em meu livro *A globalização e seus malefícios*. São Paulo: Editora Futura, 2002) e malsucedido, tendo a empresa privatizada entrado em falência menos de 16 anos após a privatização, mas não antes de a US Nuclear Regulatory Commission tê-la investigado por "falhas no controle de componentes com depósitos de urânio, manutenção, testes e operação inadequados de válvulas de segurança em equipamentos e por exceder o limite de posse para urânio enriquecido acima de 20%" (US Nuclear Regulatory Commission, 29 de maio de 1998, comunicado de imprensa).

10. As razões para isso têm mais a ver com a política do que com a economia. Nos Estados Unidos, os Novos Democratas, ou Democratas de Centro, queriam se distanciar do New Deal de FDR, que parecia coisa do passado. Os republicanos fizeram um excelente trabalho ao conspurcar aquela marca e as ideias keynesianas junto com ela, após os surtos inflacionários da década de 1970. Na Europa, a centro-esquerda se esforçou para se distanciar dos socialistas e dos comunistas; o fracasso da União Soviética deixou essa perspectiva em frangalhos. Em ambos os lados do Atlântico, os partidos de centro-esquerda tentaram encontrar uma "terceira via", entre os extremos do comunismo e do capitalismo sem amarras. Uma importante vertente da teoria econômica apoiou esses esforços. Essa teoria afirmava que os mercados, em grande parte, geravam resultados eficientes. Havia casos limitados em que os mercados falhavam em fazê-lo, e apenas intervenções limitadas eram necessárias para corrigir tais falhas de mercado. Meu próprio trabalho partiu dessas ideias, mostrando, no entanto, que essas falhas de mercado eram muito mais abrangentes e muito mais difíceis de corrigir.

11. Como observo na Parte III, a agenda política impingida aos países em desenvolvimento também incluía a abertura de seus mercados financeiros (liberalização do mercado de capital), mesmo diante de evidências de que tal liberalização contribuía para a instabilidade e a desigualdade, mas não para o crescimento.

12. "Statement of Aims", Sociedade Mont Pèlerin, https://www.montpelerin.org.
13. Ao longo dos anos, seus líderes incluíram não apenas Hayek e Friedman, mas outros economistas conservadores de destaque como George Stigler, Gary Becker, James Buchanan e John Taylor.
14. "Statement of Aims", Sociedade Mont Pèlerin.
15. Consulte Francis Fukuyama, *The End of History and the Last Man* (Nova York: Free Press, 1992) (lançado no Brasil com o título *O fim da história e o último homem*. Rio de Janeiro: Editora Rocco, 2015).
16. Robert Reich (o secretário do Trabalho; hoje professor na Universidade da Califórnia, Berkeley) e eu representávamos o primeiro grupo; Robert Rubin e Larry Summers, o último. No entanto, as divisões eram complicadas – Rubin era contra a reforma dos programas de bem-estar proposta, embora Summers fosse a favor de cortar o imposto sobre ganhos de capital, um dispositivo que – conforme corretamente previsto – aumentaria enormemente a desigualdade. Para ler uma narrativa mais completa dessa história, consulte meu livro de 2003 sobre a administração Clinton: *The Roaring Nineties: A New History of the World's Most Prosperous Decade* (Nova York: W. W. Norton, 2003) (lançado no Brasil com o título *Os exuberantes anos 90s: Uma nova interpretação da década mais próspera da história*. Rio de Janeiro: Cia das Letras, 2003).
17. O termo foi usado conscientemente pelos primeiros proponentes da ideia, como Milton Friedman em "Neo-Liberalism and Its Prospects", *Farmand* (1951): 89–93. Entretanto, hoje ele é usado principalmente pelos críticos. Aqui, eu o utilizo apenas como um rótulo descritivo para um conjunto de ideias, embora prossiga para discutir as limitações dessa visão.
18. O uso do termo "liberal" para descrever os democratas progressistas nos Estados Unidos contraria o uso predominante nas demais partes do mundo. Em muitos países, o partido político "Liberal" é aquele que defende políticas mais alinhadas com o neoliberalismo, embora costumem ser fortes defensores das políticas de concorrência e se distanciem dos interesses especiais das grandes empresas.
19. Assim sendo, as disfunções do mercado, tão evidentes no desemprego em massa, estão presentes, em geral, de forma menos visível, mesmo quando a economia está próxima do pleno emprego. Os problemas de coordenação de mercado, imperfeições e assimetrias de

informação, mercados de capital e risco imperfeitos, entre outros, estão sempre presentes.

20. Usei o termo "fundamentalismo de mercado" no meu livro de 2002 *A globalização e seus malefícios* por todas as razões que serão discutidas em breve. Também o utilizei amplamente em meus escritos e discursos anteriores, incluindo minha palestra do Prêmio Nobel. Muitos outros usaram o termo antes ainda, incluindo George Soros. Consulte Richard Kozul-Wright e Paul Rayment, *The Resistible Rise of Market Fundamentalism: Rethinking Development Policy in an Unbalanced World* (Londres: Zed Books, 2008).

21. Na verdade, os primórdios podem ser rastreados mais cedo, por exemplo, ao movimento de desregulamentação iniciado no final dos anos 1970 pelo presidente Carter nos Estados Unidos.

22. Opportunity Insights, "National Trends", 2 de abril de 2018, https://opportunityinsights.org/national_trends/.

23. *PBS NewsHour*, "Majority of Americans Doubt Young People Will Be Better Off Than Their Parents, AP-NORC Poll Finds", 4 de outubro de 2022.

24. Para ter uma ideia geral sobre as origens da desigualdade e suas consequências, consulte Joseph E. Stiglitz, *The Price of Inequality: How Today's Divided Society Endangers Our Future* (Nova York: W. W. Norton, 2012).

25. Alguns tentaram defender as políticas do Consenso de Washington ao afirmar que o desempenho ruim dos países que adotaram essas políticas antes de 2000 foi parcialmente compensado por um desempenho forte daquele ano em diante. Entretanto, em muitos casos, o crescimento ocorrido no início deste século foi de curta duração, frequentemente calcado nos altos preços dos produtos primários. No momento em que este livro está no prelo, existe um consenso de que os países da África Subsaariana, sobretudo, pagaram um preço alto pela desindustrialização prematura imposta pelas políticas do Consenso de Washington.

26. Uma equipe de Harvard, escolhida pelo governo dos Estados Unidos para auxiliar na transição, desempenhou um papel bastante nefasto – pelo qual o principal responsável acabou sendo responsabilizado em um tribunal dos Estados Unidos. Para ler uma descrição mais detalhada dessa história, consulte David Warsh, *Because They Could: The*

Harvard Russia Scandal (and NATO Enlargement) After Twenty-Five Years (CreateSpace Independent Publishing Platform, 2018).

27. Demonstrou-se que os mercados são eficientes apenas se houver competição perfeita, onde há tantas empresas que nenhuma acredita ter impacto nos preços. Se uma empresa cobrasse um valor sequer um pouco acima do preço de mercado, perderia *todos* os clientes. Poucos mercados se enquadram nesse caso. Na maioria das áreas, há tão poucas empresas – uma concorrência tão limitada – que qualquer empresa grande é capaz de influenciar os preços.

28. O artigo que apresentei foi posteriormente publicado como "On the Optimality of the Stock Market Allocation of Investment", *Quarterly Journal of Economics* 86, n. 1 (1972): 25-60. Os resultados foram, em seguida, generalizados em uma série de artigos, incluindo Joseph E. Stiglitz, "The Inefficiency of the Stock Market Equilibrium", *Review of Economic Studies* 49, n. 2 (1982): 241-61; e Bruce C. Greenwald e Joseph E. Stiglitz, "Externalities in Economies with Imperfect Information and Incomplete Markets", *Quarterly Journal of Economics* 101, n. 2 (1986): 229-64.

    Curiosamente, quando entrevistado mais tarde por Michael Hirsh, colunista da *Foreign Policy Magazine*, Friedman concordou comigo em algumas questões importantes. Por exemplo, Hirsh cita Friedman sobre a política da Rússia pós-comunismo: "Eu disse, privatizar, privatizar, privatizar. Estava errado. Ele [Joe] estava certo". *Capital Offense: How Washington's Wise Men Handed America's Future Over to Wall Street* (Hoboken, NJ: Wiley, 2010).

29. No contexto da teoria econômica, essas ideias foram exploradas por Karla Hoff e Joseph E. Stiglitz, "Modern Economic Theory and Development", em *Frontiers of Development Economics: The Future in Perspective*, Gerald Marvin Meier e Joseph E. Stiglitz, eds. (Oxford: Oxford University Press, 2001), 389-459.

30. Essa foi uma ideia central no meu livro de 1994, *Whither Socialism?* Consulte também Joseph E. Stiglitz, *Selected Works of Joseph E. Stiglitz: Volume V, Rethinking Welfare Economics and the Economics of the Public Sector* (Oxford: Oxford University Press, no prelo).

31. Testemunhei isso claramente na crise do Leste Asiático, sobretudo entre as empresas coreanas que foram à falência. Consulte Stiglitz, *A globalização e seus malefícios* (2002). O influente economista Joseph

Schumpeter, em seu livro *Capitalismo, Socialismo e Democracia*. São Paulo, Editora Unesp, 2017, argumentou que o processo de destruição criativa associado aos ciclos econômicos promovia o crescimento econômico. A teoria e as evidências mostram que Schumpeter estava errado. Consulte, por exemplo, Joseph E. Stiglitz, "Endogenous Growth and Cycles", em *Innovation in Technology, Industries, and Institutions: Studies in Schumpeterian Perspectives*, Yuichi Shionoya e Mark Perlman, eds. (Ann Arbor: University of Michigan Press, 1994), 121-56.

32. Sanford Grossman e eu demonstramos, teoricamente, que os mercados não podiam ser eficientes no que se refere à informação (Sanford J. Grossman e Joseph E. Stiglitz, "On the Impossibility of Informationally Efficient Markets", *American Economic Review* 70, n. 3 [1980]: 393-408; e Sanford J. Grossman e Joseph E. Stiglitz, "Information and Competitive Price Systems", *American Economic Review* 66, n. 2 [1976]: 246-53), um resultado confirmado empiricamente por Rob Shiller, que recebeu o Prêmio Nobel de Economia, em 2009, por seu trabalho.

33. Um forte defensor recente dessa visão é o professor de economia de Harvard (e presidente do Conselho de Assessores Econômicos do presidente George W. Bush [2003–2005]) Gregory Mankiw, que escreveu: "As pessoas devem receber uma compensação congruente com suas contribuições. Se a economia fosse descrita por um equilíbrio competitivo clássico sem quaisquer externalidades ou bens públicos, então cada indivíduo ganharia o valor de seu próprio produto marginal, e não haveria necessidade de o governo alterar a distribuição de renda resultante". Consulte N. Gregory Mankiw, "Spreading the Wealth Around: Reflections Inspired by Joe the Plumber", *Eastern Economic Journal* 36, n. 3 (2010): 285-98; e N. Gregory Mankiw, "Defending the One Percent", *Journal of Economic Perspectives* 27, n. 3 (2013): 21-34.

34. Em contraste, por exemplo, com os impostos sobre a renda, os quais implicam que, quanto mais o indivíduo trabalha, maior é sua renda e, portanto, mais ele deve pagar em impostos.

35. Robert E. Lucas, "The Industrial Revolution: Past and Future", 2003 Annual Report Essay, Federal Reserve Bank of Minneapolis, https://www.minneapolisfed.org/article/2004/the-industrial-revolution-past-and-future. Lucas prosseguiu dizendo: "O potencial para

melhorar a vida dos pobres, por meio do encontro de diferentes formas de distribuir a produção atual, não é nada comparado ao potencial aparentemente ilimitado de aumentar a produção". No entanto, ele não conseguiu demonstrar que alcançar uma melhor distribuição de renda era antitético ao crescimento, e um argumento importante em meu livro *O preço da desigualdade* e um vasto corpo de pesquisas subsequentes, incluindo as mencionadas na nota seguinte, é que o oposto é verdadeiro: o excesso de desigualdade nos Estados Unidos é prejudicial ao crescimento. Além disso, Lucas não conseguiu mostrar que muitos, ou qualquer, dos frutos do crescimento que ele citou "gotejou" para os de baixo em um período relevante. O crescimento nos Estados Unidos, nas últimas quatro décadas, deixou aqueles na base ainda em pior situação.

36. Consulte Federico Cingano, "Trends in Income Inequality and Its Impact on Economic Growth", *OECD Social, Employment, and Migration Working Papers* n. 163, Organisation for Economic Co-operation and Development, 2014; Jonathan D. Ostry, Andrew Berg e Charalambos G. Tsangarides, "Redistribution, Inequality, and Growth", *IMF Staff Discussion Notes* (2014); e Jonathan D. Ostry, Prakash Loungani e Andrew Berg, *Confronting Inequality: How Societies Can Choose Inclusive Growth* (Nova York: Columbia University Press, 2019).

    A afirmação de que as questões relativas à distribuição poderiam ser separadas das que abordam a eficiência é conhecida como o Segundo Teorema Fundamental da Economia do Bem-Estar e só se aplica sob condições muito restritivas, que não são atendidas por nenhuma economia do mundo real. (O Primeiro Teorema Fundamental forneceu as condições extremamente restritivas de acordo com as quais uma economia é eficiente.)

37. Friedman, *Capitalismo e liberdade*, 32.
38. Houve um declínio dramático na expectativa de vida nos Estados Unidos associado à pandemia de covid-19, o que refletiu tanto o estado precário da saúde pública quanto a resposta inadequada. Os Centros de Controle e Prevenção de Doenças relataram em 2023 que a expectativa de vida nesse país havia caído para 76,4 anos, o nível mais baixo em quase duas décadas. Para ler uma discussão mais ampla, consulte Harvard School of Public Health, "What's Behind 'Shocking' U.S. Life Expectancy Decline – and What to Do About

It", 13 de abril de 2023. Existe uma vasta literatura que detalha o aumento da desigualdade na maioria dos países avançados. Um relatório de 2020 do Pew Research Center resumiu as pesquisas sobre os Estados Unidos dizendo: "A desigualdade de renda pode ser medida de diversas maneiras, mas independentemente da medida, a desigualdade econômica nos Estados Unidos está em ascensão" (Juliana Menasce Horowitz, Ruth Igielnik e Rakesh Kochhar, "Trends in Income and Wealth Inequality", Pew Research Center's Social and Demographic Trends Project, 9 de janeiro de 2020).

A OCDE detalha o aumento da desigualdade na maioria dos países ao redor do mundo ao longo dos 25 anos iniciados em meados da década de 1980, com os Estados Unidos apresentando o maior nível e um dos maiores aumentos (OCDE, "Focus on Inequality and Growth – December 2014" [2014]). Algumas estatísticas ilustram a magnitude da desigualdade: o 1% mais rico nos Estados Unidos detém cerca de 20% da renda e 40% da riqueza, e alguém no 10º percentil de renda em 2020 tinha 13,53 vezes a renda de alguém no 90º percentil. Há também grandes disparidades no quesito expectativa de vida.

Capítulo 3 | A liberdade de uma pessoa equivale à falta de liberdade de outra

1. Definido como eventos em que quatro ou mais indivíduos são mortos. Consulte "Mass Shootings", Gun Violence Archive, https://www.gunviolencearchive.org/mass-shooting.
2. A maior parte da violência armada envolve suicídios e homicídios. Consulte "Past Summary Ledgers", Gun Violence Archive, https://www.gunviolencearchive.org/past tolls.
3. Para ler comparações entre os Estados Unidos e o Reino Unido sobre a posse de armas e as mortes por armas, consulte o Institute for Health Metrics and Evaluation, "Global Burden of Disease Database"; GOV.UK, "Statistics on Firearm and Shotgun Certificates, England and Wales: April 2020 to March 2021"; e Violence Policy Center, "Gun Ownership in America: 1973 to 2021", novembro de 2021. Entre os países classificados pelo Banco Mundial como sendo de alta

renda em 2021, os Estados Unidos ficaram em sétimo lugar nas taxas de homicídios por armas e em primeiro entre os países com populações superiores a 10 milhões – dezenove vezes maior que a França, classificada em segundo lugar. A violência armada também representa 8% das mortes nos Estados Unidos entre aqueles com menos de 20 anos, mais que o dobro de qualquer outro país de alta renda com população superior a 10 milhões. Consulte "On Gun Violence, the United States Is an Outlier", The Institute for Health Metrics and Evaluation, https://www.healthdata.org/.

4. *District of Columbia v. Heller*, um caso histórico da Suprema Corte em 2008, mudou interpretações anteriores, de acordo com as quais os direitos às armas eram muito mais restritos. Consulte Justia Law, US Supreme Court, District of Columbia v. Heller, 554 U.S. 570 (2008).

5. Juntamente com lorde Nicholas Stern e Charlotte Taylor, forneci uma crítica detalhada às análises apresentadas por alguns economistas (como o ganhador do Prêmio Nobel William Nordhaus), as quais sugerem que deveríamos permitir que a mudança climática seguisse seu curso, desde que ficássemos abaixo de 3,5 graus Celsius. Explicamos por que o consenso global de 1,5 a 2 graus Celsius está correto, sobretudo se levarmos em consideração os riscos. Consulte Nicholas Stern, Joseph Stiglitz e Charlotte Taylor, "The Economics of Immense Risk, Urgent Action and Radical Change: Towards New Approaches to the Economics of Climate Change", *Journal of Economic Methodology* 29, n. 3 (3 de julho de 2022): 181-216.

6. "US & Allied Killed and Wounded", Costs of War, 2021, Watson Institute for International and Public Affairs, Brown University.

7. Um número aproximado entre 4,5 e 4,6 milhões. Miriam Berger, "Post-9/11 Wars Have Contributed to Some 4.5 Million Deaths, Report Suggests", *Washington Post*, 15 de maio de 2023.

8. Consulte J. E. Stiglitz e Linda J. Bilmes, *The Three Trillion Dollar War* (Nova York: W. W. Norton, 2008).

9. Qi Zhao et al., "Global, Regional, and National Burden of Mortality Associated with Non-Optimal Ambient Temperatures from 2000 to 2019: A Three-Stage Modelling Study", *Lancet Planetary Health* 5, n. 7 (1 de julho de 2021): e415-25.

10. Consulte, por exemplo, David W. Eyre *et al.*, "Effect of Covid-19 Vaccination on Transmission of Alpha and Delta Variants", *New*

England Journal of Medicine 386, n. 8 (24 de fevereiro de 2022): 744-56; e Stella Talic *et al.*, "Effectiveness of Public Health Measures in Reducing the Incidence of covid-19, SARS-CoV-2 Transmission, and Covid-19 Mortality: Systematic Review and Meta-Analysis", *BMJ* 375 (18 de novembro de 2021): e068302. No entanto, muitos da Direita negam a existência de uma relação entre essas práticas e a incidência da doença, assim como negam a relação entre os gases de efeito estufa e a mudança climática. O mundo é complexo, e múltiplos fatores influem, ao mesmo tempo, em ambos os casos; distinguir os efeitos não é fácil. Os negacionistas climáticos, por exemplo, apontam para as ondas de frio, mas ignoram o fato de que o aquecimento global está associado à *variabilidade* climática; e, de fato, alguns cientistas climáticos apontam o aquecimento do Ártico como um fator contribuinte para o vórtice que trouxe um frio recorde ao Texas em 2021. Da mesma forma, embora haja inúmeros fatores que afetam a disseminação da covid-19, por ela ser um vírus transmitido pelo ar, a ventilação, o uso de máscaras e o distanciamento social são importantes, *mantidas todas as outras coisas constantes*, como mostram os estudos citados acima.

11. Mais precisamente, 74,3%, da Tabela 4 em "Population: 1790 to 1990", em Population and Housing Unit Counts, US Census Bureau, US Department of Commerce, agosto de 1993.
12. United Nations, Department of Economic and Social Affairs, Population Division, "2018 Revision of World Urbanization Prospects", 2019.
13. Sarah Manavis, "How a Lack of Zoning Messed Up Houston in More Ways Than One", *City Monitor*, 19 de junho de 2017, atualizado em 19 de julho de 2021.
14. Janet Currie e Reed Walker, "Traffic Congestion and Infant Health: Evidence from E-ZPass", *American Economic Journal: Applied Economics* 3, n. 1 (janeiro de 2011): 65-90.
15. Com uma instituição financeira que efetivamente apostava na falência de seus rivais por meio de alguns desses produtos financeiros complexos, o sistema financeiro tornou-se interligado em um mundo de tal complexidade que só poderia ser compreendido por meio de avanços recentes na matemática (em um ramo chamado teoria de redes), que demonstraram a fragilidade dos sistemas resultantes. Consulte,

por exemplo, Stefano Battiston, Guido Caldarelli, Co-Pierre Georg, Robert May e J. E. Stiglitz, "Complex Derivatives", *Nature Physics* 9, n. 3 (março de 2013): 123-25; e Stefano Battiston, Guido Caldarelli, Robert M. May, Tarik Roukny e J. E. Stiglitz, "The Price of Complexity in Financial Networks", *Proceedings of the National Academy of Sciences* 113, n. 36 (6 de setembro de 2016): 10031-36. Para ler um relato de como isso se desenvolveu em 2008, consulte J. E. Stiglitz, *Freefall: America, Free Markets, and the Sinking of the World Economy* (Nova York: W. W. Norton, 2010). Muito antes da crise, aqueles de nós que trabalhavam nessa área alertaram sobre como essa interdependência havia tornado o sistema financeiro mais frágil – havia fragilidades sistêmicas significativas. Curiosamente, exceto por Andy Haldane e sua equipe de pesquisa no Banco da Inglaterra, esse trabalho foi ignorado por muitos banqueiros centrais, que se concentravam nos modelos mais convencionais que efetivamente *presumiam* que o comportamento egoísta dos banqueiros os tornaria cautelosos – que a autorregulação seria suficiente para proteger a economia. Consulte Joseph E. Stiglitz e Bruce Greenwald, *Towards a New Paradigm in Monetary Economics* (Cambridge: Cambridge University Press, 2003).

16. Os economistas costumavam pensar que as externalidades pecuniárias, nas quais as ações de uma pessoa ou um grupo afetavam os preços (e era por meio desses efeitos sobre os preços que outros eram afetados), não impediam a eficiência do mercado. Uma das contribuições do trabalho de 1986 de Greenwald e Stiglitz, "Externalities in Economies with Imperfect Information and Incomplete Markets", foi mostrar que essas externalidades pecuniárias, em geral, resultavam em ineficiência.

17. Existem, é claro, outras possibilidades: os impostos para financiar programas de saúde pública poderiam subir, ou recursos poderiam ser desviados do tratamento de outras doenças. Em cada um desses casos, o aumento do tabagismo tem consequências para outros – isto é, ainda há externalidades.

18. Adam Smith, *A teoria dos sentimentos morais*. Rio de Janeiro: WMF Martins Fontes, 2015.

19. Consulte a introdução de Smith em *A teoria dos sentimentos morais*.

20. Esses achados empíricos são perfeitamente consistentes com nosso entendimento de como a doença se espalha. Conforme explicado

pelos Centros de Controle e Prevenção de Doenças (CDC, na sigla em inglês): "A COVID-19 se espalha quando alguém que está infectado exala gotículas e partículas muito pequenas que contêm o vírus. Outras pessoas podem inalar essas gotículas e partículas, ou elas podem cair nos olhos, entrar pelo nariz ou pela boca dessas pessoas". Consulte "COVID-19 and Your Health", Centers for Disease Control and Prevention, 11 de fevereiro de 2020, https://www.usa.gov/agencies/centers-for-disease-control-and-prevention.

Muitos seguidores da Direita não queriam aceitar esses achados científicos, talvez porque isso os obrigaria a reconhecer a existência de externalidades importantes.

21. Da mesma forma, debatemos se o aborto é o ato de matar e, se for, quando? Desde o momento da concepção ou mais tarde na gravidez?
22. Existem interações sutis entre as variáveis financeiras e as reais, o que nos levaria além desta exposição simples. Por exemplo, um aumento no endividamento público pode reduzir o investimento privado, o que leva a um nível mais baixo de capital real. Existe, então, uma externalidade entre gerações, mas ela é limitada pela extensão em que esse efeito de deslocamento ocorre.
23. Este é um exemplo de uma externalidade macroeconômica, um conceito discutido brevemente mais cedo neste capítulo. A tendência ao excesso de empréstimos privados pode ser bastante grave porque, em tempos de crise, os governos tendem a socorrer as empresas privadas, com o FMI fornecendo os dólares necessários para pagar os credores privados e facilitando a evasão de divisas feita pelas empresas e por indivíduos ricos –o que deixa o país com endividamento alto junto ao FMI, mas sem nada para mostrar em troca. Esse padrão histórico, observado em *A globalização e seus malefícios*, de Stiglitz, foi repetido em grande escala em 2019, quando o FMI emprestou 44 bilhões de dólares à Argentina.
24. Embora muitos economistas da Universidade de Chicago pertencessem à Escola de Chicago (incluindo Gary Becker, Robert Lucas e George Stigler, mencionados anteriormente), nem todos os economistas da universidade faziam parte dela, e muitos economistas da Escola de Chicago moravam em outros lugares.
25. Coase ganhou o Prêmio Nobel de Economia em 1991. Seu artigo clássico: R. H. Coase, "The Problem of Social Cost", *Journal of Law and Economics* 3 (1960): 1-44.

26. Outra alternativa seria uma pessoa poder comprar todos os pomares de maçã e colmeias.
27. Isto é, mesmo que não sejam *perfeitamente egoístas*, como os economistas tendem a pressupor, eles, em geral, não consideram o bem-estar dos outros tanto quanto consideram o próprio.
28. Consulte Hardin, "The Tragedy of the Commons."
29. Embora eles não tivessem simplesmente tomado posse da terra – havia legislação sobre o assunto – aqueles que perderam seus direitos de usá-la (sobretudo *seus* direitos de propriedade) não tiveram qualquer voz no processo político.
30. Exceto que, nesse caso, aqueles que antes pastoreavam foram removidos à força da terra. Veja a discussão posterior.
31. A resposta (em larga medida irrelevante) de Coase poderia ter sido que havia atribuições alternativas dos direitos de propriedade – formas de dividir as terras comuns – nas quais a eficiência poderia ter sido alcançada e todos poderiam ter saído beneficiados.
32. Para garantir que todos saíssem beneficiados, as ações dos monopolistas teriam de ser distribuídas de maneira adequada a todos no mundo.

    O sistema *cap-and-trade* (teto e comércio) para as emissões de carbono aloca direitos comercializáveis para poluir, o que limita a poluição à quantidade desejada (o "teto") e garante que a poluição seja feita, por assim dizer, de maneira eficiente; nesse sentido, ele pode ser pensado como a implementação de um esquema de direitos de propriedade coasianos. Isso se revelou mais difícil de implementar do que muitos pensaram a princípio, em parte porque o valor desses direitos de propriedade está na casa dos trilhões de dólares e, com tanto dinheiro em jogo, a política, inevitavelmente, desempenha um papel importante.
33. Não há uma maneira simples de esclarecer quanto cada indivíduo valoriza o bem público, ou seja, quanto cada um estaria disposto a pagar ao proprietário da atmosfera para manter um nível baixo de poluentes. Assim, sempre que se referir a um bem público, de cujos benefícios nenhum indivíduo pode ser excluído, a solução de Coase não funcionará. Consulte Joseph Farrell, "Information and the Coase Theorem", *Journal of Economic Perspectives* 1, n. 2 (dezembro de 1987): 113-29; e Eric S. Maskin, "The Invisible Hand and Externalities", *American Economic Review* 84, n. 2 (1994): 333-37.

Por outro lado, no quadro regulatório público discutido a seguir, o governo pode realizar uma análise estatística, por exemplo, calculando os benefícios sociais da redução dos custos com saúde e do aumento da expectativa de vida, sem precisar determinar as magnitudes para nenhum indivíduo específico.

34. O problema é atenuado até certo ponto se alguns indivíduos têm consideração pelos outros (ou seja, levam em conta seus efeitos sobre os outros), como alguns, talvez muitos, indivíduos fazem – ainda que Coase, junto com outros economistas de sua escola, tenha defendido a ideia de que os indivíduos são perfeitamente egoístas. Ainda assim, enquanto todos não forem perfeitamente altruístas, haverá o problema do carona, pelo menos em certa medida.

35. *Grosso modo*, os custos de transação associados à solução de Coase podem ser altos; por exemplo, há custos para a privatização. Na prática, muitas privatizações não deram certo. Outras limitações foram discutidas em Daniel Kahneman, Jack L. Knetsch e Richard H. Thaler, "Experimental Tests of the Endowment Effect and the Coase Theorem", *Journal of Political Economy* 98, n. 6 (1990): 1325-48; e Robin Hahnel e Kristen A. Sheeran, "Misinterpreting the Coase Theorem", *Journal of Economic Issues* 43, n. 1 (2009): 215-38.

36. Devo ser franco: Friedman não foi o pai dessa ideia (ou de muitas das outras que ele promoveu). Usar os preços para "corrigir" externalidades está associado ao economista de Cambridge A. C. Pigou em *The Economics of Welfare* (Londres: Macmillan, 1920). William Baumol e Agnar Sandmo apresentaram trabalhos formais iniciais em William J. Baumol, "On Taxation and the Control of Externalities", *American Economic Review* 62, n. 3 (1972): 307-22, e Agnar Sandmo, "Optimal Taxation in the Presence of Externalities", *Swedish Journal of Economics* 77, n. 1 (1975): 86-98.

37. Milton Friedman, entrevista de Phil Donahue, *The Phil Donahue Show*, 1979.

38. Por exemplo, com o racionamento de crédito, alguns indivíduos simplesmente não conseguem fazer empréstimos; e, por causa de mercados de risco imperfeitos, os indivíduos não conseguem comprar seguros contra todos os riscos que enfrentam. Não é apenas óbvio que tais imperfeições existem e são importantes; a teoria econômica, nos últimos quarenta anos, explicou por que isso acontece. Consulte,

por exemplo, J. E. Stiglitz e A. Weiss, "Credit Rationing in Markets with Imperfect Information", *American Economic Review* 71, n. 3 (1981): 393-410.

39. Martin Weitzman demonstrou isso de forma convincente no contexto de um modelo simples com incerteza e mercados de risco incompletos: se um governo tivesse que escolher entre apenas uma intervenção nos preços e uma regulamentação da quantidade, havia uma ampla gama de circunstâncias em que a regulamentação da quantidade era preferível. *Grosso modo*, uma mistura de regulamentações de preço e de quantidade pode ser preferível. Consulte M. Weitzman, "Prices vs. Quantities", *Review of Economic Studies* 41, n. 4 (1974): 477-91.

    No contexto da mudança climática, demonstrei isso em "Addressing Climate Change Through Price and Non-Price Interventions", *European Economic Review* 119 (outubro de 2019): 594-612.

40. Em termos técnicos, os economistas referem-se a isso como incerteza de instrumentos.

41. Consulte, por exemplo, Elinor Ostrom, *Governing the Commons: The Evolution of Institutions for Collective Action* (Cambridge: Cambridge University Press, 1990): 90, 91-102.

42. Estimativas sugerem que cerca de um sexto da área da Inglaterra foi envolvida no movimento de cercamentos. Consulte Gilbert Slater, "Historical Outline", em *The Land: The Report of the Land Enquiry Committee*, 3. ed., v. 1 (Londres: Hodder and Stoughton, 1913). De fato, "muitas [das terras comuns] eram geridas de acordo com regras muito detalhadas estabelecidas pelo tribunal senhorial local, as quais regulavam os níveis de estocagem (ou *stints*), adubação, controle de doenças e assim por diante; mas essas regras variavam consideravelmente de uma aldeia para outra", Simon Fairlie, "A Short History of Enclosure in Britain", Hampton Institute, 16 de fevereiro de 2020. A conclusão de Fairlie sobre os cercamentos foi marcante: "Foi um roubo descarado. Milhões de pessoas tinham acesso consuetudinário e legal a terras e a base de um sustento independente foi delas arrancada por meio de um processo que para elas deve ter se assemelhado a um tribunal kafkiano."

    O curioso é que, na Escócia (onde não apenas houve cercamentos, mas os agricultores foram removidos à força das terras que costumavam cultivar ou usar para pastagem, em um processo que foi chamado de *clearances*), em alguns casos, o nível de pastoreio aumentou. Embora o novo conjunto de direitos de propriedade impostos à força aos pobres possa ou não ter aumentado a eficiência, ele claramente aumentou as desigualdades.

43. Consulte Megan Hernbroth, "IRA Costs Could Balloon over US$1 Trillion", Axios, 30 de março de 2023; Leslie Kaufman, "A Year into Biden's Climate Agenda, the Price Tag Remains Mysterious", Bloomberg, 16 de agosto de 2023; e John Bistline, Neil Mehrotra e Catherine Wolfram, "Economic Implications of the Climate Provisions of the Inflation Reduction Act", Brookings Papers on Economic Activity Conference Draft, primavera de 2023.

44. Tudo isso depende, é claro, da evolução tecnológica. Hoje é relativamente fácil medir as emissões de carbono de uma usina elétrica ou os poluentes de um carro (claro, isso pressupõe que os fabricantes de automóveis não registrem incorretamente, de propósito, os poluentes, como a Volkswagen fez alguns anos atrás no escândalo que ficou conhecido como Dieselgate).

45. Essa é a mensagem central da Comissão de Alto Nível sobre Preços de Carbono de 2017, que presidi juntamente com Nicholas Stern. Consulte Joseph E. Stiglitz, Nicholas Stern, Maosheng Duan, *et al.*, "Report of the High-Level Commission on Carbon Prices", International Bank for Reconstruction and Development and International Development Association/The World Bank, 29 de maio de 2019.

46. Um conjunto análogo de questões surge no âmbito global: os países em desenvolvimento relutam em aceitar impostos ou regulamentações sobre o carbono que possam travar seu desenvolvimento – eles se concentram na equidade e enfatizam o fato de que a maior parte do aumento dos níveis de carbono na atmosfera resulta das ações dos países avançados e que estes têm uma capacidade muito maior de arcar com os custos dos impostos e das regulamentações sobre o carbono. Eles têm resistido a regras globais sobre o carbono, embora estejam entre os que mais sofrerão com o aquecimento global. Um pacote análogo ao descrito acima é a resposta apropriada. O Capítulo 12 aborda essas questões internacionais com mais profundidade.

Capítulo 4 | A liberdade através da coerção: os bens públicos e o problema do carona

1. Uma das razões para o governo exercer um papel decisivo em investimentos transformadores como este é o custo. Como afirmou o ex-editor da *Scientific American*, Michael Moyer: "Na verdade, nenhuma empresa privada seria capaz de desenvolver um projeto como a internet, que exigiu anos de esforços de P&D feitos por dezenas de agências distantes e que começou a decolar apenas após décadas de investimento. Projetos visionários de infraestrutura como esse são parte do que permitiu que nossa economia crescesse tanto no século passado", em "Yes, Government Researchers Really Did Invent the Internet", *Scientific American*, 23 de julho de 2012. Veja também Marianna Mazzucato, *The Entrepreneurial State* (Londres: Anthem Press, 2013) (lançado no Brasil com o título *O estado empreendedor*. São Paulo: Companhia das Letras, 2014).
2. Organização para a Cooperação e Desenvolvimento Econômico (OCDE), "Life Expectancy at Birth", em *Health at a Glance 2023: OECD Indicators* (Paris: OECD Publishing, 2023).
3. A BioNTech recebeu 445 milhões de dólares em financiamentos do governo alemão para auxiliar o desenvolvimento da vacina contra a covid-19. Consulte Hussain S. Lalani, Jerry Avorn e Aaron S. Kesselheim, "US Taxpayers Heavily Funded the Discovery of COVID-19 Vaccines", *Clinical Pharmacology and Therapeutics* 111, n. 3 (2022): 542-44.
4. Mesmo que o governo seja necessário para apoiar a coleta de esgoto e pagar por ela, a questão é: o governo deveria subcontratar esse serviço de uma empresa privada? Os resultados da privatização e da terceirização privada muitas vezes foram decepcionantes e, em alguns casos, desastrosos. As prisões nos Estados Unidos são um exemplo: as economias de custo, se existiram, foram mínimas, a reincidência aumentou e o bem-estar geral dos prisioneiros foi reduzido por causa da busca por economia de custos.

    Em alguns casos, após várias décadas de privatizações, alguns serviços retornaram para as mãos do governo, como foi o caso de grande parte da rede ferroviária britânica.
5. Nem todos os bens públicos são "puros" no sentido de que seus benefícios são totalmente acessíveis a todos (sem custo), mas o argumento

continua válido ainda que muitos dos benefícios estejam amplamente disponíveis. O conceito de bens públicos puros foi formalizado pela primeira vez pelo economista Paul Samuelson em 1954. Consulte Paul A. Samuelson, "The Pure Theory of Public Expenditure", *Review of Economics and Statistics* 36, n. 4 (1954): 387-89. Embora a maioria dos bens fornecidos pelo governo não seja pura no sentido definido por Samuelson, o resultado principal de que, sem a intervenção do governo, haverá uma suboferta permanece válido. Para ler uma discussão sobre esses casos mais gerais, consulte Anthony B. Atkinson e Joseph E. Stiglitz, *Lectures in Public Economics* (Nova York: McGraw-Hill, 1980; Princeton, NJ: Princeton University Press, 2015).

6. Consulte Joseph E. Stiglitz, "Toward a General Theory of Consumerism: Reflections on Keynes' Economic Possibilities for Our Grandchildren", em *Revisiting Keynes: Economic Possibilities for Our Grandchildren*, Lorenzo Pecchi e Gustavo Piga, eds. (Cambridge, MA: MIT Press, 2008), 41-87.

7. O termo "dilema do prisioneiro" está relacionado a um dos primeiros contextos em que essa ruptura da cooperação foi estudada. Considere dois criminosos que cometeram um crime juntos. Se ambos permanecerem calados, ficarão presos por seis meses, até o julgamento, mas não serão condenados. No entanto, o promotor oferece a ambos um acordo: se você confessar, eu o solto imediatamente, caso eu possa usar sua confissão para condenar o outro (ou seja, se o outro prisioneiro não confessar). Nesse caso, o prisioneiro que não delatou o comparsa pega dez anos. Se ambos confessarem, ambos vão para a prisão por dois anos. Seria melhor para ambos permanecerem calados, mas essa situação não é um equilíbrio. Se um prisioneiro acredita que o outro ficará calado, ele delata o comparsa. No entanto, se ele delatar e o outro nao, o outro será punido de fato, então é melhor para o outro também delatar. Assim, ambos delatam um ao outro e ficam presos por dois anos.

8. Em algumas circunstâncias, pode haver um equilíbrio melhor, a saber, as lojas abertas aos domingos cobrarem preços mais altos em seus produtos, nesse dia, para compensar seus proprietários por terem que trabalhar. No entanto, essa solução talvez não seja viável: alterar os preços pode ser custoso ou os clientes podem achar injusto, uma forma

de explorar quem precisa fazer compras no domingo. De modo mais geral, um equilíbrio de mercado descentralizado não será eficiente, e alguma intervenção governamental para regular quais lojas podem abrir talvez melhore o bem-estar. Um exemplo é o rodízio entre farmácias que abrem aos domingos em alguns países europeus.

9. Em outro lugar, demonstrei que o *flash trading* no mercado de ações – em que especuladores tentam obter informações uma fração de segundo antes de outros e gastam milhões de dólares para obter essa vantagem informacional – assume precisamente essa forma, conforme visto em Michael Lewis, *Flash Boys: A Wall Street Revolt* (Nova York: W.W. Norton, 2015, lançado no Brasil com o título *Flash Boys: revolta em Wall Street*. Rio de Janeiro, Intrínseca, 2014). Uma análise mais formal consta do trabalho de minha autoria, "Tapping the Brakes: Are Less Active Markets Safer and Better for the Economy?", que foi apresentado na Federal Reserve Bank of Atlanta Financial Markets Conference: Tuning Financial Regulation for Stability and Efficiency, 15 de abril de 2014.

10. Ainda pode ser o caso de que, mesmo com provisão pública ideal, especuladores tentem se aproveitar de outras pessoas, quando algumas medidas coercitivas adicionais contra a especulação talvez sejam necessárias.

11. Esta discussão sobre situações em que a cooperação é benéfica, mas não pode ser sustentada na ausência de intervenção pública, não pretende ser exaustiva. Por exemplo, um tipo importante de situação é conhecido como *stag hunt* (caça ao cervo). Simplificando: um caçador pode caçar uma lebre ou um cervo. Os cervos são muito mais valiosos, mas presume-se que a caça ao cervo exige cooperação. Na ausência de cooperação, os caçadores terão de se contentar com uma lebre. Porém, na ausência de cooperação forçada, qualquer caçador pode temer que o outro, incerto sobre a chegada do cervo, se apresse para matar uma lebre (por ser melhor do que nada), assustando, assim, qualquer cervo que porventura esteja nas redondezas. Na ausência de um alto grau de confiança, a cooperação forçada (coerção) pode melhorar a situação de ambos.

12. Consulte Kenneth J. Arrow, "An Extension of the Basic Theorems of Classical Welfare Economics", em *Proceedings of the Second Berkeley Symposium on Mathematical Statistics and Probability*, Jerzy Neyman, ed. (Berkeley: University of California Press, 1951), 507-32; Kenneth J.

Arrow, "The Role of Securities in the Optimal Allocation of Risk-Bearing", *Review of Economic Studies* 31, n. 2 (1964), 91-96; Gerard Debreu, "Valuation Equilibrium and Pareto Optimum", *Proceedings of the National Academy of Sciences* 40, n. 7 (1954), 588-92; e Gerard Debreu, *The Theory of Value* (New Haven, CT: Yale University Press, 1959).

13. Como mencionei no Capítulo 2, o fundamentalismo de mercado refere-se à crença quase religiosa de que os mercados são eficientes – uma crença inabalável, mesmo diante de evidências e teorias contrárias. Consulte a nota 20, Capítulo 2, para ler uma discussão sobre a história do uso do termo.

14. Arrow e Debreu apresentaram as condições *suficientes* para a eficiência dos mercados. Seguiu-se uma longa e infrutífera tentativa de encontrar condições mais fracas. Por exemplo, eles presumiram a necessidade de um conjunto completo de mercados de risco. Os estudos citados anteriormente, no Capítulo 2, nota 28, e no Capítulo 5, nota 16, mostraram que, na ausência de um conjunto completo de mercados de risco, a economia quase nunca era eficiente. A situação era ainda pior do que Arrow e Debreu imaginaram. Eles presumiram a existência de informação perfeita. Greenwald e eu mostramos que, sempre que havia informação imperfeita/assimétrica, os mercados não eram eficientes. Consulte Greenwald e Stiglitz, "Externalities in Economies with Imperfect Information and Incomplete Markets". Da mesma forma, mostramos que, em geral, as economias com inovação endógena não são eficientes. Consulte Stiglitz e Greenwald, *Creating a Learning Society*.

15. Deixando de lado, por enquanto, o fato de que os mercados, em geral, não são competitivos, sobretudo não da forma como esses teóricos presumiram, algo que abordo no Capítulo 7.

16. Isso é confirmado por uma série de experimentos em economia comportamental e é discutido em mais detalhes na Parte II.

17. Veja a discussão no Capítulo 3.

18. Administração Tributária da Finlândia, "Finnish Citizens Understand the Significance of Paying Taxes–Young People Are a Bit Divided", *Tax Administration Bulletin*, 11 de maio de 2021.

19. Assim como um bem público nacional beneficia qualquer pessoa em um país, os bens públicos globais (ou internacionais) beneficiam qualquer pessoa no mundo. Apresentei, pela primeira vez, esse conceito

amplamente utilizado em "The Theory of International Public Goods and the Architecture of International Organizations", Background Paper N. 7, Terceira Reunião, High-Level Group on Development Strategy and Management of the Market Economy, UNU/WIDER, Helsinque, Finlândia, 8-10 de julho de 1995, e depois o desenvolvi em uma série de artigos nos anos subsequentes: "IFIs and the Provision of International Public Goods", *Cahiers Papers* 3, n. 2, European Investment Bank (1998): 116-34; "Knowledge as a Global Public Good", em *Global Public Goods: International Cooperation in the 21st Century,* Inge Kaul, Isabelle Grunberg e Marc Stern, eds., United Nations Development Programme (Nova York: Oxford University Press, 1999), 308-25; e "Global Public Goods and Global Finance: Does Global Governance Ensure That the Global Public Interest Is Served?", em *Advancing Public Goods,* Jean-Philippe Touffut, ed. (Cheltenham, Reino Unido: Edward Elgar Publishing, 2006), 149-64.

O conceito fazia um paralelo natural com outro que explorei algumas décadas antes – bens públicos cujos benefícios eram limitados a uma pequena localidade –, chamados de bens públicos locais, investigados pela primeira vez por Charles Tiebout. Consulte J. E. Stiglitz, "Theory of Local Public Goods", em *The Economics of Public Services,* Martin S. Feldstein e Robert P. Inman, eds. (Londres: Macmillan, 1977), 274-333; e Charles Tiebout, "A Pure Theory of Local Expenditures", *Journal of Political Economy* 64, n. 5 (1956): 416-42.

20. O fato de terem se comprometido voluntariamente na reunião de Paris mostra que os países não se comportaram totalmente como caronas, como sugere a teoria econômica padrão. No entanto, muitos deles não cumpriram os compromissos assumidos em Paris.

21. Departamento de Estado dos Estados Unidos, Escritório de Qualidade Ambiental, "The Montreal Protocol on Substances That Deplete the Ozone Layer", https://www.state.gov.

Capítulo 5 | Os contratos, o contrato social e a liberdade

1. Grande parte das discussões iniciais sobre os contratos sociais tratava do relacionamento entre o soberano (rei) e seus súditos. O uso

moderno considera o contrato social de uma forma mais ampla: entre os cidadãos, uns com os outros, ao refletirem sobre quais poderes devem delegar ao governo.

2. Adam Smith, *The Theory of Moral Sentiments*.
3. O problema é que, quando os indivíduos votam em políticas, eles sabem qual é ou, provavelmente, qual será a sua posição na sociedade. Ainda assim, ao pensar sobre o que constitui uma sociedade justa, os indivíduos podem raciocinar sobre esse tema seguindo as linhas apresentadas por Rawls.

    Rawls combinou essa abordagem de avaliar a justiça olhando por trás do véu da ignorância com um critério mais rigoroso: uma distribuição justa de renda e riqueza deve maximizar o bem-estar do indivíduo mais desfavorecido. Essa visão não é amplamente aceita.

    Concordo com Rawls que buscar uma resolução justa exige pensar nessas questões por trás do véu da ignorância. Existem muitas sutilezas nessa ideia que não poderemos explorar aqui. Por trás do véu da ignorância, os indivíduos podem não apenas desconhecer quais são seus recursos (se serão ricos ou pobres), mas também seus gostos e sua aversão ao risco, o que pode levar a diferenças nas visões sobre os arranjos sociais desejáveis. A situação torna-se ainda mais complicada na Parte II do livro, onde as preferências são endógenas.
4. Não precisamos ir tão longe quanto Rawls e argumentar que devemos aceitar desigualdades apenas na medida em que elas melhorem o bem-estar do indivíduo mais desfavorecido – por exemplo, as alíquotas de impostos mais baixas para os ricos podem ser justificadas somente se gerarem receitas adicionais que possam ser usadas para melhorar o bem-estar dos mais desfavorecidos – para aceitarmos a noção de que uma preocupação central na elaboração de regras deve ser o efeito delas na distribuição de renda, riqueza e poder.
5. Mesmo por trás do véu da ignorância, não podemos assegurar unanimidade, exceto em determinadas circunstâncias especiais, mas, pelo menos, é provável que a extensão das diferenças será reduzida.
6. Smith, I:X em *A riqueza das nações*. Rio de Janeiro: Nova Fronteira, 2023.
7. Smith, *Nações*, I:VIII.
8. "Justice Department Requires Six High Tech Companies to Stop Entering into Anticompetitive Employee Solicitation Agreements",

Departamento de Justiça dos Estados Unidos, Escritório de Assuntos Públicos, 24 de setembro de 2010.
9. Por exemplo, por meio de dispositivos legais que conferem aos acionistas responsabilidade limitada em caso de falência. Nas últimas duas décadas, as perdas e os ganhos de liberdades se manifestaram de formas que diminuíram as liberdades dos devedores, enquanto expandiram as dos credores, e mais ainda as de alguns credores. Os derivativos receberam prioridade sobre outros credores, uma espécie de "subsídio" oculto para os bancos emissores de derivativos à custa de outros credores. Os empréstimos estudantis não podiam ser perdoados, mesmo que as escolas não fornecessem uma educação que melhorasse as perspectivas de vida dos estudantes. Os dispositivos da Lei de Falências de 2005, defendida pelos bancos, ironicamente intitulada Bankruptcy Abuse Prevention and Consumer Protection Act*, introduziram uma espécie de servidão por dívida, em que os bancos podem confiscar um quarto dos salários de um trabalhador, enquanto cobram taxas tão punitivas sobre os saldos remanescentes que, não importa o quanto o trabalhador se esforce, sua dívida simplesmente aumenta com o passar do tempo.
10. Por meio de processos judiciais chamados de ações coletivas. Veja a discussão a seguir.
11. Devo enfatizar que, normalmente, eles não usam a linguagem que empregamos aqui. Eles parecem fazer essas afirmações com base em alguma lei natural ou como uma consequência da (sua interpretação da) Constituição. Às vezes, suas afirmações são baseadas em uma análise econômica superficial de que tais regras são necessárias para que a economia funcione, ou funcione bem.
12. Por exemplo, se a produção pública direta é preferível à contratação pública de empresas privadas ou a uma parceria público-privada. Infelizmente, essas parcerias são, muitas vezes, caracterizadas por uma estrutura em que o governo arca com qualquer perda e as partes privadas recebem os ganhos.
13. Richard M. Titmuss, *The Gift Relationship: From Human Blood to Social Policy* (Londres: George Allen and Unwin, 1970).

---

* Lei de prevenção de abusos na falência e proteção do consumidor. (N.T.)

14. O livro e o filme *He Said, She Said* fornecem uma descrição vívida de como esses acordos de não divulgação funcionam.
15. Para um livro recente que descreve tal discriminação, consulte Emily Flitter, *The White Wall: How Big Finance Bankrupts Black America* (Nova York: Atria/One Signal Publishers, 2022).
16. Kenneth Arrow e Gerard Debreu, em sua prova inovadora de que os mercados competitivos eram eficientes, *presumiram* a existência de seguros contra todos os riscos. Era uma *condição suficiente* para a eficiência do mercado. Eles não conseguiram estabelecer se os mercados costumam ser eficientes quando os mercados de seguros são incompletos. Nas duas décadas seguintes, continuou-se a debater sobre se isso era necessário, isto é, se os mercados poderiam, sob condições plausíveis, ainda ser eficientes sem um conjunto abrangente de mercados de risco. Assim, em 1986, John Geanakoplos e Heracles M. Polemarchakis, bem como Bruce C. Greenwald e eu, independentemente, provamos que os mercados, em si mesmos, jamais eram eficientes sem um conjunto abrangente de mercados de seguros. Consulte J. Geanakoplos e H. M. Polemarchakis, "Existence, Regularity, and Constrained Suboptimality of Competitive Allocations When the Asset Structure Is Incomplete", em *Uncertainty, Information and Communication: Essays in Honor of K. J. Arrow*, v. 3, W. P. Hell, R. M. Starr e D. A. Starrett, eds. (Nova York: Cambridge University Press, 1986), 65-95; e Greenwald e Stiglitz, "Externalities in Economies".
17. Considere um risco importante enfrentado pelos investidores estadunidenses quando contemplam colocar dinheiro na China para um investimento que produza bens a serem exportados para os Estados Unidos. Qualquer investidor sensato, ciente das incertezas políticas, pode desejar um seguro contra o risco de que os Estados Unidos adotem uma postura anti-China e imponham tarifas – algo que de fato aconteceu durante o governo Trump. Por exemplo, um investidor, em 1985, gostaria de ter tal seguro e, para um investimento de longo prazo, o seguro teria que cobrir o risco de tal tarifa no futuro. A teoria padrão exige que esse seguro exista. Entretanto, esse tipo de seguro não é oferecido, sendo apenas um dos múltiplos riscos com os quais os investidores devem arcar sozinhos e que não podem ser transferidos para uma seguradora. É óbvio que o fato de os investidores terem de suportar esses riscos por si mesmos, porque não existe seguro, tem consequências reais.

18. Meu trabalho anterior com Andrew Weiss – consulte Stiglitz e Weiss, "Credit Rationing in Markets with Imperfect Information" – explicou por que isso acontece. A análise agora é amplamente aceita e, mais de quarenta anos após sua apresentação, não foram encontrados erros. A literatura empírica também forneceu amplo suporte. No entanto, a Direita ignora essa realidade e suas fortes implicações.
19. A teoria geral que estabelece que esse era o caso foi apresentada em dois de meus artigos anteriores, escritos juntamente com Michael Rothschild. Consulte Michael Rothschild e Joseph E. Stiglitz, "Increasing Risk: I. A Definition", *Journal of Economic Theory* 2, n. 3 (1970): 225-43, e Michael Rothschild e Joseph E. Stiglitz, "Increasing Risk II: Its Economic Consequences", *Journal of Economic Theory* 3, n. 1 (1971): 66-84.
20. Consulte Jacob Hacker, "Economic Security", em *For Good Measure: Advancing Research on Well-Being Metrics Beyond GDP*, Joseph E. Stiglitz, Jean-Paul Fitoussi e Martine Durand, eds. (Paris: OECD Publishing, 2018).
21. Em razão da falta de renda, os indivíduos muitas vezes são obrigados a aceitar praticamente qualquer trabalho oferecido, quando, se pudessem continuar a procurar, poderiam encontrar um trabalho muito mais compatível com suas habilidades. Assim, a falta de um seguro-desemprego adequado contribui para a ineficiência.

    A Direita se preocupa com o fato de que a oferta de seguro-desemprego contribui para outra ineficiência: os indivíduos podem preferir ficar inativos e receber os benefícios do seguro-desemprego em vez de trabalhar. Esse argumento foi central para sua oposição à provisão de melhores benefícios de desemprego durante a pandemia de covid-19. Essa fase ofereceu uma boa oportunidade para testar a importância desse efeito, pois diferentes Estados tomaram decisões distintas quanto à oferta de benefícios de desemprego. No geral, a conclusão é inequívoca: há pouco ou nenhum efeito desencorajador sobre o trabalho. Consulte Kyle Coombs, Arindrajit Dube, Calvin Jahnke, Raymond Kluender, Suresh Naidu e Michael Stepner, "Early Withdrawal of Pandemic Unemployment Insurance: Effects on Employment and Earnings", *AEA Papers and Proceedings* 112 (maio de 2022): 85-90.
22. Parte da razão pela qual os custos de transação são tão baixos nesses programas é que eles são *universais*; o governo não precisa gastar

dinheiro com publicidade e não precisa auferir lucros exorbitantes. Além disso, as contribuições para a Seguridade Social podem ser recolhidas junto dos impostos, de modo que os custos administrativos incrementais são baixíssimos.

23. Existe uma literatura ampla e um tanto controversa que avalia a eficiência do setor público. O programa de empréstimos estudantis da Austrália é muito mais eficiente do que qualquer programa privado em qualquer país – com melhores disposições e mais talhado para as necessidades dos tomadores.

    Embora existam vários exemplos de programas governamentais ineficientes, o programa de empréstimos estudantis da Austrália e o programa de aposentadoria dos Estados Unidos mostram que é possível haver programas governamentais eficientes. Ademais, existem múltiplos casos de ineficiência do setor privado. As perdas decorrentes da má alocação de capital no período que antecedeu a crise financeira de 2008 e as perdas decorrentes dessa crise induzida pelo setor privado foram enormes.

24. Alguns indivíduos podem achar que querem poupar menos que o exigido pelos programas públicos, ou que prefeririam investir seu dinheiro em um ativo financeiro de alto risco e alto retorno. A perda de liberdade deles deve ser contraposta ao aumento de liberdade de todos os outros. E existe mais uma dimensão: quando esses indivíduos se aposentarem, há um risco real de que não tenham uma renda suficiente para ter uma vida digna; eles estarão abaixo da linha da pobreza. Uma sociedade justa não pode permitir que isso aconteça. Assim, por trás do véu da ignorância, uma boa sociedade deve assegurar que todos tenham reservado dinheiro suficiente e investido de forma segura para viver com um mínimo de dignidade na aposentadoria.

25. Em uma reunião pública em 2009, no contexto da promoção do programa Obamacare, o presidente Obama disse: "Outro dia recebi uma carta de uma mulher em que ela diz: 'Eu não quero um sistema de saúde administrado pelo governo, não quero medicina socializada e não toque no meu Medicare'." ("Remarks by the President in AARP Tele-Town Hall on Health Care Reform", 28 de julho de 2009). Katrina vanden Heuvel, em seu artigo "Keep Your Hands Off My Medicare!" (*The Nation*, 3 de maio de 2011), descreve o deputado Daniel Webster (R-FL)

quando chegava para uma reunião pública e foi recebido com cartazes que diziam: "Não mexa no Medicare".
26. Em qualquer dado momento, os formuladores de políticas têm apenas um pequeno número de alavancas que podem acionar. É óbvio que não podemos mudar tudo de uma vez, embora devamos pensar em uma sequência de mudanças relacionadas, considerando como as mudanças que fazemos hoje afetarão o curso futuro do país – incluindo a possibilidade de futuras mudanças na política.
27. Smith, *Nações*, I:XI.

Capítulo 6 | Liberdade, uma economia competitiva e justiça social

1. Nassau William Senior foi o primeiro titular da Cátedra Drummond em Economia no All Souls College, Oxford, em 1825. Eu me tornei o 15º titular da cátedra em 1976. Seus trabalhos eram contrários às ideias de Karl Marx.
2. Na maioria dos países, quando a escravidão foi abolida, os "direitos de propriedade" dos proprietários de escravos – mesmo que sua propriedade pudesse ser legitimamente vista como roubada – prevaleceram sobre os direitos dos escravizados. Quando a Grã-Bretanha aboliu a escravidão, ela generosamente compensou os proprietários de escravos com a emissão de uma dívida de 20 milhões de libras, o que representava cerca de 5% do PIB do país, mas não forneceu nenhuma compensação aos ex-escravizados. Consulte Michael Anson e Michael D. Bennett, "The Collection of Slavery Compensation, 1835-43", Bank of England Staff Working Paper N. 1,006 (novembro de 2022). Dados do PIB de Gregory Clark, "Debt, Deficits, and Crowding Out: England, 1727-1840", *European Review of Economic History* 5, n. 3 (2001): 403-36.

    As promessas dos Estados Unidos foram melhores – 40 acres e uma mula –, mas nunca foram cumpridas. Consulte William A. Darity Jr. e A. Kirsten Mullen, *From Here to Equality: Reparations for Black Americans in the Twenty-First Century*, 2. ed. (Durham: University of North Carolina Press, 2022).
3. Muitos povos indígenas também acreditavam que, se você não estivesse usando um lote de terra específico, *era natural* que outra pessoa

o usasse se quisesse, mas sujeito ao entendimento de que, caso você precisasse da terra, ela lhe seria devolvida. Os colonialistas não entendiam esse tipo de magnanimidade.

4. Muitos outros aspectos de nosso sistema jurídico ajudam a definir e limitar os direitos de propriedade e a estabelecer os direitos de alguns em relação a outros. As leis de falência especificam quais credores são pagos quando um devedor não consegue cumprir integralmente suas obrigações decorrentes de uma dívida – e as condições sob as quais os devedores podem saldar as dívidas. Alterações nessas leis podem fortalecer os direitos de propriedade de alguns, mas enfraquecer os de outros, como já mencionei na nota 9 do capítulo anterior. Em geral, as leis de governança corporativa visam a proteger os acionistas minoritários – restringindo assim o que os acionistas majoritários podem fazer.

5. Existem outras complexidades que não são tão centrais às mensagens deste livro, exceto para apresentar mais um exemplo de que os direitos de propriedade são construções sociais. Costumamos pensar na propriedade de um ativo como algo que implica direitos de controle (os direitos sobre o uso do ativo) e direitos de renda (os direitos à renda derivada do ativo), mas, às vezes, esses direitos são separados. Algumas empresas, por exemplo, vendem ações nas quais se recebe uma parcela predeterminada dos lucros, mas os direitos de controle são limitados ou inexistentes.

6. Com base em um estudo de 2020 da RAND Corporation: "A pesquisa revelou que o preço de fábrica para qualquer tipo de insulina era, em média, de cinco a dez vezes maior nos Estados Unidos (98,70 dólares) do que em todos os outros países da OCDE (8,81 dólares, em média)". Consulte Andrew W. Mulcahy, Daniel Schwam e Nathaniel Edenfield, "Comparing Insulin Prices in the United States to Other Countries: Results from a Price Index Analysis", RAND Corporation, 6 de outubro de 2020.

7. Não surpreende que os proprietários de terras possam resistir à redistribuição com base em alegações de que a terra foi adquirida legalmente, que existe um prazo de prescrição para o roubo, o qual já expirou, e assim por diante.

8. Consulte, por exemplo, World Economic Forum, *The Global Social Mobility Report* (2020), e Stiglitz, *The Price of Inequality*, e as referências ali citadas.

9. OCDE, *A Broken Social Elevator? How to Promote Social Mobility* (Paris: OCDE Publishing, 2018).
10. Consulte Michael Sandel, *The Tyranny of Merit: What's Become of the Common Good?* (Nova York: Farrar, Straus and Giroux, 2020) (lançado no Brasil com o título *A tirania do mérito: o que aconteceu com o bem comum?* Rio de Janeiro: Civilização Brasileira, 2020); e Daniel Markovits, *The Meritocracy Trap: How America's Foundational Myth Feeds Inequality, Dismantles the Middle Class, and Devours the Elite* (Nova York: Penguin Press, 2019) (lançado no Brasil com o título *A cilada da meritocracia: como um mito fundamental da sociedade alimenta a desigualdade, destrói a classe média e consome a elite.* Rio de Janeiro: Intrínseca, 2021).
11. Descrever esse círculo vicioso foi uma contribuição fundamental do meu livro *O preço da desigualdade.* Lisboa: Editora Bertrand, 2013. Uma implicação desse círculo foi que as sociedades poderiam ficar presas em um equilíbrio ruim – alto grau de desigualdade econômica e política.
12. Alcançar uma distribuição de renda melhor por meio de um aumento na igualdade das rendas de mercado é conhecido como pré-distribuição. Consulte, em particular, Stiglitz, *O preço da desigualdade.* Rio de Janeiro: Editora Bertrand, 2013, e Jacob S. Hacker e Paul Pierson, *Winner-Take-All Politics: How Washington Made the Rich Richer – and Turned Its Back on the Middle Class* (Nova York: Simon & Schuster, 2011). Liderei dois projetos, um na Europa e outro nos Estados Unidos, que analisaram como as regras e regulamentações poderiam ser reescritas para produzir resultados mais equitativos (e, em muitos casos, mais eficientes). Veja Joseph E. Stiglitz, com Nell Abernathy, Adam Hersh, Susan Holmberg e Mike Konczal, *Rewriting the Rules of the American Economy: An Agenda for Growth and Shared Prosperity* (Nova York: W. W. Norton, 2015); e Joseph E. Stiglitz, com Carter Daugherty e Foundation for European Progressive Studies, *Rewriting the Rules of the European Economy: An Agenda for Growth and Shared Prosperity* (Nova York: W. W. Norton, 2020).
13. O país de cidadania explica quase 60% da variabilidade da renda global. A cidadania e a classe social dos pais, combinadas, explicam cerca de 80%. Veja Branko Milanovic, *The Haves and Have-Nots: A Brief and Idiosyncratic History of Global Inequality* (Nova York: Basic Books, 2010). Por outro lado, algumas pessoas com baixa renda sob as regras atuais poderiam ter tido rendas mais altas se tivessem

nascido em um ambiente alternativo; seus pontos fortes relativos poderiam ter sido mais recompensados.

14. Ainda mais quando isso decorre de heranças que, por sua vez, foram baseadas na exploração ou nas vantagens do privilégio e do poder.

15. Rawls argumentou que as desigualdades eram justificáveis apenas na medida em que aumentassem a renda/bem-estar dos indivíduos mais desfavorecidos, ou seja, o imposto sobre os ricos deveria ser tal que maximizasse a receita coletada para ser redistribuída (ou para ser gasta em bens públicos que beneficiassem os pobres). Mesmo com essa tributação, pode haver algumas desigualdades. A visão que adoto é um pouco menos extrema.

16. É uma questão bastante controversa se os impostos reduzem a poupança ou o trabalho; os conservadores alegam efeitos vastos e os progressistas sugerem que os efeitos são, no máximo, limitados. Os chamados *supply siders* no governo do presidente Reagan alegaram que os impostos eram tão altos que reduzi-los para os ricos permitiria *maior* ajuda aos pobres. Eles estavam empiricamente errados. Pesquisas sobre o impacto da tributação sobre a oferta de trabalho, por exemplo, sugerem que, com avaliações "razoáveis" dos ganhos dos pobres em comparação com as perdas dos ricos, deveria haver uma alta alíquota marginal de imposto sobre a renda dos que ganham mais. Para ler uma discussão sobre a natureza das perdas e dos ganhos em um modelo simples com imposto de renda linear, consulte Joseph E. Stiglitz, "Simple Formulae for Optimal Income Taxation and the Measurement of Inequality", em *Arguments for a Better World: Essays in Honor of Amartya Sen, Volume I, Ethics, Welfare, and Measurement*, Kaushik Basu e Ravi Kanbur, eds. (Oxford: Oxford University Press, 2009), 535-66. Para ler uma discussão sobre alíquotas marginais ótimas no topo, consulte Emmanuel Saez, "Using Elasticities to Derive Optimal Income Tax Rates", *Review of Economic Studies* 68 (2001): 205-29; e Peter Diamond e Emmanuel Saez, "The Case for a Progressive Tax: From Basic Research to Policy Recommendations", *Journal of Economic Perspectives* 25, n. 4 (outono de 2011): 165-90.

17. Ou seja, as perdas em um ano podem ser usadas para compensar os lucros de outro ano.

18. O argumento original foi desenvolvido por Evsey Domar e Richard Musgrave (um dos grandes economistas de finanças públicas da

metade do século XX) em seu famoso artigo de 1944, "Proportional Income Taxation and Risk-Taking", *Quarterly Journal of Economics* 58, n. 3 (1944): 388-422. Um dos meus primeiros artigos desenvolveu uma formulação mais geral: "The Effects of Income, Wealth and Capital Gains Taxation on Risk-Taking", *Quarterly Journal of Economics* 83, n. 2 (1969): 263-83.

19. Teoria e evidências mostram que a alíquota do imposto sobre os lucros das empresas tem pouco efeito sobre investimentos, emprego ou inovação. O corte no imposto de renda de pessoas jurídicas de 2017 é emblemático: apenas dividendos, recompras de ações e salários de CEOs parecem ter aumentado.
20. Consulte Cingano, "Trends in Income Inequality and Its Impact on Economic Growth"; Ostry, Berg e Tsangarides, "Redistribution, Inequality, and Growth"; e Ostry, Loungani e Berg, *Confronting Inequality: How Societies Can Choose Inclusive Growth*.
21. A Parte II discute com mais profundidade como a natureza de nossa economia molda os indivíduos.
22. Sete estudos distintos realizados em Berkeley, por exemplo, mostraram que as crianças de famílias ricas são "mais propensas a infringir a lei e as normas sociais". Yasmin Anwar, "Affluent People More Likely to be Scofflaws", *Greater Good Magazine*, 28 de fevereiro de 2012.
23. Isso seria bastante verdadeiro se acreditássemos que todos têm o direito moral de ter uma renda suficiente para prover as necessidades básicas. Por trás do véu da ignorância, a maioria concordaria com essa ideia.
24. Hoje, os residentes de Porto Rico e Washington, D.C. convivem com a tributação sem representação. Todo visitante de Washington é constantemente lembrado disso, já que a maioria das placas de veículos em DC traz as palavras "Taxation without Representation" (Tributação sem representação).

Capítulo 7 | A liberdade para explorar

1. Consulte, por exemplo, Gustavo Grullon, Yelena Larkin e Roni Michaely, "Are US Industries Becoming More Concentrated?", *Review of Finance* 23, n. 4 (2019): 697-743; David Autor, David Dorn,

Lawrence F. Katz, Christina Patterson e John Van Reenen, "The Fall of the Labor Share and the Rise of Superstar Firms", *Quarterly Journal of Economics* 135, n. 2 (2020): 645-709; e Thomas Philippon, *The Great Reversal: How America Gave Up on Free Markets* (Cambridge, MA: Belknap Press, 2019).

2. Mike Konczal, "Inflation in 2023: Causes, Progress, and Solutions", depoimento perante o Comitê da Câmara de Supervisão e Responsabilidade, Subcomitê de Serviços de Saúde e Financeiros, 9 de março de 2023; e Mike Konczal e Niko Lusiani, *Prices, Profits, and Power: An Analysis of 2021 Firm-Level Markups* (Nova York: Roosevelt Institute, 2022).

3. O Tribunal de Apelações do 9º Circuito em São Francisco "aprovou um acordo de 25 milhões de dólares [...] com estudantes que alegaram terem sido enganados por Donald Trump e sua agora extinta Trump University". Tom Winter e Dartunorro Clark, "Federal Court Approves $25 Million Trump University Settlement", *NBC News*, 6 de fevereiro de 2018.

4. Após a crise financeira global, uma enxurrada de processos contra bancos grandes revelou padrões sistemáticos de fraude. As empresas que lançavam hipotecas e as repassavam a terceiros costumavam oferecer uma forma de "garantia de devolução do dinheiro" caso a hipoteca não correspondesse à sua descrição (por exemplo, uma propriedade de aluguel em vez de ocupada pelo proprietário) ou caso o processo de lançamento da hipoteca não tivesse seguido os padrões descritos. Os bancos descumpriam esses contratos sistematicamente. Em quase todos os casos, eles foram considerados culpados (ou chegaram a acordos) e pagaram dezenas de bilhões de dólares. Veja, por exemplo, Matthew Goldstein, "UBS to Pay $1.4 Billion to Settle Financial-Crisis Fraud Case", *New York Times*, 14 de agosto de 2023; e "Bank of America to Pay $16.65 Billion in Historic Justice Department Settlement for Financial Fraud Leading Up to and During the Financial Crisis", Escritório de Assuntos Públicos, Departamento de Justiça dos Estados Unidos, 21 de agosto de 2014.

5. Veja, por exemplo, Liza Featherstone, *Selling Women Short: The Landmark Battle for Workers' Rights at Wal-Mart* (Nova York: Basic Books, 2009).

6. Elas foram chamadas de as Guerras do Ópio (1839-1842; 1856-1860). Para ler uma discussão sobre aqueles que se enriqueceram com esse

comércio, consulte Amitav Ghosh, *Smoke and Ashes: Opium's Hidden Histories* (Nova York: Farrar, Straus and Giroux, 2023).
7. O arranjo econômico foi simples: o Ocidente queria chá, porcelana e outros bens produzidos pela China; a China queria pouco do que era produzido pela Europa. Havia um déficit comercial. O comércio de ópio "resolveu" esse problema: o Reino Unido, que controlava a Índia, podia exportar ópio de lá para a China.
8. "Inflation-Adjusted Earnings in Motor Vehicles and Parts Industry Down 17 Percent from 1990 to 2018", Bureau of Economic Analysis, 6 de janeiro de 2020.
9. No Ceilão, as autoridades coloniais impuseram um imposto *per capita* e, se as pessoas não ganhassem o suficiente para pagar esse tributo, tinham que trabalhar para o governo por um dia.
10. Veja Jonathan Crush, "Migrancy and Militance: The Case of the National Union of Mineworkers of South Africa", *African Affairs* 88, n. 350 (1989): 5-23.
11. Alguns defensores da indústria farmacêutica afirmam que os lucros altos são necessários para incentivar a pesquisa necessária à inovação. Entretanto, os Estados Unidos permitem esses lucros exorbitantes mesmo quando não há justificativa "inovadora" – por exemplo, quando nem mesmo há uma patente envolvida. Além disso, há poucas evidências de que os lucros exorbitantes tenham qualquer efeito significativo sobre a inovação, mas podem ter um impacto significativo sobre a saúde de indivíduos que não conseguem adquirir medicamentos.
12. Existe uma possível explicação baseada no "mercado" racional: os participantes do mercado não esperavam que a guerra durasse muito tempo e presumiram que os preços logo cairiam. Contudo, após os meses iniciais do conflito, parecia provável que ela fosse prolongada. Os preços futuros refletem apenas quedas modestas.
13. Em mercados competitivos, cada pequena empresa aceitaria o preço como dado, e esse efeito não entraria em jogo. Entretanto, como notamos, os mercados estão longe de ser perfeitamente competitivos. Como um todo, entendiam que a expansão rápida da produção apenas erodiria esses lucros. Consulte Anton Korinek e Joseph E. Stiglitz, "Macroeconomic Stabilization for a Post-Pandemic World", *Hutchins Center Working Paper* N. 78, Brookings Institution (agosto de

2022), para ler uma breve discussão sobre o papel da conivência tácita no contexto da inflação pós-pandemia.

Evidentemente, há diferenças óbvias na rapidez com que diferentes tipos de produção podem ser expandidos, sobretudo se levarmos em conta as limitações de infraestrutura. No entanto, de acordo com a maioria dos relatos, havia amplas oportunidades de expandir, digamos, o *fracking* em certos lugares nos Estados Unidos. Não surpreende que as empresas de petróleo aproveitassem a conjuntura de preços altos para fazer *lobby* por mais arrendamentos de longo prazo; o aumento de petróleo e gás provavelmente apareceria muito depois do fim do pico temporário nos preços de energia.

14. De fato, isso ocorre com frequência em tempos de crise: os mercados respondem devagar. Em 1950, o governo dos Estados Unidos promulgou a Lei de Produção de Materiais Militares (DPA, na sigla em inglês) para controlar recursos em momentos de crise. O governo Trump invocou essa lei durante a pandemia. Outros países têm leis semelhantes e as usaram de forma semelhante na pandemia. Os Estados Unidos poderiam, e sem dúvida deveriam, ter invocado o DPA em resposta à escassez criada pela guerra na Ucrânia.

    Outra ação ainda mais limitada talvez fosse eficaz: simplesmente garantir o preço do petróleo ou gás por alguns anos, eliminando o risco de que a guerra não fosse prolongada e os preços caíssem para níveis mais normais.

15. Apresentei o argumento meio século atrás em "Taxation, Corporate Financial Policy and the Cost of Capital", *Journal of Public Economics* 2 (1973): 1-34, e, posteriormente, forneci uma versão menos matemática e mais acessível dele em "The Corporation Tax", *Journal of Public Economics* 5 (1976): 303-11. A ideia é simples: já que o custo do capital é dedutível (seja diretamente, por meio de despesas, como é o caso, no momento, nos Estados Unidos, ou indiretamente, por meio de deduções de depreciação), o imposto é essencialmente sobre os lucros *puros* (por exemplo, os retornos dos monopólios), e qualquer coisa que uma empresa faça para maximizá-los é a mesma coisa que faria para maximizá-los (1−t) vezes, onde t é a alíquota do imposto das empresas. A única situação em que o imposto pode distorcer é aquela em que as empresas estão sujeitas a restrições de capital – ou seja, seu investimento é limitado pela falta de recursos. Contudo,

no caso de um imposto sobre lucros extraordinários, as empresas de petróleo e gás não enfrentaram tais restrições: elas pagam dezenas de bilhões de dólares aos acionistas. Além disso, o sistema tributário pode ser estruturado a fim de permitir a dedução de investimentos *novos*. Ele pode até ser estruturado para desencorajar aumentos de preços inflacionários e tributar a uma alíquota mais alta aqueles que aumentam suas margens.

16. Há muitas razões para isso, bem como para a capacidade dessas empresas de sustentar seu poder dominante por muito tempo. Em alguns casos, por exemplo, existem externalidades de rede – quanto mais indivíduos estão na rede (usando uma plataforma), mais valiosa ela se torna para o indivíduo que nela deseja ingressar. Uma vez que uma rede se estabelece, pode ser difícil desalojá-la.

17. Um número limitado de empresas pode arcar com esses custos iniciais elevados – embora isso não seja possível para quaisquer pequenos concorrentes em potencial. Além disso, considerando os altos custos iniciais, pode ser desejável ter apenas um número limitado de empresas, como no caso de um monopólio natural, em que a eficiência exige uma única empresa (por exemplo, uma única empresa de energia elétrica).

    Há algumas complexidades significativas nessa história: a computação em nuvem – que beneficia *startups* ao evitar que tenham que construir seus próprios *data centers* – paradoxalmente reduziu os custos gerais para as *startups*, enquanto, ao mesmo tempo, aumentou o poder da Amazon, do Google e da Microsoft.

18. Fui testemunha especialista em um processo contra a Sabre, o sistema dominante de reservas de passagens aéreas nos Estados Unidos, em que o júri considerou a empresa culpada de se aproveitar da posição de monopólio por meio de uma ampla gama de técnicas, incluindo mentir sobre a disponibilidade de assentos em companhias aéreas que tentavam desafiar seu poder de monopólio. *US Airways, Inc., for American v. Sabre Holdings Corporation*, 938 F.3d 43 (2d Cir. 2019).

19. Essa doutrina foi chamada de contestabilidade. Veja William J. Baumol, "Contestable Markets: An Uprising in the Theory of Industry Structure", *American Economic Review* 72, n. 1 (1982): 1-15. Contudo, mesmo com custos fixos irrecuperáveis arbitrariamente baixos, a concorrência potencial não poderia substituir a

concorrência real. Veja Stiglitz, "Technological Change, Sunk Costs, and Competition"; e Stiglitz e Greenwald, *Creating a Learning Society*.
20. Veja Partha Dasgupta e Joseph Stiglitz, "Uncertainty, Industrial Structure and the Speed of R&D", *Bell Journal of Economics* 11, n. 1 (1980): 1-28. Se a empresa incumbente simplesmente garantisse que igualaria o preço de qualquer concorrente – ou, melhor, o superaria, reduzindo-o em 5% –, qualquer novo entrante saberia que tentar conquistar participação de mercado por meio da redução de preços não funcionaria.
21. John Kenneth Galbraith, *American Capitalism: The Concept of Countervailing Power* (Boston: Houghton Mifflin, 1952) (lançado no Brasil com o título *Capitalismo americano: o conceito do poder compensatório*. São Paulo: Novo Século Editora, 2008).
22. Veja *AT&T Mobility LLC v. Concepcion*, 563 U.S. 333 (2011); *Epic Systems Corp. v. Lewis*, 584 U.S. (2018); *Am. Express Co. v. Italian Colors Rest.*, 570 U.S. 228 (2013); *Lamps Plus, Inc. v. Varela*, 587 U.S., 139 S. Ct. 1407; 203 L. Ed. 2d 636 (2019).
23. Um exercício de poder de mercado igualmente injusto e, em muitos aspectos, ainda mais corrosivo para a sociedade são as cláusulas de confidencialidade inseridas em contratos, discutidas no capítulo anterior.
24. Em seu depoimento ao Congresso após a crise financeira, Blankfein parecia não ver qualquer problema com o fato de a Goldman não revelar o que havia feito, em uma evocação padrão do *caveat emptor*. Embora a empresa alegasse não ter feito nada de errado, em resposta a uma queixa da Comissão de Valores Mobiliários dos Estados Unidos, ela concordou que havia cometido um "erro" e pagou, na época, uma multa recorde para uma empresa de Wall Street.
25. Essa ideia é semelhante à de Guido Calabresi, que afirmou que o sistema mais eficiente de responsabilidade (por exemplo, por um acidente) é impor o ônus à "parte que procura evitar acidentes de menor custo". Veja Guido Calabresi, *The Costs of Accidents: A Legal and Economic Analysis* (New Haven, CT: Yale University Press, 1970).
26. James Boyle, *The Public Domain: Enclosing the Commons of the Mind* (New Haven: Yale University Press, 2008). Para ler uma discussão mais extensa, consulte J. E. Stiglitz, *Making Globalization Work* (Nova York: W. W. Norton, 2006); e J. E. Stiglitz, "The Economic Foundations of

Intellectual Property", sexta Palestra Anual Frey sobre Propriedade Intelectual, Universidade Duke, 16 de fevereiro de 2007; *Duke Law Journal* 57, n. 6 (2008): 1693-724.

27. *Association for Molecular Pathology v. Myriad Genetics, Inc.*, 133 S. Ct. 2107 (2013); consulte também Regulatory Transparency Project, podcast, Roger D. Klein e Chayila Kleist, "Explainer Episode 55 – 10 Years On: The Impact and Effects of AMP vs. Myriad", 12 de junho de 2023, para ler uma discussão sobre as consequências mais abrangentes dessa decisão. Defensores dessas patentes afirmam que, sem elas, o conhecimento não teria nem mesmo sido produzido. No caso em questão, essa afirmação é inegavelmente falsa: o Projeto Genoma Humano estava analisando *todos* os genes humanos. No máximo, o conhecimento teria sido produzido alguns meses mais tarde.

28. Michael Cavna, "Mickey Mouse Is Finally in the Public Domain. Here's What That Means", *Washington Post*, 1º de janeiro de 2024.

29. O Capítulo 6 argumentou contra a legitimidade moral inata das rendas e riquezas geradas mesmo por uma economia competitiva funcional. Alguns defenderam que houvesse uma exceção para os inovadores, sob a alegação de que é justo recompensá-los por suas enormes contribuições. Há várias objeções a esse ponto de vista, mas, mesmo que alguém achasse que eles deveriam ser recompensados, o argumento não diz nada sobre a magnitude dessa recompensa. Em particular, não existe qualquer argumento filosófico ou econômico a favor de um direito ao exercício do poder de monopólio sobre a inovação por vinte anos. A justificativa, caso exista, está relacionada ao equilíbrio entre os custos sociais do monopólio e os ganhos sociais da inovação induzida.

    Até mesmo determinar a contribuição marginal de um inventor individual é difícil. Nas famosas palavras de Isaac Newton: "Se eu vi mais longe, foi por estar sobre os ombros de gigantes". Determinar quem deve receber crédito pela vacina contra a covid-19 ilustra essa questão: entre a lista normalmente citada estão Katalin Kariko e Drew Weisman, na Universidade da Pensilvânia; Paul Krieg, Douglas Melton, Tom Maniatis e Michael Green, na Universidade Harvard; e Robert Malone, no Instituto Salk de Estudos Biológicos. Veja, por exemplo, Elie Dolgin, "The Tangled History of mRNA Vaccines", *Nature* 597, n. 7876 (14 de setembro de 2021): 318-24.

Contudo, nenhum deles colheu as recompensas financeiras: elas foram para a Pfizer e para a Moderna.
30. Para uma discussão mais ampla sobre prêmios e outros sistemas para motivar e financiar a inovação, veja Stiglitz, *Making Globalization Work*.

Parte II | Liberdade, crenças, preferências e a criação da boa sociedade

1. É famosa a distinção que o filósofo David Hume estabeleceu entre preferências e cognição (ou crenças). Ele afirmou que estas últimas estão sujeitas à razão, embora (usando terminologia moderna), em uma época em que o mundo está em constante mudança, talvez não tenhamos como ter certeza de que nossas avaliações das frequências relativas estão "corretas". Ele entendia que as preferências, no entanto, não estão sujeitas à razão. Como George J. Stigler e Gary S. Becker afirmaram, em "De Gustibus Non Est Disputandum", *American Economic Review* 67, n. 2 (1977): 76-90, seguindo Hume: as preferências são simplesmente imutáveis, não estão sujeitas à razão. A frase famosa de Hume era "A razão é escrava das paixões", uma visão que não é inconsistente com as teorias comportamentais de viés de confirmação da era moderna, e com sua implicação de "ficções de equilíbrio". Veja Karla Hoff e Joseph E. Stiglitz, "Equilibrium Fictions: A Cognitive Approach to Societal Rigidity", *American Economic Review* 100, n. 2 (maio de 2010): 141-46. Crenças que são *objetivamente* erradas podem ser sustentadas porque desconsideramos informações contrárias a essas crenças e buscamos apenas informações consistentes com elas. Isso é, em parte, o que leva à polarização na sociedade, um assunto que discuto mais adiante.
2. Não é que os economistas tenham *descoberto* essa realidade – ela é quase óbvia, como já sugeri. É que, finalmente, começaram a incorporar essa ideia em suas análises.
3. Veja Robert H. Frank, Thomas Gilovich e Dennis T. Regan, "Does Studying Economics Inhibit Cooperation?", *Journal of Economic Perspectives* 7, n. 2 (1993): 159-71. Pesquisas mais recentes de Ifcher e Zarghamee confirmam essa relação no contexto de uma breve exposição em laboratório. Veja John Ifcher e Homa Zarghamee,

"The Rapid Evolution of Homo Economicus: Brief Exposure to Neoclassical Assumptions Increases Self-Interested Behavior", *Journal of Behavioral and Experimental Economics* 75 (2018): 55-65. Por outro lado, pesquisas realizadas na Universidade de Massachusetts-Amherst sugerem que, embora aqueles que estudam economia sejam mais conservadores, estudar economia não os torna mais egoístas. Isso pode ter a ver com a forma como a disciplina "economia" é ensinada naquela universidade, cujo departamento de economia tem a reputação de ser bastante progressista, um indício de que talvez não seja inevitável que alguém se torne mais conservador ao estudar economia. Veja Daniele Girardi, Sai Madhurika Mamunuru, Simon D. Halliday e Samuel Bowles, "Does Economics Make You Selfish?", University of Massachusetts Amherst Economics Department Working Paper Series 304 (2021).

4. Seu artigo técnico inovador foi publicado em 1979, mas já circulava há anos. Daniel Kahneman e Amos Tversky, "Prospect Theory: An Analysis of Decision Under Risk", *Econometrica* 47, n. 2 (1979): 263-91. Tive a boa sorte de começar a discutir esses temas após um seminário do Social Science Research Council na Universidade de Michigan em 1973.

5. Daniel Kahneman, *Thinking, Fast and Slow* (Nova York: Farrar, Straus and Giroux, 2011) (lançado no Brasil com o título *Rápido e devagar: duas formas de pensar*. São Paulo: Editora Objetiva, 2012).

6. Há uma maneira pela qual as limitações cognitivas são relevantes para nossa abordagem analítica: tomar decisões é mais difícil quando alguém tem um conjunto de oportunidades mais amplo e, consequentemente, algumas pessoas preferem um conjunto mais restrito (contrariando nossa visão de que expandir os conjuntos de oportunidades, ao dar mais liberdade de escolha aos indivíduos, é sempre melhor). O que os indivíduos, em geral, desejam é um restaurante ou loja que conheça as preferências de pessoas como eles e, portanto, elimine aquelas opções que, no final, não seriam escolhidas, reduzindo assim os custos envolvidos na decisão.

Outra complexidade que pode surgir, mesmo em situações nas quais os indivíduos têm preferências imutáveis, está relacionada àquilo que os economistas chamam de consistência temporal. Hoje eu sei que, amanhã, serei tentado a comer demais ou a consumir

uma droga viciante, então quero que meu conjunto de escolhas amanhã seja reduzido para me restringir a agir de uma forma que seja consistente com minhas preferências de hoje. Ulisses amarrando-se ao mastro para resistir ao canto das Sereias é um exemplo antigo. Este livro não explora em mais profundidade nenhuma dessas complexidades.
7. Veja Demeritt, Hoff e Stiglitz, *The Other Invisible Hand*.

Capítulo 8 | Coerção social e coesão social

1. Isso foi enfatizado, por exemplo, pelo sociólogo francês Émile Durkheim.
2. O capital humano estava no centro da discussão tradicional dos economistas sobre o papel da educação. As escolas fazem mais do que apenas filtrar e sinalizar habilidades, conforme enfatizado na literatura mais recente. Esse papel de moldar os indivíduos foi ignorado nos tratamentos padrão porque o modelo padrão dos economistas simplesmente *presumia* que as preferências dos indivíduos eram imutáveis e inatas.
3. Mencionei anteriormente que a economia também parece atrair aqueles que são desproporcionalmente egoístas e que, quanto mais os estudantes aprendem sobre economia, mais egoístas parecem se tornar. Veja a nota 3 na introdução desta parte.
4. Akeel Bilgrami, "The Philosophical Significance of the Commons", *Social Research: An International Quarterly* 88, n. 1 (2021): 203-39.
5. Smith reconheceu que havia algo quase milagroso nesse processo ao descrever o que acontecia como se fosse o efeito de uma mão invisível. Em algumas interpretações de Smith, essa mão invisível assume um significado teológico. Como observamos na Parte I, no entanto, a economia moderna explicou que há uma presunção de que a busca do interesse próprio não conduz ao bem-estar da sociedade como um todo. Os preços fornecem um mecanismo de coordenação; funciona, mas funciona de forma imperfeita.
6. Veja Demeritt, Hoff e Stiglitz, *The Other Invisible Hand*.
7. Ele defendeu isso em um artigo famoso de 1970 na *New York Times Magazine*: "The Social Responsibility of Business Is to Increase Its Profits", 13 de setembro de 1970.

8. Uri Gneezy e Aldo Rustichini, "A Fine Is a Price", *Journal of Legal Studies* 29, n. 1 (2000): 1-17.
9. Veja Haesung Jung *et al.*, "Prosocial Modeling: A Meta-Analytic Review and Synthesis", *Psychological Bulletin* 146, n. 8 (2020): 635-63, para ler uma revisão bibliográfica.
10. Gary S. Becker, *The Economics of Discrimination* (Chicago: University of Chicago Press, 2010).
11. A teoria dos jogos moderna mostrou como tais equilíbrios, que favorecem um grupo à custa de outros, podem se sustentar. Para ler uma discussão sobre o capital social e uma crítica a alguns de seus impactos, veja Ismail Serageldin e Partha Dasgupta, eds., *Social Capital: A Multifaceted Perspective* (Washington, DC: World Bank Publications, 2001), incluindo o capítulo de J. E. Stiglitz, "Formal and Informal Institutions", pp. 59-68.
12. Famosamente exemplificado pela luta de Singapura contra a mastigação de chiclete.
13. Demeritt *et al.*, em *The Other Invisible Hand*, discutem com mais profundidade como as normas estabelecidas dão origem a inflexibilidades sociais, o que dificulta a capacidade de adaptação a circunstâncias mutantes e, às vezes, sustenta práticas sociais disfuncionais, como o enfaixamento dos pés. Eles também exploram como as normas mudam e podem ser alteradas e como, pelo menos em alguns casos, elas são inicialmente estabelecidas. São questões importantes, sobretudo quando consideramos os efeitos da coerção social na liberdade dos indivíduos, mas não posso explorá-las em função dos limites deste livro.
14. Um romance de 2013 de Dave Eggers, *The Circle* (Nova York: Knopf) (lançado no Brasil com o título *O círculo*. São Paulo: Cia das Letras, 2014), retrata uma distopia corporativa orwelliana dentro da maior empresa de internet do mundo.
15. Ou, pelo menos, a maioria de nós. Podem surgir questões sobre aqueles com capacidades cognitivas limitadas e distúrbios sociais, como os sociopatas.
16. Amartya Sen, em seu livro de 2009, *The Idea of Justice* (Cambridge, MA: Harvard University Press, lançado no Brasil com o título *A ideia de justiça*. São Paulo: Cia das Letras, 2011), argumenta que não apenas temos a capacidade de raciocinar sobre tais questões, mas

também temos uma empatia inata e um entendimento de justiça incorporados ao nosso raciocínio. No entanto, mesmo assim, isso não resolve totalmente o problema do carona.
17. Correspondência pessoal.
18. Essa é uma crítica central que Karla Hoff e eu, em "Equilibrium Fictions: A Cognitive Approach to Societal Rigidity", fazemos ao trabalho de autores que consideram que os indivíduos escolhem um conjunto de preferências, crenças ou uma identidade que maximizam uma metafunção de utilidade, como Roland Bénabou e Jean Tirole, "Incentives and Prosocial Behavior", *American Economic Review* 96, n. 5 (2006): 1652-78; e Roland Bénabou e Jean Tirole, "Identity, Morals, and Taboos: Beliefs as Assets", *Quarterly Journal of Economics* 126, n. 2 (2011): 805-55.
19. Esse ceticismo com relação à capacidade de transcender nossas lentes é reforçado por pesquisas recentes que mostram que a introspecção necessária para entender a formação de lentes é difícil de manter, mesmo entre aqueles com maior capacidade para tal. Mohsen Javdani e Ha-Joon Chang, autores de "Who Said or What Said? Estimating Ideological Bias in Views Among Economists", *Cambridge Journal of Economics* 47, n. 2 (1º de março de 2023): 309-39, descobriram, por meio de um estudo clínico randomizado controlado, que mudar as atribuições de fontes convencionais para fontes menos convencionais reduz a concordância de economistas com determinadas declarações (com variação significativa por gênero, área de pesquisa e formação – consistente com viés ideológico), apesar de 82% professarem que se deve prestar atenção apenas ao conteúdo. A descoberta parece refletir vieses subconscientes que os participantes não reconhecem.
20. Embora *alguns* indivíduos de um grupo consigam entender que a lente através da qual percebem o mundo foi dada a eles, os quais decidiram aceitá-la ou nao, para muitos é impossível não usá-las ao pensar; a lente é parte de sua identidade, e é impensável ter outra identidade.
21. Embora (com algumas exceções) os bancos não tenham sido "condenados", houve diversos acordos extrajudiciais e, como resultado, as instituições financeiras pagaram multas, às vezes, na casa de centenas de milhões de dólares. Veja Sewell Chan e Louise Story, "Goldman Pays $550 Million to Settle Fraud Case", *New York Times*, 15 de julho

de 2010; e Charlie Savage, "Wells Fargo Will Settle Mortgage Bias Charges", *New York Times*, 12 de julho de 2012.
22. Consulte Wenling Lu e Judith Swisher, "A Comparison of Bank and Credit Union Growth Around the Financial Crisis", *American Journal of Business* 35, n. 1 (1º de janeiro de 2020), e Stiglitz, *Freefall*, para ler uma discussão mais extensa.
23. Brian M. Stecher *et al.*, "Improving Teaching Effectiveness: Final Report: The Intensive Partnerships for Effective Teaching Through 2015-2016", RAND Corporation, 21 de junho de 2018. Uma pesquisa popular mais recente resumiu resultados semelhantes, mas foi mais otimista sobre programas que combinaram pagamentos baseados em desempenho com outros recursos. Veja Matthew Stone e Caitlynn Peetz, "Does Performance-Based Teacher Pay Work? Here's What the Research Says", *EducationWeek*, 12 de junho de 2023.
24. Quatro dos cinco melhores sistemas educacionais estaduais (Nova Jersey, Connecticut, Vermont e Massachusetts) também estão entre os dez estados com as taxas mais altas de sindicalização de professores de escolas públicas. Para saber mais sobre classificações educacionais, veja Scholaroo, "States Ranked by Education – 2023 Rankings", 23 de janeiro de 2023, e para ler sobre taxas de sindicalização, consulte "Public School Teacher Data File, 2017-18", National Teacher and Principal Survey, National Center for Education Statistics, Departamento de Educação dos Estados Unidos.
25. Existe uma vasta literatura sobre o tema desta subseção. Veja Yann Algan, "Trust and Social Capital", Capítulo 10, em Stiglitz, Fitoussi e Durand, *For Good Measure: Advancing Research on Well-Being Metrics Beyond GDP*, J. E. Stiglitz, Jean-GDP.
26. Assim, como notamos anteriormente, pais e escolas tentam moldar os indivíduos dessa forma, com algum sucesso. Somos lembrados desse sucesso quando encontramos alguém como Donald Trump, que não foi tão influenciado.
27. Como Stefano Battiston, da Universidade de Zurique, e eu colocamos no título de um recente documento de trabalho (a ser publicado), "Unstable by Design".
28. Os defensores do capitalismo neoliberal argumentam que existem forças corretivas, como a reputação, que coíbem esses excessos e

garantem a viabilidade do sistema a longo prazo. No Capítulo 11, explicamos por que, embora presentes, essas forças são fracas demais.

Capítulo 9 | A modelagem coordenada dos indivíduos e de suas crenças

1. Eles, por exemplo, se opuseram veementemente à revogação das disposições atuais que lhes concedem tratamento preferencial, em comparação com o que é concedido a outros meios de comunicação, com relação à responsabilidade pelo conteúdo transmitido em suas plataformas (veja a discussão a seguir). Às vezes, adotam uma postura desonesta em relação à moderação de conteúdo em suas plataformas, sugerindo que cabe ao governo definir os padrões, enquanto, ao mesmo tempo, fazem *lobby* silencioso contra a imposição de quaisquer padrões.
2. Esta seção contém ideias de Anya Schiffrin e J. E. Stiglitz, as quais estão baseadas, em parte, em "Facebook Does Not Understand the Marketplace of Ideas", *Financial Times*, 17 de janeiro de 2020; e Joseph E. Stiglitz e Andrew Kosenko, "Robust Theory and Fragile Practice: Information in a World of Disinformation", *The Elgar Companion to Information Economics*, Daphne R. Raban e Julia Włodarczyk, eds. (Northampton, MA: Edward Elgar Publishing, 2024).
3. Aqueles que cometem esse erro estão em boa companhia: um dos primeiros pesquisadores nessa área, George Stigler, da Universidade de Chicago, cometeu o mesmo erro. Ele queria acreditar que os mercados de informação eram como os mercados comuns; e, assim como ele (erroneamente) acreditava que os últimos eram eficientes, acreditava que os primeiros também seriam. Veja, por exemplo, George J Stigler, "The Economics of Information", *Journal of Political Economy* 69, n. 3 (1961): 213-25.
4. Há ainda outra razão pela qual a concorrência nos mercados de informação é imperfeita. *Grosso modo*, quando existe informação imperfeita, os mercados são imperfeitamente competitivos. Por sua própria natureza, os mercados de informação serão caracterizados por imperfeições de informação. No entanto, sabemos que os

mercados que não são perfeitamente competitivos não são, em geral, eficientes.
5. Nos modelos simples, em que a aquisição, a disseminação e o processamento de informação não têm custo, e os consumidores são perfeitamente racionais, as empresas têm incentivos para serem honestas e não haveria necessidade de requisitos de divulgação. Porém, essas premissas nunca se sustentam, por exemplo, quando há verificação onerosa, e a maioria dos governos que funcionam bem impõe ao menos alguns requisitos de divulgação. As análises teóricas originais são de Stiglitz (1975) e Milgrom (1981). Veja J. E. Stiglitz, "The Theory of 'Screening', Education, and the Distribution of Income", *American Economic Review* 65, n. 3 (1975): 283-300; e P. R. Milgrom, "Good News and Bad News: Representation Theorems and Applications", *Bell Journal of Economics* 12, n. 2 (1981): 380-91.
6. Da mesma forma, a Agência de Proteção Financeira do Consumidor (CFPB, na sigla em inglês) dos Estados Unidos exige que os credores apresentem seus termos de forma transparente.
7. Veja, por exemplo, Jack Ewing, "Inside VW's Campaign of Trickery", *New York Times*, 6 de maio de 2017.
8. Veja, entre outros, Shlomo Benartzi e Richard Thaler, "Heuristics and Biases in Retirement Savings Behavior", *Journal of Economic Perspectives* 21, n. 3 (2007): 81-104.
9. Mesmo quando surgem empresas para avaliar a qualidade da informação, há um custo associado, com o qual alguém precisa arcar.
10. Mesmo com o problema do "carona", pode haver *alguns* esforços para fornecer informações que combatam a desinformação, mas tais esforços não serão suficientes. NewsGuard é uma tentativa comercial de fornecer "ferramentas transparentes para combater a desinformação para leitores, marcas e democracias". Veja "About NewsGuard", https://www.newsguardtech.com/about-newsguard/. A iniciativa teve um sucesso mais limitado do que inicialmente esperado.
11. Evidentemente, pode haver grandes áreas onde isso não ocorre – questões metafísicas em que os princípios de tolerância discutidos no capítulo seguinte são fundamentais.
12. Isso é inconsistente com a visão de muitos seguidores da Direita, os quais insistem no direito de manter *sua* interpretação dos fatos,

mesmo no campo da ciência – alegam, por exemplo, que a mudança climática não é real.

13. Essa pode ser uma leitura muito restrita da história: há muito tempo existem esforços episódicos para minar um judiciário independente e, em alguns círculos, questionar o conhecimento especializado, incluindo aquele apoiado por instituições educacionais e de pesquisa. No governo Trump, esses esforços foram encorajados e se tornaram mais disseminados.

14. O mesmo ocorre com os trabalhadores em litígios com seus empregadores na ausência de sindicatos. Para piorar a situação, a Suprema Corte enfraqueceu a capacidade dos indivíduos de ingressar em ações judiciais coletivas, dificultando ainda mais o recebimento de compensação das empresas, como vimos no Capítulo 7. A Suprema Corte conservadora tem se engajado em um processo sutil de reescrever as regras da economia de forma a favorecer as empresas em detrimento de trabalhadores e consumidores.

15. Schiffrin e Stiglitz, "Facebook Does Not Understand the Marketplace of Ideas".

16. Às vezes, seus lucros vêm de atividades nocivas mais explícitas, exemplificadas pela fraude dos cliques, por meio da qual as plataformas extraem dinheiro de outras empresas sem oferecer benefícios.

17. Em um mercado competitivo e perfeito, os preços transmitem todas as informações relevantes. Formalmente, os economistas dizem que os preços são uma estatística suficiente para todas as informações relevantes.

18. Isso é chamado de primeiro teorema do bem-estar. Embora a eficiência também possa ser mantida pela discriminação *perfeita* de preços, as informações geradas pelas plataformas e empregadas por empresas engajadas na discriminação de preços estão longe de ser suficientes para permitir a discriminação de preços perfeita (embora algoritmos modernos possam se aproximar muito mais do que antes). Em Joseph E. Stiglitz, "Monopoly, Non-Linear Pricing and Imperfect Information: The Insurance Market", *Review of Economic Studies* 44, n. 3 (1977): 407-30, mostrei que, na presença de informações imperfeitas, há grandes perdas de bem-estar associadas ao monopólio decorrente da tentativa de engajar-se em discriminação de preços imperfeita.

19. Isso é verdade, muito embora, indiretamente, possa haver benefícios secundários da tentativa de construir, por exemplo, um mecanismo de publicidade melhor para extrair mais lucros dos consumidores. Por exemplo, isso tem sido um grande estímulo para a inteligência artificial. Ainda assim, a busca incessante por lucros repetidamente resulta na degradação da qualidade do produto, como já observamos.
20. Pesquisas mostraram que as plataformas têm incentivos para mostrar conteúdos tóxicos (os quais, muitas vezes, são polarizadores), pois isso aumenta o consumo de anúncios e de conteúdo. Veja George Beknazar-Yuzbashev, Rafael Jiménez Durán, Jesse McCrosky e Mateusz Stalinski, "Toxic Content and User Engagement on Social Media: Evidence from a Field Experiment", 1 de novembro de 2022, http://dx.doi.org/10.2139/ssrn.4307346.
21. Mesmo entre indivíduos completamente racionais pode haver polarização, e ela pode ser exacerbada pela forma e pelo conteúdo das informações fornecidas pela mídia. Em nosso mundo fragmentado, as pessoas diferem em seus julgamentos sobre a precisão das informações oriundas de diferentes veículos da mídia. Dado o tempo limitado, mesmo que a informação fosse gratuita, os cidadãos recorreriam a fontes que considerassem "melhores" de seu ponto de vista. Isso reforça a polarização social. E, mesmo na ausência de informações divergentes, indivíduos *racionais* confrontados com as mesmas informações – mas possuindo visões de mundo diferentes – interpretarão essas informações de maneira distinta.
22. Ou que elas deliberadamente tornaram o produto mais viciante, ou que sucessivos atores que interpretaram os Marlboro Men morreram de câncer de pulmão.
23. Veja, por exemplo, Karla Hoff e Joseph E. Stiglitz, "Striving for Balance in Economics: Towards a Theory of the Social Determination of Behavior", *Journal of Economic Behavior and Organization* 126, Parte B (2016): 25-57; e Demeritt, Hoff e Stiglitz, *The Other Invisible Hand*.
24. A literatura sobre a polarização é multifacetada e complexa. Há evidências, por exemplo, de que a exposição a outros pontos de vista também aumenta a polarização. Veja Christopher A. Bail *et al.*, "Exposure to Opposing Views on Social Media Can Increase Political Polarization", *Proceedings of the National Academy of Sciences* 115, n. 37 (2018): 9216-21.

25. Veja, por exemplo, Kevin Quealy, "The More Education Republicans Have, the Less They Tend to Believe in Climate Change", *New York Times*, 14 de novembro de 2017.
26. Já que o público é "dono" das ondas de rádio, pensava-se (de forma razoável) que ele tinha, sobretudo, o direito de garantir que essas ondas fossem usadas de forma a melhorar o bem-estar social – e não promovessem a polarização vista nos dias de hoje. Havia uma visão amplamente difundida de que a doutrina da imparcialidade não era apenas constitucional, mas essencial para a democracia. No caso da Suprema Corte de 1969 que sustentou essa doutrina, o juiz Byron White afirmou: "É o direito dos espectadores e ouvintes, não o dos radiodifusores, que é primordial". Veja Justia Law, *Red Lion Broadcasting Co., Inc. v. FCC*, 395 U.S. 367 (1969).
27. Dan Fletcher, "A Brief History of the Fairness Doctrine", *Time*, 20 de fevereiro de 2009. Veja também Victor Pickard, "The Fairness Doctrine Won't Solve Our Problems – But It Can Foster Needed Debate", *Washington Post*, 4 de fevereiro de 2021. Para ler uma discussão mais ampla sobre esses temas, veja Victor Pickard, *America's Battle for Media Democracy: The Triumph of Corporate Libertarianism and the Future of Media Reform* (Cambridge: Cambridge University Press, 2014).
28. Há muito se sabe que existe uma correlação entre assistir à mídia conservadora e ter crenças conservadoras, mas a direção da causalidade não era clara. Assistir à Fox News realmente torna as pessoas mais conservadoras? Essa pergunta foi respondida em alguns experimentos naturais que identificaram o efeito causal significativo da Fox News. Veja Stefano DellaVigna e Ethan Kaplan, "The Fox News Effect: Media Bias and Voting", *Quarterly Journal of Economics* 122, n. 3 (2007): 1187-234.
29. Nos Estados Unidos, houve considerável sucesso em convencer as pessoas de que os impostos sobre heranças são impostos sobre a morte, em vez de um meio de evitar a perpetuação da desigualdade provocada pela riqueza.
30. Entramos aqui em um terreno filosófico difícil, que foi discutido brevemente no capítulo anterior. Os indivíduos têm autonomia humana – não precisam ser "enganados" pela mídia; não precisam confiar na Fox News. Por termos evidências de que a Fox News propaga mentiras, poderíamos pensar que haveria mais relutância em dar credibilidade à Fox. Entretanto, a realidade, descoberta pela ciência comportamental,

é que os indivíduos *são* afetados e que a mídia molda a lente através da qual parcelas significativas da população veem o mundo.

31. Conforme explicado em capítulos anteriores, a maneira como vemos nossas leis e regulamentações é afetada por essas lentes. Por exemplo, os direitos de propriedade e a liberdade dos contratos são ambos construções sociais, e cada sociedade define e restringe esses direitos, idealmente de formas que promovam o bem-estar social. A sociedade não se baseia em nenhuma "lei natural". A metanarrativa através da qual as consequências das regras alternativas que regem propriedade e contratos são vistas obviamente afeta as regras que adotamos.

32. Conforme observei no Capítulo 1, há uma longa tradição de ver nossa própria ideologia compartilhada (visões de mundo compartilhadas) como necessária tanto para o funcionamento harmonioso da sociedade quanto para sustentar o poder das elites (veja a discussão sobre Antonio Gramsci no Prefácio).

33. Às vezes, as plataformas de mídia social alegam ser apenas transmissoras neutras de informações (ou desinformações) de terceiros. No entanto, isso não é verdade. Seus algoritmos determinam como a informação é recebida – e afetam a extensão em que pode haver diferenças no que diferentes indivíduos veem. A mídia tradicional, obviamente, tem um papel mais ativo na criação de histórias.

34. Preciso enfatizar: nossa disfunção atual não é resultado apenas do panorama distorcido da mídia de hoje. Por exemplo, a ascensão do neoliberalismo, há cerca de meio século, não pode ser atribuída a esse panorama. Há outras forças em jogo. O populismo poderia ter surgido mesmo que todas as reformas para tornar a mídia mais democrática e responsável tivessem sido feitas há muito tempo.

35. Apenas dois anos após o empréstimo, ficou claro para os financiadores que a Argentina não conseguiria pagar o que devia. O capital fugiu do país; Macri recorreu ao FMI e conseguiu um empréstimo de 44 bilhões de dólares em uma tentativa fútil de sustentar a economia, mas o dinheiro foi simplesmente usado para facilitar a fuga de capital, o que deixou o país profundamente endividado sem nada para mostrar em troca.

36. Para ler uma definição de poder midiático e uma aplicação ao caso dos Estados Unidos, consulte Andrea Prat, "Media Power", *Journal of Political Economy* 126, n. 4 (agosto de 2018): 1747-83.

37. Alguns afirmam que tudo o que é necessário é consentimento "bem-informado". Contudo, isso não é suficiente por duas razões: os indivíduos, em geral, não estão plenamente cientes das consequências de tal consentimento (as quais fazem parte das limitações de informação e racionalidade mencionadas em outras partes deste livro), e as empresas apresentam as escolhas de maneiras que distorcem os resultados. Estive em um jantar em que o presidente de uma das grandes empresas de telecomunicações se gabou de como poderia obter consentimento bem-informado por quantias irrisórias, mínimas comparadas aos lucros derivados das informações obtidas.
38. Ao contrário, até recentemente, os negociadores de tratados comerciais dos Estados Unidos tentaram forçar outros governos a adotar regulamentações pró-tecnologia; como costuma acontecer, em suas negociações comerciais, o governo dos Estados Unidos (e, sobretudo, o Representante de Comércio dos Estados Unidos) reflete os interesses dos produtores, não os interesses do país como um todo – uma mensagem central dos meus livros *A globalização e seus malefícios* (São Paulo: Editora Cultura, 2002) e *Globalization and Its Discontents Revisited*, assim como do meu livro com Andrew Charlton, *Fair Trade for All* (Oxford: Oxford University Press, 2005).
39. Especificamente, o Regulamento Geral de Proteção de Dados (GDPR, na sigla em inglês) de 2018, o qual tenta proteger a privacidade, e a Lei de Serviços Digitais (DAS, na sigla em inglês) de 2022.
40. Veja Stiglitz, *The Price of Inequality* e *Povo, poder e lucro*. Rio de Janeiro: Editora Record, 2020.
41. Por exemplo, atacou-se o monopólio do petróleo por meio do desmembramento de suas empesas componentes. No entanto, quando há grandes externalidades de redes sociais, essa pode não ser uma boa solução. Regulamentar um grande número de plataformas para garantir que moderem seu conteúdo adequadamente e não causem danos sociais pode ser mais difícil do que regular algumas poucas. Ainda assim, uma aplicação mais rigorosa das regulamentações existentes ajudaria muito; por exemplo, restringir as plataformas para que não pratiquem condutas anticompetitivas (como a União Europeia e a Comissão Federal de Comércio tentaram fazer com Google e Amazon) e não permitir fusões e aquisições que reduziriam a concorrência agora ou no futuro previsível (a aquisição do

Instagram pela Meta/Facebook quase certamente deveria ter sido bloqueada).

42. Não surpreende que aqueles que buscam "mágicas financeiras" não desapareçam quando um elixir mágico – a securitização – mostra-se falho; eles procuram outro: desta vez, a Bitcoin e outras criptomoedas. O colapso da FTX mostra que os avanços tecnológicos podem se combinar com as finanças para produzir resultados cada vez mais fraudulentos.

Capítulo 10 | Tolerância, solidariedade social e liberdade

1. Existe um impacto indireto: *saber* que outras pessoas estão agindo de determinada maneira pode afetar o bem-estar de um indivíduo. A noção de tolerância discutida nesta seção não dá importância a esse fato, como o próximo parágrafo deixa claro.
2. Esse é um campo em que as perspectivas iluministas tiveram, com muita frequência, dificuldade para dominar, mesmo em sociedades aparentemente esclarecidas, pois muitos países impunham leis rigorosas que especificavam o que era inaceitável e aplicavam punições severas.
3. Outros países introduziram características institucionais semelhantes para ajudar a garantir o secularismo do Estado; na França, elas estão incorporadas a um conjunto de princípios conhecidos como *laïcité*, os quais incluem proibições contra símbolos religiosos (como véus) em escolas.
4. Consulte Will E. Edington, "House Bill No. 246, Indiana State Legislature, 1897", Proceedings of the Indiana Academy of Science 45 (1935): 206-10. O projeto foi aprovado pela Câmara dos Representantes de Indiana, mas rejeitado pelo Senado estadual.
5. Pode-se justificar essa intolerância ao pensamento com a lógica de que tais pensamentos aumentam a probabilidade de ações que induzem danos sociais (análogo ao argumento do capítulo anterior de que aquilo que é disseminado na internet pode causar danos sociais). A Bíblia é explícita quando alerta sobre ser "enredado". A lógica aqui é semelhante à apresentada anteriormente no caso do controle

de armas: permitir armas aumenta a probabilidade de que alguém seja baleado. Com muita frequência, a Direita responde que "as pessoas matam, não as armas", ou seja, sempre existe "autonomia" humana, e se os indivíduos *escolhem* exercer essa autonomia atirando e matando alguém, a arma não deve ser culpada, mas sim o indivíduo; e aqueles que agem de maneira responsável não deveriam ter sua liberdade de portar armas cerceada devido à existência de outros que não conseguem se controlar adequadamente. Contudo, há uma diferença óbvia entre adotar essa visão no caso de armas e a visão de que alguém não deve *pensar* em cometer determinados atos. As armas fornecem um *instrumento* de dano.

6. Claro, só se pode conhecer os pensamentos de uma pessoa se observarmos suas ações ou seu discurso; e, como mencionei no último capítulo, até mesmo o discurso pode ser visto como uma "ação", sobretudo quando ele se destina a influenciar as ações de outros.

7. Embora, repito, em cada uma dessas instâncias existam externalidades importantes.

8. Por exemplo, uma sociedade humanitária não permitirá que uma pessoa idosa fique sem moradia ou passe fome simplesmente por não ter economizado o suficiente. Assim, se um indivíduo não se prepara adequadamente para sua aposentadoria, custos são impostos a outros – uma externalidade.

9. Da mesma forma, a tolerância dos negacionistas climáticos parece limitada: em alguns lugares nos Estados Unidos, o ensino da ciência climática foi proibido, presumivelmente por causa da preocupação de que tal ensino leve a ações (da próxima geração) que contrariem as crenças deles.

10. Por exemplo, políticas fiscais em que os governos cortam gastos são contracionistas, fazendo com que a renda nacional diminua como consequência. Isso tem sido quase *sempre* verdade; assim, estou muito confiante a respeito dessa relação. Entretanto, às vezes, algo mais também acontece – por exemplo, as exportações aumentam devido ao crescimento de uma economia vizinha, e é preciso separar os dois efeitos. Ainda assim, por mais forte que seja a evidência nessa área, há controvérsias. Alguns economistas conservadores afirmam que a redução do déficit, através da redução dos gastos, aumentará tanto a confiança que a economia crescerá naquilo que é chamado, em

linguagem aparentemente contraditória, de contração expansionista. Isso não é verdade. Reduzir os déficits orçamentários, *contraindo* gastos, é, em essência, sempre contracionista. Uma visão errada leva a políticas erradas – austeridade – com grandes danos à economia e, sobretudo, aos trabalhadores não qualificados.
11. "The Codrington Legacy", All Souls College, Universidade de Oxford, https://www.asc.ox.ac.uk/codrington-legacy.
12. E é por isso que é um erro enorme avaliar o poder de mercado na mídia apenas pela observação do poder de mercado no mercado de publicidade.

Parte III | Que tipo de economia promove uma sociedade boa, justa e livre?

1. Essa agenda estava intimamente relacionada a uma vertente filosófica mais ampla, que remonta, pelo menos, a Auguste Comte. Essas ideias foram, em geral, desacreditadas, inclusive por alguns, como Ludwig Wittgenstein, que, no início, figuravam entre seus defensores. O físico Werner Heisenberg expressou bem essa questão: "Os positivistas têm uma solução simples: o mundo deve ser dividido entre o que podemos dizer com clareza e o restante, o qual é melhor deixarmos de lado. Será que alguém poderia conceber uma filosofia mais inútil, considerando que o que podemos dizer com clareza é quase nada? Se omitíssemos tudo o que é incerto, é provável que ficássemos apenas com tautologias completamente desinteressantes e triviais". Consulte Werner Heisenberg, "Positivism, Metaphysics and Religion", em *Physics and Beyond: Encounters and Conversations*, traduzido por Arnold J. Pomerans (Nova York: Harper & Row, 1971), p. 213. Meu orientador de tese, Paul Samuelson, desempenhou um papel central na promoção da agenda positivista na economia.
2. Os utilitaristas do século XIX, como Jeremy Bentham, argumentaram que a sociedade deveria ser organizada para maximizar a soma das utilidades de todos os indivíduos. Os positivistas disseram que isso não fazia sentido, já que não era possível medir com objetividade e cientificamente o nível de utilidade de cada pessoa, nem comparar utilidades. Não havia como avaliar se o prazer que sinto ao comer

um morango é maior ou menor do que o que você sente. Assim, os positivistas se concentraram no conceito de eficiência de Pareto.
3. Os economistas podem dar conselhos sobre *como* gerenciar melhor qualquer redistribuição necessária, mas mesmo assim houve uma abdicação de responsabilidade, já que falaram de redistribuições fictícias, não distorcivas, em montantes fixos. A alegação era que, com essas redistribuições, ainda se poderia confiar no mercado e que, de qualquer forma, não se deveria interferir na eficiência econômica. Essa ideia foi chamada de segundo teorema fundamental da economia do bem-estar. Com informações imperfeitas, isso não é, em geral, verdade, o que demonstrei em uma série de artigos. Para ler uma exposição popular sobre esse assunto, consulte Stiglitz, *Whither Socialism?*

Um dos avanços importantes na economia na segunda metade do século XX foi analisar mais precisamente as perdas e os ganhos entre eficiência e distribuição em um mundo onde não havia redistribuições de montantes fixos.
4. Às vezes, os economistas se concentram em reformas cujos ganhos econômicos para os vencedores são grandes o suficiente para compensar os perdedores, de modo que todos *poderiam* ficar em melhor situação, mas, em geral, essas compensações não são realizadas. Se essas mudanças representam aumento do bem-estar depende, sobretudo, de quem são os vencedores e os perdedores.
5. Se tais intervenções representavam ou não uma melhoria de Pareto não é o ponto fundamental.
6. Na prática, a recusa dos economistas tecnocratas em adotar posturas e fazer julgamentos morais é uma farsa: com frequência, eles tomam posições morais implícitas ao se envolverem com as políticas públicas, mas as escondem sob o brilho da "imparcialidade técnica".
7. A endogeneidade das preferências – o fato de que elas são mutáveis – representa um desafio tanto para os modelos utilitaristas quanto para os rawlsianos. Com preferências *imutáveis* e indivíduos avessos ao risco, pensar sobre como seria uma boa sociedade por trás do véu da ignorância nos ajuda a entender por que uma sociedade igualitária é desejável. Contudo, e se for possível criar uma sociedade de apostadores que adoram se arriscar, que se dispõem a realizar uma aposta injusta com uma probabilidade pequena de ganhar muito e uma probabilidade alta de viver na pobreza? Se todos fossem assim,

então, por trás do véu da ignorância, todos escolheriam arranjos econômicos e sociais que levariam a uma maior desigualdade.
8. A economia do século XX postulou que não podemos dizer nada sobre os méritos relativos de duas sociedades nas quais as preferências são diferentes. Só podemos determinar o quanto um sistema econômico é bom em proporcionar bem-estar *dadas essas preferências*. Eu acredito que isso está errado. Embora as preferências endógenas tornem mais difícil fazer declarações inequívocas sobre o bem-estar individual do que no caso de preferências imutáveis, ainda é possível dizer alguma coisa sobre o comportamento de um indivíduo em relação ao bem-estar final. Pode-se determinar, por exemplo, se ações específicas são consistentes com seus objetivos declarados – se determinadas ações, que parecem refletir nossas preferências *hoje*, são consistentes com o que aparenta ser nosso bem-estar de longo prazo; de maneira semelhante, pode-se identificar outros casos de possível dissonância. A inconsistência temporal (que significa que, se hoje alguém faz um plano, por exemplo, de poupança e consumo para os próximos anos, quando o próximo ano chegar, talvez queira agir de maneira diferente do que o plano previa, e consumir e poupar quantias diferentes) tem sido, de fato, um tema importante na economia comportamental. Mas mesmo aqui há uma ambiguidade. Embora amanhã possamos nos arrepender de não ter economizado ontem tanto quanto desejaríamos ter economizado *hoje*, agir com base em nossos gostos (preferências) *como eram naquela época* não era, de forma alguma, errado. Talvez faça sentido nem mesmo sentir arrependimento. Podemos até saber que teremos preferências diferentes no futuro. Ainda assim, agimos hoje de acordo com o que nos dá prazer hoje, e isso pode, de forma "racional", levar em conta alguma noção de arrependimento futuro pelo fato de nosso comportamento hoje não ser diferente. Só se não estivermos plenamente cientes do que está acontecendo podemos ser considerados irracionais. (Há muito mais que poderia e deveria ser dito sobre esses tópicos, mas abordá-los adequadamente nos levaria além do escopo deste livro.)
9. Para ler discussões mais completas e obter referências, veja os Capítulos 3 e 4.
10. Não estou afirmando que os valores assumem a mesma forma em todas as sociedades ou que recebem o mesmo peso. Assim, não

endosso a agenda universalista que defende a existência de um único conjunto de valores naturais, que espera ser descoberto. Ao mesmo tempo, como as observações acima devem deixar claro, embora eu reconheça que possam surgir sociedades com valores diferentes, sou cético em relação à posição relativista extrema, que afirma que tudo é válido. Isso se deve, em parte, aos argumentos apresentados no Capítulo 10: uma sociedade boa precisa ter um determinado nível de coesão social, e existem algumas perspectivas (valores, regras e regulamentos) que são antitéticas a essa possibilidade. Ressalto, entretanto, que aqui estou adotando uma abordagem pragmática: se considerarmos onde nossa sociedade está hoje, os valores que listei são aqueles sobre os quais existe um consenso geral; esses devem ser incentivados.

Capítulo 11 | O capitalismo neoliberal: a razão de seu fracasso

1. Robert Bork foi nomeado pelo presidente Reagan para a Suprema Corte, mas sua nomeação foi rejeitada devido aos seus pontos de vista extremistas. Essa rejeição deu origem à gíria "borked". Ele articulou suas opiniões sobre a concorrência em *The Antitrust Paradox* (Nova York: Free Press, 1978).
2. O Capítulo 2 explicou por que isso é assim.
3. Consulte, por exemplo, o trabalho de Ed Prescott, que recebeu o Prêmio Nobel em 2004.
4. Isso foi bem descrito por Mariana Mazzucato em seu perspicaz livro *O estado empreendedor*. São Paulo: Companhia das Letras, 2014.
5. Em *Creating a Learning Society*, Bruce Greenwald e eu explicamos por que os mercados direcionam mal os recursos de inovação. Consulte também Daron Acemoglu, "Distorted Innovation: Does the Market Get the Direction of Technology Right?", *AEA Papers and Proceedings* 113 (maio de 2023): 1-28.
6. Há evidências consideráveis da existência de percepções equivocadas generalizadas sobre os outros – e que elas importam. Consulte Leonardo Bursztyn e David Y. Yang, "Misperceptions About Others", *Annual Review of Economics* 14 (agosto de 2022): 425-52.

7. Esses dispositivos levaram a um *apartheid* de vacinas, com grande parte da população mundial privada de acesso a elas. Veja a discussão no próximo capítulo.
8. Muitas das rigidezes sociais estão, portanto, associadas a crenças e preferências, que, por sua vez, são afetadas pelas crenças e preferências dos outros – uma mensagem central da Parte II deste livro e de Demeritt *et al.*, *The Other Invisible Hand*.
9. Para ser justo, isso parece mais uma artimanha do que um princípio de direito, uma vez que suas referências à precedência e à interpretação históricas parecem ser extremamente seletivas. Eles descartam o princípio quando ele se mostra inconveniente.
10. Conforme mencionei anteriormente na discussão sobre o fundamentalismo de mercado, chamo-o de religião em parte porque a crença nos livres mercados persiste, apesar de evidências e teorias contrárias. Para aqueles que se apegam a ela, é difícil, senão impossível, refutá-la.
11. Consulte, por exemplo, o trabalho de Joseph Henrich, Robert Boyd, Samuel Bowles, Colin Camerer, Ernst Fehr, Herbert Gintis e Richard McElreath, "In Search of Homo Economicus: Behavioral Experiments in 15 Small-Scale Societies", *American Economic Review* 91, n. 2 (maio de 2001): 73-78; e uma visão geral inicial da literatura relevante nos volumes 1 e 2 de *Handbook of the Economics of Giving, Altruism and Reciprocity*, eds. Serge-Christophe Kolm e Jean Mercier Ythier (Amsterdã: Elsevier, 2006).
12. Para ler discussões sobre esse assunto na literatura de ciência política, consulte, por exemplo, Elizabeth Rigby e Gerald C. Wright, "Political Parties and Representation of the Poor in the American States", *American Journal of Political Science* 57, n. 3 (janeiro de 2013): 552-65; e Matt Grossman, Zuhaib Mahmood e William Isaac, "Political Parties, Interest Groups, and Unequal Class Influence in American Policy", *Journal of Politics* 83, n. 4 (outubro de 2021).
13. Para piorar ainda mais a situação, há o fato de que a Constituição dos Estados Unidos, ao dar a cada estado dois senadores, subvaloriza o poder político de alguns e supervaloriza o de outros.
14. Ao mesmo tempo, crises não são necessárias para produzir inovações sociais e reformas positivas. A provisão de cuidados de saúde para idosos (Medicare) em 1965 ocorreu em uma era de

relativa prosperidade. Consulte Robert Haveman, "Poverty and the Distribution of Economic Well-Being Since the 1960s", em *Economic Events, Ideas, and Policies: The 1960s and After*, George L. Perry e James Tobin, eds. (Washington, DC: Brookings Institution Press), 243-98.
15. Anne Case e Angus Deaton, *Deaths of Despair and the Future of Capitalism* (Princeton, NJ: Princeton University Press, 2020).
16. Em alguns desses casos, não foi apenas uma "onda intelectual" que se espalhou pelo mundo. Os Estados Unidos intervieram diretamente em países para direcioná-los na direção desejada. Em outros casos, no entanto, nosso *soft power* desempenhou um papel mais importante.
17. A mobilidade absoluta nos Estados Unidos sofreu um declínio acentuado. Mais de 90% dos estadunidenses nascidos em 1940 acabaram ganhando mais, em termos reais, do que seus pais. No entanto, para aqueles nascidos em 1984, esse número caiu para 50%. A mobilidade intergeracional relativa também é muito menor nos Estados Unidos do que em economias avançadas semelhantes. A probabilidade de uma criança nascida de pais nos 20% inferiores da distribuição de renda chegar aos 20% superiores é de 7,5%, um pouco mais da metade da taxa no Canadá. Além disso, essa taxa não melhorou nos Estados Unidos, permanecendo relativamente estável para os estadunidenses nascidos entre 1970 e 1986.

    Para mais informações sobre essas tendências, consulte os trabalhos de Raj Chetty, Nathaniel Hendren, Patrick Kline, Emmanuel Saez e Nicholas Turner, "Is the United States Still a Land of Opportunity? Recent Trends in Intergenerational Mobility", *American Economic Review* 104, n. 5 (maio de 2014): 141-47; Raj Chetty, Nathaniel Hendren, Patrick Kline e Emmanuel Saez, "Where is the Land of Opportunity? The Geography of Intergenerational Mobility in the United States", *The Quarterly Journal of Economics* 129, n. 4 (novembro de 2014): 1553-1623; Raj Chetty, David Grusky, Maximilian Hell, Nathaniel Hendren, Robert Manduca e Jimmy Narang, "The fading American dream: Trends in absolute income mobility since 1940", Science 356, n. 6336 (abril de 2017): 398-406; e Miles Corak e Andrew Heisz, "The Intergenerational Earnings and Income Mobility of Canadian Men: Evidence from Longitudinal Income Tax Data", *Journal of Human Resources* 34, n. 3 (verão, 1999): 504-33.

18. Mas, para jogar um pouco de água fria nessa nota levemente otimista, algumas eleições recentes, como na Suécia, foram marcadas por um grande número de jovens que votaram em partidos de extrema Direita.

Capítulo 12 | Liberdade, soberania e coerção entre Estados

1. Consulte, por exemplo, Stiglitz, *A globalização e seus malefícios*, *Globalization and Its Discontents Revisited* e *Making Globalization Work*; e Charlton e Stiglitz, *Fair Trade for All*.
2. Há um intenso debate a respeito da razão pela qual o FMI promoveu tais políticas, sobretudo quando a inflação não é causada por excesso de demanda agregada e, portanto, provavelmente não será resolvida por taxas de juros mais elevadas, exceto em caso de um efeito calamitoso na produção e no emprego. Taxas de juros mais altas servem bem aos interesses dos mercados financeiros, os quais estão fortemente refletidos no Tesouro dos Estados Unidos, que, por tradição, domina no FMI.
3. Oficialmente, a taxa era de 15%, mas emendas devem reduzir substancialmente as receitas.
4. Parte do problema foi que a fórmula usada para alocar os "direitos" de tributação refletia os interesses dos países avançados. Consulte Julie McCarthy, "A Bad Deal for Development: Assessing the Impacts of the New Inclusive Framework Tax Deal on Low- and Middle-Income Countries", Brookings Global Working Paper #174 (maio de 2022); e Independent Commission for the Reform of International Corporate Taxation, "ICRICT Response to the OECD Consultation on the Pillar One and Pillar Two Blueprints", 13 de dezembro de 2020.
5. Consulte, por exemplo, Joanna Robin e Brenda Medina, "UN Votes to Create 'Historic' Global Tax Convention Despite EU, UK Moves to 'Kill' Proposal", International Consortium of Investigative Journalists, 22 de novembro de 2023, https://www.icij.org.
6. O fato de que prisões de devedores fossem uma parte aceita da ordem do dia nos lembra como as visões sociais do que é aceitável e

desejável mudam marcadamente ao longo do tempo. As injustiças de tal sistema parecem óbvias, mas ele foi justificado como um aviso para que as pessoas não contraíssem dívidas excessivas, e serviu aos interesses dos financistas – a ameaça de prisão permitia extrair dinheiro dos parentes do devedor.

7. A Junta PROMESA (Puerto Rico Oversight, Management, and Economic Stability Act) foi nomeada pelo governo federal, que negou à ilha o direito de ter seu próprio processo de falência.

8. Isso significa que as abordagens "contratuais" – a elaboração de contratos que possibilitem uma resolução rápida de falências – são ainda mais difíceis. Em um dado momento, no início do século, muitos estavam otimistas de que tais abordagens funcionariam para dívidas soberanas, embora nenhum país internamente confiasse nelas. Com a crise da Argentina, ficou claro que contratos melhores ajudaram, mas não solucionaram completamente os problemas causados por resolução da dívida.

9. Os capítulos anteriores mostraram o papel que o medo desempenhou na adoção da agenda neoliberal nos Estados Unidos.

10. Misturado a essa dureza desumana, havia uma dose de humanidade evidenciada, por exemplo, pela Iniciativa dos Países Pobres Altamente Endividados (HIPC, na sigla em inglês), que envolveu cancelamentos substanciais de dívidas pelo FMI e por doadores multilaterais e bilaterais para restaurar a sustentabilidade da dívida. Os países tiveram que cumprir uma série de condicionalidades. Foi lançada em 1996, com um valor estimado de 76 bilhões de dólares em valor presente descontado de cancelamentos de dívida. Porém, um quarto de século depois, o problema da dívida retornou. Consulte International Monetary Fund, "Debt Relief Under the Heavily Indebted Poor Countries (HIPC) Initiative", https://www.imf.org/en/About/Factsheets/Sheets/2023/Debt-relief-under-the-heavily-indebted-poor-countries-initiative-HIPC.

11. A disfuncionalidade política na Argentina acabou agravando os problemas. Enquanto este livro vai para o prelo, não está claro como a Argentina será capaz de pagar as dívidas *reestruturadas*; uma outra reestruturação é quase inevitável.

12. Certamente, os motivos "oficiais" eram diferentes, e muitos fatores estavam em jogo. Os esforços pareciam ser liderados pelos Estados

Unidos. Consulte meu artigo de opinião, "A Coup Attempt at the IMF", Project Syndicate, 27 de setembro de 2021, https://www.project-syndicate.org/commentary/coup-attempt-against-imf-managing-director-georgieva-by-joseph-e-stiglitz-2021-09.

13. A securitização da dívida quase certamente exacerbou o problema dela – assim como fez na crise financeira de 2008 que começou nos Estados Unidos. Os bancos e banqueiros são remunerados com base na concessão de empréstimos e dão pouca atenção à capacidade de pagamento dos países.

14. Através dos chamados CDSs (*credit default swaps*), um tipo especial de derivativo, que agia como uma apólice de seguro que paga ao credor se, e somente se, o devedor se tornar inadimplente. Eles desempenharam um papel importante na crise financeira de 2008.

15. Diwan e Wei usam o banco de dados International Debt Statistics (IDS) do Banco Mundial para estimar que, em 2020, a China detinha 15,1% do estoque total de dívida externa de longo prazo (pública e garantida publicamente) dos países de baixa renda e 9,4% do estoque total dos países de renda média-baixa. Ishac Diwan e Shang-Jin Wei, "China's Developing Countries Debt Problem: Options for Win-Win Solutions", Finance for Development Lab Policy Note 3 (dezembro de 2022). Horn *et al.* usam dados brutos baseados em compromissos públicos para estimar os estoques de dívida e descobriram que, após contabilizar a dívida "oculta" (ou seja, os compromissos de empréstimos chineses não informados ao Banco Mundial), a China possuía mais de 30% da dívida externa dos cinquenta países mais endividados com ela em 2016. Consulte Sebastian Horn, Carmen M. Reinhart e Christoph Trebesch, "China's Overseas Lending", *Journal of International Economics* 133 (novembro de 2021): 1-32. Em um artigo da *Forbes*, Katharina Buchholz afirma que, "em 2022, 37 por cento dos pagamentos de serviço da dívida pelos países de renda baixa foram para a China". "The Countries Most in Debt to China", *Forbes*, 19 de agosto de 2022.

16. Em alguns casos, ela até usou uma retórica comparável, afirmando que, de fato, tem o dever fiduciário para com seus cidadãos de arrecadar o máximo possível, assim como as instituições financeiras afirmam fazer em nome de seus investidores.

17. Por razões de política interna, parece difícil para a China simplesmente cancelar dívidas; é mais fácil reestruturá-las, permitindo o adiamento de pagamentos de formas que reduzam o valor presente descontado do total devido – em termos efetivos, um desconto. Contudo, comparar esse modo de redução de dívida com uma redução mais direta muitas vezes é difícil, em parte por causa de controvérsias sobre a taxa de desconto apropriada a ser usada na avaliação do valor do adiamento da dívida.
18. Para uma narrativa mais completa dessa história, consulte Stiglitz, *A globalização e seus malefícios*. Para uma discussão sobre as consequências, consulte Stiglitz, *Globalization and Its Discontents Revisited*.
19. O Consenso de Washington era um consenso entre o Banco Mundial, o FMI e o Tesouro dos Estados Unidos (ou seja, entre as três instituições localizadas entre as ruas 15 e 19 em Washington, DC), e não um consenso sobre política de desenvolvimento entre os outros países do mundo sobre quais reformas os países deveriam implementar para alcançar o crescimento. A liberalização do mercado de capital não estava incluída nos princípios originais articulados por John Williamson em seu resumo do marco político promovido pelas instituições de Bretton Woods na América Latina: "What Washington Means by Policy Reform", em John Williamson, ed., *Latin American Readjustment: How Much Has Happened* (Washington, DC: Peterson Institute for International Economics, 1989), mas rapidamente se tornou parte do pacote padrão imposto aos países em desenvolvimento e mercados emergentes. Para ler uma discussão mais ampla sobre as questões, consulte o livro editado por Narcis Serra e Joseph E. Stiglitz, *The Washington Consensus Reconsidered: Towards a New Global Governance* (Nova York: Oxford University Press, 2008).
20. Consulte Bruce Greenwald e Joseph E. Stiglitz, "A Modest Proposal for International Monetary Reform", *Time for a Visible Hand: Lessons from the 2008 World Financial Crisis*, eds. Stephany Griffith-Jones, José A. Ocampo e Joseph E. Stiglitz, Initiative for Policy Dialogue Series (Oxford: Oxford University Press, 2010), 314-44; e "Towards a New Global Reserves System", *Journal of Globalization and Development* 1, n. 2 (2010), Artigo 10.
21. Mesmo naquela época, defendiam a limitação tanto das ferramentas quanto das circunstâncias em que seriam empregadas. Os

fundamentos analíticos e até mesmo as evidências empíricas para sua oposição de longo prazo aos controles de capitais eram, na melhor das hipóteses, fracos. Em Joseph E. Stiglitz, "Capital Market Liberalization, Globalization, and the IMF", em *Capital Market Liberalization and Development*, José Antonio Ocampo e Joseph E. Stiglitz, eds. (Oxford: Oxford University Press, 2008), 76-100, mostrei como os controles de capitais poderiam aumentar a estabilidade econômica e o bem-estar. Consulte também Jonathan D. Ostry, Atish R. Ghosh e Mahvash Saeed Qureshi, *Capital Controls* (Cheltenham, Reino Unido: Edward Elgar Publishing, 2015). (Ostry foi anteriormente vice-chefe de pesquisa do FMI.)

22. Essa teoria presumia mercados perfeitamente competitivos, incluindo os mercados de trabalho. No entanto, os mercados não são perfeitamente competitivos, e a globalização enfraqueceu o poder de barganha dos trabalhadores, tornando a situação deles ainda pior do que a prevista pela teoria padrão.

23. A questão de se os Estados Unidos enfraqueceram o sistema internacional baseado em regras está separada da questão de se, no geral, a Lei de Redução da Inflação foi positiva, dado o impacto de suas ações na redução das emissões de carbono.

24. Veja, em particular, a nota 44 no Capítulo 3.

25. Uma grande exceção ao acúmulo de propriedade intelectual e de produtos relacionados à covid-19 foi a vacina da AstraZeneca, desenvolvida junto à Universidade de Oxford, com o compromisso de disponibilizá-la sem fins lucrativos para os países em desenvolvimento. Infelizmente, a segurança e a eficácia da vacina foram comprovadas mais tarde do que a segurança e a eficácia das vacinas de mRNA da Pfizer e Moderna, e ela era menos eficaz. Alguns países em desenvolvimento recusaram a vacina, alegando que um produto de segunda categoria estava sendo imposto a eles.

26. Os Estados Unidos, em grande parte, justificaram suas ações como uma resposta à falta de cumprimento de regras por parte da China, mas isso é um tanto dissimulado. Para uma articulação da posição dos Estados Unidos pelo Conselheiro de Segurança Nacional Jake Sullivan, consulte "Remarks by National Security Advisor Jake Sullivan on Renewing American Economic Leadership at the Brookings Institution", The White House, 27 de abril de 2023.

27. Desenvolvo algumas das ideias desta seção em mais detalhes em Joseph E. Stiglitz, "Regulating Multinational Corporations: Towards Principles of Cross-Border Legal Frameworks in a Globalized World Balancing Rights with Responsibilities", *American University International Law Review* 23, n. 3 (2007): 451-558, Palestra Grotius apresentada no 101º Encontro Anual da Sociedade Americana de Direito Internacional, Washington, DC, 28 de março de 2007; e Joseph E. Stiglitz, "Towards a Twenty-first Century Investment Agreement", prefácio ao *Yearbook on International Investment Law and Policy* 2015-2016, Lise Johnson e Lisa Sachs, eds. (Oxford: Oxford University Press, 2017), xiii-xxviii.
28. Kyla Tienhaara, Rachel Thrasher, B. Alexander Simmons e Kevin P. Gallagher, "Investor-State Disputes Threaten the Global Green Energy Transition", *Science* 376, n. 6594 (13 de maio de 2022): 701-3.
29. Mais um exemplo: o preço do petróleo pode disparar, gerando lucros extraordinários. O país pode legitimamente querer impor um imposto sobre lucros extraordinários, mas, devido ao acordo de investimento, pode ser impedido de fazê-lo. Um contrato bem redigido não teria permitido que uma empresa petrolífera estrangeira ficasse com todo o lucro extraordinário, mas os contratos, em geral, não são bem redigidos, e nenhum contrato pode dar conta de todas as eventualidades futuras.
30. Consulte, por exemplo, Malena Castaldi e Anthony Esposito, "Philip Morris Loses Tough-on-Tobacco Lawsuit in Uruguay", *Reuters*, 9 de julho de 2016.
31. As disposições do Capítulo 11 do NAFTA.
32. Aquilo que Dani Rodrik chamou de "desindustrialização prematura". Consulte Dani Rodrik, "Premature Deindustrialization", *Journal of Economic Growth* 21, n. 1 (2016): 1-33.
33. Isso está muito alinhado ao espírito da visão clássica da liberdade, conforme defendida por Mill. Minha discussão nos capítulos anteriores enfatizou que as externalidades são muito mais predominantes do que Mill parecia sugerir, e também as situações em que agir coletivamente poderia melhorar o bem-estar de todos. Como observei anteriormente, existem externalidades importantes resultantes das ações de países *grandes*, como os Estados Unidos, e regulamentações sobre seu comportamento que levem em conta que os efeitos de suas externalidades seriam desejáveis.

34. Considere as regulamentações do mercado de capital que restringem o influxo de capital estrangeiro. Os capitalistas nos Estados Unidos só são prejudicados na medida em que são privados de uma oportunidade de investimento (ou exploração), e isso não deveria ser motivo suficiente para interferência. Claro, o Ocidente adotou a postura contrária nas Guerras do Ópio; eu acho que isso está errado e teve efeitos prejudiciais duradouros sobre as relações entre o Ocidente e a China.
35. Quase certamente, sua forte defesa da liberalização do mercado de capitais teve mais a ver com sua visão de que ela abriria vastas novas oportunidades de lucro do que com sua profunda preocupação com o bem-estar dos países em desenvolvimento.
36. Também podemos abordar essas questões segundo a perspectiva de um "espectador imparcial" smithiano.

    O próprio Rawls mostrou-se relutante em aplicar sua estrutura analítica em um contexto transcultural desse tipo. Ele apresentou sua visão da justiça em um contexto global em "The Law of Peoples", *Critical Inquiry* 20, n. 1 (1993): 36-68. No entanto, essas tentativas desencadearam críticas bem argumentadas sobre o relativismo cultural. Consulte Patrick Hayden, "Rawls, Human Rights, and Cultural Pluralism: A Critique", *Theoria: A Journal of Social and Political Theory*, n. 92 (1998): 46-56. Uma literatura extensa surgiu em torno desses temas, os quais vão além do escopo desta obra, e levantava questões análogas às discutidas na nota 3 do Capítulo 5, na nota 10 do próximo capítulo e nas notas 7 e 10 da introdução à Parte III. Por exemplo, por trás do véu da ignorância, não sabemos qual será nosso grau de aversão ao risco e, sem saber, não conseguimos avaliar bem situações de risco alternativas. Ao analisar aqui os acordos *econômicos* internacionais, estou sendo menos rigoroso com a teoria do que Rawls, ou seja, não discuto questões relativas aos direitos humanos ou às obrigações internacionais dos países ricos de fornecer assistência aos pobres.

Capítulo 13 | O capitalismo progressista, a democracia social e uma sociedade aprendiz

1. Ou seja, uma mudança nos conhecimentos, ou mesmo nas crenças, sobre o funcionamento da economia afeta a maneira como ela

funciona. Isso é verdade independentemente de essas crenças serem verdadeiras ou não. O neoliberalismo foi um conjunto de ideias (errôneas) sobre como a economia funcionava, mas, à medida que essas ideias se espalharam, as leis e os comportamentos mudaram, e com eles também o sistema econômico. As ideias importam. Nesse caso, importaram para pior.
2. Para uma discussão mais extensa sobre o que envolve uma sociedade aprendiz, consulte Stiglitz e Greenwald, *Creating a Learning Society*.
3. Descrevi extensivamente como o neoliberalismo nos empurrou na direção oposta. Embora seus defensores exaltassem as mudanças tecnológicas e políticas que acelerariam o crescimento, o modelo foi incapaz de construir mecanismos que facilitassem a capacidade dos que foram adversamente afetados de lidar com essas mudanças, o que levou ao crescimento do populismo entre eles. As reações contrárias a "avanços" como a liberalização do comércio e até mesmo contra a ciência e as universidades, observadas em muitas partes do mundo, sugerem que o ritmo das mudanças tecnológicas e dos padrões de vida, mais estritamente definidos, pode diminuir.
4. Considere, por exemplo, a seguinte citação em *A riqueza das nações* (Rio de Janeiro: Nova Fronteira, 2023): "Nossos comerciantes e patrões reclamam muito dos efeitos negativos dos salários altos, que aumentam os preços e reduzem as vendas de mercadorias. Eles nada dizem sobre os efeitos negativos dos lucros altos. Ficam calados sobre os efeitos perniciosos de seus próprios ganhos. Reclamam apenas dos ganhos de outras pessoas".
5. Existem muitas explicações para isso. Consulte Joseph E. Stiglitz, "Technological Change, Sunk Costs, and Competition", *Brookings Papers on Economic Activity*, Economic Studies Program, Brookings Institution, vol. 1987, n. 3 (1987): 883-947. Eu discuto como até mesmo pequenos custos irrecuperáveis amparam a persistência de lucros monopolistas altos – o que importa para a entrada de novos concorrentes não são os lucros agora, mas os lucros que existirão caso tal entrada ocorra. Empresas lucrativas podem realizar ações que deixem claro que a competição *ex post* será difícil e os lucros serão reduzidos. Existem várias estratégias de dissuasão de entrada. Mesmo sem políticas de dissuasão ativas, os altos custos financeiros de entrada podem inibir a entrada de concorrentes.

6. A visão de Friedman era que, caso houvesse externalidades, o governo deveria fazer algo para mitigá-las (ele não gostava de regulamentações, pois preferia as intervenções via preços). Friedman achava errado que as empresas assumissem qualquer responsabilidade por externalidades se o governo não o fizesse. Entretanto, havia uma profunda inconsistência intelectual. A maximização do valor dos acionistas por empresas poderosas que fazem *lobby* contra regulamentações resultou em políticas governamentais inadequadas.
7. Friedman, "The Social Responsibility of Business Is to Increase Its Profits".
8. Consulte Joseph E. Stiglitz, "On the Optimality of the Stock Market Allocation of Investment", *Quarterly Journal of Economics* 86, n. 1 (1972): 25-60; Sandy Grossman e Joseph E. Stiglitz, "On Value Maximization and Alternative Objectives of the Firm", *Journal of Finance* 32, n. 2 (1977): 389-402; e Sandy Grossman e Joseph E. Stiglitz, "Stockholder Unanimity in the Making of Production and Financial Decisions", *Quarterly Journal of Economics* 94, n. 3 (1980): 543-66.
9. Os custos de transação, que costumam ser ignorados nas análises econômicas, podem desempenhar um papel importante no funcionamento do sistema econômico, inclusive na existência e na persistência de relações de poder. O motivo pelo qual as ações judiciais coletivas são tão importantes é que o custo de buscar reparação causada pela ação errada de uma empresa é proibitivo para um único indivíduo.

    Conforme mencionei anteriormente, avanços na teoria econômica nas últimas décadas mostraram que até mesmo custos muito pequenos podem afetar drasticamente os resultados.
10. Por exemplo, por trás do véu da ignorância, não sabemos qual será nossa aversão ao risco no futuro. Sem saber, não podemos avaliar bem situações de risco alternativas. Poderíamos abordar esse problema da perspectiva de estarmos por trás do véu da ignorância – presumindo, por exemplo, que teríamos uma probabilidade igual de ter funções de utilidade com diferentes graus de aversão ao risco. Aqui, ignoramos este e outros refinamentos da análise relacionados. Veja também a discussão na nota 3 do Capítulo 5, na nota 36 do Capítulo 12 e nas notas 7 e 10 da introdução à Parte III.
11. Essa declaração reconheceu muitos dos outros direitos e atributos de uma boa sociedade em que este livro se concentrou. Foi um acordo

global sobre um "padrão comum de realização para todos os povos e nações".

Infelizmente, os governos conservadores por muito tempo subfinanciaram o Serviço Nacional de Saúde do Reino Unido, prejudicando sua capacidade de oferecer os serviços de saúde necessários.

12. Existem muitas outras áreas em que a opção pública poderia enriquecer a escolha e a concorrência – por exemplo, na oferta de hipotecas ou anuidades de aposentadoria. A opção pública parece bastante relevante para um país como os Estados Unidos, em que muitos ainda estão convictos da ideia de que o setor privado é mais eficiente e mais atento aos desejos e às necessidades individuais. Na medida em que isso for verdade, a opção pública não será adotada; na medida em que não for, será.

13. A opção pública ilustra que os detalhes das estruturas institucionais e legais que definem o capitalismo progressista variarão entre os países, dependendo de sua história e cultura. Não existe uma única forma de capitalismo progressista. Acrescentar detalhes a essas ideias também mostra a magnitude do desafio à frente.

14. O governo Clinton tentou realizar ações enérgicas com relação à mudança climática e reformar o sistema de saúde, para melhorar o acesso à saúde, mas esses esforços foram rechaçados. Por outro lado, ele seguiu a ortodoxia neoliberal ao enfatizar a necessidade de um orçamento equilibrado – chegando até a atingir um superávit – e a desregulamentação do mercado financeiro. Para ler um relato mais completo, consulte meu livro de 2003, *Os exuberantes anos 90*. São Paulo: Companhia das Letras, 2003, ou Nelson Lichtenstein e Jill Stein, *A Fabulous Failure: The Clinton Presidency and the Transformation of American Capitalism* (Princeton, NJ: Princeton University Press, 2023).

15. Este é um exemplo de uma área em que a suposição da existência de mercados eficientes precisa ser revertida: deveria ser óbvio que os mercados não oferecem seguros contra muitos dos riscos mais importantes enfrentados pelos indivíduos.

16. De fato, os próprios fracassos macroeconômicos devem muito à ideologia de que os mercados se corrigiam automaticamente; assim, não era necessário ter regulamentações bancárias fortes.

17. Quero enfatizar, no entanto, que o sucesso do capitalismo progressista não depende de nenhuma fantasia de que todos os

indivíduos serão transformados. Pelo contrário, ele parte da realidade de que os indivíduos moldam e são moldados pelo sistema econômico. É preciso haver uma harmonia, e não apenas em um mítico "equilíbrio de longo prazo", se é que isso poderia ser alcançado. Deve ser realizável, *dado onde estamos hoje*, por meio de um processo evolutivo. O capitalismo progressista funciona bem, mesmo se os indivíduos forem tão egoístas quanto a teoria econômica padrão presume, mas pode funcionar ainda melhor se mais pessoas forem mais altruístas.

Capítulo 14 | Democracia, liberdade, justiça social e a boa sociedade

1. Ele foi ligeiramente mais cauteloso em seu discurso inaugural de 1981: "*Nesta crise atual*, o governo não é a solução para o nosso problema; o governo é o problema" (ênfase adicionada), mas sua mensagem pretendia se aplicar a qualquer situação.
2. Consulte Jonathan J. B. Mijs e Elizabeth L. Roe, "Is America coming apart? Socioeconomic segregation in neighborhoods, schools, workplaces, and social networks, 1970-2020", *Sociology Compass* 15, e12884 (2021).
3. No final, quando os desacordos fundamentais sobre as regras que constituem uma boa sociedade são profundos e importantes o suficiente, torna-se difícil para uma sociedade funcionar bem, se é que ela consegue funcionar. Quando existe uma grande correlação entre geografia e crenças, pode ser desejável conceder um certo grau de autonomia a cada região para definir regras, ou até mesmo para contemplar a separação política.

    A questão das fronteiras entre países e os benefícios da devolução de poderes tem sido objeto de investigação entre economistas e cientistas políticos há muito tempo. Consulte, por exemplo, Alberto Alesina e Enrico Spolare, "On the Number and Size of Nations", *Quarterly Journal of Economics* 112, n. 4 (1997): 1027-56; e Joseph E. Stiglitz, "Devolution, Independence, and the Optimal Provision of Public Goods", *Economics of Transportation* 4 (2015): 82-94, escrito durante o debate sobre a independência da Escócia.

4. Consulte Adam Smith, *The Theory of Moral Sentiments*, III:V. Essa citação pode parecer inconsistente com sua declaração mais conhecida sobre as virtudes da busca do interesse próprio. Parte da resolução dessa inconsistência reside na "reputação": não seria do interesse próprio de um indivíduo agir de uma forma não confiável. Contudo, a visão de Smith vai além disso: existem (usando a linguagem atual) externalidades associadas ao ato de agir de maneira não confiável, pois isso leva a uma sociedade em que a confiança é escassa, o que prejudica uma economia de mercado. Smith enfatiza que, em uma boa sociedade, os indivíduos internalizaram essa externalidade e agem de acordo. Para ler uma excelente discussão sobre esse assunto, consulte Jerry Evensky, "Adam Smith's Essentials: On Trust, Faith, and Free Markets", *Journal of the History of Economic Thought* 33, n. 2 (2011): 249-67.
5. A economia tradicional afirma que os mecanismos de reputação fornecem um controle sobre esse comportamento oportunista, mas é evidente que tais mecanismos oferecem apenas um controle parcial. O controle mais importante desses comportamentos aberrantes, no entanto, se faz com normas sociais: precisamos incutir um comportamento "decente". A crítica aos arranjos econômicos e sociais atuais é que eles não fazem isso bem.
6. Nos países em desenvolvimento e mercados emergentes, a situação é pior. Conforme discutido no Capítulo 12, sob a influência do FMI, esses países "liberalizaram" seus mercados de capitais, com efeitos adversos sobre suas economias e democracias. Os países que liberalizaram temem a perda de capital se adotarem políticas que os mercados financeiros internacionais desaprovem – incluindo a reversão da política de liberalização do mercado de capital.
7. Embora exista uma vasta literatura consistente com esse ponto de vista, alguns integrantes da Direita sugerem que o problema é que eles não têm influência suficiente. Se tivessem, Trump, um populista, nunca teria sido eleito. É claro, no entanto, que, uma vez eleito, ele direcionou políticas em benefício dos muito ricos, como mostra a redução de impostos de 2017. Consulte o blog de Greg Mankiw, "Who Is the Prototypical Rich Person?", 23 de janeiro de 2019, https://gregmankiw.blogspot.com/2019/01/who-is-prototypical-rich-person.html.

8. De certa forma, o contencioso levado ao extremo talvez seja compreensível: dado que a agenda da Direita era apoiada por uma clara minoria, eles tiveram que fazer o que podiam enquanto estavam no poder para tentar assegurar que essa minoria controlasse as alavancas do poder pelo maior tempo possível.
9. Martin Wolf, *The Crisis of Democratic Capitalism* (Nova York: Penguin Press, 2023).
10. Este é, obviamente, apenas um dos muitos casos de interpretação equivocada da história. A ascensão de Hitler é, com frequência, atribuída à inflação – e esse "fato" costuma ser citado como uma explicação para a obsessão da Alemanha com a inflação. A ascensão de Hitler tem muito mais a ver com o desemprego e a Grande Depressão.
11. O fato de que a sobrevivência da democracia estadunidense tenha se tornado uma preocupação tão grande, refletida em livros campeões de vendas como *How Democracies Die*, diz muito sobre o lugar em que os Estados Unidos se encontram hoje. Consulte Steven Levitsky e Daniel Ziblatt, *How Democracies Die* (Nova York: Crown, 2019).